編著
中野常男
Nakano Tsuneo
清水泰洋
Shimizu Yasuhiro

近代会計史入門

第2版

同文舘出版

執筆者紹介 (執筆順)

序　章	中　野　常　男	(神戸大学名誉教授)
第1章	三　光　寺　由実子	(和歌山大学経済学部)
第2章	片　岡　泰　彦	(大東文化大学経済研究所および経営研究所)
第3章	橋　本　武　久	(京都産業大学経営学部)
第4章	中　野　常　男	
第5章	清　水　泰　洋	(神戸大学大学院経営学研究科)
第6章	津　村　怜　花	(尾道市立大学経済情報学部)
第7章	杉　田　武　志	(大阪経済大学情報社会学部)
第8章	澤　登　千　恵	(大阪産業大学経営学部)
第9章	高　梠　真　一	(久留米大学商学部)
第10章	辻　川　尚　起	(兵庫県立大学国際商経学部)
第11章	兵　頭　和花子	(兵庫県立大学国際商経学部)
	川　﨑　紘　宗	(公立鳥取環境大学経営学部)
第12章	中　野　常　男	
第13章	桑　原　正　行	(駒澤大学経営学部)
結　章	清　水　泰　洋	

＜校正協力者　中溝　晃介 (松山大学経営学部)＞

第二版への序文

　本書は，会計の歴史について，特に13〜14世紀から20世紀初頭に至るまでの歴史を中心に取り上げ，複数の章に分けて点描したものである。

　会計史（accounting history）という研究分野は，言うまでもなく，会計研究と歴史研究との境界に位置する学際科学（interdisciplinary science）である。前者に力点を置くならば，簿記，財務会計，原価計算，管理会計などと並ぶ，広義の会計研究の一領域と位置づけることができる。また，後者に力点を置くならば，「会計」（accounting）という人間の本源的行為にかかわる事象を対象とする歴史研究と位置づけることができる。

　歴史研究においては，「歴史を学ぶ意義はどこにあるのか」，「歴史学は社会の役に立つのか」といった問題がしばしば問われる。このような問いに対して，多くの歴史家が思索を重ねてきているが，これに答えることは容易でない。会計史が歴史研究の一端を構成するものとすれば，歴史研究一般に対するのと同様に，「なぜ会計史を学ぶのか」，「会計史を研究する社会的有用性は何か」といった，会計の歴史を学ぶことの意義が問われるであろう。しかしながら，専門分野（discipline）としての形成期から実務主導型の性格を色濃く有している「会計」において，「会計の歴史を学ぶことが会計人にとって何の役に立つのか」という問いに答えることは，歴史研究一般よりもなお一層困難である。

　しかし，敢えて答えるとすれば，会計史の知識は，会計人にとって，その専門的知識に対置されるべき一般的知識としての「教養」であり，「コモン・センス」（common sense）ということになろう。歴史研究からは変化のみが恒常的であることが示される。会計史は，「会計」という人間の営む行為そのもののアイデンティティを時間軸に沿って再確認することであり，そのことによって，未来への展望を承けて過去を再解釈することを可能とするだけでなく，現在（と未来）の問題を考察するための視点を提供するものと考えられる。少な

くとも歴史的展望は，例えば，現代の会計をめぐる諸問題の特殊性・特異性を明らかにすることにより，われわれの偏った見方を矯正してくれるものとなろう。

歴史的観点から，「会計」の根源を「財の記録とこれに基づく管理」と見なせば，最古の証拠は，紀元前8000年頃の古代メソポタミア，特に人類最古の文明とされるシュメルの時代に見出すことができる。しかし，その歴史が叙述されるようになるのは，極めて後代に至ってからのことである。

ネーデルラントのSimon Stevinは，彼の数学書 *Wisconstighe Ghedachtenissen*（1605～1608）（『数学覚書』）に収録された"Vorstelicke bouckhouding op de Italiaensch wyse（1607）"（「イタリア式王侯簿記」）の中で，簿記の解説全体から見れば極めて短い文章であったが，簿記の起源について言及している。また，Stevinの影響を受けて，イギリスのRichard Dafforneも，彼の簿記書 *The Merchants Mirrour:*····（1635）において，簿記の歴史を簡潔に記述しており，これらが会計に関する歴史的叙述の先駆的事例と言えるかもしれない。

また，会計の歴史が単行書において初めて取り上げられたのは，Benjamin F. Fosterの *The Origin and Progress of Book-keeping:* ····（1852）である。この著作は，標題からも明らかなように，簿記の歴史を扱ったものであり，文献史的な解説ではあったが，上記のように，単行書として初めて会計の歴史を専門的に論じたという意味で，会計史研究上，象徴的な著作と位置づけられる。

その後，20世紀初頭になると，イギリスのRichard Brownの編著になる *A History of Accounting and Accountants*（1905）とArthur H. Woolfの *A Short History of Accountants and Accountancy*（1912），ドイツのBaldwin Penndorfの *Geschichte der Buchhaltung in Deutschland*（1913）が登場する。これらは，会計史における三大古典書と位置づけられるが，特にBrownとWoolfの著作は，その対象を先行事例のような簿記の歴史に限らず，会計とこれに携わる専門職業人の歴史を叙述することにより，台頭期にあった会計専門職業の存在意義を社会に強く訴求することを意図していたと考えられる。

BrownやWoolfらの著作以降，会計の通史的叙述を試みた書物が徐々に刊行されるようになるが，その中にあって，会計史研究の本格的な幕開けを画する

ものと見なされるのは，Ananias C. Littleton の *Accounting Evolution to 1900*（1933）である。彼の著書以前の（あるいはそれ以後も）多くの著作は，簿記，特に複式簿記の生成と発達を対象とするものであった。これに対して，Littleton の著書に見出される大きな特徴は，それまでの〈会計史＝簿記史〉という段階を脱却し，15世紀前後の会計事情の分析を対象とする「複式簿記の生成と発展」とともに，「簿記より会計学への発展」が見出されるとする19世紀にも光を投げかけることにより，従来の〈簿記史〉を包摂しつつ，しかし，これを超えた，本来の意味での〈会計史〉の叙述を企図した点にある。ここに，会計史の研究はその学問的体系を備えるに至ったと言えるであろう。

では，わが国における会計史研究の状況はどうであろうか。日本で最初に会計の歴史を取り上げた著作は，曾田愛三郎の「記簿法 Book-Keeping」と考えられる。これは，明治初期当時の新しい諸学科，例えば，「化學」（Chemistry）や「理學」（National Philosophy）などの起源を説いた彼の便覧的小冊子である『學課起源畧説』（1878）中に収録されている。曾田の論稿に続いて，海野力太郎の『簿記學起原考』（1886）が刊行される。これは，会計の歴史を単行書において専門的に論じたものとして，先に言及した Foster の著書に次ぐ，世界で第二番目の著作と位置づけられる。

わが国への洋式簿記の本格的な伝播を画する著作，つまり，福澤諭吉（訳）『帳合之法』（ただし，単式簿記を解説した「初編」2分冊）と，Alexander A. Shand（講述）（海老原済・梅野精一（訳））『銀行簿記精法』の刊行がいずれも1873年であることを考えるならば，上記の曾田と海野の著作は，一次史料の入手が困難な当時の状況下において，もっぱら海外の研究成果に依拠したものであったが，わが国の会計史研究上，極めて先駆的かつ画期的な業績と評価される。

そして，彼らの著作を嚆矢として，わが国でも会計の歴史を取り上げた文献が徐々に登場することになる。ただし，会計の通史を体系的に論じた研究書となると，その数は極めて少ない。近年の事例を取り上げても，例えば，編著者の一人，中野の恩師である（故）小島男佐夫先生（関西学院大学名誉教授）の『会計史入門』（1987）や，兄事している平林喜博先生（大阪市立大学名誉教授）編著の『近代会計成立史』（2005）などを挙げるのみである。

本書は，序章，本文にあたる13の章，および，結章，合計15の章から構成されており，その内容は，「第Ⅰ部　簿記の時代：複式簿記の伝播と近代化」と，「第Ⅱ部　簿記から会計へ：株式会社と近代会計の形成」というように，大きく二部に分かれる。

まず「序章」では，「会計」の起源，および，会計に固有の記録・計算のツールである「簿記」(bookkeeping)，特に複式簿記の生成過程と，これを世界最初に印刷教本として解説したLuca Pacioliの「簿記論」（彼が1494年にヴェネツィアで出版した数学書 *Summa de Arithmetica Geometria Proportioni et Proportionalita*（『算術・幾何・比および比例総覧』）の一部に "Particularis de Computis et Scripturis"（「計算記録要論」）として収録）を取り上げ，基本的構造が確立された段階での複式簿記（「イタリア式簿記」ないし「ヴェネツィア式簿記」）の特質を検討している。

次の第Ⅰ部（第1章～第6章）では，標題からも明らかなように，13世紀末から14世紀末のイタリアで誕生したと考えられる複式簿記が，その後にフランスやドイツ，ネーデルラント，イギリス，アメリカ，日本など，他の地域に伝播し，それぞれの地域に存在した固有の簿記法に取って代わり，かつ，複式簿記それ自体も，取引の完全複記という基本的特徴を維持しつつ，生成当初の原初的形態から今日的形態へと徐々に近代化されていく過程を，それぞれの地域と時代の経済情勢と関連づけながら検討している。

この第Ⅰ部を承けて，第Ⅱ部（第7章～第13章）では，今日の代表的会社形態である株式会社と絡めながら，その生成と大規模化が，簿記を含む会計にどのような影響を及ぼしたのか，その過程について，主に19世紀中期から20世紀初頭のイギリスとアメリカを中心に，鉄道会計，管理会計，会社法制と会計専門職業，政府・自治体会計，財務諸表，会計理論などの歴史に考察対象を拡げながら検討を進めている。

最後の「結章」では，それまでの章で叙述した内容を改めて要約するとともに，現代における会計，特に財務会計の議論がもっぱらFASB（Financial Accounting Standards Board）やIASB（International Accounting Standards Board）の財務報告基準を中心に展開されていることに鑑み，そのことの是非は別にし

て，近代会計から現代会計への結節点として，アメリカにおける会計原則—会計基準の制定にかかわる歴史的経過を概観している。

　本書は，編著者2名を含めて計13名で分担執筆されている。そのうちの10名は神戸大学大学院経営学研究科博士課程後期課程を修了した若手・中堅の研究者である。中野の恩師である小島先生は，わが国の会計史研究を発展させるために『日本会計史学会』(1982～)の設立に奔走され，特に会計史研究に携わる若手・中堅の研究者の成長に期待をかけられていた。本書では，小島先生のかかる期待に応えるべく，執筆者に可能な限り若手・中堅の研究者を配することとし，彼らでは分野的に執筆が難しいと思われる章についてのみ，編著者と親しい年長の研究者に執筆を依頼するという編集方針を採用した。本書は，小島先生の期待に十分に応えられる水準に達していないかもしれないが，少なくとも若手・中堅の研究者への期待に対する編著者からの成果報告を意図して企画されたものである。分担執筆者の各位，特に執筆にあたりご無理をお願いした片岡泰彦(元)大東文化大学教授と高梠真一久留米大学教授に深謝申し上げるとともに，本書を小島先生に捧げることをお許しいただきたい。

　本書の初版は好評をもって受け入れられ増刷の機会も得たが，今般，同文舘出版のご厚意により，単なる増刷ではなく，新たに第Ⅱ部に財務諸表の歴史にかかわる章（第12章）を追加するとともに，旧稿についても内容を点検・改訂し，先に記したように，序章，本文（13章），結章，合計15章から構成される第2版を刊行することになった。初版，そして，第2版の企画から出版に至る過程でさまざまな形でご尽力いただいた同文舘出版株式会社取締役編集局長の市川良之氏に対して，末尾ながら心より感謝申し上げる次第である。

2019年1月31日

　　　　　　　　　　　　　　　　　　　編著者　中野　常男
　　　　　　　　　　　　　　　　　　　　　　　清水　泰洋

目　次

序　章　「会計」の起源と複式簿記の誕生 ―――――――――――― 3

　第1節　古代文明と会計記録の生成 ………………………………………… 3
　第2節　体系的勘定組織の形成 ……………………………………………… 7
　第3節　複式簿記：財産計算と損益計算の統合 ………………………… 13
　第4節　複式簿記の誕生と伝播 …………………………………………… 15

第Ⅰ部

簿記の時代
―複式簿記の伝播と近代化―

第1章　フランスの簿記事情と会計規定の成立・展開 ―――――― 25
―イタリア式簿記の導入以前からナポレオン商法まで―

　第1節　イタリア式簿記導入以前のフランスの会計帳簿 …………… 25
　第2節　フランスへの複式簿記の導入 …………………………………… 28
　第3節　ルイ14世商事王令の成立 ………………………………………… 33
　第4節　ルイ14世商事王令制定後の簿記論の展開 ……………………… 35
　第5節　ミシシッピ会社事件の会計的側面 ……………………………… 40
　第6節　ナポレオン商法の成立 …………………………………………… 43

第2章　ドイツ式簿記とイタリア式簿記 ―――――― 46
　　　　　―フッガー家の会計制度と16〜19世紀のドイツ簿記書―

　　第1節　ドイツ簿記史の始まり ……………………………………… 46
　　第2節　フッガー家の会計 …………………………………………… 48
　　第3節　16世紀の簿記文献 …………………………………………… 51
　　第4節　17世紀の簿記文献 …………………………………………… 56
　　第5節　18世紀の簿記文献 …………………………………………… 59
　　第6節　19世紀の簿記文献 …………………………………………… 62

第3章　ネーデルラント会計史の現代的意義 ―――――――― 67
　　　　　―ステヴィンの「簿記論」とオランダ東インド会社―

　　第1節　オランダ簿記前史：会計史上の位置づけ………………… 67
　　第2節　アントウェルペン市場の形成と簿記・会計……………… 69
　　第3節　アムステルダム市場の興隆と簿記・会計………………… 71
　　第4節　株式会社の成立と簿記・会計 ……………………………… 75
　　第5節　公会計の萌芽：複式簿記の領土管理への適用 ………… 82
　　第6節　会計史上の位置づけと現代的意義 ………………………… 85

第4章　15〜19世紀イギリスの簿記事情 ――――――――― 91
　　　　　―複式簿記の伝播とその漸次的普及―

　　第1節　イギリスへのイタリア式簿記の伝播：実務的接触と簿記解説書 91
　　第2節　イギリスにおける複式簿記解説書とその特徴 …………… 93
　　第3節　16〜18世紀のイギリス商人の会計帳簿 …………………101

第5章　アメリカへの複式簿記の移入と簿記理論の体系化 ―― 111
　　　　　―理論的教示，そして会計学への展開―

　　第1節　イタリア式簿記の導入 ………………………………………111
　　第2節　簿記の理論化の進展 …………………………………………112

第3節　大規模株式会社の成立と簿記から財務会計への展開 ………126

第6章　和式帳合と複式簿記の輸入 ―――――――――――― 132
　　　　　―江戸時代から明治時代にかけて―

　第1節　江戸時代の和式帳合 ……………………………………132
　第2節　複式簿記の輸入……………………………………………138
　第3節　結　語 ……………………………………………………147

第Ⅱ部

簿記から会計へ
―株式会社と近代会計の形成―

第7章　株式会社会計の起源 ―――――――――――――――― 153
　　　　　―イギリス東インド会社と南海会社―

　第1節　イギリス東インド会社の経営活動と会社形態 …………153
　第2節　東インド会社における会計と監査 ………………………157
　第3節　東インド会社ロンドン本社における簿記手続 …………159
　第4節　商品名商品勘定の採用と棚卸資産の評価…………………162
　第5節　財務報告実務：定期的な会社資本評価の実施 …………163
　第6節　利益分配の方法：分割制から配当制への移行 …………168
　第7節　南海会社と「南海の泡沫」………………………………170

第8章　株式会社制度確立期の財務報告実務 ――――――――― 177
　　　　　―19世紀イギリスにおける鉄道会社の会計実務―

　第1節　19世紀イギリスの株式会社に対する法規制………………177
　第2節　19世紀イギリスの鉄道会社に対する会計規制 …………178

第3節　19世紀前半の鉄道会社の決算書作成の実務……………………183
第4節　19世紀前半の鉄道会社の減価償却の実務………………………185
第5節　19世紀中期の鉄道会社の資本的支出と収益的支出の区別 ………187
第6節　結　語………………………………………………………………190

第9章　株式会社と管理会計の生成 ―――――― 195
― 鉄道業から製造業へ ―

第1節　開　題………………………………………………………………195
第2節　管理会計に対する認識と生成史研究の意義……………………196
第3節　19世紀中期アメリカの鉄道会社における鉄道管理会計の生成 198
第4節　20世紀初頭アメリカの製造会社における管理会計の生成 ………204
第5節　結　語………………………………………………………………208

第10章　株式会社と会計専門職業 ―――――― 213
― 19世紀イギリスにおける会社法制の整備と会計専門職業の発展 ―

第1節　開　題………………………………………………………………213
第2節　会計士と破産関連業務……………………………………………215
第3節　会計士と監査業務：1862年会社法の制定まで ………………221
第4節　会計士と監査業務：1908年会社法の制定まで ………………225
第5節　会計士団体の設立…………………………………………………227
第6節　会計教育……………………………………………………………229

第11章　政府・自治体と公会計 ―――――― 232
― アメリカ公会計の起源と特徴 ―

第1節　アメリカ公会計の起源と特徴：基金と予算……………………232
第2節　アメリカの経済情勢と公会計の展開……………………………234
第3節　アメリカ公会計における基金概念………………………………237
第4節　アメリカ公会計における簿記：クリーブランドの所説を中心として 238

第 5 節	公会計における予算の意義と制度 …………………………242
第 6 節	アメリカ地方政府における予算制度の生成の背景 ………244
第 7 節	予算制度の生成と連邦政府への導入 ………………………246
第 8 節	結　語 …………………………………………………………249

第12章　近代的財務諸表の発展 ――― 253
―誘導法に基づく貸借対照表と損益計算書の出現と展開―

第 1 節	財務諸表の生成・発展の諸段階 ……………………………253
第 2 節	Luca Pacioli と Simon Stevin ………………………………254
第 3 節	財務諸表の作成を巡る二つの方式 …………………………256
第 4 節	18世紀スコットランドの簿記書 ……………………………257
第 5 節	19世紀アメリカの簿記書 ……………………………………262
第 6 節	Charles E. Sprague と Henry R. Hatfield……………………266
第 7 節	ユナイテッド・ステーツ・スティール社の財務諸表 ……271

第13章　会計理論の生成と展開 ――― 281
―世紀転換期から1920年代のアメリカにおける学説史的展開―

第 1 節	複式簿記教授法の展開：資本勘定と損益勘定 ……………281
第 2 節	第一次世界大戦期頃までの利益概念 ………………………285
第 3 節	第一次世界大戦期以降の利益概念 …………………………287
第 4 節	アメリカ連邦所得課税制度の影響 …………………………292
第 5 節	資本会計の理論的展開 ………………………………………295
補　論	同時代におけるドイツ会計学の特徴 ………………………298

結　章　現代会計へのプロローグ ――― 303

第 1 節	会計史を学ぶ意義 ……………………………………………303
第 2 節	現代会計のプレリュード：20世紀の会計 …………………310

＜必読文献＞……………………………………………………………………319

索　　引………………………………………………………………………327

執筆者略歴等…………………………………………………………………343

近代会計史入門

(第2版)

序　章
「会計」の起源と複式簿記の誕生

　本章では，まず，人間の本源的行為としての「会計」の意味とその起源，そして，会計記録と文字の誕生のかかわりについて検討する。次に，会計に固有の記録・計算のツールである簿記に関して，今日，その最も代表的な形態と考えられる複式簿記の生成過程を概説するとともに，複式簿記を印刷教本として世界で最初に解説した Luca Pacioli の「簿記論」で教示されていたヴェネツィア式簿記の特質を明らかにする。

第1節　古代文明と会計記録の生成

1．序

　「会計」（accounting）の根源を，歴史的観点から，「財の記録とそれに基づく管理」と見なせば，「簿記」（bookkeeping）とは「会計に固有の記録・計算のためのツール」と定めることができるであろう。
　会計記録の媒体として，どのようなものが考えられるのであろうか。人間の頭脳に記録（記憶）することもできるが，そこでは記録できる経済データの容量や保存期間，恣意性などの点でさまざまな問題が生じる。したがって，会計の記録には，例えば，粘土板，あるいは，羊皮紙やパピルス紙から，装釘され

た大部な会計帳簿，さらに，コンピュータの利用を前提とした電子帳簿（電磁的記録）に至るまで，人間の頭脳以外のさまざまな媒体が用いられてきた。

では，上記のような何らかの媒体に残された会計記録の最古の証跡を，われわれは，いつ頃，どこに見出すことができるのであろうか。

Arthur H. Woolf の *A Short History of Accountants and Accountancy* (1912)（『ウルフ会計史』）は，会計史に関する古典的著作の一つとされる。Woolf は，その「序論」(Introduction) において，「会計の歴史は概して文明の歴史である。……会計は文明の進歩と手をたずさえて来たことになる。商業は文明の侍女といわれたが，同様に会計は両者の侍女であるといっても誤りではない。……まことに会計は時代の鏡であって，このなかに，われわれは，国民の商業史および社会状態の多くの反映を見る。……」(Woolf[1912], p.xix（片岡(義)・片岡(泰)(訳)[1977], 1頁））と述べている。

上掲の文言は会計の持つ歴史性を論じ，その起源が文明の誕生とともにあることを強調するものであるが，Woolf がそこで想定していた文明とは，おそらく当時の歴史学（考古学）研究の状況から考えれば，古代のメソポタミアやエジプトであり，そこに見出される「会計」の証跡も文字による記録（具体的には，粘土板に楔形文字 (cuneiform) で記された文書や，パピルス紙に象形文字（ヒエログリフ (hieroglyphs)）で記された文書であったと考えられる。しかし，近年の考古学研究の展開は，メソポタミア文明の中でも，とりわけ人類最古の文明とされるシュメルの時代に作成された粘土製の遺物——英語で「トークン」(token or clay token) と表記されるもの——に会計記録の祖型を見出すに至っている。(1)

2. トークン：プレーン・トークンからコンプレックス・トークンへ

ティグリスとユーフラテスの両河川に囲まれた「肥沃な三日月地帯」(the Fertile Crescent) では，紀元前8000年頃に採集・狩猟生活から，農耕（麦類）と牧畜（牛，羊）を主体とする生活への転換が行われ，さらに，天水農法に代わる灌漑農法の導入により，農耕文化の拡大が見られた。そこで形成された農

村共同体の安定・維持のために，増大する経済データ（穀物や家畜の数量など）の記録とそれに基づく管理が行われるようになる。

　このために考案された用具が，先に言及したトークンと呼ばれる，円錐型や球型・円盤型・円筒型など諸種の形態を持つ，1～3cm程度の小さな粘土製の人工物であった。このような幾何学型の粘土製品と，これが入った直径10cm程度の中空の粘土製の封球，つまり，ブッラ（bulla）は，西アジアの各地で広範囲に出土しており，最古のトークンは前8000年紀に属するとされるが，最初にそれがどこで製作されたかについては不明である。これらの粘土製品が出土した当初は用途不明の不思議なものとして扱われたが，現在ではそれは物資管理のための記録・計算の用具であろうと考えられている。

　初期にはシンプルな形態であった「プレーン・トークン」（plain token）は，前4000～3500年頃の南メソポタミアにおいて，再分配経済を監督する首長の出現による「序列社会の形成」という社会構造の大きな変化に伴い，王宮や神殿における諸種の物資の受払い（特に租税と貢納物）の管理のため，これらを正確かつ効率的に処理する必要性に迫られて，釣り鐘型や，楕円形型，菱型，さらに，ミニチュア道具型，家具型，人間型，動物型など，新たな多様な形態を持つ「コンプレックス・トークン」（complex token）への展開を見る。

　ただし，形態が多様化したとしても，トークンを用いた記録・計算のシステム（「トークン・システム」）そのものは，基本的に，「1対1対応の原則」，つまり，対象物の種類と数量に応じて特定の形態と個数のトークンを必要とするという意味で，極めて具象的なものであった。しかし，「簿記」を，先に述べたように，「会計に固有の記録・計算のためのツール」と定義するなら，トークンこそは，記録・計算のための原初的なツールであり，会計記録に関する人類最古の証跡（祖型）とみなされるものである。

3．トークンから絵文字（古拙文字）へ

　トークンを保管するために，例えば，これを中空のブッラの中に封入する方法が採られたが，ブッラ自体は粘土製であるのでそのままでは外部から内容物

であるトークンの形態や個数を確認することができない。そのために，ブッラの表面に内容物を示す押印が付された。すなわち，最初の段階では，トークンをブッラの中に入れ，その表面にトークンを押しつけてその痕跡を取引や契約の証拠としたのである。

その後に，トークンの押印がブッラの中に封入されたトークンそのものに代わって内容物に関する情報を伝達するということが理解されるにつれ，ブッラの表面（球面）に代えて粘土板の表面（平面）へのマークないし線刻（おそらく最初はトークンを押しつけてできる痕跡と同じ形のものが描かれた），さらに，そこから前3200年頃に線描絵文字（ウルク古拙文字）が生まれた。このような古拙文字を発明したウルクは古代シュメルの有力都市であり，交易のためにユーフラティス河を遡行したシリアに植民都市を建設している。ウルクの活発な交易活動は，トークンとブッラよりももっと簡便な会計記録の方法を要求したのであろう。ウルクから出土した古拙文書（古拙文字が記された粘土板など）は断片を含めて約3000枚に及び，完全には解読されていないものの，文書の大部分は家畜・穀類・土地などの会計記録と言われる。

4．絵文字から楔形文字へ

前3200年頃にウルクで発明された古拙文字が整備され，完全な文字体系が整備されるのは前2500年頃である。ウルク古拙文字は表意文字（表語文字）であったが，この頃になると表音文字が登場する。文字の数も整理され，シュメル語が完全に表記されるようになる。また，同じ頃に葦のペン（尖筆）が工夫され，起筆が三角形の楔形になる文字が書かれるようになり，楔形文字が誕生する。そして，この楔形文字が古代オリエント世界の各地でさまざまな言語を表記するために用いられるようになったのである。

歴史が叙述を伴うものであるとすれば，文字の発明により，われわれは本格的な「歴史の時代」を迎えることになる。そして，文字が発明される背景には会計記録の必要性があった。すなわち，叙述のための文字が誕生するはるか以前から，上述のように会計記録は存在したのであり，文字を使用しない形で簿

記が実践されていた。その意味で、冒頭に掲げた Woolf の文言は決して誇張ではない。むしろ彼が想定していた時代よりもはるか以前から、つまり、文字による記録（歴史）が生まれる以前から会計記録は存在した。会計記録の必要性から文字が誕生したと言えるのである。

第2節　体系的勘定組織の形成

　前節では、「簿記」を「会計に固有の記録・計算のツール」として定義したが、それは、さまざまな観点から、多様な形態のものに分類される。例えば、(1)記帳方法の相違により、単式簿記（single entry bookkeeping）と複式簿記（double entry bookkeeping）とに、あるいは、(2)運用される場が企業であるか否かにより、企業簿記と非企業簿記とに、さらに、(3)企業簿記の場合には、企業の業態により、商業簿記、工業簿記、銀行簿記、農業簿記などというように種々に分類することができる。

　簿記は上記のように多様な形態を持つのであるが、その中で、今日、最も代表的な形態とみなされるのは複式簿記であろう。

　では、複式簿記はどのように定義されるのであろうか。換言すれば、複式簿記の本質は何に求めることができるのであろうか。

　複式簿記が他の簿記形態と比較して有する記帳技術上の特徴に着目すれば、それは、企業その他の組織に生起する多様な経済事象のうち記録対象とされるもの（簿記ではこれを「取引」（transaction）と呼ぶ）のすべてについて、貸借の二面的記入、つまり、複式記入（double entry）が貫徹される簿記と言うことができる。

　複式簿記をこのように定義するとすれば、記録対象とされる取引のすべてについて複式記入を貫徹する（＝「取引の完全複記」）という要件を充たすためには、その前提として、簿記において記録の受け皿となる「勘定」（accounts）が一つのシステムとして組織化されている必要がある。すなわち、「1つの閉ざされた体系的な勘定組織」（小島[1965], 30-31,66頁）の成立が不可欠となる。

したがって，複式簿記の歴史，特にその生成史は，勘定という観点から見れば，取引の完全複記を可能とするような諸種の勘定の生成とその自己完結的な体系的組織化の過程と見ることができる。

1. 勘定とその構成要素

　勘定とは，複式簿記における記録・計算・集計の単位であり，今日的には，左右対照的なＴ字型（T-form）の形式（これを「勘定形式」（account form）と呼ぶ）を持つ。勘定は，個々の勘定の記録内容を表す名称である「勘定科目」（例えば，「現金」勘定や「商品」勘定など），および，計算対照性のあるプラスの計算量とマイナスの計算量（例えば，「現金」の収入と支出など）をそれぞれ区別して記入する左右対照的な記入欄，つまり，「借方」（Debitor, Debtor; Dr.）と「貸方」（Creditor; Cr.）という，計三つの要素から構成される。そして，複式簿記にあっては，記録対象とされる経済事象（＝「取引」）が生起すると，当該取引は二つの側面から分析され，その結果が体系的組織を構成する個々の勘定に貸借複記入される。すなわち，ある勘定の借方と，別の勘定の貸方へと，必ず貸借二面的に記入されるのである。

2.「記憶」から「記録」へ：債権・債務の記録と人名勘定の生成

　では，勘定は，どのような必要性から生まれ，かつ，どのように組織化されていったのであろうか。

　勘定は，一般に，金銭の貸借取引や商品の信用取引などに伴って発生する債権・債務を備忘的に記録しようとする試みから生成した。すなわち，勘定は，後日に決済をめぐって紛争を生じる恐れのある債権・債務を証拠保全するための形式と方法が工夫・改良される中から，まず「人名勘定」（personal accounts）という形態で生成したのである（小島 [1965], 125,139頁）。つまり，人名勘定とは，債権・債務の発生とその決済を取引先別に記録・管理するために，取引先（個人または企業など）の名前を勘定科目として設けられた個別の勘定を言う。

人名勘定における記入方法については，例えば，商人 α が取引先の商人 β に対して金銭を貸し付けたと仮定しよう。商人 α は，決済に際して起こるかもしれない紛争に備えて，β に対する貸付金について文書的証拠（記録）を残しておくことが必要になる。そこで，α は，β の名前を勘定科目とする「β 勘定」（人名勘定）を設ける。ただし，β 勘定への記録は，α の視点ではなく，勘定科目とされた β の視点から行われる。すなわち，上記の＜α の β に対する貸付金（債権）＞は，β の視点から見れば，＜β の α からの借入金（債務）＞となる。したがって，β は α から金銭を借り入れている側，つまり，「借り手」（債務者）（＝「借方」（debitor or debtor））の立場になるので，α が証拠保全すべき β への貸付金（＝「α の貸付金」）は「β の借入金」という形に変換されて，α の帳簿に設けられた「β 勘定」の借方に記入される。

　すなわち，人名勘定にあっては，記録されるべき債権（または債務）は，勘定科目とした取引の相手方の視点から見た債務（または債権）に置き換えられた上で，該当する取引先別の人名勘定の借方（または貸方）へと記入される。このような記帳方法を採ることにより，商人は，取引に伴う債権・債務の発生と消滅をその取引先別に個別に記録・管理することができたのである（木村・小島 [1966], 14-15頁）[(2)]。

　なお，生成当初の人名勘定では，今日見られるような借方と貸方を左右対照的に配置する形式（＝「左右対照形式」（sezioni contrapposte）），いわゆるT字型の勘定形式は未だ利用されていない。すなわち，取引を貸借二面的に分析はするが，しかし，記入にあたっては，貸借を上下に書き分ける形式が用いられていた。例えば，人名勘定に関するイタリア最古の現存史料である1211年のフィレンツェの金融業者の会計帳簿（2葉4面の断片のみ残存）では，債権・債務の発生は帳簿の上部に記入し，決済は若干の余白をもってその下部に記入するという「上下対照形式」（＝「上下連続形式」（sezioni sovrapposte））で記録されていた。この場合，取引先への貸付けのような借方記入が常に帳簿の上部に記入されるとは限らず，取引先からの資金の預入れのような貸方記入が上部に記入されることもあり，貸借どちらが上部に記入されるかは記録されるべき取引の内容に依存していた（木村・小島 [1966], 6-7頁；泉谷 [1997], 22-26頁）。

3. 物財の出納管理と物財勘定の出現

　先の人名勘定では，記録は債権・債務の範囲にとどまっていたが，次第に債権・債務を含めた自己の所有に帰属する財産を確定する，つまり，「自己の所有権の限界付け」（小島 [1965], 70-71 頁）という動機の下で，人名勘定における勘定記入の方法が，現金や商品・備品・船舶・建物など，商人が所有する物的財産へと拡張される。そして，これらの物的財産の出納を個別に記録・管理するための勘定として「物財勘定」（impersonal accounts）が出現する。

　債権・債務を記録対象とする人名勘定では，借方と貸方という用語は，前項で述べたように，貸借関係における固有の意味を有していた。他方，物的財産の出納を記録する物財勘定では，貸借関係の存在を前提とするこれらの用語は本来その固有の意味を持ちえないはずであったが，現実には物財勘定（や後述の名目勘定）にあっても貸借関係を人為的に擬制するなどして，借方と貸方という用語が継承されることになった。

　例えば，現金の出納を記録する「現金」（cash）勘定については，これを現金の出納を担当する「現金出納係」（cashier）の勘定へと擬人化（personification）することにより人為的に貸借関係が擬制された。すなわち，商人（企業主）が取引先との間で行った現金の受払いは，現金出納係を仮想することにより，企業主と現金出納係との貸借関係に置き換えられたのである。

　商人 a が取引先の商人 γ から現金を借り入れた場合を仮定しよう。この場合，商人 a は借り入れた現金をただちに現金出納係に預け入れるものと仮想され，そこに a の現金出納係に対する一種の債権が発生すると擬制される。逆に，現金出納係の視点から見れば，当該現金を預かることにより，a に対して一種の債務（＝「借」）が発生すると擬制される。つまり，現金出納係は a に対して「借り手」（＝「借方」）の立場になるので，a が γ から受け入れた現金は，上記の擬制関係の下で，「現金」（＝「現金出納係」）勘定の借方に記入される。他方，a が γ から借り入れていた現金を返済するとすれば，a は以前に現金出納係に預け入れていた現金の払出しを要するので，現金出納係の視点に転じれば，a から預かっていた現金の払戻し，つまり，a に対する債務（＝「借」）の減少

が生じるので，先の記入とは反対に，「現金」（＝「現金出納係」）勘定の「貸方」に記入される（木村・小島[1966], 21-22頁）。

　商品についても同様であり，取引される個々の商品の背後にそれぞれの商品を管理する「商品出納係」が仮想される。商人 a の視点からは，個々の商品（例えば，胡椒や毛織物など）の仕入れについては，仕入れた商品をただちにそれを管理する商品出納係に預け入れるものと仮想され，そこに a の商品出納係に対する一種の債権（＝「貸」）が発生すると擬制される。逆に，商品出納係の視点から見れば，上記商品を預かることにより， a に対する一種の債務（＝「借」）の発生が擬制されるので，該当する商品勘定（具体的には，「胡椒」勘定や「毛織物」勘定など，個々の取扱商品の名前を勘定科目とした商品名商品勘定（特定商品勘定））の借方に記入される。他方，商品の売上げについては， a の視点からは，以前に商品出納係に預けていた商品の払出しを要するので，商品出納係の視点に転じれば， a から預かっていた商品の払戻し，つまり， a に対する債務（＝「借」）の減少が生じるので，先の記入とは反対に，該当する個々の商品勘定の貸方に記入される（木村・小島[1966], 22-23頁）。

　上記の現金勘定や商品勘定などに代表される物財勘定は，先の人名勘定と併せて「実在勘定」(real accounts) と総称される。そして，商人は，これら二つの勘定群が形成されることにより，自己の所有に帰属する積極・消極の財産，つまり，取引先や，主人 (principal) または代理人 (factor or agent)，共同して組合企業 (partnership) を結成している他の構成員 (partner) などとの債権・債務，そして，現金や商品，備品など，自己の財産の有高とその増減等に関する網羅的で秩序立った記録を保持することが可能となり，商人の財産はすべて「実在勘定」に属する二つの勘定群により記録・管理されることになる。

4．名目勘定の導入と体系的勘定組織の形成

　上述のように，商人は，実在勘定における勘定記録を通じて自己の財産に関する管理計算的把握が可能となる。しかし，それだけでは他の多様な形態の簿記と比較しての複式簿記の記帳技術上の特徴である「取引の完全複記」は達成

されない。そのために，いわゆる「名目勘定」（nominal accounts）の導入が必要とされる。

　名目勘定は，今日的には，損益計算，特に収益・費用の勘定記録から誘導される損益法的損益計算（収益・費用計算）の観点から重視される。しかし，それが誕生した当初，否18世紀に至っても，かかる勘定群は，人名勘定と物財勘定だけでは足りない相手方勘定を補い，貸借同一金額による取引の完全な貸借複記（換言すれば，完全な「反対記録」）を可能とするための「擬制または名目勘定」（Fictitious or Nominal Accompts）（あるいは「仮想勘定」（Imaginary Accompts））と位置づけられていたにすぎない（MacGhie[1718], p.9；Malcolm[1718], pp.121-122; 同 [1731], pp.18-19；see Yamey[1974], pp.156-157[3]）。

　そして，この名目勘定においても，先の実在勘定の場合におけるのと同様に，人名勘定における貸借記入の方法が拡張適用される。すなわち，例えば，給料や支払手数料，関税，賃借料などを支払ったときは，それらの受取人に対する一種の債権（受取人から見れば債務（＝「借」））の発生を擬制することにより，「給料」勘定その他の勘定の借方に記入される。逆に，受取手数料や受取地代・賃借料などを受け取ったときは，それらの支払人に対する一種の債務（支払人からみれば債権（＝「貸」））の発生を擬制することにより，「受取手数料」勘定その他の勘定の貸方に記入されるのである（木村・小島[1966], 27-28頁）。

　いずれにせよ，かかる名目勘定の導入によって，「実在勘定と名目勘定の統合」（integration of real and nominal accounts）（Littleton and Zimmerman[1962], pp.26-27, 30-31）を基軸とする「1つの閉ざされた体系的な勘定組織」が形成・確立され，取引はその二面的性格に応じて貸借に分析され，もれなく完全複記される。その結果として，貸借均衡の原理を通じての自己検証性が確保されることになる（小島[1965], 30-31,66頁）。

　同時に，勘定における記入形式にも工夫・改良が施され，借方と貸方を取引の性質に応じて上下に書き分けるという当初の「上下対照形式」（＝「上下連続形式」）から，今日，われわれが目にするT字型の「左右対照形式」，いわゆる「勘定形式」の出現を見るに至るのである[4]。

第3節　複式簿記：財産計算と損益計算の統合

　前節で述べたように，人名勘定・物財勘定・名目勘定という三つのカテゴリーの勘定群（具体的には，資産・負債・資本・収益・費用に関わる諸勘定）が出揃い，実在勘定と名目勘定の統合を基軸とする「1つの閉ざされた体系的な勘定組織」という基本構造が形成・確立されることの結果として，複式簿記にあっては，記録対象とされる取引のすべてが完全複記され，かかる網羅的で秩序だった勘定記録から一定の計算数値を体系的に導出することが可能になる。

　ただし，勘定記録から意味ある計算数値を導き出すためには，さまざまな勘定を一定のルールにしたがってグループ化する必要がある。グループ化された勘定群を勘定系統（または勘定系列）と呼ぶならば，このようなグループ化は，当然のことながら，企業その他の組織の会計目的により異なってくる。

　今日，複式簿記の機能として，例えば，現在の「精算表」に象徴されるような，損益計算書計算と貸借対照表計算による損益の二重計算的把握が指摘されるが，この場合の勘定系統とは，期間計算を念頭に置くとすれば，以下の［図表 序-1］に示す等式として描くことができる。すなわち，

図表 序-1　損益の二重計算を指向する等式と勘定系統
（期間）収益 －（期間）費用 ＝（期間）損益……収益・費用の諸勘定
（期末）資本 －（期首）資本 ＝（期間）損益
　　　　　　　　　　　　　　……資本（＋資産・負債）の諸勘定

　上掲の等式のうち，前者は，損益法等式と呼ばれ，収益（＝財産の増加原因）から費用（＝財産の減少原因）を控除する方式により期間損益が直接的に計算されることを示しており，損益計算書における損益計算（損益法的損益計算）を表す。他方，後者は財産法等式と呼ばれ，＜資産－負債＝資本＞という資本等式を前提として，資産（＝積極財産）と負債（＝消極財産）との差額として確定される資本（＝純財産）を二つの時点（期首と期末）で比較する方式により期間損益が間接的に計算されることを示しており，貸借対照表における損益

計算(財産法的損益計算)を表す。

ただし,損益計算のみが,複式簿記の主たる機能として存在するわけではない。複式簿記の基本構造を構成する体系的勘定組織の形成に至る目的が,先に述べたように,金銭の貸借取引や商品の信用取引などに伴う債権・債務の記録と管理に始まり,そこから,現金や商品,備品などの物的財産の出納の記録と管理,あるいは,給料や手数料などの受払いに関する記録と管理へと拡大されていったということからも示されるように,複式簿記は,生成の当初から,「自己の所有権の限界付け」という動機の下で,財産の管理計算的機能を有していたのである。むしろ初期の段階では,損益計算の機能よりも,財産の管理計算的機能が評価されたがゆえにそれが利用されていたとも考えられる[5]。

この場合には,先と同様に期間計算を念頭に置くならば,資本(=純財産)の二重計算的把握を目的として,以下の[図表 序-2]に示されるように,損益計算を指向するものとは異なる別の勘定系統を描くことができる。すなわち,

図表 序-2　資本(純財産)の二重計算を指向する等式と勘定系統
(期末)資産 －(期末)負債 ＝(期末)資本……資産・負債の諸勘定
(期首)資本 ±(期間)損益 ＝(期末)資本
　　　　　　　　　　　　　……資本(＋収益・費用)の諸勘定

そして,このような財産管理のための記録計算システムが,徐々に損益計算のための記録計算システムの機能を担うようになる中で,つまり,財産計算(財産管理計算)と損益計算(資本価値計算)という二つの機能が複式簿記の生成・発展過程の中で相互に絡み合いかつ融合しながら,今日のような統一的記録計算システムとしての複式簿記へと進化してきたのである。その意味において,複式簿記とは,歴史的にみるならば,財産計算と損益計算のための諸種の勘定の自己完結的な体系的組織として規定することができる(小島 [1965](第2章第 III 節);see 中野 [1992](第1章 II))[6]。

このように,複式簿記は,財産計算と損益計算のいずれの計算目的にも対応できる弾力的な記録計算システムであり,このような弾力性を有するがゆえに,「会計に固有の記録・計算のツール」としての有用性を喪失することなく,13

〜14世紀と考えられるその誕生のとき以来，今日においてもなお「簿記」の代表的形態としての地位を保ち得ているものと考えられる。

第4節　複式簿記の誕生と伝播

1．複式簿記起源論争：複式簿記の起源をめぐる所説

　では，複式簿記は，勘定の出現とその体系的組織化の過程を経て，いつ頃，どこで誕生したのであろうか。

　複式簿記の起源については，従来から，さまざまな所説が展開されている。古代のインドやローマ，あるいは，イスラム世界にその起源を求める所説も見出されるが，今日的には，11世紀末から始まった十字軍の遠征を契機とする地中海貿易の発展を基に著しい経済的発展を示したイタリア諸都市にその起源を求める中世イタリア起源説が支配的である[7]。

　ただし，中世イタリア起源説は，さらに，(1)フィレンツェを中心とするトスカーナ説，(2)ジェノヴァ説，(3)ミラノを中心とするロンバルディーア説，さらに，(4)ヴェネツィア説，あるいは，(5)ほぼ同時期にイタリアの商業都市で生成したと考える同時期説に分けることができる。

　このうち，トスカーナ説は，今日のような左右対照的な勘定形式の成立を複式簿記生成の絶対的要件とは見ず，これに先行する上下対照形式（＝上下連続形式）であっても，複式簿記の本質は取引を貸借に分析し記録することにあるという観点から，人名勘定・物財勘定・名目勘定から成る体系的勘定組織の成立とそこへの取引の完全複記が認められる，13世紀末のフィレンツェの金融業者の会計帳簿（具体的には，フィニー兄弟商会（Renieri Fini e fratelli）の元帳（1296〜1305）やファロルフィ商会（Giovanni Farolfi e Comp.）の元帳（1299〜1300）など）に複式簿記の生成を見出そうとする説である。

　これに対して，ジェノヴァ説は，体系的勘定組織の成立と取引の完全複記と

ともに，勘定式計算法を具現する左右対照的な勘定形式の出現を重視する観点から，1340年のジェノヴァ市政庁財務官（massaria communis）の会計帳簿（元帳）に史料を求めて，そこに複式簿記の生成を画そうとする説である。

他方，ロンバルディーア説は，ジェノヴァ説と同様に，左右対照的な勘定形式を重視しながら，さらにより厳密に，1冊の帳簿にすべての勘定が網羅される総勘定元帳の形成とそこへの取引複記が貫徹される実務をもって複式簿記と見る論理構成から，14世紀末のミラノの商人や金融業者の会計帳簿（具体的は，マイノ銀行（Banco Del Maino）の元帳（1394〜1400）やカタロニア商会（Societa di Catalogna）の元帳（1395〜1398）など）に複式簿記の起源を定めようとする説である。

これらの所説に対して，同時期説は，現存する史料を見る限りは，ジェノヴァやフィレンツェ，ミラノ，さらに，ヴェネツィアなどで用いられていた複式簿記の方法や様式にかなりの地域差が見出されるので，特定の時，特定の場所に一元的にその起源を求めようとするよりも，複式簿記はこれらの地域でほぼ同時期に独立的に誕生したのではないかと見る説である。

なお，ヴェネツィア説は，後述する Luca Pacioli（姓のみで表記する場合には Paciolo）の「簿記論」（1494）との関連でしばしば主張されるが，現実に複式簿記の利用を根拠づける史料（会計帳簿など）が，フィレンツェやジェノヴァ，ミラノのそれと比べて相対的に後世の時期のものしか現存していないという欠点がある。

2. 複式簿記の生成と Paciolo の「簿記論」（1494）

上記のように，複式簿記の起源に関しては，現存する会計文書が絶対的に少なく，また断片的であるといった史料上の制約や，複式簿記の本質要件をめぐる論者間での見解の差異もあって，共通した認識を形成するまでには至っていない。しかしながら，「複式簿記は，おおむね13世紀初頭から14世紀末までの間に，イタリアで，商業と銀行業の簿記実務のうちに生成発展し，15世紀に体系的組織を確立した。……」（小島[1987]，19頁）という点では，多くの論者

間に一応の合意が認められる。

　体系的組織が確立された複式簿記，特に15世紀末段階のそれを世界で初めて印刷教本の形で解説したのが，先に言及した Paciolo の「簿記論」である。

　これは，彼が1494年にヴェネツィアで出版した数学書 *Summa de Arithmetica Geometria Proportioni et Proportionalita*（『算術・幾何・比および比例総覧』；わが国では原書標題の最初の単語を用いて『スムマ』（*Summa*）と略称されることが多い）の一部（第1部第9編論説第11）に "Particularis de Computis et Scripturis"（「計算記録要論」）として収録されており，当時のヨーロッパ経済の一大中心地であった海港都市ヴェネツィアの商人が用いていた商的企業複式簿記（＝ヴェネツィア式簿記）の実務が全36章にわたって解説されている。[8]

3. ヴェネツィア式簿記の特質とヨーロッパへの伝播

　上記の Paciolo の「簿記論」で解説されているヴェネツィア式簿記と，今日の教科書で解説されている複式簿記とを比較すれば，同じ複式簿記と言っても，そこにはいくつかの大きな相違点が見出される。

　ヴェネツィア式簿記の特質の一つは，当時のヴェネツィア共和国の経済を支えていた冒険的海上商業（sea-trade venture）にうまく適合できるように工夫された冒険商業会計（venture accounting）と呼ばれる会計処理の手続が組み込まれていたということにある。

　今日の簿記教科書，特に商業簿記の教科書では，商品の売買を記録・計算し，その勘定組織の基軸となる商品勘定について，さまざまな種類の商品を「商品勘定」（一般商品勘定）という単一の勘定で総括的に処理するか，あるいは，三分法のように，商品勘定を「仕入勘定」・「売上勘定」・「繰越商品勘定」といった複数の勘定に機能的に分割して処理するか，いずれかの形態で解説されている。しかし，ヴェネツィア式簿記における商品勘定は，取扱商品の種類や，同じ種類の商品であっても，産地や品種，仕入口や荷口等の別に設けられる商品名商品勘定（特定商品勘定―「胡椒勘定」や「毛織物勘定」など），あるいは，海外への積送品については特定の仕向地の別に設けられる航海勘定や旅商勘定

(「コンスタンチノープル向け航海勘定」など）といった，商取引上のさまざまな単位に基づいて設定される個別の商品勘定——「冒険商業勘定」（venture accounts）と総称される——の形態で利用されていた（Geijsbeek[1914], pp.35,45,51；see 山下[1950], 57-58頁)。

当時のヴェネツィアの商人たちが，商取引の内容に応じて弾力的に設定される一群の商品名商品勘定や航海勘定などを基礎とした冒険商業会計の手続を用いて，自己の計算や共同の計算により間歇的に営んだ当座的な冒険的海上商業の経過や結果を把握していた。具体的には，商品の仕入や売上のみならず，手数料や関税などの諸経費もできるだけ特定の取扱商品や航海等に関連づけて記録することにより，商品の数量や所在，所有関係，あるいは，商取引に関連して生じる仕入先や得意先，代理人などとの債権・債務その他の明細を把握し，個々の商取引活動に対する会計的管理・統制を可能にするとともに，損益についてもこれを取引ごとに口別に計算することができたのである（＝口別損益計算）（Geijsbeek[1914], pp.59,61；Lane[1945], p.173；see 山下[1950], 60-61頁)。

しかも，この場合に，損益は，商人の営業を構成するさまざまな商取引のうち，商品の販売が完了したものについてのみ計算され，未完結の商取引に関する損益の部分的把握，あるいは，そのための棚卸は原則として行われず，したがって，商品名商品勘定や航海勘定の同一元帳内での他頁への繰越や，元帳全体の新帳への更新にあたっては，販売未了の商品勘定や航海勘定は借方と貸方との算術的差額がそのまま新しい頁や新しい元帳に繰り越されていた（Geijsbeek[1914], pp.67,71)。それゆえに，今日のような期間損益計算と結びついた形での元帳の規則的な締切は見られず，元帳は，記入で一杯になったときなどに不規則的に締め切られていたにすぎない（Geijsbeek[1914], p.69；see 山下[1950], 62-63頁)。このような元帳の不規則的な締切が，ヴェネツィア式簿記の第二の特質を構成する。

さらに，第三の特質は，帳簿組織の面に見出される。今日の教科書では，仕訳帳と元帳からなる二帳簿制（具体的には，単一仕訳帳・単一元帳制，あるいは，分割仕訳帳・分割元帳制）が説かれている。これに対して，Pacioloの「簿記論」にあっては，当時のヴェネツィアの商人は，一般に，財産目録（inventario

―inventory）とともに，日記帳（または備忘帳）（memoriale―memorandum），仕訳帳（giornale―journal），および，元帳（quaderno, quaderno grande―ledger）という三種類の帳簿を用いて商取引を記録・計算していたとされ，これに基づき，いわゆる三帳簿制が説かれている（Geijsbeek[1914], p.39）。

いずれにせよ，上記のような冒険商業会計の手続や，元帳の不規則的な締切，三帳簿制といった特質を具備したヴェネツィア式簿記（またはイタリア式簿記）こそが，複式簿記の原型として，いわば「聖典的権威」（canonical authority）（Chatfield[1977], pp.52-53）あるものとして，Pacioloの「簿記論」に代表されるような簿記の解説書または教科書を通じて(10)，あるいは，実際の商取引に携わっていたイタリアの商人や，ヴェネツィアやジェノヴァなどに居留していた外国商人の活動を通じて，イタリアから，ドイツ，フランス，ネーデルラント（現在のオランダやベルギー，ルクセンブルク，フランス北東部），スペイン，イギリスなどのヨーロッパ各地に伝播していった(11)。その過程において，ヴェネツィア式簿記は，その時々の企業家の情報要求を充たすべく，徐々に今日的な形態の複式簿記へと近代化され，さまざまな形態を持つ簿記の中でも，最も代表的な形態とみなされるものへと展開していったのである。

[注]
(1) 「トークン」と文字の誕生，さらに，「会計」との関連の詳細については，小口・中田(訳)[2008]（特に第6章と第7章）を参照されたい（See also Nissen et al.[1993]; Mattessich[2000]; 鈴木(訳)[2005]; 小林[2005]; 中野[2013]）。
(2) 資本も，債権・債務と同様に，複式簿記誕生の初期にあっては，拠出額とその後の増減を資本の拠出者（＝資本主(proprietor)）の別に記録・管理するため，資本主の人名を付した「人名勘定」（＝資本主人名勘定）で処理されていた。これが，資本主の人名による限定を付されず，抽象的で一般的な「資本」勘定として登場するのは，イギリスの簿記書ではRichard Dafforne の The Merchants Mirrour: ……（1635）においてで あると言われる（小島[1971], 11-12,324-325頁; see Dafforne[1635], An Introduction to Merchants Accompts, pp.8-9）。
(3) 収益・費用の諸勘定の残高を収容するために設けられる損益勘定（＝集合損益勘定）も，損益計算に関連づけられてその役割が評価されたというよりは，

新しい帳簿に繰り越す必要のない諸勘定の残高，つまり，"refuse and dregs"（屑と滓）を収容するための勘定として位置づけられていたにすぎない（See Yamey[1949], p.109）。

(4) 「勘定」は，それが生成した当初は，「上下対照形式」（＝「上下連続形式」）を採っていた。ただし，この形式を採る限り，計算は，上から下へと順次加算または減算していく階梯式計算法に拠らざるをえず，また，債権・債務のいずれが先（上）に記入されるかは取引の内容次第であった（「債権債務混合形式」）。しかしながら，より合理的な記帳形式を求めての試行錯誤が行われる中から，勘定式計算法，つまり，少ない側にいくら加算すれば多い側に等しくなるかという加算的減算法を具現する形式としての「左右対照形式」，すなわち，今日，われわれが目にするT字型の「勘定形式」の出現を見るに至るのである。その詳細については，泉谷[1997]（第3章）を参照されたい。

(5) 詳細については，中野[1982]を参照されたい。

(6) 損益計算を志向する勘定系統と財産計算を志向する勘定系統との間に見られる大きな差異は資本勘定の位置づけにある。すなわち，前者では，資本勘定は，収益と費用の諸勘定と対立し，資産と負債の諸勘定と同じカテゴリーに含まれるが，後者では，それは収益と費用の諸勘定を下位勘定とし，資産・負債の諸勘定と相対立するカテゴリーに位置づけられる。このように，資本勘定は，会計目的観によりその位置づけや解釈が異なることになる。

　なお，勘定系統をめぐる諸学説，つまり，勘定学説（勘定理論）の歴史的考察については，安平[1979a]を参照されたい（See also Käfer[1966]（安平（訳）[1972]）；安平[1979b]）。

(7) 複式簿記の起源をめぐる所説の詳細については，小島[1987]（第2章）；片岡（泰）[1988]（第1章）；同[2007]（第1章第3節）などを参照されたい。

(8) Paciolo の「簿記論」の現代語訳については，欧米だけでなく，わが国でも，平井[1920]を嚆矢に，片岡（義）[1967]；岸[1983]（第4章）；片岡（泰）[1988]（第7章）などで邦訳が試みられているので，参照されたい。

(9) ただし，Paciolo は，特にミラノのような有名な場所では，大商人が毎年元帳を更新するのが慣習であるとも述べている（Geijsbek[1914], p.69）。

(10) Paciolo の「簿記論」は，15世紀当時のヴェネツィアの商人が用いていた簿記法（＝ヴェネツィア式簿記）を文言によってのみ解説したものであるが，これに帳簿の記帳例示などを加えて教科書的に整備したのが，1534年に *Quaderno doppio*……を出版した Domenico Manzoni である。この Manzoni の簿記書の詳細については，片岡（泰）[1988]（第8章）を参照されたい（See also Bywater and Yamey[1982]（pp.41-44）；小島[1987]（第5章））。

(11) なお，Frederic C. Lane は，ヴェネツィア式簿記が，ジェノヴァやフィレンツェで用いられていた簿記法よりも大きな評判を獲得して，ヨーロッパ各地に伝播していった要因として，次の三点を挙げている。すなわち，①ヴェネツィ

アの職業的簿記教師たちが記帳技術を高度な水準にまで洗練していたこと，② Paciolo の「簿記論」を含む最初期の簿記書がヴェネツィアで出版されていたこと，③ヴェネツィア式簿記に組み込まれていた冒険商業会計は，本来は海上商業に携わる商人を対象とするものであったが，それ自体は非常に弾力的なシステムであったので，さまざまな状況に応用することができ，商人たちに，債権・債務の明瞭で正確な会計記録の保持のみならず，規則的ではないが，容易で実際的な損益の把握を可能にしたことである（Lane[1945], p.173）。

＜参考文献＞

泉谷勝美 [1997]『スンマへの径』森山書店。
片岡泰彦 [1988]『イタリア簿記史論』森山書店。
――――― [2007]『複式簿記発達史論』大東文化大学経営研究所。
片岡義雄 [1967]『増訂 パチョーリ「簿記論」の研究（第二版）』森山書店。
岸　悦三 [1983]『会計前史―パチョーリ簿記論の解明―』同文舘出版。
木村和三郎・小島男佐夫 [1966]『新版 簿記学入門』森山書店。
小口好昭・中田一郎（訳）[2008]『文字はこうして生まれた』岩波書店（原著：D. Schmandt-Besserat, *How Writing Came About*, Austin, Texas, 1996）。
小島男佐夫 [1965]『複式簿記発生史の研究 [改訂版]』森山書店。
――――― [1971]『英国簿記発達史』森山書店。
――――― [1987]『会計史入門』森山書店。
小林登志子 [2005]『シュメル―人類最古の文明』（中公新書）中央公論新社。
鈴木　晶（訳）[2005]『文字の歴史―ヒエログリフから未来の「世界文字」まで』研究社（原著：S.R. Fisher, *A History of Writing*, London, 2001）。
中野常男 [1982]「複式簿記の損益計算機能に関する一考察―16-18世紀の英国会計における冒険取引勘定の役割について―」経営学・会計学・商学研究年報（神戸大学経営学部），XXVIII, 1-31頁。
――――― [1992]『会計理論生成史』中央経済社。
――――― [2007]「複式簿記の基本構造とその成立過程」，中野常男（編著）[2007]『複式簿記の構造と機能―過去・現在・未来―』（第1章）同文舘出版，3-19頁。
――――― [2013]「トークン：文字なき世界の会計記録～古代シュメルに見る会計記録の証跡と文字の誕生～」季刊ビジネス・インサイト，第21巻第1号，2-3頁。
橋本寿哉 [2009]『中世イタリア複式簿記生成史』白桃書房。
平井泰太郎 [1920]「『ぱちおり簿記書』研究」，神戸會計學会（編）『會計學論叢』（第四集），73-194頁。
安平昭二 [1979a]『簿記理論研究序説―スイス系学説を中心として―』千倉書房。
――――― [1979b]「勘定学説史」，小島男佐夫（編著）[1979]『体系近代会計学Ⅵ

会計史および会計学説史』（第10章）中央経済社，311-347頁。

山下勝治[1950]『損益計算論―損益計算制度の発展―』泉文堂。

Bywater, M. F. and B. S. Yamey[1982], *Historic Accounting Literature: a companion guide*, London.

Chatfield, M.[1977], *A History of Accounting Thought*, revised ed., Huntington, New York.

Dafforne, R.[1635], *The Merchants Mirrour: or, Directions for the Perfect Ordering and Keeping of His Accounts*;……, London.

Geijsbeek, J. B.[1914], *Ancient Double-Entry Bookkeeping: Luca Pacioli's Treatise reproduced and translated with reproductions, notes and abstracts from Manzoni, Pietra, Mainardi, Ympyn, Stevin and Dafforne*, Denver, Colorado.

Käfer, K.[1966], *Theory of Accounts in Double-Entry Bookkeeping*, Urbana, Illinois（安平昭二（訳）[1972]『ケーファー 複式簿記の原理』千倉書房）.

Lane, F. C.[1945], "Venture Accounting in Medieval Business Management," *Bulletin of the Business Historical Society*, Vol.XIX, No.5, pp.164-173.

Littleton, A. C. and V. K. Zimmerman[1962], *Accounting Theory: Continuity and Change*, Englewood Cliffs, New Jersey.

MacGhie, A.[1718], *The Principles of Book-keeping Explain'd*,……, Edinburgh.

Malcolm, A.[1718], *A New Treatise of Arithmetick and Book-keeping.*……, Edinburgh.

────── [1731], *A Treatise of Book-keeping, or, Merchant Accounts; in the Italian Method of Debtor and Creditor.*……, London.

Mattessich, R.[2000], *The Beginnings of Accounting and Accounting Thought: Accounting Practice in the Middle East (8000 B.C. to 2000 B.C.) and Accounting Thought in India (300 B.C. and the Middle Ages)*, New York.

Nissen, H. J., P. Damerow and R. K. England[1993], *Archaic Book-keeping: Writing and Techniques of Economic Administration in the Ancient Near East* (translated by P. Larsen), Chicago.

Woolf, A. H.[1912], *A Short History of Accountants and Accountancy*, London（片岡義雄・片岡泰彦（訳）[1977]『ウルフ 会計史』法政大学出版会）.

Yamey, B. S.[1949], "Scientific Bookkeeping and the Rise of Capitalism," *The Economic History Review*, 2nd Series, Vol.I, Nos.2&3, pp.99-113.

────── [1974], "Pious Inscriptions; Confused Accounts; Classification of Accounts: Three Historical Notes," in H. C. Edey and B. S. Yamey (eds.) [1974], *Debits, Credits, Finance and Profits*, London, pp.143-160.

（中野　常男）

第Ⅰ部
簿記の時代
―複式簿記の伝播と近代化―

第 1 章
フランスの簿記事情と会計規定の成立・展開
―イタリア式簿記の導入以前からナポレオン商法まで―

　本章では，イタリア式簿記，つまり，今日，「複式簿記」と言われる簿記の，導入以前における簿記事情から，ナポレオン商法に至るまでの，フランス会計史を考察する。まず，第1節では，複式簿記導入以前にあたる13～14世紀の会計帳簿を，第2節では，複式簿記導入期たる16世紀を代表するIehan Ympyn (Jan Ympyn)，Valentin Mennher，Pierre de Savonneの各簿記書を検討する。また，第3節では，会計史上初めて，国家の法令中に商業帳簿と財産目録に関する包括的規則を定めた1673年ルイ14世商事王令を，第4節では，同商事王令の解説書たるJacques SavaryとClaude Irsonの簿記書を考察する。さらに，第5節では，18世紀のフランスで起きたバブル事件（ミシシッピ会社事件）の会計的側面として，収支予測の変遷を検討する。最後の第6節では，上述の商事王令の継承・発展として1807年に制定されたナポレオン商法を考察する。

第 1 節　イタリア式簿記導入以前のフランスの会計帳簿

　フランス語による最初の簿記書は，1543年に出版されたIehan Ympyn Cristophle (Christophle)（フランス語表記；フランドル語表記ではJan Ympyn (Ympens) Christoffels）による複式簿記の解説書 *Nouuelle Instruction, et Remonstration de la tresexcellente sciénce du liure de Compte,……*（通常，『新教程』と略記；岸[1975], 17, 22-24頁）とされている（次節参照）[1]。それ以前のフランス

商人・銀行家の手による会計帳簿の存在が稀少である一方で、そこからは、イタリア式簿記、つまり、今日、「複式簿記」と言われる簿記にはない、独自の工夫に基づく記帳形式を見ることができる。

本節では、複式簿記がフランスに導入される以前の会計帳簿を紹介したい。具体的には、(1)中世ヨーロッパにおいて、パリを拠点に国際的に活躍し、金融業務に関しては、支配的な立場にあった十字軍の一組織、つまり、テンプル騎士団、(2)フランス内陸部を中心に商業を営んだフランス商人、つまり、リヨンの毛織物業者、および、(3)地中海沿岸部という立地条件を活かし、近東貿易をも行い活躍したフランス商人、つまり、ナルボンヌの商人Jacme Olivier、以上、三つの会計帳簿を取り上げる。

1. テンプル騎士団の会計帳簿

テンプル騎士団（Pauperes commilitones Christi Templique Solomonici）の現存史料は、パリにあるフランス国立図書館（Bibliothèque Nationale de France）において*Manuscrits, Fonds Latin* 9018で確認できる。当該会計帳簿（1295〜1296）はラテン語で記載された、現金収支に関する歴史的記録、つまり、現金日記帳であり、その多くが振込に関する記録である。テンプル騎士団は、記帳に際し、簡便化を目的とし、特定の前置詞を用いていた。具体的には、現金振込ないし口座振替の記録には「*de*（＋振込依頼者の口座名義）」、それに対応する「*super*（＋振込先の口座名義）」を使用し、それら振込額内訳、振込合計額、さらに、手許現金換算を提示した後、テンプル騎士団による支出を「*pro*（＋振込先の口座名義ないし現金受取人）」によって表した（三光寺 [2011a], 26-38頁）。

また、参照記録より、少なくとも11種類の他の帳簿が存在し、現金日記帳から11種類の帳簿への記帳がなされていたことがわかる。それら別種の帳簿は、顧客別、パリのテンプルへの振込方法の種別、特殊事項等で識別され、設けられていた。さらに、テンプル騎士団は、各顧客宛に口座の抜粋を作成し、年3回、配布していた。この顧客ごとの口座の抜粋は、11種類の帳簿から、適宜作成されたものである可能性がある（三光寺 [2011a], 38-43, 51-58頁）。

このような多種の帳簿を使用したのには，テンプル騎士団は，単なる金品の保管に留まる業務（dépôts réguliers）を超えた，寄託者から寄託されたものを運用する業務（dépôts irréguliers）を遂行したことが関係していると考えられる。すなわち，金融業務の多様性ゆえ，顧客に対し，定期的な口座状況の通知が必要であり，その上で，多種の帳簿を設け，日々の記録の効率化を図ったものと考えられる（三光寺 [2011a], 30-33, 43-44 頁）。

2．リヨンの毛織物業者の会計帳簿

　リヨンの毛織物業者の会計帳簿（1320 ～ 1324）は，断片的に発見され，現在，フランス国内の2か所で保管されている。一つが，フランス南東部ローヌ県の県庁所在地であるリヨンにあるローヌ県文書館古文書部（Archives Départementales du Rhône（Section Ancienne））所蔵の2枚の紙片である。もう一つが，現在，ヴィエンヌ図書館（Bibliothèque Municipale de Vienne）にて保管されている7枚の紙片である（三光寺 [2011a], 61, 79-80 頁）。

　現存史料は概して，リヨンの方言で書かれた債権記録であるが，一部，記録者Johanym Berguenの債務も含まれる。また，債務のみの記録，左欄の勘定で債権の発生・右欄の勘定でその回収を記している記録，一勘定記録内で債権の発生から回収までを記し，取引が完結している記録という，多種多様な記帳方法が駆使されているのが，当該帳簿の特徴である。さらに，現存史料の参照記録より，皮革で覆われた帳簿，および，表紙が赤い帳簿などの，現存しない帳簿の存在が確認できる。なお，債権・債務の発生に際しては現代フランス語でいう「devoir（〜すべし）」を，債権の回収に対しては「payer（返済する）」を使用して記していたことが，発見された紙片のすべてを通じてわかる（三光寺 [2011a], 61-75, 79-10 頁）。

3．Olivierの会計帳簿

　Jacme Olivierの会計帳簿（1381 ～ 1392）の現存史料は，ナルボンヌ市文書

館（Archives Municipales de Narbonne）で保管されている（三光寺[2011a], 112頁）。

　当該商人の現存する会計帳簿たるmanuelは，丁数120と129を除く，1から133までの紙片が残存しており，プロヴァンス語で記載され，貿易に際する商品目録，そして，取引相手ごとの債権・債務記録等によって構成されている。債権・債務記録に着目すると，債権にせよ，債務にせよ，いずれも現代フランス語の"devoir"を用いて書き表されている。一つの頁で特定の取引相手の債権・債務を記す場合もあれば，ある頁に特定の取引相手の債権，また別の頁に同じ取引相手の債務を記載する場合もある。なお，取引完了を提示するには，取引相手の勘定内で当該取引相手に対する債権と債務の金額を合致させることで，相殺させる以外に，勘定の最後に「*Finat*（終える）」，または，「*Paguet*（返済する）」を記載し表示することがある。さらに，現存していないものの，五つの帳簿を使用していたことが，現存史料の参照記録からうかがえる（三光寺[2011a], 114-132頁）。

　要するに，Olivierら自身が作成した会計帳簿manuelでは，債権・債務記録を主としつつも，近東貿易の際の商品目録も含まれ，取引の形態に合わせた柔軟な記帳形態が採られていた（三光寺[2011a], 132-133頁）。

第2節　フランスへの複式簿記の導入

　フランスにおいて，複式簿記が本格的に普及し始めるのは16世紀中頃からである。初めてフランス語で複式簿記を説いたのは，本章の冒頭でも言及したように，Ympynである。彼の著書は，1543年にフランドル語（オランダ語）とフランス語で同時に出版された。次いで，フランス語で複式簿記を解説したのはValentin Mennherである。彼は，第一作をアントワープで1550年に出版し，第二作をリヨンで1555年に上梓した。ただし，Mennherはドイツ人である。フランス人として，初めてフランス語で複式簿記の著作を世に出したのは，Pierre de Savonneである（岸[1975], 17頁）。以下ではフランスにおける複式簿記導入期の上記三者の簿記書について概説したい。

1. Ympynの簿記論

　Ympynの簿記書のフランス語版の構成は，未亡人による発刊の辞，本書の構成たる大目次，Ympyn自身の序文，目次，29章にわたる複式簿記の解説，財産目録・仕訳帳・元帳等から成る記帳例示となっている（岸［1975］, 22-46頁）。

　仕訳帳は，財産目録を基にした開始仕訳から始まっている。その後，日々の仕訳に続き，帳簿締切日の仕訳がなされている。各商品の損益は損益勘定に振り替えられ，最後に損益勘定の貸方残高が資本勘定の貸方に振り替えられている。なお，各々の具体的な商品の勘定（商品名商品勘定）から売残商品勘定（各種商品勘定の借方残高をまとめて残高勘定へ振り替える橋渡しの役目をする集合勘定）への振替，そして，人名勘定，家屋勘定，各種商品勘定，資本勘定等から残高勘定への振替は仕訳帳を経由していない（岸［1975］, 33-42頁）。

　元帳には，現金勘定，家屋勘定，32にのぼる人名勘定（アントワープ市を含む），13の商品勘定，積送品勘定，地代・家賃勘定，売残商品勘定，損益勘定，資本勘定，残高勘定等が開かれている。残高勘定の借方は，地代・家賃を除き，すべて資産を表している。残高勘定の貸方は，負債と期末資本を表している（岸［1975］, 42-44頁）。

　このようなYmpyn簿記書の特質は，次の点を挙げることができる。第一に，全体的な例示を通じて，複式簿記を明瞭にかつわかりやすく解説したこと，第二に，元帳内において残高勘定を開設したことである。さらには，個別的・具体的な各種商品勘定の残高を総括し，新帳に繰り越す売残商品勘定を成立させたこと，覚書帳には各種の実際貨幣で記帳し，仕訳帳でこれらを統一的価値尺度である計算貨幣に換算したこと，複式簿記の帳簿の証拠能力，法的立証能力を力説したこと，期間損益計算についても言及したこと，これらの諸点についても看過できない（岸［1975］, 32-33頁）。

　ここで，期間損益計算について触れておきたい。Ympynは，簿記書の第24章において商人の死亡時，組合を分割する時，帳簿が一杯になった時に，帳簿を締め切るべきだとしながらも，第2章では，毎年，2年，3年ないし4年に一度，または望むときに，自らの財産状況表，計算書を作成することは良いとする。

小売商の簿記手法を論じた第15章でも，損益を知るために，毎年，財産目録を作成することは良いとし，年末に帳簿を締め切ることを勧めている。また，Ympynは，諸費用の年末処理，さらに，家事費の年末計上を強調する。これらから，Ympynが期間損益計算を意識していたことがうかがえる（岸[1975]，44-45頁）。

2. Mennherの簿記論

　Mennherは，バイエルインのケンプテン（Kempten）生まれのドイツ人である。アントワープに移り，そこで数学と簿記を講じ，1550年以降それらの分野に関する著書を公刊した。彼の著書のうち，1550年版と1563年版の2冊がドイツ語で書かれている他はすべて，つまり，1550年版，1555年版，1556年版，1558年版，1565年版の5冊がフランス語で書かれている（岸[1975]，48頁）。

　Mennherは，1550年版で，主人から会計を委託され，受託した代理人の簿記（代理人簿記（agency bookkeeping））を説いたが，1563年版以降は複式簿記を解説した。ここでは，1550年版の簿記書 *Practique brifue POVR CYFRER ET TENIR Liures de Compte* ……の中で講じられた簿記について概説したい。なお，本書は，フランス語で書かれた，Ympynの簿記書に次ぐ，第二番目に古い簿記書である（岸[1975]，48頁；同[2005]，70-71頁）。

　Mennherによる第一作目の簿記書の最大の特質は，上述の通り，代理人簿記を説いているところにある。まず，主人は代理人に，手持の商品の販売を命じ，現金，主人の第三者に対する債権・債務を託す。代理人はこれを仕訳帳に記し，元帳たる債権・債務帳，商品帳に転記し，以後諸取引を行い，同様に記録を続ける。帳簿の体系は，次頁の［**図表1-1**］のようになっている（岸[1975]，50, 52-53頁）。

　1550年版の簿記書で説かれた簿記処理で着目されるのは，次の2点である。
　第一に，(1)現金，債権・債務と，(2)商品が区別して管理され，(1)の変動の仕訳については主人勘定の使用による複式記入がなされていることである。したがって，商品の仕入，売上は貸借複記入される。例えば，①現金仕入は，［借］

図表1-1　Mennherの代理人簿記における帳簿の体系（1550）

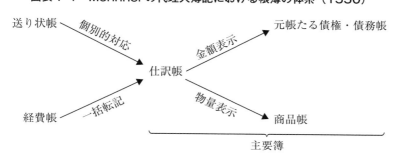

主人勘定××[貸]現金勘定××，②掛仕入は，[借]主人勘定××[貸]人名勘定××，③現金売上は，[借]現金勘定××[貸]主人勘定××，④掛売上は，[借]人名勘定××[貸]主人勘定××と記入される。また，経費の支払は，[借]経費勘定××[貸]現金勘定または人名勘定××といったん仕訳された後に，経費勘定の残高が主人勘定の借方に振り替えられる。売上以外の収益も，[借]現金勘定または人名勘定××[貸]主人勘定××と記入される。他方，(2)のみの変動（例えば，主人からの商品の預かり等）は，商品帳に単式記入されるにとどまる。

　簿記処理に関する特徴の第二は，代理人が主人に財政状態の報告を行い，主人はそれに基づき，財産目録を作成し，財産法的損益計算を行ったと考えられることである（岸[1975], 52-53頁；同[2005], 70頁）。

　なお，商品帳の終わりには，二つのバランスが開設されている。一つは，元帳たる債権・債務帳の残高を集めたものである(4)。ここでは，期末の商品残高を除いた財政状態を表し，貸借平均している。他方，商品有高は，商品帳の各勘定残高から，商品のみの残高勘定とでもいうべきバランスに表示されている。それは，貸借平均されず物量表示に留まる。ただし，仕訳帳には期末の時価単価が記されている。それゆえに，主人の真の持分は，商品帳内の，債権・債務帳のバランスの貸方に記された主人の持分に，商品のみの残高勘定を表すバランスの借方に記された商品有高を価値表示させ，それを加えたものになる（岸[1975], 53-54頁）。

3. Savonneの簿記論

　Savonneは，フランス人としてはじめて複式簿記を説いた。彼は，簿記書 *INSTRVCTION ET MANIERE DE TENIR liures de compte*……（『簿記の教示と手法』）の初版を1567年にアントワープで，第二版を1581年にリヨンで出版した。さらに，他に三つの版が出版されたが，最後に出版されたのが1614年のものであると言われている（岸[1975], 78, 98頁）。

　以下，1581年に出された第二版の特徴について述べたい。

　第一に，組合簿記が挙げられる。Savonneは，ヨーロッパの国際金融都市であったリヨンにおいて年4回開催される定期市での債権・債務の決済を前提にしている。そこで，三人の商人が一定期間，組合企業（partnership）を結成したとして，その組合の営業を例に複式簿記を説き，組合の解散をもって所説を終えている。ここで着目すべきは，家計と分離した企業の複式簿記を明示していることである（岸[1975], 80-83頁）。

　第二に，一般商品勘定の成立がある。当該簿記書において，商品に関する勘定は，一般商品勘定，経費勘定，積送品勘定，旅行者勘定，遠隔地での仕入商品勘定がある。このうち一般商品勘定とは，積送品勘定と遠隔地での仕入商品勘定を統括したものとなっている（岸[1975], 84-85頁）。

　第三に，特殊仕訳帳の設定と決算における実地棚卸が挙げられる。第二版では，最も必要な帳簿は，元帳，そして，仕訳帳たる売上帳および仕入帳とされる。普通仕訳帳はない。ただし，売上付込帳または売上日記帳から売上帳への転記，仕入付込帳または仕入日記帳から仕入帳への転記，さらに売上帳，仕入帳，送り状帳（積送品に関して），コピー帳（代理店を通じての商品仕入），現金付込帳からの元帳への転記を説いている（岸[1975], 85頁）。

　売上帳，仕入帳から元帳への転記の際，総合転記的思考がみられる。例えば，1580年1月15日から2月4日までの小口現金による売上を一括して売上帳に記載し，元帳に転記している（岸[1975], 85-87頁）。

　決算において，Savonneは，商品の棚卸表を作成し，実地棚卸による損益計算を説く。すなわち，商品の棚卸表を作成し，そこで算出された合計額を，売

残商品の新しい勘定（つまり，繰越商品勘定）に借方記入するとともに，組合企業の従来の商品勘定に貸記する。それから，売り上げられた貸方側記載額を合計し，別に1枚の紙をとり，その額を書く。そして，仕入たる借方記載額を合計し，それも上記の紙に書き，貸方側が借方側より多いのを見出す。これが，組合の商品勘定について得られた利益である。この利益を商品勘定の借方側に記入し，損益勘定の貸方に反対記入する。これが，組合企業によって売り上げられた商品に関して得られた利益の真の発見法であるという。なお，Savonne は帳簿の締切に関しては，期間組合の場合，解散まで帳簿締切の必要はないという（岸 [1975], 88-89 頁）。

　上記以外に有した帳簿としては，年4回の決済期に使用される一種の仕訳帳の機能を果たした債権・債務振替帳（bilan），この部分に関する元帳，つまり，元帳の一部である債権・債務控帳（carnet）の例示がなされている。まず，決済期になると，元帳から債権・債務を抜き出し，債権・債務振替帳に，債権者・債務者の名前とその金額を示し，さらに実際に行われた手形による振替決済，現金による決済，決済のための貸付，借入に関する仕訳を行う。この仕訳は，元帳である債権・債務控帳に転記し，控帳ではそれ自身の残高勘定を設け，元帳に対照的に設定した控帳勘定を介してそれを転記する。すなわち，債権・債務振替帳，債権・債務控帳には決済期決算に関する事項のみを示し，しかも決済後に締め切り，その結果を元帳に転記している（岸 [1975], 89-90 頁）。この他，掛売に関する貸倒の処理や，売上割引・仕入割引[5]についても，Savonne は言及している（岸 [1975], 90-91, 95-96 頁）。

第3節　ルイ14世商事王令の成立

1．1673年ルイ14世商事王令の制定

　会計史上初めて，国家の法令として，商業帳簿と財産目録に関する包括的規

則が制定されたのは，1673年3月23日に制定されたルイ14世商事王令（Ordonnance du Commerce de Louis XIV；別名，フランス商事王令，サヴァリー法とも言われる）である。ここでは，2年ごとの財産目録の作成が定められ，また，破産時に帳簿を呈示しない者が詐欺破産者と見され，死刑に処されうるという規定が置かれた（岸 [1975], 196頁；同 [2005], 77頁）。

当該商事王令の背景には，Louis XIV（在位：1643〜1715）の治下，Jean-Baptiste Colbertによって推進された重商主義政策（Colbertisme）がある。当時のフランスは，世界経済の主導権を握っていたイギリス，オランダへの対抗策として，商工業の振興と，その保護育成に努め，他面でこれに厳しい規制を加えた。そのような政策実施の一手段として，本商事王令が制定された。この王令は，コルベルティスムの具体的実践の表れとして，民事や商事，刑事の王令といった諸法令の整備の一つでもあった。企業の破産，さらには財産の隠蔽や詐欺破産といった不正に対し，法律の干渉が定められ，これを厳しく取り締まることで企業をそれから守ることを目的とした。また，当該王令は，商事裁判制度を確立するものでもあった（岸 [1975], 196頁；同 [2005], 77頁）。

2. ルイ14世商事王令の構成

ルイ14世商事王令は，立法の趣旨を明示した前文ならびに12章122条から成る。当該王令で着目すべきは，徒弟に対して簿記知識を要求したこと（第1章），商業帳簿と財産目録に関する規定を定めたこと（第3章，第4章の第6条），そして，商業帳簿と破産との関係を述べたこと（第11章）である。第1章で看過できないのが，第4条で，近代国家の法律上でおそらく史上初めてとなる，複式簿記という文言が登場していることである（岸 [1975], 198-207頁）。

以下，第3章と第11章について詳述する。

第3章では，10か条にわたって商業帳簿に関する条文を定めている。具体的には，帳簿の備え付けが規定される対象者（商人，手形仲介業者[6]，銀行業者），当該帳簿の認証（商事裁判所所在地の場合は商事裁判官，それ以外の場合は市長または助役），帳簿への略署，記帳方法（丁数記入，歴順記入，空白の禁止），

帳簿の作成日の上限（王令公布後6か月以内），信書の保管，財産目録の作成（王令公布後6か月以内，2年ごとに照合・再調整），帳簿・財産目録の裁判所への呈示・提出（原則として相続，財産の共有，破産の場合に限定）が規定されている（岸[1975], 202-203頁；同[2005], 78-79頁）。

　第11章では，破産の開始，状況一覧表（un état certifié），商事裁判官書記局等への帳簿等の提出，詐欺破産の無効，詐欺破産宣告，詐欺破産加担者の処罰，そして，以下の事項も含め合わせて13か条にわたって規定されている。すなわち，詐欺破産については，破産時に帳簿，記録を呈示しない商人，銀行業者が詐欺破産者とみなされ，特別訴訟手続によって訴追され，死刑に処せられる（岸[1975], 203-204頁；同[2005], 79頁）。

　当該王令第3章に記載の財産目録の定期的な作成については，次に紹介するJacques Savaryの簿記書との関係で注目に値するが，この点は次節で述べる。

第4節　ルイ14世商事王令制定後の簿記論の展開

1. Savaryの簿記論

　Savaryは，ルイ14世商事王令の制定に中心的な存在として尽力した。1658年に財界を退いたSavaryは，王令制定のための法律改正委員会の一員に選ばれた。そして，彼が提出した建白書を骨子として，1673年3月23日に，Louis XIVの署名により，王令は成立した。その後，1675年に，Savaryが王令の解説書として出版したのが，*Le PARFAIT NEGOCIANT*……，つまり，『完全な商人』である。この著作は極めて多くの版を重ね，翌1676年にドイツ語訳がジュネーブで印刷され，1679年には増補版である第二版が出版された。さらに，1688年には第二巻が刊行された。さらに版を重ねて，おそらく1777年が最後となり，計11版を重ねた。その他，ドイツ語訳以外に，オランダ語訳やイタリア語訳，英語訳が世に出た（岸[1975], 196, 211-212頁；同[2005], 79頁）。

1-1 Savaryによる簿記規定

　商業帳簿に関して、Savaryは、『完全な商人』（初版）の「第33章 事業遂行において相当な取引をしている小売商人が守るべき秩序と彼らの簿記手法について」と、「第34章 普通の取引をしている商人の仕入日記帳、売上日記帳、理由帳の様式」という二つの章を充て、さらに、第43章、第61章、第62章において、若干の補足説明を行っている（岸 [1975], 220頁; 同 [2005], 80頁）。

　簿記に関しては、企業経営の規模に即した方法が採られるべきだとして、大きく四つに分けている（岸 [1975], 221-225頁）。

　第一に、大商人、普通商人、会社にあたっては、複式簿記が行われるべきであるとする。必要な帳簿としては、仕訳帳、元帳、資本金を記載した、いわゆる秘密帳、受信・発信の信書控簿を挙げている。この他、借方・貸方のある商品有高帳、為替手形引受帳、負債控帳も必要であるという。

　第二に、中規模の経営を行う商人については、織物業を例にとり、以下、9種類の帳簿を挙げている。すなわち、仕入帳、仕入先元帳、売掛帳、得意先元帳、現金売上帳（ここには現金を受け取るということに主眼が置かれ、債務者から受け取る回収額も記載される）、現金支払帳、現金帳（すべての収入を借方に、すべての支出を貸方に記載する現金出納帳）、商品有高帳、染色帳である。さらに、負債控帳を加えている。

　第三に、小規模の経営を行う商人に関しては、仕入帳、売掛帳、現金帳の3種類の帳簿を備えるべきという。できれば、仕入帳、売掛帳から転記した人名勘定元帳を備え付けることを勧めている。それを行わない場合には、それに代わるものとして、仕入帳、売掛帳のはじめに、索引目録という、アルファベット索引を付すべきとする。

　第四に、より小規模な経営を行う商人でも、2種類の帳簿、つまり、仕入と借入を記載した帳簿と、売掛金および貸付債権を記した帳簿を備えるべきとする。この際、索引目録を付しても良いとしている。そして、最低限これら2種類の帳簿を1冊に綴じた仕入日記帳と売掛日記帳の部分を前半と後半に収容した帳簿を備え付け、略署をおくべきだと言う。

　以上のような、Savaryによる簿記規定に見られる特徴は、第一に、複式簿

記に対する啓蒙であり，かかる思考に基づいた貸借複記原則による転記の教示
である。第二に，日記帳の分割を説いていることにある。商事王令の第3章の
各条は，これを前提としている（岸 [1975], 225頁）。

1-2 Savaryによる財産目録規定

財産目録について，Savaryは，『完全な商人』（初版）の「第38章 最近の王令に従って，普通商人が財産目録を作成するために守らなければならない手順について」においてそれを論じ，しかも，ルイ14世商事王令で規定された，王令公布後6か月以内の財産目録の作成，ならびに2年ごとの再調整を明確に示している。また，「第39章 金糸織，銀糸織，絹織物の普通商人及びオーヌ尺で商品を売る他の商人に対し，モデルとして役立つ，2年ごとに王令に従って作成されるべき財産目録の様式」では，財産目録の例を挙げている（岸 [1975], 259-260, 269-282頁）。

Savaryの財産目録の特質は，今日の財産目録と貸借対照表によって，それが成っていることである。すなわち，彼は，財産目録に続き，それを要約し，資産，負債，資本，当期純利益を借方，貸方に示す貸借対照表を挙げ，これを「現在の財産目録の平均表（Balance du present inventaire）」としている（岸 [1975], 261頁）。

Savaryにおける財産目録作成の例で着目されるのは，(1)棚卸資産の評価，(2)債権・債務の評価，(3)給金の見越・繰延，(4)損益計算と担保力の計算・表示である。彼は，(1)棚卸資産の評価について低価主義を説く。それは，正確な財政状態の把握と同時に，妥当な価格政策にも結び付くものであるという。(2)債権・債務の評価については，三区分を提示する。債権に関しては，良好な債権および支払期限の迫ったもの，疑わしい債権，失われたと信ぜられ何物も受け取り得ないと見積られる債権の三つに区分する。債務については，預託金，個人に対して負う債務，取引先商人に対して負う債務に区分している。(3)Savaryは，財産目録作成日の代理人，雇用人，奉公人への給金の未払い分，および前払い分を計上するよう求めている。(4)さらに，彼は次のような財産法的損益計算を説く。

次頁に掲げた［図表1-2］の貸借対照表に示されるように，

資産（商品，債権，現金）L 35,434.2.1

＝負債 L 10,023.1 ＋資本 L 20,000 ＋利益 L 5,411.1.1

という式で示されるように期間利益が算出され，借方の下部では，私用資産を含む個人の純資産が

資産（商品，債権，現金）L 35,434.2.1

＋私用資産（動産 L 4,480 ＋不動産 L 15,000）－負債 L 10,023.1

＝個人の純資産 L 44,891.1.1

という式で示される。

　すなわち，Savaryにおいては，まず期間損益が計算されるとともに，私用資産を加えた純資産を計算することによって，担保力をもつ純資産額が計算される（岸[1975], 263-267, 279-282頁；同[2005], 84-85頁）。

　この他，『完全な商人』の第2部第64章では，支払不能に陥った商人の破産

[図表1-2]　Savaryの「現在の財産目録による貸借対照表」

借方，現在の財産目録中に含まれる商品，私にかかる（会社の場合は，わが社にかかる）債権，金庫内に見出された現金	L 35,434.2.1	貸方，現在の財務目録中に含まれる私の（わが社の）負債	L 10,023.1
動　産		私の資本（または，何日付わが社の定款による資本金）	L 20,000
1マルク当たり28リーヴルの銀の食器10マルク　L 280 私の家具見積額　　　　　　L 4,200　｝L 4,480			
不動産		神の恩恵により私（または，わが社）が1672年9月1日より，本日1673年9月1日までに得た利益なる現在の財産目録の残高リーヴル	L 5,411.1.1
どこどこにある家屋一軒見積額	L 15,000		
私の全資産合計額	L 54,914.2.1		L 35,434.2.1
現在の財産目録上の負債額控除	L 10,023.1		
私の純資産合計	L 44,891.1.1		

　私または，われわれの略署のある全頁を含む財産目録より作成し，計算しました。[10] パリにおいて。1673年9月1日，ピエール，会社の場合には，ジャック。

　出所：岸[1975], 282頁；同[2005], 84頁。

貸借対照表（bilan）についても触れている。破産貸借対照表の特徴は，貸借平均していないこと，商品・動産の評価は売却見込価値によること，営業用資産と私用資産が一緒に記載されること，破産者はすべての損失を記載すべしとされていることである（岸［1975］, 267-269頁）。

2. Irsonの簿記論

　ルイ14世商事王令の推進者であるColbertが法学者で複式簿記の専門家たるClaude Irsonを起用し，1678年に本王令の帳簿規定について特に注解を試みさせ，複式簿記を説かせたことは，Savaryの先の注解と相まって，本王令規定が複式簿記発展と交錯していることを示すものと言える（岸［1975］, 226頁）。

　Irsonは，法令，学説，慣習を基礎に，法と簿記，特に複式簿記との関係を取り上げた。(11) 具体的には，法令そのものの中における帳簿規定，判決集における関係事項，法学者の学説を探求し，同時に既存の複式簿記論者，商業学者の所説を考究し，前者と後者の相互理解に努めた（岸［1975］, 295頁）。ここでは，彼の著書 METHODE pour bien dresser toutes sortes de COMPTES A PARTIES DOUBLES ……より，Irsonの簿記論を取り上げたい。

　Irsonの簿記論の特質として，記帳の法則が体系的に秩序づけられ，よく整理されていることが挙げられる。彼はその著書の説明部分全10章のうち，第2章から第6章までをこれに充てている。すなわち，第2章では一般的法則，第3章では仕訳帳の記帳法則，第4章と第5章では複式簿記以外での元帳の記帳法則，第6章では複式簿記による元帳の記帳法則を論じている（岸［1975］, 309-311頁）。

　また，Irsonは，仕訳帳の分割を説き，特殊仕訳帳の萌芽につき論及している。すなわち，取引が混在する場合に，3種類の分離した帳簿として，現金日記仕訳帳，仕入日記帳，売上日記帳を用いうると説く。また，既述のSavonneと同様に，リヨンでの年4回の決済期における為替手形引受，当事者清算の帳簿としての一種の特殊な仕訳帳，そして，リヨンにおける決済控帳にも触れている。さらに，借方・貸方形式の帳簿として，現金出納帳，商品有高帳，組合財産の

管理のための帳簿（例えば，収穫した麦を借方に，所有主への引渡を貸方に記す帳簿）等について解説している。Irsonは，元帳にあることは必ずしも仕訳帳に書かれなくとも良いとする。しかしながら，彼の例示においては損益の振替も仕訳帳を経由して行われている。また，簿記書の説明本文では年度決算を説いてはいないが，例示において年度決算が行われている（岸[1975], 311-312頁）。すなわち，例示の記帳は1676年1月2日に始まり，同年12月29日に締切が行われ，1677年の帳簿に繰り越されている。

この他，着目すべき点としては，Mennher, Savonneに続き，実地棚卸を行っており，その際に時価評価を行っていること，そして，小口の債権者・債務者勘定を用いており，買掛金勘定と売掛金勘定の萌芽をなしていることが挙げられる（岸[1975], 312-313頁）。

以上のようなIrsonの簿記論は，法学者ならびに複式簿記論者の所論，慣習を礎とし，複式簿記の社会的要請に対して答える様相を展開し，新たな角度からこれを見ることによって，その普遍性，有用性を主張するものとなっている（岸[1975], 313頁）[12]。

第5節　ミシシッピ会社事件の会計的側面

前節のように，ルイ14世商事王令の制定は，それ以降の会計史に大きな影響を与えるものであったが，本節では，別の視点でフランス会計史に多大なインパクトを与えた歴史的事件，つまり，ミシシッピ会社（Compagnie du Mississippi）事件（別名，「ミシシッピの泡沫」（Mississippi Bubble））について取り上げる。

1．ミシシッピ会社事件の背景

近世ヨーロッパは，17世紀初頭のオランダの「チューリップ狂」（Tulipomania），あるいは，18世紀前半のイギリスに生起した「南海の泡沫」（South Sea

Bubble）の事件に見るように，異常なまでの投機ブームに翻弄されていたことは，周知の史実である（なお，「南海の泡沫」については第7章第7節を参照）。同時期のフランスに目を転じれば，これら二つのバブル事件と並ぶ，熱狂的な投機とその崩壊に関する歴史的典型事件として，ミシシッピ会社事件が存在する。ここにおいて，逼迫したフランス国家財政の救済に立ちあがったJohn Law（1671～1729）が，結果的に同国を崩壊寸前に追い込んでいく（三光寺 [2011b], 61-62頁）。

Lawは，18世紀初頭，フランス国家財政の危機的状況において，バブル的な株式投機や発券銀行の設立を展開したことで知られているスコットランド人の経済理論家，貨幣理論家である。彼の持論は，通貨の不足が一国の経済的不況を導出する，そこで一国の貨幣を供給する方法として紙幣の発行，特に土地を担保としての紙幣の発行が最良であるというもので，Lawは，終始これを展開・主張した。しかしながら，当時フランスでは，アンシアン・レジーム（Ancien régime）下の封建的土地所有制の存在のゆえに，自由な土地の移転ないし移動すら未だ認められていなかった。この止むを得ない事情に対し，「土地貨幣」の実現に向けてLawが提示したのが，貿易会社を設立し，北アメリカのルイジアナ（Louisiane）の広大な土地を獲得・開拓することであった（三光寺 [2011b], 62頁）。[13]

フランスの財政的危機を国立銀行設立のための絶好の機会と捉えたLawは，1716年5月2日に私営の「一般銀行」（Banque Générale）を開設し，当該銀行は1718年12月4日に「王立銀行」（Banque Royale）となった。彼はまた，1717年8月より「ミシシッピ会社」（別名，「西方会社」（Campagnie d'Occident）），1719年5月10日にはこれの発展的解消として，「西方会社」と「東インド会社」（Compagnie des Indes Orientales），「シナ会社」（Compagnie de la Chine）を合併した「インド会社」（Compagnie des Indes）を設立し，長きにわたり海外貿易権を独占した（三光寺 [2011b], 62頁）。

しかしながら，インド会社の株式は1719年から1720年にかけて投機的な旋風を巻き起こし，株価がピークに上り詰めた後，大暴落するに至った。インド会社の株主らは，それまで株式の売買により得ていた銀行券については，正貨

へ兌換することを求め，王立銀行からは正貨が流出し始めた。そして，1720年7月17日，王立銀行は，その正貨保有残高が底をつき，事実上の破産を宣言せざるを得なくなった。一方，インド会社については，反ローの一団の手に渡り，破綻の危機は免れた（三光寺[2011b], 62頁）。

このように，ジョン・ロー・システム（Système de John Law）における王立銀行とインド会社とは異なる結末を迎えた。すなわち，前者がジョン・ロー・システムの崩壊と同時に破綻したのに対し，インド会社は，ジョン・ロー・システムの崩壊後，再建が図られ，以降1791年頃まで存続した。そして，インド会社の再建で大きく見直されたものの一つが，会計実務，とりわけ収入・支出の予測・推計方法（以下，収支予測と称す）であった（三光寺[2011b], 62-63頁）。

2. インド会社における収支予測の変遷

実際に，1719年から1720年の収支予測と，その後の数年間のそれとを比較すると，手法の相違は顕著である。収支予測の変遷を三つの期間で区切ると，①インド会社株式の投機ブームの最中にあった1719〜1720年，②同社の株価大暴落後，再建が図られた1721〜1723年，そして，③再建が一応落ち着いた1725年に分けることができる（三光寺[2011b], 63頁）。

①（1719〜1720年）の収支額の見積もりは杜撰であった。それが顕著に表れた一例が，1719年12月30日の株主総会での不確実な要素をふんだんに盛り込んだ事業収入の推計表の提示，かつそれと同時に行われた配当の約束であった（三光寺[2011b], 64-65頁）。

株式暴落後の②（1721〜1723年）では，収支予測に際し，2種類の計算書を併用する等，試行錯誤の跡がうかがえる。例えば，1723年には，植民地のある個々の商館に対しても，また，貿易活動全体に対しても，収入と支出の予測が行われた。前者については，bilanなる計算書を用いて，商館からの，行き荷や帰り荷の予測を行った。これに対し，後者，つまり，貿易活動全体を把握するためには，compte d'exploitationという推計表が作成された。ここでは支出について，たいていの場合，既に投下された額に応じて，正確な額が算定さ

れた。一方，収入については，金額を表示した記録が存在するが，その内訳は不明である（三光寺 [2011b], 66-67頁）。

③（1725年）になると，収支予測は，②のような bilan と compte d'exploitation を併用して行う形から，漸次，単一の会計記録の中で，全体の貿易活動状況・財産の状態，各商館の財産の状態とともに，記載されるようになっていった。ただし，収支予測に関する記述は，曖昧になっていった。例えば，収入額に関して，慎重な予想はなされておらず，仮に予想される帰着が想定していた通りで，かつ，販売が良好であれば，膨大な収入や，配当金の増加が得られる，というように提示された。しかしながら，これは，収支予測が正確に行えないという実状を踏まえ，株主に虚構の約束を仄めかすことを避けるための配慮と理解できる（三光寺 [2011b], 67-68頁）。

要するに，1719年から1725年までのインド会社における収支予測の変遷は，ジョン・ロー・システム崩壊直前の同社の会計実務の杜撰さを露わにするとともに，システム崩壊後にインド会社の経営陣が立ち向かった，会計的側面からの再建の軌跡そのものでもあったと考えられる（三光寺 [2011b], 68-69頁）。

第6節　ナポレオン商法の成立

本章の最後に，ルイ14世商事王令会計規定成立後の，ヨーロッパの商法への継承，発展について触れておきたい。まず，1794年に，本商事王令の影響の下，プロシア一般国法（Allgemeines Landrecht für die Preussischen Staaten；プロシア普通国法とも言われる）の簿記・会計規定が成立した。ここでは年次財産目録作成規定と評価規定がおかれた。次いで，1807年に，ナポレオン商法（Code de Commerce）が制定された（岸 [1975], 346頁）。[17]

現行フランス商法の直接の基礎をなすナポレオン商法は，1807年9月10日に制定され，9月20日に発布され，1808年1月1日より施行された。簿記規定・財産目録規定は，本商法の第1編第2章に置かれている。ここにおいて，毎年財産目録を作成することが義務づけられ，年度決算が法定化された。また，破

産が絡む簿記・会計規定については，ルイ14世商事王令においては状況一覧表（un état certifié）という語が見られたが，ここでは貸借対照表（bilan）という語が登場した。これは，Savaryが『完全な商人』において破産貸借対照表の意味で用いた"bilan"が，条文に取り入れられたことになる（岸[1975], 350-352頁）。

ルイ14世商事王令から継承されたナポレオン商法は，真に近代的商法典と言われている。すなわち，本王令はこの後，近代商法に大きく影響するものとなったのである（岸[1975], 352頁）。

[注]
(1) 以下，各簿記書のフランス語による正式名称については，岸[1975]を参照されたい。また，簿記書の日本語訳名が存在する場合には，本文中に併せてそれを表記する。
(2) ここでいう「テンプル」とは，テンプル騎士団の管区本部を指す。テンプルは，パリの他，ロンドンにも置かれた（三光寺[2011a], 27-28頁）。
(3) 地代・家賃勘定とは，借方に支払地代・家賃，貸方に受取地代・家賃を表す勘定のことである。同勘定では，借方残高を費用として処理せず，そのまま残高勘定の借方に振り替えている（岸[1975], 44頁）。
(4) これは，残高勘定とも，また残高試算表とも考えられる（岸[1975], 53頁）。
(5) ただし，ここでの割引とは，今日のようなものではなく，売上割引なら売上額を，1＋割引率で除して現金受取額が算出されるようになっていた（岸[1975], 95-96頁）。
(6) 当時のフランス語における「商人」の語の解釈については，安藤[1997]を参照。また，ここでは安藤[1997]にしたがい，agens de change & de banqueを「手形仲介業者」と訳している（安藤[1997], 17-18頁）。
(7) 理由帳とは，元帳を指す（岸[2005], 80頁）。
(8) ただし，秘密帳については，ルイ14世商事王令発布後は不要になったとしている（岸[1975], 221-222, 256-257頁）。
(9) 複式簿記の必要性が説かれているのは大規模な商業を営む商人や会社であるが，例えば，小規模の経営を行う商人が記帳すべき帳簿の一つである現金帳への転記についても，貸借複記の原則が見受けられる（岸[1975], 223頁）。
(10) ただし，実際に財産目録より算定すると，財産目録中に含まれる商品，債権，金庫内に見出された現金の合計額の計算に誤りが生じていることがわかる（岸

[1975], 285頁；同 [2005], 84頁）。

　なお，当時の貨幣単位は，1リーヴル（livre）＝20スー（sou），1スー＝12ドゥニエ（denier）である。

(11) YmpynとSavonneもまた複式簿記と法の関係性に触れているが，それは複式簿記そのものの，法による紛争解決上の必要性が主張されたものに留まった（岸 [1975], 295頁）。

(12) この他，フランス商事王令簿記・会計規定について触れた高名な複式簿記論者として，Matthieu de la Porteの名も挙げることができる。彼は，特殊仕訳帳や，勘定理論的な検討を行ったことでも著名である。その詳細については，岸 [1975]（第17章）を参照されたい。

(13) その他ミシシッピ会社事件に関連する文献は，三光寺 [2011b] を参照されたい。

(14) ただし，インド会社は1769年にいったん活動停止となり，その後1784年から1791年の間のみ復活する（三光寺 [2011b], 70頁）。

(15) ここでは，"bilan"の定義は明確ではなく，収支状況，または財産の状況を把握するための計算書，場合によっては大まかな見積もりを行うための推計表も含んでいたものと解している。

(16) ただし，必ずしもすべての商館において，このような明確な予算の算定が行われたわけではなく，総じて，1721～1723年に実施された収入・支出の予測の方法は統一的なものではなかった（三光寺 [2011b], 66頁）。

(17) ナポレオン商法以外の，ヨーロッパにおけるその後の規定の成立については，岸 [1975]（第18章）を参照されたい。

＜参考文献＞

安藤英義 [1997]『新版 商法会計制度論』白桃書房。
岸　悦三 [1975]『会計生成史―フランス商事王令会計規定研究―』同文舘出版。
―――― [2005]「ルイ14世商事王令とサヴァリー―フランス簿記史―」平林喜博（編著）[2005]『近代会計成立史』（第4章），同文舘出版，67-85頁。
三光寺由実子 [2011a]『中世フランス会計史―13-14世紀会計帳簿の実証的研究―』同文舘出版。
―――― [2011b]「18世紀初頭フランス東インド会社の再建と収支予測の変遷」会計史学会年報，第29号，61-72頁。

（三光寺　由実子）

第2章
ドイツ式簿記とイタリア式簿記
―フッガー家の会計制度と16～19世紀のドイツ簿記書―

　本章では，まず，ドイツ会計史上重要なフッガー家の会計制度と，フッガー家の会計主任Matthäus Schwarzの簿記を解説する。前半では，フッガー家について1527年の会計諸表を，Schwarzについて主として写本に示された損益計算法を中心に解説する。ドイツ簿記書の出版の歴史は，16世紀に始まり，17世紀，18世紀，さらに，19世紀へと発展していく。後半では，各簿記書の特徴を解説することによって，ドイツ簿記史の発展過程を明らかにする。

第1節　ドイツ簿記史の始まり

　ドイツ簿記の歴史は，15～16世紀に始まる。15世紀，ニュルンベルクやアウグスブルクの南ドイツ諸都市の商人たちが，イタリア半島のヴェネツィアへ商業の交流と勉強のために赴いたのである。当時のヴェネツィアは，イタリアの最強国として黄金時代を迎えていた。ヴェネツィアは，地中海上の覇者として，政治的に，経済的に，文化的に繁栄する共和国として，「アドリア海の女王」の名に相応しい美しい都市として隆盛を極めていた。ヴェネツィア経済の繁栄の要因の一つに，南ドイツ諸都市との貿易があった。

　ヴェネツィアには，南ドイツ諸都市の商人たちとの取引の必要性からフォンダコ・ディ・テデスキ（Fondaco dei Tedeschi：「ドイツ人商館」）が設立された[1]。このヴェネツィアの経済を支えたのは，ヴェネツィアの商人たちであった。ヴェ

ネツィアの商人たちは，早くから複式簿記を採用し，商業実務に役立たせたのである。そして，15世紀初め，ニュルンベルクの商人たちは，複式簿記の技術を，ヴェネツィアからニュルンベルクへ持ち帰ったのである。

また，ニュルンベルクの商人たちと同年代または少し遅れて，正確には Luca Pacioli（姓のみで表記する場合には Paciolo）が1494年に数学書 *Summa de Arithmetica Geometria Proportioni et Proportionalita*（『算術・幾何・比および比例総覧』；わが国では書名の最初の単語を用いて『スムマ』(*Summa*）と略称されることが多い）を出版する21年前の1473年に，アウグスブルクから，14歳の一人の少年が，ヴェネツィアのフォンダコ・ディ・テデスキに派遣された。その名を Jakob Fugger（Jakob II. Fugger―Der Reiche：富豪）と言い，後にフッガー家の当主となる人物である。Jakob は，ヴェネツィアで複式簿記を学び，この簿記技術は，フッガー家の一大戦力となった。そして，Jakob は，フッガー家を金融，商業，産業の三位一体によるヨーロッパ最大の大コンツェルンへと発展させたのである。

後にフッガー家の会計主任（Hauptbuchhalter）となる Matthäus Schwarz も，1514年にヴェネツィアで学ぶのである。当時のヴェネツィアでは，後世，「会計学の父」と呼ばれる Paciolo が『スムマ』を1494年に出版したのである。この『スムマ』に収録された「簿記論」は，世界最初の出版された複式簿記文献として有名である[(2)]。16世紀になると，ドイツでは，この Paciolo の「簿記論」の影響を受けない簿記文献と，Paciolo の「簿記論」の影響を受けた簿記文献が出版され始める。さらに，17世紀，18世紀，そして，19世紀と，会計史上大きな功績を残した多くの簿記文献が公刊されたのである。

以下では，まず前半で，フッガー家の会計制度と，フッガー家の会計主任 Schwarz の簿記を明らかにする。そして，後半で，16世紀から19世紀にかけて出版された多くの簿記文献について解説する。

第2節　フッガー家の会計

1. フッガー家の会計制度

　16世紀ヨーロッパ最大の豪商，フッガー家は，Jakobの支配の下に，ローマ法王，神聖ローマ皇帝，スペイン国王等の金融機関となり，その活動範囲は，全ヨーロッパとスペイン領アメリカにまで及び，フッガー家以前に，これだけの財産を有した金融業者および商人は存在しなかった。フッガー家は，アウグスブルクの本店を中心に，ヨーロッパ中に多くの支店と駐在所を置き，「全ヨーロッパの華」と謳われた。この16世紀を中心に南ドイツの商人や金融業者が活躍した経済的繁栄の時代を，「フッガー家の時代」と呼んだのである。

　フッガー家は，1527年に本支店連結の会計諸表（現在の本支店連結財務諸表）を作成した。この表は，Jakobの死後，経営を受け継いだ甥のAnton Fugger（König der Kaufleute：商人の王）が作成したものである。まず，実地棚卸法によって本店と支店の財産目録（Inventur）が作成された。この財産目録から貸借対照表（Bilanz）と損益計算書（Gewinnberechnung）が作り出された。すなわち，1527年のフッガー家の会計諸表は，1527年の財産目録と貸借対照表，1511年の損益計算書，そして，1527年の損益計算書から構成される。

　財産目録は，資産，負債，棚卸帳簿，黒帳簿の四つに分類され，この資産と負債を基礎として，貸借対照表が作成されている。そして，貸借対照表の資産と負債の差額から，1527年の損益計算書が作成される。この損益計算書では，二つの重要な内容が示されている。一つは損益計算であり，もう一つは資本計算である。1527年の資本総額から寄進等を差し引いた金額と1511年の資本金を比較することによって，17年間の損益計算を実施している。そして，資本総額から1511年の資本金と17年間の私的引出金を差し引くことによって，真の資本金を算出しているのである。

　したがって，フッガー家における資本・利益の概念は，本店アウグスブルク

の会計諸表の中心にのみ存在したということがいえる。本店では，資産（Aktiva）と負債（Passiva）の差額として，資本を捉え，資本の増減変化から損益を算出するという思考が確立したのである。財産目録の中では，現金勘定，商品勘定，債権・債務勘定が明確になる。資産から負債を差し引くことにより，資本を明らかにしようとする努力がなされている。そして，相異なる二つの時点の資本の差額から損益は計算されているのである。当時，貸借対照表に関する資料は極めて重要視されたが，損益計算に関する資料は，貸借対照表を補助する付随物にしかすぎなかったのである。まさに，1527年のフッガー家では，実地棚卸に基づいて，財産目録および貸借対照表が作成されて，財産法的損益計算の実施が見られたといえる。

その後のフッガー家では，1527年以来，1560年までの間に，1533年，1536年，1539年，1546年，1553年と貸借対照表が作成された。そして，これらの貸借対照表の中では，1527年と同様に，実地棚卸に基づく財産法による損益計算が遂行された。まさに，1527年に，フッガー家が採用した財産目録および貸借対照表を中心とする財産法的会計実践思考は，フッガー家独自の会計手段として，長期にわたり，フッガー家の存続と発展のために，極めて大きな役割を果たしたのである。このことは，会計史上，高く評価すべきことである。[3]

なお，1527年のフッガー家の会計諸表における資本と損益計算の関係は，以下の等式で示すことができる。

　期末資産（1527年）－期末負債（1527年）＝期末資本（1527年）
　（期末資本－諸寄進）－期首資本（1511年）＝利益（17年間）
　期末資本（1527年）－私的引出金＝真の資本金（1527年）
　真の資本金－諸寄進＝主要財産

2. Schwarzの簿記

フッガー家の会計主任であったSchwarzは，1497年2月20日にアウグスブルクで裕福なワイン商人の息子として生まれた。そして，1514年，17歳のときにイタリアへ行き修業するが，ヴェネツィアで簿記の教師であるAntonio

Maria Fiorから簿記の技術を学んだと言われる。このFiorは，Pacioloの『スンマ』出版以後に彼の「簿記論」を参照した最初の簿記書である*Quaderno doppio*……（1543）を著したDomenico Manzoniの簿記の教師でもあった。Schwarzは，1516年，19歳のときにアウグスブルクへ帰国し，その年の9月1日にフッガー家に就職するが，やがてJakobに簿記技術の才能を認められ，フッガー家の会計主任となるのである。Schwarzは，1516年，1518年，そして，1550年に簿記書の執筆を完成した。しかし，この簿記書は出版されず，原稿も現存していない。しかし，この原稿については16世紀半ば頃に3冊の写本（コピー）が作成されていた。そして，この貴重な3冊の写本のことを「シュヴァルツ簿記の写本」と呼ぶ。

Schwarzの写本の内容は，大きく四つに区分することができる。「解説」，「三種の簿記」（第一，第二，そして，第三例題），「決算と利益算出の方法」，「第四例題」である。ここで特筆すべきは，「三種の簿記」の第一例題と，「決算と利益算出の方法」である。

第一例題で，Schwarzは，代理人簿記を解説した。第一例題の主たる会計帳簿は，仕訳帳と債務帳（＝元帳）である。代理人簿記とは，主人勘定と現金勘定が重要視され，主人と代理人の間の委託と代理の関係から発展した債権・債務勘定が設けられた。すなわち，債権と債務の二つの勘定が存在し，資本と損益の概念は存在しないのである。

Schwarzはまた，「決算と利益算出の方法」の中で作成された会計表で，財産法と損益法という二つの方法による損益計算法を示した[4]。

この会計表には，1547年1月1日から，1553年12月31日までの7年間の損益計算が二つの方法によって示されている。

第一法は，1553年12月31日の資本金270,000グルデンと1547年1月1日の資本金150,000グルデンを比較することにより，7年間の利益120,000グルデンを算出している。そして，1553年の資本金270,000グルデンは，同年の資産300,000グルデンから負債30,000グルデンを差し引くことにより算出されている。そして，1547年の資本金150,000グルデンは，同年の資産200,000グルデンから負債50,000グルデンを差し引くことによって算出されているのである。

他方，第二法は，7年間の総収益250,000グルデンから7年間の総費用130,000グルデンを差し引くことによって，同じく7年間の利益120,000グルデンを算出している。そして，これら二つの方法から算出された利益が同額であることをもって，利益計算の検証をしているのである。

 次に，これら二つの利益の計算方法を等式で示してみる。

（第一法）

　　期首資産（200,000グルデン）－期首負債（50,000グルデン）
　　　　　　　　　　　　　　　　　　＝期首資本（150,000グルデン）
　　期末資産（300,000グルデン）－期末負債（30,000グルデン）
　　　　　　　　　　　　　　　　　　＝期末資本（270,000グルデン）
　　期末資本（270,000グルデン）－期首資本（150,000グルデン）
　　　　　　　　　　　　　　　　　　＝純利益（120,000グルデン）

（第二法）

　　収益（250,000グルデン）－費用（130,000グルデン）
　　　　　　　　　　　　　　　　　　＝純利益（120,000グルデン）

第3節　16世紀の簿記文献

1．Schreiberの簿記書：ドイツ式簿記の出版

 ドイツで最初に出版された簿記文献は，1518年にニュルンベルクで公刊されたHeinrich Schreiber（Henricus Grammateus）の *Ayn neu künstliche Buech* ……（『新技術書』）である。この文献は，Pacioloの「簿記論」に次ぐ，世界第二の簿記文献である。しかし，Schreiberの「簿記論」は，Pacioloの「簿記論」の影響をまったく受けていなかった。

 Schreiberの簿記は，仕訳帳（Zornal），商品帳（Kaps）そして，債務帳（Schuldt Buech）からなる。この三種類の帳簿を使用する方法は，Schwarzの第二例題，

あるいは，後述のJohann Gottliebなどでも採用された伝統的なドイツ方式（ドイツ式簿記）である。仕訳帳では，取引を左右へ記入する対照勘定形式は採用されていない。しかし，ほぼ同時代のSchwarzやGottliebの仕訳帳では，左右対照の勘定形式で記入されている。

　Schreiberは，簿記論の中で，二つの損益計算方法を示した。第一は，各種商品の損益計算で，「売上高－（仕入高－商品有高）＝損益」という等式の下に遂行された。第二は，「現金残高＋債権＋商品－債務＝損益」という等式の下に行われた。そして，これら二つの損益の一致をもって計算の検証を行っているのである。

　このSchreiberの検証に対して，会計史学者たちの見解は一致していない。Baldwin Penndorfは，損益と資本が混乱している点を指摘し，痛烈な批判を加えている。『ブラウン会計史』（*A History of Accounting and Accountants*（1905））の中でのJohn Row Fogo，あるいは，『ウルフ会計史』（*A Short History of Accountants and Accountancy*（1912））の中でのArthur H. Woolfも，Schreiberの簿記はもっぱら単式簿記によっていたと記述している。これに対し，Basil S. Yameyは，Schreiberの等式は，複式簿記における基本等式の一つであると主張している。Schreiberの検証における大きな欠陥は，資本金の欠如と期間損益計算に関する表の不在であった。[(5)]

2. Gottliebの簿記書：第二のドイツ式簿記書の出版

　ドイツにおける第二の簿記書は，Schreiberの文献出版から13年後の1531年に，同じくニュルンベルクで出版されたJohann Gottliebの*Ein Teutsch verstendig Buchhalten*……（『明解ドイツ簿記』）である。彼はまた，1546年に*Buchhalten, zwey künstliche unnd verstendige buchhalten*……（『二つの精巧な明解簿記』）という標題で2作目の簿記文献を出版した。

　Gottliebの簿記帳簿は，Schreiberと同様に，仕訳帳（Jornal）または日記帳（Teglich-buch），債務帳（Schuldbuch），そして，商品帳（Wahbuch, Gütterbuch）の3冊からなる。したがって，Pacioloとは違う。しかし，Schreiberと異なり，

仕訳帳は左右対照の勘定形式で記録された。そして，貸借用語では，左側＝hab, hab ich empfangen, hab ich kauft, Sol mir，右側＝von, für, par等の用語を採用した。

債務帳の勘定科目は，現金勘定，人名勘定，損益勘定，そして，残高勘定を記録した。商品帳には商品名商品勘定が記録された。そして，Gottliebは，損益計算を商品別と期間の二つの方法で遂行した。すなわち，商品別の純利益と貸借対照表で示された資本金の増加である純利益の一致をもって損益計算の検証を果たしている。また，残高勘定以外に貸借対照表とも言える表を示したことは，会計史上画期的なことである。[6]

3．Schweickerの簿記書：PacioloのĠ簿記論ġの紹介

　Pacioloの「簿記論」は，1549年，ニュルンベルクで出版されたWolffgang Schweickerの著書 *Zwifach Buchhalten*……（『複式簿記』）によって，初めてドイツに紹介された。

　Schweickerの帳簿組織は，Pacioloが解説し，Manzoniが例題で示した仕訳帳（Giornal）と元帳（Hauptbuch）からなる。仕訳帳は，左右対照の勘定形式で記入され，仕訳帳の左側（借方）は"Für"，右側（貸方）は"An"で表示されている。PacioloとManzoniは，借方は"P（Per）"で，貸方は"A"で示している。イタリア語の"Per"と"A"は，ドイツ語の"Für"と"An"にあたる。したがって，Schweickerの仕訳帳の貸借表示の方法は，PacioloとManzoniの伝統を受け継ぐものである。Schweickerは，元帳の左側・借方はsollで，右側・貸方はsoll habenで表示している。Pacioloは借方をdie dare，貸方をdie avereで記述している。したがって，Schweickerは，左右貸借の記号化を統一したドイツにおける最初の人物であった。

　Schweickerは，Pacioloの「簿記論」のドイツへの紹介者として，最高の栄誉を受けるべきであった。しかし，残念ながら，例題の中で，仕訳帳から元帳へ転記の際に，5箇所の誤りを犯してしまった。したがって，彼の示した決算は，誤った結果を招いてしまった。このことは，彼の評価を著しく低下させた

のである。しかし，Schweickerが思考した試算表は残高試算表であり，Manzoniが示した意味のない合計表とは異なる。[(7)]

4. Gammersfelderの簿記書：Pacioloの「簿記論」の確立

　1570年，北ドイツのハンザ都市ダンツィヒ（現グダニスク）で，Sebastian Gammersfelderが執筆した*Buchhalten durch zwey bücher nach Italianischer Art und Weise*……（『イタリア式2冊の帳簿による簿記』）が出版された。

　16世紀後半以降，ドイツ会計史は，舞台の中心を南ドイツから北ドイツへと移行して行った。その北ドイツの舞台で，最初の主役を演じたのがGammersfelderであった。Gammersfelderの元帳決算は極めて明解である。資本金，現金，債権，債務，諸商品等の各勘定の残高が残高勘定に集められ，貸借合計を一致させている。この残高勘定は，Pacioloが解説し，Schweickerが果たせなかったものである。Gammersfelderは，Schweickerの誤りを正し，Schweickerを受け継ぎ，仕訳帳と元帳の2冊の会計帳簿を採用する「イタリア式簿記」を解説した。例題において，債権者，資本金，損益，そして，残高等の勘定の他，塩，つぼ，鰊等の諸種の商品勘定，冒険貸借（Bodmerei）勘定，そして，幸運・不運（Glück und Unglück）勘定のような，PacioloやManzoniが解説しなかった独特の勘定も記述した。そして，商品名別損益計算と一定期間の損益計算を示した。[(8)]

5. Sartoriumの簿記書：期間損益計算の採用

　Wollfgangum Sartoriumの簿記書*Buchhalten mit zwey Buchern*……（『二冊の帳簿による簿記』）が，1592年にダンツィヒで出版された。

　Sartoriumの簿記文献は，小冊子ではあるが，Paciolo式の簿記が北ドイツで定着してきたことを示している。その内容は，仕訳帳（Jornal）と元帳（Capital oder Hauptbuch）の2冊の会計帳簿を中心とし，Gammersfelderの影響を強く受けていることは明白である。ただし，Sartoriumが示した最大の功績は，1

月から12月にわたる1年間の「会計期間」である。この1年間の会計期間は現在の会計期間と同様である。Gammersfelderは，会計期間を9か月とし，Schweickerは約2か月であった。この1月から12月までの1年という期間を区切っての会計期間の設定は，次項のPasschier Goessensの簿記書に影響を与えることとなる[9]。

6. Goessensの簿記書：期間損益計算と大陸式決算の例題化

1594年，Passchier Goessensは，*Buchhalten fein Kurtz zusammen gefasst und begriffen nach arth und weise der Italianer*……（『イタリア式簡易簿記』）をハンブルクで出版した。ブリュッセル出身のGoessensは，1588年頃，宗教上の理由によりブリュッセルから亡命し，数年の放浪の後に，ハンブルクに移住した。Goessensの簿記書は，財産目録，日記帳，仕訳帳，元帳の他，費用帳や現金帳についても解説している。しかし，簿記例題で示した帳簿は，財産目録，仕訳帳および元帳の3冊である。Goessensは，例題としては，Pacioloが解説した日記帳は示さなかったが，開業財産目録は例題のはじめに示した。

Goessensは，ドイツ簿記史上，二つの業績を残した。第一は，例題の会計期間を，1月1日から12月31日までの1年間として，元帳の決算日を12月31日としたのである。すなわち，1年間を単位とする期間損益計算を示したのである。これは，Sartoriumの影響を受けたものである。第二は，元帳決算において，決算残高勘定，開始残高勘定，決算仕訳および開始仕訳を採用することによって大陸式決算手続を示したのである。この二つは，先に言及したSchweickerやGammersfelderには見られない特徴であった[10]。

第4節　17世紀の簿記文献

1. Lericeの簿記書：イタリア式簿記の解説

　ジェノヴァ出身のAmbrosium Lericeは，*Eine Schöne Forma des Buchhaltens nach rechter Italianischer Arth und Weise*（1606）（『イタリアの正しい方法と習慣による美しい形式』）と，*Das Ander Theil vom Buchhalten nach rechter Italianischer Art und Weise*（1610）（『イタリアの正しい方法と習慣による簿記のもつもう一つの方法』）を，ダンツィヒで出版した。

　Lericeが，上掲の2冊の簿記文献で扱った主帳簿は，仕訳帳（Jornal）と元帳（Hauptbuch）である。この2冊の帳簿組織は，Pacioloが解説したヴェネツィア式簿記制度に依存している。このヴェネツィア式簿記は，Gammersfelder, Sartorium，そして，Lericeらの活躍によって，北ドイツのダンツィヒで17世紀初頭に定着したのである。[11]

2. Wolffの簿記書：ドイツ式簿記の解説

　Nicolaus Wolffの簿記書*Kurze Doch gründliche und aigentliche beschreibung eines ordentlichen rechten buchhaltens*（1610）（『正規の正しい短期の基礎的固有な簿記』）は，ニュルンベルクで出版された。

　Wolffの大きな特徴は，仕訳帳，債務帳，そして，商品帳の3冊を中心とする南ドイツの伝統的な簿記組織（ドイツ式簿記）を採用したのである。これは，Schreiber（1518），Gottlieb（1531, 1546），Schwarzの第二例題（1516, 1518），そして，後述のGeorg N. Schurtz（1662）と同様のものであった。

　さらに，Wolffは，決算後に，総括的決算ビランツを作成した。この表は，各種商品別の仕入高，売上高，期末商品棚卸高，そして商品販売損益を示したのである。[12]

3．Hagerの簿記書：日記帳と補助簿の例題化

　Christoph A. Hagerの簿記書*Buchhaltenüber proper, commission und compagnia handlungen*（『個人取引・代理取引・会社取引に関する簿記』）は，1624年に，ハンブルクで公刊された。

　Hagerの簿記は，Pacioloの「簿記論」を基礎とするGammersfelderやGoessensの簿記を受け継ぐ北ドイツの伝統的簿記組織に基づいている。

　そして，Hagerの簿記書は，ドイツ簿記史上，二つの大きな特徴を有する。すなわち，第一の特徴は，Pacioloが論述した日記帳を簿記例題の中に加えたこと，第二の特徴は，日記帳，仕訳帳および元帳の他に8冊の補助簿を解説し，例題を作成したことである。[(13)]

4．Schurtzの簿記書：ドイツ式簿記からイタリア式簿記への移行

　Georg N. Schurtzは，第一の簿記書*General Instruction, Der Arithmetischen und Politischen Kunst,*……（1662）（『一般手引書，算術的及び政治的技術，商人の賞賛すべき科学的簿記』）と，第二の簿記書*Nutzbare Richtschnur der Löblichen Kanffmannschafft*:……（1695）（『賞賛すべき商人の有益な原則，すなわち，新しく完全な簿記』）を，それぞれニュルンベルクで出版した。

　第一の簿記書では，仕訳帳，商品帳，債務帳からなる南ドイツに伝統的な簿記組織を解説し，第二の簿記書では，日記帳，仕訳帳，元帳を中心とするイタリア簿記組織を採用した。Schurtzは，Pacioloの「簿記論」が広まった17世紀中葉のニュルンベルクでも，なおドイツ式簿記が存在していたこと，さらに，17世紀後半にはイタリア式簿記がそれに取って代わったことを明確にしている。

　第二の簿記書の貸借用語は，仕訳帳では借方（soll），貸方（An）であるが，元帳では借方が"soll geben"，貸方が"soll haben"である。この"soll geben"と"soll haben"は，Pacioloが解説した"die dare"と"die avere"のヴェネツィア式簿記のイタリア語からドイツ語への直訳である。また，商品につい

て，商品勘定，各種の商品名商品勘定，在庫品勘定等の勘定名を使っている。[14]

5. HermlingとRademannの簿記書：イタリア式簿記の発展

17世紀後半，北ドイツのダンツィヒとハンブルクで3冊の簿記書が出版された。1冊は，1685年にダンツィヒで出版されたPaul Hermlingの *Vollkommenes Buchhalten/Das ist Deutliche und Eigentliche Anweitz und Unterrichtung*……である。あとの2冊はJoachim Rademannによるものであり，*Ein Neues zur itzigen Kauf=und Handelug sehr nütz und dienliches Buchhaltens Werck*（1682）（『商業取引に極めて有益な新しい簿記文献』），および，*Der Wehrt-geschätzte Handels-Mann/Anweisend wie eine Drey=Jährige General-Handlung welche so wohl Inn-als Aisserhalb zu Wasser und zu Lande*（1714）（『国内・国外の海上および陸上での3年間にわたる指導的商人の価値ある取引』）（いずれもハンブルクで出版）である。

HermlingとRademannは，いずれも日記帳，仕訳帳，元帳を主要簿とするイタリア式簿記を解説し，例題で示した。そして，1月1日から12月末日までの1年間を会計期間とする期間損益計算を確立したのである。特にHermlingは，個々の商品を総括するための貯蔵品（Speicher=Raum）勘定を採用した。ドイツにおいて，この貯蔵品勘定は，斬新なものであったと言える。[15]

6. Dibbernの簿記書：精算表の作成

1692年に，デンマークの首都コペンハーゲンで出版されたNicolao Dibbernの簿記書 *Gründriche Beschreibung des so genanten Italianischen Kauffmanischen Buchhaltens*（『国内及び国外の固有の取引に関するイタリア式と呼ばれる商人帳簿の根本的論拠』）は，ドイツ語で執筆された優れた簿記文献として注目される。

Dibbernの簿記の特徴は，第一に，6桁の精算表を作成したことである。Dibbernは，元帳決算に際し，月次合計試算表，月次残高試算表，決算合計試

算表，決算残高試算表，そして，精算表を作成した。このうち，精算表は，合計試算表欄，貸借対照表欄，損益計算表欄からなる6桁の一覧表である。

　精算表の起源については定説がない。Ananias C. Littletonの所説によれば，元帳から分離した独立財務表，特に多桁式財務表の初期の例が示されるものとして，イギリスのRichard Dafforneの*The Merchants Mirrour: ……*（1635）（『商人の鏡』），Thomas Kingの*An Exact Guide to Book-keeping by Way of Debtor and Creditor: ……*（1717）（『イタリアの貸借方式による簿記への正式な指導書』），そして，Robert Hamiltonの*An Introduction to Merchandise, ……*（2nd ed., 1788）（『商品への入門書』）が挙げられる。しかし，DafforneやKing，あるいはHamiltonのものも，精算表とは言えない。精算表が，試算表欄，損益計算表欄，貸借対照表欄を持った一覧表として，世界の会計史に登場してくるのは，アメリカのThomas H. Goddardの*The Merchant; or, Practical Accountant; ……*（1821）や，John C. Coltの*The Science of Double Entry Book-keeping……*（1838）によってである。すなわち，19世紀のアメリカで精算表は初めて完成を見たと言うのである。したがって，17世紀のドイツ語圏で作成されたDibbernの精算表は，まさに画期的なことであったのである。(16)

第5節　18世紀の簿記文献

1．Heyneの簿記書：商品勘定と帳簿組織の確立

　18世紀は，ドイツ簿記史上，17世紀と同様にあまり問題にされていない。
　しかし，Penndorfによると，ドイツでは18世紀に約46冊の簿記書が出版されている。その中には，多くの重要な簿記文献が含まれているのである。1725年にライプツィヒで出版されたGeorge G. Heyneの簿記書*General Instruction des auf die neueste und kürtzeste façon, ……Italianischen Buch=Haltens*（『イタリア式簿記による……最も新しく簡潔な形式の一般的指導書』）は，18世紀ドイ

ツ簿記史に，最初の光を灯したのである。

　Heyneの帳簿組織は，Goessens, Hager, Rademann, Dibbernと同様に開業財産目録，日記帳，仕訳帳，元帳というPacioloが解説した主要簿を例題で示した。また，Heyneは，商品勘定について，個々の商品名商品勘定（例えば，布，ブリキ等の勘定）の他に，一般商品勘定，さらには仕入，売上と棚卸商品（繰越商品）という三つに分割された勘定を示したのである。そして，商品の資産評価は，取得原価主義を採用したが，期末には実地棚卸を行い，棚卸減耗損（または棚卸評価損）を控除するという方式を採用した。また，決算に際しては，合計試算表，財産目録，または，要約式であるが損益計算書および貸借対照表を作成したのである。[17]

2. Magelsenの簿記書：減価償却の導入

　Heinrich Magelsenの簿記書 *Die ersten Gründe des Buchhaltens, sammt Anwendung derselben auf die gewöhnlichsten Vorfälle der Handlung und Wirtschaft*（『商業及び経営上ごく一般的な取引に適用される最も基礎的簿記』）は，1772年に，アルトナ（Altona）で出版された。

　Magelsenが，会計史上果たした最大の功績は，減価償却を，理論と実務の両面から解説したことである。Magelsenが減価償却の対象としたのは，金，銀，および，宝石等の動産であった。例題の中には住宅のような不動産があったにもかかわらず，減価償却の対象にはなされていない。減価償却の計算方法は，動産の未償却残高に一定の減価償却率を乗ずることによって行われた。減価償却率は，1年に4％から5％と解説したが，例題では約6％となっている。記帳法は，動産から減価額を控除する直接法によってなされている。Magelsenが例題で示した会計期間は，1月1日から12月31日までの1年間であった。また，勘定科目を，財産勘定，人的勘定，そして，振替または補助勘定の三つに分類し，各勘定科目を，この三つに割り当てたのである。これは極めて独特の分類法と思われる。[18]

3. 1781年出版の3冊の簿記書：イタリア式簿記の展開

　1781年のドイツで，それぞれ異なる都市で同じ年に，重要な簿記書が出版された。Christian G.E. Krügers（*Handbuch des Italienischen doppelten Buchhaltens mit praktischen Beyspielen*, Berlin），Adam S. Fleischer（*Kauffmännisches Handlungs=Compendium worinnen die Italienische doppelte Buchhaltung auf das Kürzeste und deutlichste*, Hamburg），そして，Georg T. Flügel（*Theoretische Abhandlung vom doppelten Buchhalten in Fragen und Antworten*, Frankfurt am Mayn），以上の3冊である。

　Krügersは，イタリア式簿記と称し，日記帳，仕訳帳，現金帳，そして，元帳の四帳簿制を解説し，例題で示した。Fleischerも，イタリア式簿記と称し，日記帳，仕訳帳，そして，元帳の三帳簿制を解説し，例題で示した。Flügelも，イタリア式三帳簿制を解説した。

　商品勘定については，KrügersもFleischerも，すべての商品を一般商品勘定で処理している。Flügelは，一般商品勘定と特殊な場合の商品勘定について解説している。

　期末の商品棚卸高の評価は，KrügersもFleischerも，期末に実際に倉庫で商品棚卸を行い，数量に単価（時価と思われる）を掛合わせることによって金額を算出するという方法で作成している。すなわち，時価による実地棚卸法の思考を有していたと思われる。

　決算時に，損益勘定と残高勘定を設けることは3冊とも同様である。

　Krügersは，損益勘定には，合計額のみを記入し，仕訳帳に損益の明細を記録した。そして，残高勘定（正式には一般残高勘定）にすべての勘定を集合させた。Fleischerは，合計残高試算表を作成し，決算前残高試算表と決算後残高試算表を作成した。決算前残高試算表は，単に元帳のすべての勘定を集めただけの残高試算表であるのに対し，決算後残高試算表は貸借対照表的機能を有する表である。Flügelも，残高勘定（Bilanz-Conto）とビランツ（Bilanz）について解説している。残高勘定は，元帳の開始時と決算時に，すべての勘定を集合する勘定であるのに対し，ビランツは，元帳を締め切った後に，元帳の勘定

残高を基礎に，元帳以外に作成される表であると説明している。貸借対照表に相当する表である。⁽¹⁹⁾

第6節　19世紀の簿記文献

1．Wagnerの簿記書：イタリア式簿記の解説

　19世紀ドイツ簿記史の舞台は，1802年にマグデブルクで出版されたAndreas Wagnerの簿記書 *Neues Vollständiges und allgemeines Lehrbuch des Buchhaltens*（『新完全かつ一般的簿記教科書』）によってその幕が切って落とされた。18世紀末から19世紀にかけて，ヨーロッパ中に吹き荒れたEdward T. Jonesの「イギリス式簿記」（English System of Book-keeping）の喧伝の嵐の中で，Wagnerは，「イタリア式簿記」に対するJonesの攻撃を批判しながら，自分の簿記書の中で，複雑なイタリア式複式簿記を解説したのである。

　このWagnerの簿記書の帳簿組織は，日記帳，仕訳帳，そして，元帳というPacioloが論述したイタリア式簿記に基礎をおいている。しかし，Wagnerは，第一次帳簿として，日記帳の他に，現金帳，仕切・計算帳，そして，開業財産目録と開業貸借対照表の二つの表を加えた。財務諸表は，開業時と決算時に分類され，開業時としては開業財産目録と開業貸借対照表が示されている。そして，決算時としては，月次決算表，決算財産目録，元帳決算報告書等が作成されている。開業時と決算時の財務諸表を通して，期首と期末の財政状態と6か月間の純利益の額が明確となる。

　元帳に設けられた勘定科目には，資本金勘定，一般残高勘定，現金勘定，一般商品勘定，営業用動産勘定，人名勘定，個別商品勘定，損益勘定，通貨換算差および利息勘定，為替手形勘定他等多くの勘定科目が見られる。

　また，序文で解説された貸借（Debet und Credit）の原理は，資産（Vermögen）

の増加(+)と減少(-)を基礎とする物的勘定学説の萌芽と言えるものである。
(20)

2. Meisnerの簿記書：
単式簿記，複式簿記，イギリス式簿記，そして，ドイツ式簿記の解説

　Samuel G. Meisnerの簿記書*Neuerfundene Deutsche Buchhalterey.Ein Gegen-Stück zu Jones neuerfundenen englischen Buchhaltung, oder Versuch die bisherige einfach und doppelte Methode des Kaufmännischen Buchhaltens auf die zweckmässigste Art miteinander zu verbinden*（『新たに考案されたドイツ式簿記／ジョーンズの新たに考案されたイギリス式簿記への反対，または従来の商人の単式及び複式簿記の方法への試み』）は，1803年にブレスラウで出版された。

　Meisnerの簿記書は，19世紀ドイツ簿記史上，Wagnerに次ぐ第二の簿記書として注目すべき文献である。Meisnerの簿記書は，単式簿記，複式簿記，イギリス式簿記，そして，ドイツ式簿記の解説と例題から成り立っている。特に，単式簿記，複式簿記，イギリス式簿記の三つについては，同様の取引による例題を基礎として作成されているので，三つの簿記法の類似点と相違点が明確となり，理解しやすい。Meisnerが，19世紀ドイツ簿記史上果たした功績としては，次のようなことが指摘できる。

　第一に，Meisnerは，Jonesの簿記革命が吹き荒れ始めたドイツの中で，このイギリス式簿記に対して真っ向から，敢然と反対の姿勢を示したのである。Meisnerは，彼自身が作成した複式簿記の取引例題と同様の例題を，ドイツ語で作成されたJonesのイギリス式簿記をもって示した。そして，複式簿記とイギリス式簿記の二つの例題を比較することによって，イギリス式簿記の困難さと弱点を明確にし，Jonesの宣伝の矛盾点を明らかにしたのである。

　第二に，Meisnerは，単式簿記と複式簿記の類似点と相違点を，同様の例題をもって明確にした。単式簿記については，日記帳と元帳の二帳簿制は採るものの，元帳は，人名勘定の明細のみを示す簿記組織としたのである。損益計算や残高計算が省略されたMeisnerの単式簿記は，複式簿記の補助的手段と考え

られた。すなわち，単式簿記とは，Friedrich Hügliが論述するように，不完全簿記であるということになる。そして，複式簿記については，日記帳，仕訳帳，そして，元帳の三帳簿制からなる伝統的なイタリア式簿記ではなく，すべての取引を現金取引と非現金取引に分類し，それぞれ現金取引は現金帳へ，非現金取引は仕訳帳へ記入し，この2冊の帳簿から元帳へ転記する方式を採用した。そして，元帳には，資本金勘定，現金勘定，商品名商品勘定，人名勘定，損益勘定，一般残高勘定等が示された。

　第三として，Meisnerは，イギリス式簿記に代わる簿記法として，「新ドイツ式簿記」を考案した。この方法は，現金取引は現金帳に，非現金取引は日記帳に記入し，この2冊の帳簿から元帳へ転記するものであった。[21]

3．Schiebeの簿記書：単式簿記と複式簿記の解説

　August Schiebeの簿記書 *Die Lehre der Buchhaltung, theorisch und practische dargestellt*（『簿記教本，理論的及び実務上の解説』）は，1836年にグリムマで出版された。

　19世紀ドイツ簿記史上，Schiebeが果たした功績は大きい。彼の簿記書の主な特徴として，次のようなことが指摘できる。

　第一に，Schiebeは，複式簿記の起源をイタリアとし，世界最初の複式簿記文献の著者として，Pacioloの名前をあげている。Schiebeの簿記書の中には，多くのイタリア語による専門用語が出てくる。彼が，Pacioloの『スムマ』を読み，勉強していた可能性は十分に考えられる。

　第二に，Schiebeは，ヨーロッパ中に吹き荒れたJonesのイギリス式簿記革命の嵐が去ろうとする時期にありながら，なおかつJonesのイギリス式簿記を否定する姿勢を明らかにした。

　第三に，Schiebeは，単式簿記と複式簿記の類似点と相違点を，例題と解説をもって明らかにした。彼は，単式簿記を不完全簿記，複式簿記を完全簿記と定義した。単式簿記は単純に簡略化された記帳方法であり，複式簿記は，完全に組織化された記帳方法と解説した。

さらに，Schiebeは，単式簿記の本質的な欠陥と複式簿記の優位性を論述した。単式簿記では，日記帳，仕訳帳，元帳，現金帳，商品帳，そして，財産目録（検算を含む）が採用された。そして，元帳は，債権・債務に関する人名勘定のみが記帳され，損益計算は行われていない。ただし，損益計算は財産目録の中で示されている。これに対し，複式簿記では，日記帳，仕訳帳，元帳，その他多くの補助簿，そして，財産目録が採用された。そして，元帳内では，資本金勘定，残高勘定，損益勘定が示され，損益計算が遂行された。

　第四に，Schiebeは，諸勘定について独特の体系的分類を試みている。彼は，勘定を，基本的勘定，物的勘定，人的勘定の三つに分類している。この勘定の分類方法は，Schiebeの後，Carl G. Odermann, G.D. Augspurg, Johann F. Schär等によって参照され，改良しながら引き継がれて行くのである[22]。

[注]

(1) フォンダコ・ディ・テデスキは，ヴェネツィアのリアルト橋（Ponte de Rialto）の東側のたもとに建てられた白色の4階建ての建物である。現在の建物は1505年の火事の後に再建されたものであり，現在は郵便局として利用されている。詳細については，片岡[1994]（14-15頁）を参照されたい。

(2) Pacioloの「簿記論」の詳細については，片岡[1988]（第6章・第7章）を参照されたい。

(3) Fugger家の会計諸表は，現在，ドイツのDillingen a.D.の「Fugger文庫」に保管されている。Fugger家の会計諸表の内容の詳細については，片岡[1994]（第2章）を参照されたい。

(4) Schwarzの写本と簿記の詳細については，片岡[1994]（第3章）を参照されたい。

(5) Schreiberの簿記書の詳細については，片岡[1994]（第5章第2節）を参照されたい。

(6) Gottliebの簿記書の詳細については，片岡[1994]（第5章第3節）を参照されたい。

(7) Schweickerの簿記書の詳細については，片岡[1994]（第6章）を参照されたい。

(8) Gammersfelderの簿記書の詳細については，片岡[1994]（第7章）を参照されたい。

(9) Sartoriumの簿記書の詳細については，片岡[1994]（第9章第2節，特にV）を参照されたい。

(10) Goessensの簿記書の詳細については，片岡[1994]（第8章）を参照されたい。

⑾　Lericeの簿記書の詳細については，片岡[1994]（第9章第2節）を参照されたい。
⑿　Wolffの簿記書の詳細については，片岡[1994]（第9章第3節）を参照されたい。
⒀　Hagerの簿記書の詳細については，片岡[1994]（第10章）を参照されたい。
⒁　Schurtzの簿記書の詳細については，片岡[1994]（第11章）を参照されたい。
⒂　HermlingとRademannの簿記書の詳細については，片岡[1994]（第12章）を参照されたい。
⒃　Dibbernの簿記書の詳細については，片岡[1994]（第13章）を参照されたい。
⒄　Heyneの簿記書の詳細については，片岡[1994]（第14章）を参照されたい。
⒅　Magelsenの簿記書の詳細については，片岡[1994]（第15章）を参照されたい。
⒆　Krügers, Fleischer, Flügelの各簿記書の詳細については，片岡[1994]（第16章）を参照されたい。
⒇　Wagnerの簿記書の詳細については，片岡[2010]を参照されたい。
㉑　Meisnerの簿記書の詳細については，片岡[2011]を参照されたい。
㉒　Schiebeの簿記書の詳細については，片岡[2014]を参照されたい。

＜参考文献＞

片岡泰彦[1988]『イタリア簿記史論』森山書店。
──── [1994]『ドイツ簿記史論』森山書店。
──── [2003a]「イタリア簿記史論とドイツ簿記史論に関する考察」Research Papers（大東文化大学経営研究所），No.J-39。
──── [2003b]「ドイツ簿記史論とパチョーリ簿記論との関連性」会計史学会年報，第21号，1-14頁。
──── [2003c]「ドイツ勘定学説に関する一考察」経営論集（大東文化大学経営学会），第6号，21-41頁。
──── [2007a]『複式簿記発達史論』大東文化大学経営研究所。
──── [2007b]「会計発達史概観」経営論集（大東文化大学経営学会），第13号，13-36頁。
──── [2009]「フッガー家と三井家の会計諸表比較研究」経済論集（大東文化大学経済学会），第93号，1-18頁。
──── [2010]「『ワグナーの簿記書』に関する一考察」経済論集（大東文化大学経済学会），第95号，41-66頁。
──── [2011]「『メイスナーの簿記書』に関する一考察」経済論集（大東文化大学経済学会），第96号，1-29頁。
──── [2014]「『シーベの簿記書』に関する一考察」経済論集（大東文化大学経済学会），第101号，1-32頁。

（片岡　泰彦）

第3章
ネーデルラント会計史の現代的意義
― ステヴィンの「簿記論」とオランダ東インド会社 ―

　最初の近代経済発祥の地，そして，史上初の株式会社の生成地として名高いネーデルラント。この地域は17世紀に黄金時代と言われる経済的繁栄を享受し，その姿は，世界史初の近代経済の現れとも見られた。その繁栄は，アントウェルペン（アントワープ），アムステルダムへと引き継がれ，前者には常設の取引所が，後者には世界初の株式会社が生まれた。これらを契機として，複式簿記（＝イタリア式簿記）は期間損益計算思考を包含し革新したとされる。

　しかしながら，このような見方は，今日では一面的に過ぎないとされる。複式簿記は当時の領土の管理や財政に用いられ，また，現代会計に大きな影響を与える物的二勘定学説の思考も生起していたのである。さらに，新たな史料の発掘で，ネーデルラント（特にオランダ）の会計史上の位置づけは大きく流動化しつつある。本章では，このようなダイナミズムを含むネーデルラントの会計史の現代的意義について考察する。

第1節　オランダ簿記前史：会計史上の位置づけ

　ネーデルラント（今日のオランダと，ベルギー，ルクセンブルク，および，北フランスの一部を含む地域）は，17世紀に黄金時代と言われるほどの繁栄を享受し，世界経済の中心地となった。Immanuel Wallersteinは，この状態を，オランダが資本主義的「世界経済」のヘゲモニー国家になったとする。このヘ

ゲモニーの移動こそは，まさしく複式簿記の発展の軌跡そのものであり，会計史上，特に複式簿記の発展史上におけるオランダの重要性を明確にしていると言える。

ネーデルラントが経済史の表舞台に姿を現すのは中世末期である。その当時，この地域は独立しておらず，15世紀以来ブルゴーニュ家（maison de Valois-Bourgogne）の支配下にあり（「ブルゴーニュ公国」（État bourguignon）），ネーデルラント独立戦争（「八十年戦争」（Tachtigjarige Oorlog）：1568～1648）が始まる16世紀後半にはスペイン系ハプスブルク家（アブスブルゴ家（asa de Habsburgo））の支配下にあった。

この時代のオランダの経済を支えたのは15世紀以来のニシン漁であり，これは「オランダの金鉱」と称された。オランダは，ニシン漁だけではなく，農業においても13世紀以来の干拓事業がこの時代以降増大し，結果，農業においても集約化が進み，こうした農業の強化が都市化と工業化を可能にしていたのである。すなわち，「当時の二大産業である繊維産業と造船業に優位を保ち，他の諸産業でも主要な，ときには圧倒的な役割を果たしていた」（川北（訳）[2013], 51頁）のであり，こういった高い生産効率が，オランダが商業ネットワークを確立し，自ら「世界の倉庫」になることを可能にしたのである[1]。

そして，かかるネットワークがオランダに複式簿記の技術を伝え，そして，そこでの革新が各地にまた伝播することになった。この時代以降，オランダには「イタリア式」と称する簿記書が数多く登場するが，それはイタリア人による商館を通してもたらされたという考え方ができる。

しかしながら，商館といった，いわば「点」と「点」による結びつきだけが複式簿記の伝播を担ったわけではない。最近の研究では，商人たちの「層」の大規模な移動が認識されている。複式簿記が地域や論者によって多様な側面をもつのは，複式簿記の知識がこのような層とともに移動し[2]，各地の社会経済的背景を包含し革新しながら伝播したためと考えることができる。

そして，ネーデルラントにおける複式簿記の伝播とその最初の革新は，世界初のコスモポリタン（cosmopolitan）と称される16世紀のアントウェルペン（アントワープ）で起こったのである。

第2節　アントウェルペン市場の形成と簿記・会計

　15世紀末にあいついで実現した東インド（＝アジア）への就航とアメリカ大陸への進出といったいわゆる「大航海時代」の開幕によって，ヨーロッパの商業圏はいまだかつてない規模にまで拡大し，数多くの新しい商品（特に胡椒）や莫大な貴金属（特に銀）がヨーロッパ商業の中に投じられることになった（石坂他[1980]，78頁）。

　その結果，複式簿記の故郷ともいうべきイタリア，特にヴェネツィアの繁栄は衰退を迎えることになり，中世末期に繁栄を極めた地中海の諸都市に代わって，大西洋に面した諸都市が興隆してきたのである。中でも毛織物工業が盛んで中世以来の北ヨーロッパ経済の中心であったフランドル地方の諸都市は，目覚しい発展を遂げて行ったのである。そして，これら一連の変革は「商業革命」と称される[(3)]。

　最初に繁栄を享受したのは南ネーデルラントのブルッヘ（ブルージュ）であったが，その繁栄は短く，早くも15世紀末にはその衰退は決定的となり，繁栄の中心は同じ南ネーデルラントのアントウェルペンへと移った。

　一般に，アントウェルペンの繁栄は，16世紀初頭にさかのぼることができる。15世紀末のヨーロッパ市場における胡椒価格の高騰は，ポルトガルの航海家たちが海路インドへ至る道を求める契機となり，先に述べた新航路の発見に至るのである。この新航路の発見が，ポルトガル商人とアントウェルペンの地位を向上させたと言える。

　そして，アントウェルペンでは，1531年に，「他都市に先駆けて取引所（bourse）を設け，さらに，取引所における商品の価格記した『価格表』を作成した。アントウェルペンとほぼ同時期に，アムステルダムとハンブルクでも取引所がつくられた。これは，おそらくアントウェルペン商人の影響であろう」（玉木[2012]，72頁）とされている。

　かかる「取引所の出現＝取引の継続化＝人為的な会計期間の設定」が，簿記・会計にもたらした影響は大きかったと考えられる。従来の簿記書が対象として

いた経済活動が，解散（清算）を前提とした当座性企業であり，事業の継続に伴う商品の売れ残りは想定外であったが，ここでは，事業は継続化し，商品の売れ残り（在庫）は必然的なものとなったためである。

このような事態に対する商人（や金融業者）たちから新たな記録・計算上の要求が生起することになり，これに応えたのがJan Ympynによる簿記書 *Nieuwe Instructie*, ……（1543）である。これは，オランダ語（フランドル語）で書かれた最初の簿記書であり，その概要は，既に前章において，同じ1543年に出版された同書のフランス語版を基に解説されている（第1章第2節参照）。そこで，以下では，売残商品に関する会計処理について述べることにする。

Ympynは，原著の第24章において，取扱商品それぞれの売残高が個々の商品名商品勘定（特定商品勘定）の貸方と売残商品勘定の借方に記入され，個々の商品名商品勘定における貸借差引残高が商品販売損益を表し，一方で，売残商品勘定は残高勘定へ振り替えて締切られるとするのである（Ympyn[1543], ch.24, fol.19; see Kats[1927b], p.292）。

これを勘定面で示せば，次頁に掲げる二つの図表のようになる。まず，商品名商品勘定に売残商品の棚卸高を記入し，そして，その貸借差額から販売済商品の商品販売益を計算する（[図表3-1]参照）。その上で，商品棚卸高は，売残商品勘定の貸方に記入される（[図表3-2]参照）。

ただし，商品棚卸高の算定方法について，実地棚卸あるいは帳簿棚卸であるかの記載はなく，その説明は万全ではないが，少なくとも売残商品の概念を導入することにより，損益計算を可能とした点は評価できよう。

また，前章でも言及されたように，Ympynは，期間損益計算の思考を意識していたと考えられるが，その思考はまだ不十分であり，その完成は，記帳の主体である企業が継続化し，期間損益計算を会計処理に包含すべきとする要請が切実なものとなる継続企業（going concern）としての株式会社が成立する17世紀を待たねばならないのであった。

図表3-1　商品販売益の計算例

図表3-2　売残商品勘定の例示

売　残　商　品　勘　定

宝石	4. 13. 4	9月2日に振替えられる残高	349. 1. 8
英国のオスタード織	17. 0. 0		
あや織	3. 6. 0		
フランドルのラシャ	70. 17. 0		
灰色のフレーズ	6. 9. 7		
タフタ織	15. 3. 0		
ホラントのリネン	31. 12. 10		

出所：岸[1975], 42頁より一部修正。

第3節　アムステルダム市場の興隆と簿記・会計

　16世紀後半，ハプスブルク家の経済的，宗教的圧政を起因としてネーデルラント独立戦争（「八十年戦争」）が起こった。そして，1585年にアントウェルペンが陥落してスペイン軍が掠奪をほしいままにしたことは，一挙に，多数の資本家群を，北ネーデルラントのホーラント地方とゼーラント地方，特にアムステルダム，ミッテルブルフ，ライデンなどの諸都市へ押し出したのであった（大塚[1969], 65頁）。

　この結果，アムステルダムに繁栄がもたらされたのである。すなわち，その勃興の原因として，アントウェルペンの没落，そして，同地の商人たちが資本・技術・販路を携えて，アムステルダムに大挙移住して来たことが挙げられる。

このことが，決定的に重要な要因であることには異論の余地がないと言えるのである（石坂[1974]，26頁）。

こうした中，アムステルダムを始め，オランダの主要都市には多くの会社が設立されていく。いわゆる先駆会社（Voorcompagnieen）の出現である。これらは，やがて，1602年に世界最初の株式会社として有名であるオランダ東インド会社（連合東インド会社（Vereenigde Oost-Indische Compagnie；以下，VOCと略記）へと発展することとなる（大塚[1969]，第3章；中野[1993]，16-18頁）。

このような会社の出現に対応した「簿記論」として，これまでの研究では，Simon Stevinによる数学書 *Wisconstighe Ghedachtenissen*（1605～1608）（『数学覚書』）中の論稿 *Vorstelicke bouckhouding op de Italiaensch wyse*（1607）（「イタリア式王侯簿記」；以下，「王侯簿記」と略記）が取り上げられてきた。

ブルッヘで生まれ，アムステルダムで活躍したStevinは，十進法による小数点の発見で有名な数学者であるが，その一方，当時のオランダの最高権力者の一人であり，ホーラント他各州の総督であったMaurits van Nassauに仕えた行政官でもあり，上記の書は，彼からMauritsに献じられたものであった。

Stevinの「簿記論」で注目されたのは，その仕訳帳例示が，1年を1会計期間としていたことと，その損益計算法が，彼の提唱するStaet（以下，「状態表」と表記）とStaetproef（以下，「状態証明表」と表記）という二つの表を用いた形で精緻化された点にあった。

次頁に，状態表（[図表3-3]，および，状態証明表（[図表3-4]をそれぞれ示す[4]。

まず，[図表3-3]に示された状態表を基に，期首と期末の純資本を比較し，財産法的に純利益を次のように計算する（財産法的損益計算）。

　　3140.9.1（期末資本）－2153.3.8（期首資本）＝987.5.5（当期純利益）

次に，これが正しいか否かを確かめるために，損益法的損益計算を，[図表3-4]に示された状態証明表において，以下のように行うのである。

　　1152.2.5（収益）－164.17.0（費用）＝987.5.5（当期純利益）

ここで重要なことは，状態表それ自体では純損益の計算ができないことである。期末の状態表と期首のそれを比較して，この表の外で計算が行われており，

図表3-3　Stevinの状態表

1600年12月末に作成された私，Dierick Rooseの状態表

状態表，あるいは，資本の借方		状態表，あるいは，資本の貸方		
Aernout Iocobs　元丁14	51. 8.0	堅果　元丁7　173ポンド5オンス		
		1ポンド当たり7ストイフェル		60.13.2
この残高によって借方に示される借方側の残高	3,140. 9.1	胡椒　元丁7　120ポンド		
		1ポンド当たり40ペニング		20. 0.0
		Omaer de Swarte　元丁9		513.12.0
		Adriaen de Winter　元丁11		150. 0.0
		Pieter de Witte　元丁11		448. 0.0
		Iacques de Sommer　元丁13		54.18.6
		現金　元丁19		1,944. 7.5
合計	3,191.17.1	合計		3,191.17.1

出所：Stevin[1607], Coopmans Bouckhouding, ch.9, p.34.

図表3-4　Stevinの状態証明表

損益，借方		損益，貸方		
商品経費　元丁16	57. 7.0	丁子の利益　元丁5	75. 4.7	75. 4.7
家計費　元丁16	107.10.0	堅果の利益　元丁7	109. 7.2	109. 7.2
合計	164.17.0	胡椒の利益　元丁7	18.19.0	18.19.0
先に計算により得られた利益としての借方残高	987. 5.5	生姜の利益　元丁9	41. 8.4	41. 8.4
		損益の利益　元丁19		
		（この勘定は，この営業期間中に借方において，すなわち100フルデンのものと，12フルデンのものが存在し，他方，貸方には，4. 3. 4.と15フルデンと1000フルデンという3つの勘定があったことを示すものである。）		907. 3.4
合計	1,152. 2.5	合計		1,152. 2.5

出所：Stevin[1607], Coopmans Bouckhouding, ch.9, p.35.

今日の貸借対照表とは異なっているのである。

このような，同書の例示がVOCに象徴される継続企業の出現，それによる期間損益計算思考への記録計算上の要請と，それを背景としたStevinによる損益計算の精緻化と考えられてきたわけであるが,近年の史料の整備と発見から，今日ではその見方には疑問が出てきている。

まず，StevinにはこれまでGunsされてこなかった*Nieuwe Inventie van Rekeninghe van Compaignie*（1581）（『組合企業における新発明』）が存在し，そこでも，損益の計算に「証明」という概念を持ち込むなど，彼がVOCの成立に関係なく，その成立の20年以上前から，損益の計算と分配に関心を寄せていたということが指摘される。

また，Stevinが仕えたナッサウ家の史料の整理から，「王侯簿記」がその財政管理のためのマニュアルであったことが明らかになったのであり，この点については，第5節で改めて詳述する。

では，この時代の社会経済的背景を反映した文献は何か。それは，Willem van Gezelによる *Kort begryp van 'tbeschouwig onderwijs in 'tkoopmans boekhouden* (1681)（『商人の帳簿の理論的教育についての概説』）である。

Van Gezelは，勘定を，自己勘定系統（eigen rekeningen）と，反対勘定系統（tegengestelde rekeningen）に大別している。このうち，自己勘定系統とは，商人の資本勘定とその増減を表すもの，つまり，損益勘定であり，また，反対勘定系統とは，商人が所有する債権，商品などをはじめとする財産諸勘定であるとされ，かかる思考は，19世紀にドイツ語圏で体系化される物的二勘定系統説（materialistische Zweikontenreihentheorie）（または純財産学説（Reinvermögenstheorie））の源流と見ることもできるのである。[5]

このような物的資本勘定に対する認識は，企業の継続企業化とそこに生起する期間損益計算思考への記録計算上の要求のうち，「期間」に対してではなく，「損益計算」の精緻化，つまり，「資本と利益の区別」を求めるものであって重要な展開である。

ネーデルラント簿記の会計史上の意義はこれまで「期間」の認識に重きをおいていたが，次に世界経済の繁栄の中心，あるいは，ヘゲモニー国家となるイ

ギリスにおける物的資本概念（資本主理論的資本概念）の展開を考えた場合，ネーデルラントの重要性はむしろこの面に焦点が当てられるべきであろう。

第4節　株式会社の成立と簿記・会計

　VOCの会計システムは，同社のガバナンス・システムを反映した「1会社2会計システム」と言うべきものであった。すわなち，本国においては，複式簿記を採用していたとはいうものの，結果的には先駆会社以来の簿記が，他方，在外支店では複式簿記による精緻なシステムが構築されていたのである[(6)]。

　ネーデルラント本国の会計システムについては，十分に検討がなされていない。その理由は，「その会計資料は本国の本社関係については，その基本的な部分が散逸してしまっており，ましてや，出先商館で作成され保存されていたものは，2世紀に互る時代の変動の過程であらかた散逸・亡失してしまった」（加藤 [1980], 371頁）ためとされ，アムステルダムとゼーラントの各カーメルの帳簿がわずかに残っているのみとされているからである（De Korte [2000], p.9）。

　このように，史料的な制約があるものの，これまでの会計史研究では，(1)会社全体を見渡す簿記が実践されていなかったこと，(2)10年ごとの決算で非公開制であったこと，また，(3)各支店では複式簿記が実践されていたことなどが明らかにされてきている（茂木 [1979], 104-111頁）。

　既述のように，VOCは，いくつかの先駆会社が発展的して成立したものである。これらの先駆会社は，すべて合併という完全な形式でもって統一されたのではなく，独立して商品を販売し配当さえも行うなど，部分企業とも言うべき「カーメル制」（Kamer）という半独立的な制度として，新会社に包括されたのである（橋本 [2012], 118頁）。

　なお，近年では，オランダ国立公文書館（Nationaal Archief）における史料分析や，VOCに対して40年以上にもわたって弁護士として仕え，その歴史の執筆を，同社の最高意思決定機関であった十七人重役会（Commissie van Heeren Zeventien）から委託されたPieter van Damの著作である*Beschrijvinge van de*

Oost Indische Compagnie（1701）の記述や，さらに，それを基に，VOCの会計システムを論じたJ. P. de Korteの研究（De Korte[1984]；同[2000]）などによって，その内容が明らかになってきている。

　これらによれば，VOCでは，複式簿記（またはイタリア式簿記）と呼ばれる形式の簿記を採用しており，主として仕訳帳（journaal）と元帳（groteboek）が使用されたが，日々の金銭の出納など財務的な出来事は，まず日記帳（memoriaal）に記録された。この日記帳のことを，アムステルダムやゼーラントのカーメルでは，収税吏（ontvangers）や会計人（thesauries）の帳簿と呼んでいたとされる（Nationaal Archief[1992], p.76）。

　この他，VOCには，上級簿記係（Opperboekhouder）がおり，アムステルダムやゼーラントのカーメルでは，上級簿記係は，多くの書記たちを使用し，仕訳帳，元帳，そして，証券の登録簿や売買記録を必ず付けていた。各カーメルでは，帳簿係の他に，現金出納係がおり，財貨は現金で金庫で管理されていた。そして，すべての支出は，香辛料帳か現金出納帳ですべて管理されていたのである（Nationaal Archief[1992], p.74）。

　また，毎年，各カーメルの帳簿係が，年次総合状態表を作成するために，アムステルダムに設けられた委員会に仕訳帳と元帳を持って集まった。これは，Van Damによって，1657年に，帳簿係は，帳簿や商標類を持ち寄るだけでなく，十分にそれらを精査することがルール化された。

　しかし，明らかにそれらすべては可能な限り隠蔽されようとしていた。中央的な簿記は存在せず，1638年までの各カーメルの貸借対照表と総合状態表は失われている。それゆえに，それらの時代の年次の決算に洞察を与えることは不可能であり，おそらくはVan Damも資料を持っていなかったのであろう。

　ただし，総合状態表に関しては，以下のような指示があったことがわかっている（De Korte[1984], p.11；同[2000], p.11）。すなわち，
(1) インドからの香辛料については見積もりの価格を表示してもよいが，亜麻布などその他の商品は，仕入値で評価しなければならない。
(2) あらゆる債務は，正規に記帳されねばならない。一方，不確実な債権は専用の帳簿でもって管理されねばならない。

(3) 建物，家計からの収入，貯蔵庫，建築中の建物などは，見積もられた価額でもって示されねばならない。家具は含めない。

　上掲の指示からは，資産評価に対しての保守性あるいは堅実性が見出せる一方で，主要取引品であった香辛料に対しては，見積もりの評価を認めるなど，香辛料がいかに利潤を上げうる商品であったかがうかがえるのである（中野・橋本[2004]，3頁）。

　そして，このような規則のもと，当時の年次総合状態表は，以下の［図表3-5］に示されるようなものであった。

図表3-5　年次総合状態表の雛形

借　方	貸　方
現金預金	未払金
売掛金	前受金
倉庫にある売残商品	未払手形
家屋、貯蔵庫その他	未払配当金
他のカーメルにおける有価証券	その他
社債や共和国に対する債権	
船荷証券	
その他	

　　出所：De Korte[1984], p.12；同[2000], p.12.

　なお，1608年5月1日付けの最初期の貸借対照表は，元帳の中にあることが知られている。ここでは，出資者資本はない。出資者資本は，企業家たちと株主たちによって払い込まれ，'à fonds perdu'と呼ばれた（De Korte[2000], pp.11-13）。

　また，総合状態表と同じ日付で各カーメルの残高を作成する初期の委員会の仕事は，1642年から維持されており，それらは，Van Damの報告書の基礎となった。各カーメルの残高や明細書によって，1642年から1686年にわたる期間の完全な総合状態表が作成された（De Korte[2000], p.13）。

　さらに，カーメルはそれぞれが個別に複式簿記による仕訳帳と元帳を保持していた。損益計算書は作成されなかったが，その代わり，勘定を元帳のReturen Generaalと呼ばれる「帰り荷総収入」のところに，その年度のあらゆ

る収入支出が記帳された。

以下の［図表3-6］は，アムステルダム・カーメルの貸借対照表の例である[7]。

図表3-6 アムステルダム・カーメルの貸借対照表

	貸借対照表1700年5月15日		貸借対照表1701年5月15日	
建物	361,500		361,500	
ホーラント州債権	1,400		1,400	
売掛金	290,701		442,181	
現金預金	762,724		367,436	
本社に対する債務		4,613,030		4,613,030
支店に対する債務		3,651,191		3,651,191
1696/1697/1698年に発行した社債		1,631,135		1,635,185
諸債務		132,982		121,939
未払配当金		148,307		146,230
買掛金		59,977		81,008
さまざまな債権・債務		6,101		4,190
総合帰り荷収入残高	8,826,399		9,080,257	
	10,242,725	10,242,725	10,252,775	10,252,775

出所：De Korte[1984], p.16；同 [2000], p.16.

上掲の貸借対照表では，未販売商品や艤装品の開始残高が欠けており，この貸借対照表の残高は「総合帰り荷総収入残高」と呼ばれる（De Korte[1984], p.16；同 [2000], p.15）。

次に，この「帰り荷総収入」について見る（［図表3-7］（次頁）参照）。

収入・支出の勘定の残高が，この勘定に転記される。この勘定の開始残高と総残価の差額は，各年度の収支のプラスまたはマイナスになる。すなわち，帰り荷総収入勘定は，当該年度におけるカーメルの資本の増加または減少をそれぞれ示したのである（De Korte[1984], p.20；同 [2000], p.20）。

最後に，総合状態表について見てみよう（［図表3-8］（80頁）参照）。

カーメル総残高勘定は，未販売商品や艤装商品が記録されるという点で，アムステルダム・カーメルのそれとは異なる。これらは貸借対照表に統合されない。さらに，他のカーメルにある「本社に対する債務」（Obligaties ten laste van de Generale Compagnie）は，この貸借対照表においてのみ現れる。また，アムステルダム・カーメルは，この担保に入れられた債務の勘定を記録し，利息の

図表3-7　帰り荷総収入

1700年5月16日の開始残高		8,826,399
配当		921,607
裁判所の支払い判決		6,778
判決によって分配される手形		569,380
分配されるスラトの手形		249
償却債務		677
WillemⅢへの支払い		25,000
帰還船の船長に対する金メダルと鎖		797
貧しい支店		7,437
期末均等化		
ゼーラント・カーメル	1,545,596	
デルフト・カーメル	10,585	
ロッテルダム・カーメル	184,190	
ホールン・カーメル	297,548	
	386,464	
		2,424,385
仲介手数料	19,286	
帰り荷一般管理費	283,486	
帰還船の月次給与	1,069,987	
前払利息，支払利息	75,675	
	1,448,434	
艤装95項目	4,846,802	
		6,295,237
期首均等化		
ゼーラント・カーメル	1,465,473	
ロッテルダム・カーメル	374,019	
ホールン・カーメル	189,761	
エンクハイゼン・カーメル	274,534	
		2,303,787
硝石50袋，エンクハイゼン・カーメル		9,415
売上		7,684,489
1701年5月15日期末残高		9,080,257
	19,077,950	19,077,950

出所：De Korte[1984], p.17；同[2000], p.17.

支払いと同様にその回収を取り扱うのである。そして，会計年度末には，その他のカーメルは，これらの部分に対して，回収分の利息の支払い分を付加することとなる。

このように，かなり詳細に勘定間の取決めができ，帰り荷総収入勘定の収支

図表3-8 総合状態表の一部としての総残高勘定（アムステルダム・カーメル）

	1700年5月15日		1701年5月15日	
建物	361,500		361,500	
ホラント州債権	1,400		1,400	
在庫商品	2,195,317		3,905,870	
艤装品	819,524		932,352	
売掛金	290,701		442,181	
現金預金	762,724		367,436	
本社に対する債務		2,309,566		2,302,841
支店に対する債務		3,651,191		3,651,191
1696/1698年に発行した社債		1,631,135		1,635,185
諸債務		132,982		121,939
未払配当金		148,307		146,230
買掛金		59,977		81,008
残高	3,501,990		1,927,655	
	7,933,159	7,933,159	7,938,396	7,938,396

出所：De Korte[1984], p.16；同[2000], p.16.

差額が資本の増減を表すということが明らかになっている。しかしながら，ここでは，あくまで貸借の差額が資本であり，出資者の払込資本を持って資本とするような考えには至っていないのである。[8]

これについては，いくつかの理由が考えられよう。その一つは，VOCが，アジアと本国の二元体制下にあったということである。同社は，アムステルダムを本社とし，バタヴィアを本店，その他のアジアの商館を支店とする体制を採っていた。アジアにおける経営を遂行するにはバタヴィアにおける中央集権化が必須とされ，アジアで維持管理する商業資本の配置に関する決定がその初期に行われていたのである。

すなわち，実質上，VOCはバタヴィアを本社とするアジアの会社であって，アムステルダム以下の本国のカーメルは，そこで仕入れられた商品を販売する会社に過ぎなかったと考えた方が合理的であろう。

しかも，VOCの経営が軌道に乗り出すと，本国では帰り荷によって高い利益を上げていたのであり，これについて株主からは何ら問題の声は上がらなかったということは，株主自身が都市有力門閥層であったことを考えれば自明

の理である。

　そうであってみれば，オランダ本国の本社に株主資本を確定し，それをもとに厳格な損益計算を行い，配当もそれを基に考えるという思考が生起しなかったとしても，何ら不思議はないのである。つまり，この時代には，物的資本概念を簿記会計に希求する記録計算上の要請はなかったのである（橋本［2012］, 76頁）。

　他方，在外支店における簿記は平戸支店の帳簿の分析が進んでいる。こちらは，バタヴィアを本店，平戸を支店とする本支店会計が成立しており，大変精緻化したものとして知られる。その仕訳帳の特徴を示せば，次のようになる（行武［1998］, 426頁）。すなわち，

(1) 平戸の帳簿はバタヴィアを本店とする支店帳簿として作成
(2) 仕訳帳と元帳の二帳簿制
(3) 商品の損益は総記法により処理
(4) 集計勘定項目として損益勘定と繰越勘定を設定
(5) 1か年を一会計期間とする原則が確立（1635年以降）
(6) 決算手順
　　a) 平戸商館における輸入商品の損益を損益勘定で算出する。
　　b) 資産の期末残高を繰越勘定に振替える。
　　c) 上記の純損益と資産の期末残高を，負債の次期繰越高や営業諸経費とともに，それぞれバタヴィア本店勘定に振替える

　このような精緻なシステムが在外支店で採られていた背景には，年次報告の存在がある。在外支店の商館長は本国に年次の報告を出さねばならず，それには自ずと正確な記録の存在が不可欠となり，ここに複式簿記の存在意義が浮上するのである。

　しかしながら，「1会社2会計システム」体制や会計システムの不整備が，VOC崩壊の主因となったとする説に関して妥当性はないと考える。なぜなら，この会社は幾度かの会計部門の改革を経て，200年もの長き間存続し続けたからであり，今後のさらなる検討が必要である[9]。

第5節　公会計の萌芽：複式簿記の領土管理への適用

　この時代の簿記・会計について，今一つ注目すべき側面は，公的分野への適用であった。複式簿記を企業に準えて領土や国家の管理に用いようとしたのである。

　ここでの主役もまた，前述のStevinである。Stevinの人生を概観してみると，彼が優れた科学者と国家経営に携わる実務家という二つの顔を持った人物であった。

　彼の「王侯簿記」には，「領土簿記」（Bouckhouding in Domeine）と，「特別財政簿記」（Bouckhouding in Finance Extraordinaire）が含まれており，彼の「簿記論」は，その標題が明示するように，私的な商業簿記ではなく，本来的には公的な領土管理の簿記として書かれたものである。[10]

　Stevinは，商人簿記の場合と同じく仕訳帳と元帳の例のみを提示する。注目すべきは仕訳帳である。これは三つの部分からなっている。第一の部分は，1月0日における債権を記帳した部分，第二の部分は，同じ日の債務を記帳した部分である。そして，第三の部分は，この仕訳帳が対象とする1606年に発生した取引を記帳した部分である。

　このうち，第一の部分は，各地の財産管理人ごとに，債権が年度の古いものから記帳されており，既に満期が過ぎたものも含まれ，最後に当期に満期を迎える債権が記帳されている。第二の部分も，各地の財産管理人ごとに，債務が古いものから記帳され，最後に当期に満期を迎えるものが記帳される形になっている。第三の部分は，毎日規則的に，第一の部分に含まれる債権者からの収入と，第二の部分に含まれる債務者への支出を突き合わせ，その差によって特別収入を計算することを目的として構成されている（Stevin[1607], Domeine ch.7, Iornal fol.7）。

　かかる記帳原則により，仕訳帳と元帳の例が示されるが，ともに途中で終わる不完全な例示であり，損益勘定に至ってはなんら数値さえも示さないものであった。つまり，「第三の部分」は示されていたが，ここでは当初企図されて

いた損益の計算は行われず終いであった。

　したがって，ここでは状態表と状態証明表の例示はなく，ただ「商人簿記」の第9章で例示された方法で状態表が作成される」（Stevin[1607], Domeine ch.8, p.41）と記すのみであり，目新しいものは何もないのである。そして，この不完全さが，長い間，Stevinの「簿記論」を，その本来の目的と異なり，商業簿記の書として評価されるというパラドックスを引き起こす遠因となったのである。

　では，「王侯簿記」の執筆動機，つまり，Stevinは，この著作をどのような目的でMauritsに献じたのか。それには，Mauritsの複式簿記に対する考えを知る必要がある。

　Mauritsによる複式簿記の利用について，最近の科学史の研究においてこれ言及する文献が現れてきており[11]，その検討対象となった史料は，今日，前述の国立公文書館に所蔵されている「ナッサウ家領土評議会資料」（Archief Nassau Domeinraad）として存在している。

　ここには，1581年から1811年までの史料が含まれ，仕訳帳と元帳は，Nassau Domeinraad, 1.08.11, Inv.nr.1439-1440として分類されており，1604年のものだけが現存する。

　そして，Mauritsは，領土経営に複式簿記を導入しようとしたのか。それには，次のような事情があったという（Devreese and Berghe[2003], p.153）。すなわち，

(1) 彼の部下の財産管理人や会計官たちは，何年にもわたって決算を行わないことを認められていた。

(2) このため，運用可能な資金の管理ができていなかった。

(3) 会計官は，それらを何年にもわたって，それらを私物化することができた。

(4) Stevinは，このような状況を批判し，そこで健全な財政運営で知られたMauritsと，今までと異なる施策が必要であるということで意見が一致したので，Stevinの改革を実施することが1604年1月0日付で決定された。

　すなわち，この改革実行の背景には，領土管理に積極的に取り組んできたナッサウ家が，独立戦争の矢面に立って戦費の拠出を強いられたという外的要因と，

その領土管理自体も内部崩壊の危機にあったという内的要因の双方が存在したのである。そして，これらが相互に作用した結果が，領土管理に複式簿記を導入しようとすることにつながったということである。

そこで，この1604年の帳簿と「王侯簿記」とを比較したい。

例えば，以下の仕訳帳の記帳原則である。仕訳帳は，次のように三つの部分に分けられるとして，以下のような原則が示される（Archief Nassau Domeinraad, 1.08.11, Inv.nr.1439, Journael vanden1604, Cort begryp dese Journael）。すなわち，

(1) 「第一の部分」にはすべての債権が含まれる。これには二つの取引があり，初めに前年度以前の勘定の残高によって示されるもの。そして，もう一つは，この1604年に含まれる通常の債権である。

(2) 「第二の部分」にはすべての債務が含まれる。これにも二つの取引があり，初めに前年度以前の帳簿の残高によって示されるもの。そして，この1604年に含まれる通常の債務である。

(3) 「第三の部分」には，1604年に行われた債権・債務の回収・支払いに関するすべての取引が，一方は借方，もう一方は貸方として含まれる。そして，毎日規則的に，「第一の部分」に含まれる債権者からの収入と，「第二の部分」に含まれる債務者への支出を突き合わせ，その差によって特別損益を計算する。

これを見ても明らかなように，1604年の帳簿と1607年の「王侯簿記」の記述とが同じものであることが理解できる。時系列的には，1600年前後からMauritsに仕えたStevinが，領土管理のために複式簿記の導入を進言し，それを実行に移したものが領土評議会の帳簿であった。

この当時，Mauritsは，後に「軍事革命」と呼ばれるほどの成果を上げた軍事教練とそのマニュアル化を行っており，多数の教本（マニュアル）の出版を推し進めていたのであり，「王侯簿記」もその中の一つであったと見てよいであろう。

彼にとってみれば，軍事と財政は表裏一体のものであり，この領土管理（財政管理）の改革の一環としての複式簿記の導入とその出版もまた，このようなコンテクストにおいて実行されたと考えるべきであろう（橋本[2008a]，103頁）。

第6節　会計史上の位置づけと現代的意義

これまでの通説におけるネーデルラントの会計史上の位置づけは，以下の[図表3-9]のようになるであろう。

図表3-9 これまでの通説の構図

	経済上の出来事	左記の出来事の含意	会計上の論点	代表的簿記論者
16世紀後半	常設的な取引所の設置	商取引の経常化・常態化	売残商品の認識	Ympyn
17世紀前半	連合東インド会社の成立	継続企業の出現	期間損益計算の必要性	Stevin

出所：橋本[2008b]，107頁。

しかしこのような見方が，一面的，あるいは直線的に過ぎることはすでに述べたところである。では，その現代的意義はどこにあるのか。本節ではこの点について述べる。

この時代，ネーデルラントにおける最大の「発明」とされるのは株式会社である。時代とともに，その組織構造や所有構造は大きく変化するものの，制度的には株主が所有主であり，その責任は有限であるという基本的構造はなんらの変化はなく，近年ではむしろ，株主はもの言う投資者として，制度内外で影響力を増し，会計基準の設定にも影響を与えているのである。

そこでまず，この株式会社の生成とそれに対するネーデルラント会計史の現代的意義を述べれば，平戸（および後の出島）支店の帳簿に見られるように，バタヴィア本店との本支店会計を含めた複式簿記の精緻な利用が見られるものの，アムステルダム本社における状況は先駆会社のそれに倣った旧態依然，すなわち清算を前提としたシステムであった。

この状況をあえて積極的に評価すれば，複式簿記は，経営成績を重視する，あるいは，利害関係者間の調整が必要な状況下にある組織（在外支店）では大いに利用されるものの，特権階級が大きな利益を独占できるような緊張関係のない組織（アムステルダム本社）においては活用されないという，複式簿記の本質を顕在化したことだと言える。

しかし，株式会社の発生と複式簿記のとの関係をより積極的評価するためには，前述の通りVan Gezelの簿記書に注目せねばならないのであって，同書は初期の株式会社会計の基本構造に対応したのであり，その結果，史上初の本格的な簿記理論たる物的二勘定系統説（資本主理論）を明示したことは，現代の目から見ても画期的なものであった。

　また，今日では，株式会社のさまざまな矛盾が顕在化し，経済，経営，会計の各方面から，株式会社と投資者の関係，すなわち「株式会社は誰のものか」という根本問題が問い直されており，この点からも最初期の株式会社の組織と簿記・会計システムの関係を考えることは大いなる現代的意義を有しているといえる。[13]

　その一方で，この時代のネーデルラントは経済の反映とともにさまざまな文化や技術の革新が起こったのであり，その中心人物の一人がStevinであった。彼は，これまでの会計史の文献でいわれていたような一職人の子ではなく，また，Ympynやそれ以前の簿記書の執筆者のような商人でもなく，連合東インド会社の経営者たちと同じ支配者階級の一員であり，その簿記書はそういった彼自身のバックボーンを反映したものであった。[14]

　そして，そのようなコンテクストの中で生まれたのが彼の簿記書であり，前述のように同書は，当時のネーデルラント共和国総督であったMauritsの軍事革命の一環として，「軍事＝財政」というコンセプトのもと執筆されたものであり，複式簿記の公的分野への応用という現代に通じる問題がここに顕在化するのである。

　また，16世紀後半から17世紀前半にネーデルラントに現出した3つの革命（商業革命・財政革命・軍事革命）は，複式簿記の構造とその利用に対する思考に大きな革新を起こし，ネーデルラントだけではなく周辺の各国・地域にも波及したのであり，この影響は，その後さらに広範囲に伝播し，間接的に現代にまで影響を与えているといえる。[15]

　このように16～17世紀ネーデルラントに起こった会計上の革新は，今日の簿記・会計にも影響を与えている。さらに，現代の簿記・会計が直面する諸問題，特に株式会社に関する問題は，この時代のネーデルラントにその根源を有する，

あるいは原型があるという意味で，その現代的意義は大きいのである。

［注］
(1) これについては，川北(訳)[2013]（46-51頁）を参照されたい。
(2) 当時の商人層の移動については，杉浦[2002]を参照されたい。
(3) これについては，浅田[1984]に従っている。
(4) 数値については，引用元の原文どおりとし，形式については，適宜，加工・修正を行っている。
(5) De Waal[1927]（pp.76-77）；田中[1961]（190頁）；茂木[1979]（100頁）を参照されたい。
　なお，これらの文献では，この内容から彼を後にJohann F. Schärに代表される物的二勘定系統説の嚆矢とするが，19世紀まで広く受入れられることはなかったという。これらの点に関しては，中野[1992]（124-125頁，脚注（41））を参照されたい。
(6) これについては，中野・橋本[2004]を参照されたい。
(7) 貸借合計が合っていない部分があるが，数値については引用元のDe Korte[1984]；同[2000]の原文どおりである。
(8) 表中の社債は「1966/1967/1968」が正しいと思われるが，引用元のDe Korte[1984]；同[2000]の原文どおり「1966/1968」としている。
(9) これについては，橋本[2008a]（第7章）を参照されたい。
　なお，本稿の作成中に，VOC会計研究の新たな研究成果としてRobertson and Funnell[2014]が公刊された。当時のオランダでは，そこでの新たなビジネスモデルに即した「公正な簿記」による統制が芽生えたこと，簿記の記録が投資意思決定のためではなく，経営管理のために使用されていたこと，さらに，VOCにおける資本会計にも言及している。これについては，橋本[2014]を参照されたい。
(10) Chatfield and Vangermeersch（eds.）[1996]では，次のように指摘されている。すなわち，「Stevinは，官庁の会計処理に言及した最初の論者の1人であった。……Stevinは，官庁における管理体制が，諸企業においてよりもより弱かった事から，官庁会計に対する複式簿記の適用は，大変必要に迫られていると主張した。国庫は，しばしば裕福な状態になったが，その一方で，政府は，複式簿記による強力な統制機能の欠如のために，困窮することがたびたびあった」（Chatfield and Vangermeersch（eds.）[1996], p.565）。
(11) 科学史の領域では，Stevinに関連して，この帳簿に言及する研究も現れ始めている。これについては，Devreese and Berghe[2003]を参照されたい。
(12) これについては，Parker[1988]（Chap.1）（大久保(訳)[1995]（第1章））を

⒀　参照されたい。また，軍事革命を単に技術的なものでなく，「財政＝軍事国家」として国家財政から論ずべきであるとする考え方もあり，これについては玉木 [2012]（122-132 頁）を参照されたい。

⒀　これについては経済学の観点から，岩井 [2009] が「会社」を問い直し，さらに岩井・佐藤 [2011] では会社と会計の関係にまで言及している。また，経営学の立場からは加護野 [2014] が，投資家資本主義の行き過ぎに警鐘を鳴らし，そこでは会計史システムの問題点も暗示している。また，会計学の立場からは会計基準の統一化の問題において，常にこの問題が取り上げられている。

⒁　これについては，橋本 [2008b] を参照されたい。

⒂　このような思考は，ネーデルラントではなく，同じように軍事と財政を捉えつつ，かつ財政状況がより厳しかったスウェーデンにおいて継承されていくことになる。財政状況が厳しくなった時の解決手段として複式簿記の活用を考えるという手法は，まさに現代の公会計の議論に通じるものであり，ネーデルラントとスウェーデンにおける対応の差異は，その問題点を暗示しているものとして大きな意義があるといえる。これに関しては，橋本 [2012a] を参照されたい。

＜参考文献＞

⑴　**文書資料（一次史料）**

Nassau Domeinraad, 1.08.11, Inv.nr.1439-1440, Nationaal Archief.

⑵　**著書・論文**

浅田　實 [1984]『商業革命と東インド貿易』法律文化社。

石坂昭雄 [1974]「オランダ共和国の経済的興隆と17世紀のヨーロッパ経済─その再検討のために─」経済学研究（北海道大学），第24巻第4号，1-66頁。

─────・壽永欣三郎・諸田實・山下幸夫 [1980]『商業史』有斐閣。

岩井克人 [2009]『会社はこれからどうなるか』平凡社。

─────・佐藤孝弘 [2011]『IFRSに意義あり』日本経済新聞社。

大塚久雄 [1969]『株式会社発生史論』（大塚久雄著作集第一巻）岩波書店。

───── [1996]『近代欧州経済史入門』（講談社学術文庫）講談社。

加護野忠男 [2014]『経営は誰のものか─共同する株主による企業統治再生─』日本経済新聞社。

加藤榮一 [1980]「VOCの初期会計記録と平戸商館」，東京大学史料編纂所報，第14号，352-372頁。

川北　稔（訳）[2013]『Ⅰ・ウォーラステイン　近代世界システムⅡ』名古屋大学出版会。

岸　悦三 [1975]『会計生成史─フランス商事王令会計規定研究─』同文舘出版。

杉浦未樹 [2002]「アムステルダム貿易商人の内部構成─商人の移動と定住とその基盤─」，深沢克己（編著）[2002]『国際商業』（近代ヨーロッパの探求⑨）（第

2章），ミネルヴァ書房。
田中藤一郎 [1961]『複式簿記発展史論』評論社。
玉木俊明 [2008]『北方ヨーロッパの商業と経済：1550-1815』知泉書館。
─────── [2012]『近代ヨーロッパの形成』創元社。
中野常男 [1992]『会計理論生成史』中央経済社。
─────── [1993]「ヴェネツィア・アムステルダム・ロンドン三都物語」，ビジネス・インサイト，第1巻第2号，10-23頁。
───────・橋本武久 [2004]「『VOC』における企業統治と会計システム」，生駒経済論叢（近畿大学），第2巻第1号，13-31頁。
橋本武久 [2008a]『ネーデルラント簿記史論』同文舘出版。
─────── [2008b]「複式簿記の公的分野への適用可能性―17世紀のヨーロッパの事例に寄せて―」簿記学会年報，第23号，107-115頁。
─────── [2012a]「簿記・会計の歴史性について」産業経理，第71巻第4号，62-71頁。
─────── [2012b]「連合東インド会社の衰退と会計システム」商経学叢（近畿大学），第59巻第1号，91-102頁。
─────── [2012c]「株式会社の発生と物的資本概念の関係について」會計，第182巻第4号，66-79頁。
─────── [2014]「連合東インド会社と簿記―最近の研究動向と課題―」産業経理，第74巻第1号，47-56頁。
茂木虎雄 [1969]『近代会計成立史論』未来社。
─────── [1979]「オランダ会計史」，小島男佐夫（編著）『体系近代会計学Ⅵ 会計史および会計学史』（第4章）中央経済社，89-111頁。
森田安一（編）[1998]『スイス・ベネルクス史』山川出版社。
行武和博 [1998]「平戸オランダ商館の会計帳簿―その記帳形態と簿記計算構造」，平戸市史編さん委員会（編）『平戸市海外資料編Ⅲ（訳文編）』，401-427頁。
渡邉泉 [1983]『損益計算史論』森山書店。
Camfferman, K. and T. E. Cooke[2004], "The Profits of the Dutch East India Company's Japan Trade," *ABACUS*, Vol.40, No.1, pp.49-75.
Chatfield, M. and R.Vangermeersch（eds.）[1996], *The History of Accounting: An International Encyclopedia*, New York.
De Korte, J. P.[1984], *De Jaalijkse Financiele Verantwoording in de Verenighe Oostindische Compagnie*, Leiden.
─────── [2000], *The Annual Accounting in the VOC*（translated by L.F. van Lookeren Campagne-de Korte）, Amsterdam.
De Vries, J. and A. van der Woude[1995], *Nederland 1500-1815*, Amsterdam.
─────── [1997], *The First Modern Economy: Success, Failure, and Perseverance of the Dutch Economy, 1500-1815*, Cambridge.

De Waal, P. G. A.[1927], *De Leer van het Boekhouden in de Nederlanden Tijdens de Zestiende eeuw*, Rotterdam.

Devreese, J. T. and G. van Berghe[2003], *Wonder en is gheen wonder: De geniale wereld van Simon Stevin 1548-1620*, Leuven.

Gaastra, F. S.[1989], *Bewind en Beleid bij de VOC: De financiële en commerciële politiek van de bewin hebbers, 1672-1702*, Zutphen.

Glamann, K.[1980], *Dutch-Asiatic Trade 1620-1740*, Den Haag.

Hoof, M. C., J. C. van, E. A. T. M. Schreuder and B. J. Slot[1997], *De Archieven van de Nassause Domeineraad 1581-1811*, Den Haag.

Kats, P.[1927a], "'The Nouuel Instruction' of Jehan Ympyn Christophle," *The Accountant*, Vol.LXXVII No.2750, pp.261-269.

―――― [1927b], "'The Nouuel Instruction' of Jehan Ympyn Christophle," *The Accountant*, Vol.LXXVII, No.2751, pp.287-296.

Nationaal Archief[1992], *VOC*, Den Haag.

Parker, G.[1988], *The Military Revolution, Military innovation and the rise of the West*, Cmabridge（大久保圭子（訳）[1995]『長篠の合戦の世界史―ヨーロッパ軍事革命の衝撃―』同文舘出版）.

Robertson, J. and W. Funnell[2014], *Accounting by the First Public Company, The Pursuit of Supremacy*, London.

Stephanum, S.[1581], *Nieuwe Inventie van Rekeninghe van Compaignie*, Delft.

Stevin, S.[1607], *Vorstelicke bouckhouding op de Italiaensch wyse*, Leyden（ただし，本章では，Scolar Pressと雄松堂書店による復刻版（1982年）を使用した）.

Ten Have, O.[1974], *De Geschiednis van het Boekhouden*, Delwel（英語訳A.van Seventer（trans.）[1976], *The History of Accountancy*, Palo Alto, California；英語訳よりの邦訳，三代川正秀（訳）[2001]『新訳 会計史』税務経理協会）.

Van Gezel, W.[1681], *Kort Begryp van' tBeschhouwig Onderwijs in' tkoopmans Boekhouden*（ただし，本論文では，Scolar Pressと雄松堂書店による復刻版（1979年）を使用した）.

Ympyn, J.[1543], *Nieuwe Instructie……*, Antwerpen（ただし，本章では，Scolar Pressと雄松堂書店による復刻版（1982年）を使用した）.

（橋本　武久）

第4章
15〜19世紀イギリスの簿記事情
―複式簿記の伝播とその漸次的普及―

　イギリス（ここでは，イングランド＆ウェールズを中心に，スコットランドとアイルランドを含む）では，商人に限らず，国家や都市，荘園や教会などの組織で記帳された会計帳簿が現存している。もちろんその多くは複式簿記に基づくものでないが，本章では，複式簿記（＝イタリア式簿記）のイギリスへの伝播とその漸次的普及という点に着目しながら，15世紀から19世紀初頭にかけてのイギリスの簿記事情について考察する。

第1節　イギリスへのイタリア式簿記の伝播：
実務的接触と簿記解説書

　ロンバード・ストリート（Lombard Street）は，ロンドンの金融街であるシティの中心にある比較的幅の狭い通りであるが，その通りの名前が物語るように，ミラノを中心としたロンバルディーア地方からの商人たちに代表されるイタリア商人がかつて商業や金融業の店舗を構えていた通りである。

　14世紀の終わり頃にGiovanni Borromeiによりミラノに設立され，1430年に孫のFilippoに継承されたボロメオ商会（Filippo Borromeo e comp.）は，ミラノの本店の他に，14〜15世紀当時における北欧商業と地中海商業の接触点であり，国際的な仲継市場（entrepôt）であった南ネーデルラント（現ベルギー）のブリュージュ（ブルッヘ）に支店を設け，さらに，ブリュージュ支店に従属

する二次的支店をイギリスのロンドンに設けていた。ロンドン支店があった正確な所在地については不明であるが，同商会の発祥地からみて，ロンバルディーア商人が集まったロンバード・ストリートまたはその近傍にあったものと推測される。

　ボロメオ商会ロンドン支店の主要な業務は，自己または共同の計算，あるいは，第三者からの委託で営んだ羊毛や毛織物，綿花，絹など，多種にわたる商品の売買活動であり，その他に，信用の開設，為替手形の振出，国内または海外との帳簿上の振替といった金融活動に携わっていた。そして，同商会のロンドン支店において，13～14世紀にイタリアの地で誕生したと考えられる複式簿記（＝イタリア式簿記）が利用されていた。このことは，ロンドン支店の今日に残る元帳（1436～1438）から裏付けることができる[(1)]。

　もっとも，ボロメオ商会ロンドン支店の会計帳簿の存在をもって，ただちに15世紀当時のイギリスに複式簿記が伝来し，かつ，ある程度までそれが利用されていたと結論づけることはできないであろう。なぜなら，イギリス商人自身が複式簿記を完全な形で利用したことを示す最も初期の例が，現在のところ，ボロメオ商会ロンドン支店の元帳より1世紀あまり後の，Thomas Greshamの仕訳帳（1546～1552）であるからである。

　Greshamは，毛織物工業の飛躍的発展に伴ってイギリスの輸出全体の圧倒的部分を占めるようになっていた毛織物の輸出を取り扱ったイギリス最大の特権的商人団体（ギルド）である毛織物輸出商組合（The Company of Merchant Adventurers）の一員として，かつてのブリュージュに代わり16世紀に国際取引と国際金融のメトロポリスとなり，上記の組合が大陸側の根拠地を置いていた南ネーデルラントのアントワープ（アントウェルペン）との貿易に携わっていた若き商人時代に上記の仕訳帳を作成している[(2)]。

　複式簿記の知識が，いつ，どのように，イギリスに伝来してきたのかについては，複式簿記の起源にかかわる問題と同様に，明確な解答を提示しえない。しかし，それは，上記のことからも推測されるように，おそらくは，当時のイギリスに居留していたロンバルディーア商人をはじめとする外国商人との商取引，あるいは，逆に，ネーデルラントや，スペイン，フランスなどの海外に進

出していたイギリス商人による外地での商取引などの過程を通じて，複式簿記による記帳実務に接触する機会がもたらされ，このことが，イギリス商人の間に複式簿記習得の気運を醸成させる実際的端緒になったものと考えられる（Winjum[1972], pp.40-44；see Ramsey[1956], pp.185-186；Yamey[1956], p.9）。

さらに，複式簿記に関する世界最初の印刷教本であるLuca Pacioli（姓のみで表記する場合はPaciolo）の「簿記論」（1494）に遅れること約半世紀後に出版されたHugh Oldcastleの簿記書 *A Profitable Treatyce*……（1543）を嚆矢として，徐々にではあるがイギリスで出版されるようになった複式簿記解説書の出現も，イギリスにおける複式簿記の漸次的普及に一定の影響があったものと考えられる。次節では，初期のイギリスの簿記書に見出される簿記教授法上の特徴に焦点をあてながら，その内容を概観することにしたい。

第2節　イギリスにおける複式簿記解説書とその特徴

1. イギリスにおける簿記解説書の出版の趨勢：1543～1800年

イギリスでは，前節で言及したように，Oldcastleの *A Profitable Treatyce*……を嚆矢として，簿記の解説書が出版されるようになる。次頁に掲げる［図表4-1］は，1501年から1800年までの300年間を50年ずつ六つの期間（①～⑥）に区切り，それぞれの期間に公刊された簿記書の出版点数（再版等を含む）を，イギリス全体と，イングランド＆ウェールズ，スコットランド，アイルランドに分けた内訳とともに示したものである（中野[2007], 180頁）[3]。

この図表から明らかなように，全体としての簿記書の出版点数は，イギリスの経済的台頭とともに，17世紀後半から増加し，特にロンドンを抱えたイングランド（＆ウェールズ）における出版点数の増加が顕著に認められる。また，イングランドとの間に大きな経済的格差が存在したスコットランドでも，1707年合同法によるイングランドとの統合，つまり，グレート・ブリテン王国

94　第Ⅰ部　簿記の時代

図表4-1　イギリスにおける簿記解説書の出版点数の推移：1501〜1800年

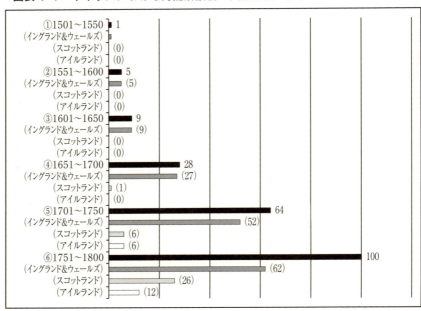

（Kingdom of Great Britain）成立後の経済的発展とともに，18世紀後半に簿記書出版の積極化が見られるのもその特徴として挙げることができる。

2．16世紀〜17世紀：「イタリア式簿記」の導入と仕訳規則の提示
―簿記教授法の変遷（その1）―

　イギリスにおける最初の複式簿記解説書と位置づけられるOldcastleの*A Profitable Treatyce*……は，残念ながら，現在のところ1冊も発見されていない「幻の書」であり，その内容は，これを修正・拡大したJohn Mellisの簿記書*A Briefe Instruction*……（1588）を介して推測されているにすぎない（Mellis[1588], To the Reader, pp.A2-A3；see 小島[1971], 73-78, 233-239頁；同[1987], 211-212, 230頁(4)）。

　そして，Oldcastleの簿記書に続いて，*A notable and very excellente woorke*, ……（1547）が出版されるが，この簿記書は，Oldcastleの簿記書と同じ1543

年に，当時の国際商業におけるメトロポリスとして未曾有の繁栄を示した南ネーデルラントのアントワープで刊行されたJan YmpynのNieuwe Instructie……の英語版であった(5)（本書の第1章第2節と第3章第2節を参照）。

上記のOldcastleの簿記書とYmpynの簿記書がともにPacioloの「簿記論」以降のイタリア式簿記（＝ヴェネツィア式簿記）の影響を受けた外国簿記書の翻案ないし翻訳にすぎなかったと考えられるのに対して，James PeeleのThe maner and fourme……（1553）は，その影響を紛れもなく受けてはいるものの，とにかくイギリス人自身の創意により著された最初の複式簿記解説書であった（小島[1971], 33, 133頁；同[1987], 213頁；see Yamey[1963a], p.162；Bywater and Yamey [1982], p.51)(6)。

しかも，Peeleの簿記書には，15世紀当時のヴェネツィアで用いられていた記帳方法を単に紹介することにとどまり，教示の理論化に意を用いることがなかったPacioloの「簿記論」と異なり，簿記教育面での大きな工夫が見出される。すなわち，複式簿記の学習上しばしばその「躓き石」となる取引の貸借仕訳をより良く理解させるための工夫として，仕訳処理に関する単一の包括的指針となる「仕訳規則」，具体的には，以下の［図表4-2］に示すような，「受け取った物ないし受け取った人は，引き渡した物ないし引き渡した人に対して借方である」という文言によって代表される，物の受渡しと人的関係とを絡めた擬人的受渡説に基づく規則が提示されている（Peele[1553], The Instrucction, The iii Chapitre; see 同[1553], Rules to be obserued)(7)。

図表4-2　Peeleの仕訳規則

……your generall rule before taught, whiche is <u>to make the thinge or thinges receiued, debitour to the thynge or thynges deliuered, or the receyuer debitour to the deliuerer</u>, you cannot mysse. ……　　　　（原綴りのまま，下線は筆者）

このようなPeeleのThe maner and fourme……に見出される簿記教育上のアプローチ，つまり，仕訳帳における取引の貸借分析の教示に重点を置き，これを援助するための規則を取引例や帳簿の記帳例示とともに提示することにより，各種取引の仕訳パターンを経験的に学習させる手法，いわゆる「仕訳帳ア

プローチ」（journal approach）は，提示される規則の数は異なるとしても，爾後のイギリスの簿記書に伝統的手法として継承されていく。[8]

　例えば，Richard Dafforne の *The Merchants Mirrour:* ……（1635）は，イギリスの簿記書としてはじめて版を重ねるに至った書物とされるが（Yamey [1963a], pp.167,170; Bywater and Yamey[1982], p.96）[9]，そこでは，Peele の簿記書に見られた単一の包括的規則を示す方法から離れ，個々の取引形態に応じた，多数の，しかも，詳細な個別規則を，仕訳処理の指針，つまり，以下の［図表4-3］に示すような「援助規則」（Rules of aide）として提示する手法が採用されている（Dafforne[1635], An Introduction to Merchants Accompts, pp.19-20）。

　このように，Dafforne にあっては，仕訳規則をあらゆる取引形態に対応できるような具体的・個別的指針として位置づけ，かかる目的のために細分化された個別規則を教示する手法を採るが，そこで示される規則は，*The Merchants*

図表4-3　Dafforne の仕訳規則

Rules of aide, very requisite in Trades continuance,
to be learned without booke.

1. Whatsoever commeth unto us (whether Mony, or Wares) for Proper, Factorage, or Company account, the same is ─────── Debitor.	1. Whatsoever goeth from us (whether Mony, or Wares) for Proper, Factorage, or Company account, the same is ─────── Creditor.
2. Whosoever Promiseth, the Promiser is ─────── Debitor.	2. Unto whom wee Promise, the Promised man is ─────── Creditor.
3. Unto whom wee pay (whether with Mony, Wares, Exchanges, Assignations) being for his owne account: that man is ─────── Debitor.	1. Of whom wee receive (wherther Mony, Wares, Exchanges, Assignations) being for his own account: the man is ─────── Creditor.
─────────(中	略)─────────
15. When wee lose by gratuities given, whether great, or small, or howsoever, then is Profit and Losse ─────── Debitor.	15. When wee gaine by gratuities received, whether great, or small, or howsoever, then is Profit, and Losse ─────── Creditor.

（原綴りのまま）

Mirrour:……では，貸借15組，合計30項目であったが，彼の第二の簿記書 *The Apprentices Time-Entertainer Accomptantly:*……（1640）では，貸借30組，合計60項目にまで拡張されるに至る（Dafforne[1640], The Rules of Aid）。

そして，時の経過とともに，Dafforne的な多数の個別規則を提示する手法は，先に述べたPeele的な統一的・包括的処理指針としての単一の仕訳規則を提示する手法と結合され，例えば，Edward Hatton の *The Merchant's Magazine:*……（1695）に見られるように，多重構造をもつ仕訳規則が提示されるようになる。

そこでは，まず，次頁の［図表4-4］に示すような仕訳処理に関する包括的な「一般規則」（General Rule）が示される（Hatton[1695], p.137）。

次に，かかる「一般規則」を承けて，［図表4-5］（（次頁）参照）に例示するような，各種の取引事例別に定立された合計74項目に及ぶ詳細な個別規則が示されるのである（Hatton[1695], pp.142-158）。

このような実際の取引仕訳からおそらく帰納され抽象化されたと考えられる仕訳規則の提示，および，かかる規則を援用して学習者に仕訳のパターンを暗誦・暗記させることにより，複式簿記学習上の基本とも言うべき取引の貸借分析に関する知識を教授しようとする手法は，当時としてそれなりに有効な簿記教授法であったと考えられる。また，仕訳規則の定立それ自体も，帰納的方法による簿記に関する初期の理論化の試みと解することもできる。しかしながら，仕訳規則をあらゆる形態の取引に対応できるように具体的かつ個別的に示そうとすればする程に，提示されるべき規則の，いわば無限大への拡張とそれ自体の取引例化をもたらすという大きな限界に突き当たる。

すなわち，仕訳処理の全体，ひいては簿記のすべての過程を統合する理論的フレームワークを論じることなく，ただ単に取引事例化した複雑かつ多数の個別的仕訳規則を提示し，これらの規則を機械的な反復練習によって記憶させようとすることは，簿記の学習者を個別的な取引事例の暗誦・暗記にのみ走らせて，複式簿記の真の構造を理解させることにつながらず，結局のところ，複式簿記の学習を援助するという仕訳規則定立の本来の目的ないし趣旨に反するばかりでなく，却って複式簿記の学習を退屈で非効率的なものにしていった。

図表4-4 Hattonの仕訳規則（その1：一般規則）

General Rule.

Any thing whatsoever is received either by the Merchant, or any way for his Accompt by his Servants, whether the same be Money or Wares: I say <u>the thing so received for, or upon his Accompt, is in the Ledger</u> (which shall be spoken to by and by) <u>made Debter to the Person received from, or thing for which it is received</u>.

Also every thing whatsoever is delivered from the Merchant upon any Accompt, whether Money or Wares, <u>the thing so delivered by the Merchant, or any way for his Use or Accompt, is in the Ledger made Creditor By the Person to, or thing for which the same is delivered</u>. ……

（ただし，下線は筆者追加）

図表4-5 Hattonの仕訳規則（その2：個別規則）

Definition.　Proper Accompts in Domestick business is, when the same is wholly managed by the Merchant or his Domestic Servants; as in the Cases following.

Case 1.　When Money is received for a Debt.

Rule.[Cash Debtor] To him for whole Accompt it was paid.

　　　The paying Man's Accompt, Creditor, by Cash.

Case 2.　When present Money is received for Wares.

Rule.[Cash Debtor] To the Wares sold, the Summ received.

　　　Goods sold Creditor by Cash for the same Summ.

Case 3.　When Money is paid for Wares, presently, as soon as bought.

Rule.[Wares bought, Debtor] To Cash for what paid.

　　　Cash Creditor. By Wares bought, in the same Summ.

-------------------------------------(以下，省略)-------------------------------------

（原綴りのまま）

3．18世紀～19世紀初頭：「イタリア式簿記」の理論化と革新
―簿記教授法の変遷（その2）―

　上記のような状況に対処すべく，18世紀に入ると，従来の仕訳帳アプローチから脱却した新しい教授法，つまり，複式簿記を，多数の個別的仕訳規則の集合として機械的に暗誦・暗記させることにより教示するのではなく，まずその依拠すべき基本原理を明らかにすることにより，簿記の学習内容をより理論

的・体系的に説き明かそうとする簿記教授法の近代化が，比較的少数の著者たちによってではあるが試みられるようになる。

すなわち，仕訳規則の機械的な暗誦・暗記に依存するアプローチの限界が認識される中で，これに代わるべき新たなアプローチとして，「元帳アプローチ」（ledger approach）が，Alexander Malcolm や John Mair らによって提唱される。

特に Malcolm は，*A New Treatise of Arithmetick and Book-keeping.*……（1718）において，Paciolo 的な三帳簿制から脱却し，仕訳帳を主要簿の系列から排した日記帳―元帳という二帳簿制を採るとともに，簿記法教示の重点を元帳に移し，そこに収容される諸勘定を，人名勘定（Personal Accompts），実在勘定（Real Accompts――物財勘定），そして，仮想勘定（Imaginary Accompts―名目勘定）というように，大きく三つに分類した。しかも，このような三勘定分類の体系のもとで，資本勘定（Accompt of Stock）は，人名勘定（＝資本主人名勘定）ではなく仮想勘定に分類され，他のすべての勘定の根基（Root），そして，損益の勘定は資本勘定の明細勘定に位置づけるという見解が提示されたのである。かかる資本勘定をめぐる Malcolm の教示の中に，簿記ないし会計に関わる最初の本格的な理論とも言える資本主（主体）理論（proprietorship theory）的な思考の萌芽が見出されるのである（Malcolm[1718], p.132；同[1731], pp.37-38）[10]。

そして，この Malcolm の簿記書に萌芽的に認められる資本主理論が，簿記書において世上はじめて本格的に解説されたのが，Frederick W. Cronhelm の *Double Entry by Single,* ……（1818）である[11]。

Cronhelm は，上記の簿記書において，資本主関係（proprietorship）に着目した教示を展開し，簿記をもって資本主に対する財産の管理・報告の手段，具体的には，資本主に対して彼の資本全体の価値と各構成部分の価値を明示する手段と規定する。そして，このように規定された簿記が，財産の全体はその構成部分の総和に等しいという「均衡の原理」（Principle of Equilibrium）に基づくものであること，さらに，かかる関係を，次頁の［図表4-6］に掲げる代数学的等式を用いて明解に示したのである（なお，この等式中，a，b，c,&c. は積極部分ないし借方，また，l，m，n,&c. は消極部分ないし貸方，s. は資本ないし資本主の正味財産を表す）（Cronhelm[1818], pp.vi-vii, 8-10）。

図表 4-6　Cronhelmの資本等式

a + b + c,&c. − l − m − n,&c. = ± s.

　しかも，Cronhelmは，「均衡の原理」に基づき，先に述べた元帳勘定三分類の体系をも批判し，かかる三勘定分類を超えた，以下の［図表4-7］に示すような，(1)財産の部分と，(2)全体財産（＝資本）という，相対立する二つの勘定群からなる新たな二勘定分類の体系を提示している（Cronhelm[1818], p.27）。

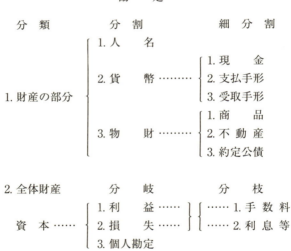

図表 4-7　Cronhelmによる二勘定分類の体系

　もっとも，Cronhelmにより提示された資本主理論（proprietorship theory）——物的二勘定系統説（materialistische Zweikontenreihentheorie）（または純財産学説（Reinvermögenstheorie））的思考に基づく複式簿記の解説は，残念ながらイギリスにおいてほとんど追随者をみることがなかった。むしろ19世紀末までに出版された簿記書のほとんどが，簿記教授法の理論化・体系化という観点から見るとき，基本的にその前段階，つまり，多数の信仰的規則と無数の実践例の暗記に依存する段階にあったと言われるのである（Littleton[1933], p.33（片

野 (訳) [1978], 277-278 頁))。

第3節　16～18世紀のイギリス商人の会計帳簿

1. 16～17世紀：「イタリア式簿記」の試行錯誤的利用

　イギリスの商人自身が複式簿記（＝イタリア式簿記）を完全な形で利用したことを示す最も初期の例は，既述のように，Greshamの仕訳帳（1546～1552）である。

　しかし，Greshamの仕訳帳と前後する時期に作成された会計帳簿，例えば，Thomas Howellの元帳（1522～1528）や，John Johnsonの元帳（1534～1538），John Smytheの元帳（1538～1550），Thomas Laurenceの第一の元帳（1565～1569）と仕訳帳（1565～1566），同第二の元帳（1573～1581），William Calleyの元帳（1600～1606）などが現存している[13]。もっとも，これらの会計帳簿のうち，複式簿記を完全な形で利用して作成されたのは，Greshamの仕訳帳を除くと，Laurenceの第二の元帳と，Calleyの元帳のみである。

　Howellの元帳は，かつてはイギリス商人が複式簿記を用いて記帳した最初の例として挙げられたこともあったが（Connel-Smith[1951], p.363），実際には損益勘定と資本金勘定を欠いており，彼の帳簿には，複式簿記の必須の要件と考えられる「1つの閉ざされた体系的な勘定組織」（小島[1965], 30-31, 66頁）（本書の序章第2節を参照）の確立が見られず，多くの取引は複式記入されているものの，取引の完全複記は認められない。同様に，Johnsonの元帳では損益勘定と資本金勘定，Smytheの元帳では現金勘定と資本金勘定，また，Laurenceの第一の元帳でも損益勘定と資本金勘定がそれぞれ欠けており，これらの会計帳簿は，一応は複式記入の体裁（double-entry format）を採っているが，厳密に複式簿記（double-entry bookkeeping）と呼びうるものではなかった[14]。

　ただし，Laurenceの第二の元帳（1573～1581）では，「アントワープ勘定」（the

account of Antwerp）と名付けられた資本金—損益結合勘定（combined capital-income account）が導入され，若干特殊な形態の勘定が用いられてはいたが，体系的な勘定組織の形成が認められる。そして，Calleyの元帳（1600～1606）では，複式簿記による完全な形での記帳が見出される。

　上述のように，Greshamの仕訳帳，Laurenceの第二の元帳，Calleyの元帳を除けば，他の会計帳簿は，基本的には複式記入が適用され，諸勘定の大部分が相互に関連づけられているものの，必ずしも諸勘定の完全な統合，つまり，諸勘定の自己完結的な体系的組織は見出されない。ただし，彼らの会計帳簿は，複式簿記（＝イタリア式簿記）がイギリスに伝播してきた初期の段階にあって，特に上記の商人がいずれも海外との貿易に携わっていた大商人（merchant）であった（例えば，HowellとSmytheはスペイン，Johnsonはフランス，LaurenceとCalleyは，Greshamと同様に，毛織物輸出商組合の一員としてネーデルラントとの貿易に携わっていた）ことを考えるならば，海外に進出した先取的なイギリス商人が，複式簿記を自らの会計実務に採り入れて利用しようとした一連の模索の過程を反映しているものと解することもできる。

　同時に，彼らの会計帳簿を見る限り，勘定記録に基づく損益計算に対する積極的な関心は示されておらず，損益の注意深い計算や分析の跡も見出されない。人名勘定が彼らの帳簿の大半を占め，しかも，損益勘定や資本金勘定を欠く場合であってもそれが正確に記帳されていたことを考えるならば，おそらくこれらの会計帳簿の主たる作成目的は，彼らが営む多様な活動に関する包括的で秩序だった記録を保持するため，特に顧客や代理人（factor or agent），組合企業（partnership）の他の構成員（partner）などとの債権・債務その他に関する正確な会計記録を保持することにあったものと考えられる（中野[1976], 88-90頁）。

2．17～18世紀：「イタリア式簿記」の本格的利用

　前項で取り上げた16世紀から17世紀初頭と比べて，17世紀半ば以降になると，複式簿記を用いて記帳された現存する会計帳簿が多くなる。例えば，William Hoskinsの元帳と仕訳帳A（1655～1667），John Banksの元帳と仕訳帳B，

C & D（1657〜1699），Robert Clayton and John Morrisの元帳9〜12（1669〜1680），Dudley Northの元帳（1680〜1691），Charles Peersの仕訳帳A（1689〜1691），Richard Du Caneの元帳と仕訳帳D（1736〜1744），Peter Du Caneの元帳A（1731〜1735），元帳と仕訳帳B（1735〜1745），元帳C & D（1745〜1758），William Braundの元帳F & G（1758〜1774）などである[15]。

　上掲の会計帳簿は，ClaytonとMorrisが共同して公証人の組合企業を営んでいたことを除くと，もっぱら海外貿易に携わっていた商人たちのものであるが，RichardとPeterのDu Cane父子の帳簿のように，貿易活動から引退した後の不動産や証券の投資活動に携わった時期のものも含まれる。

　彼らの会計帳簿では，前項で取り上げた商人たちのそれと比較すれば，複式簿記はより完全な形で利用されていたが，会計帳簿の作成にあたり複式簿記が利用された目的は基本的には変化していなかった。複式簿記による組織的な勘定記録に基づく会計帳簿内での規則的な利益や資本の計算に対する願望が支配的な目的であったとは考えられず，むしろ，彼らが携わっていた多様な活動，あるいは，そこから生じる顧客や代理人，組合企業の他の構成員などとの債権・債務その他に関する包括的で秩序だった記録を保持することに主たる関心が向けられていたものと考えられる（中野[1977]，89-90頁）。

3. 16〜18世紀のイギリス：複式簿記の実際的利用目的

　Basil S. Yameyは，歴史的考察に基づき，複式簿記がそれ以前の簿記法と比較して有する主要な特質として，次の三つを挙げている。すなわち，(1)記録が包括的で秩序だっていること，(2)記帳の二重性に基づく自己検証性を備えていること，そして，(3)企業の損益と財政状態に関する報告書を誘導できる資料を包含していることである（Yamey[1956], p.7）。

　営利の追求という商人本来の動機から見て，簿記，特に複雑で精緻な記帳システムである複式簿記，あるいは，それを利用して作成された会計帳簿の主たる目的に関わるものとして，上掲した三つの特質のうち，とりわけ(3)を想起するのは当然のことのように思われる。

しかしながら，先に見たように，少なくとも16～18世紀のイギリス商人が作成した現存する会計帳簿を見る限り，会計帳簿に基づく損益計算は，副次的，極論すれば，個々の商品勘定ないし元帳全体の締切に伴う副産物（by-product）にすぎなかったと言える。むしろ，複式簿記は，経営活動の管理計算的把握，具体的には，単独もしくは他者と共同で，あるいは，他者の代理人として携わったさまざまな取引活動と，そこから生じる顧客や代理人，組合企業の他の構成員などとの債権・債務その他に関する包括的で秩序だった記録を保持することにより，これらを会計的に管理・統制することに主たる目的が置かれていたようである（中野[1982], 22-27頁）。

ただし，彼らが必要とした会計情報，つまり，包括的で秩序だった取引記録は，単式簿記のようなあまり複雑でない方法によってもある程度まで充たされるものであり，それは複式簿記が他の簿記法と比較して有する特質，特に(3)の特質を当時の商人たちに認識させる程の高度な情報要求ではなかった。17世紀中葉，具体的には1664年から複式簿記がイギリス東インド会社の会計実務に導入されるようになるが（Winjum[1972], pp.220-221）（本書の第7章第3節を参照），大多数の商人にとっては，複雑な記帳システムである複式簿記をあえて採り入れる程の情報要求は存在しなかったと考えられる。

すなわち，複式簿記の実際的利用は，19世紀に至るまで，比較的大規模な海外貿易に携わるような大商人などに限られており，大多数の商人は現金と信用取引の記録・管理を中心とした簡便な簿記（便宜上「単式簿記」と呼びうるもの）を用いていたと言われる（Yamey[1949], p.105）。[16]複式簿記の本格的な普及は，18世紀前半に国際商業の覇権を握り，しかも，世界に先駆けて伝統的な農業社会から近代的な工業社会への急速な工業化（industrialization），つまり，「産業革命」（Industrial Revolution）を自生的に展開したイギリスでさえ，株式会社形態を採る大規模企業の増大や，所得課税の本格的実施，会計専門職業人の台頭などをみる19世紀，それも後半を待たなければならなかったのである（Yamey[1956], p.11；同[1977], p.17）。

[注]

(1) ボロメオ商会ロンドン支店の元帳の詳細については，小島 [1971]（第2章）を参照されたい（See also Kats[1926a]；小島 [1987]（第11章第1節））。

　　ただし，Christopher W. Nobesによれば，外国商人によるものではあるにせよ，イギリスにおける現存する最古の複式簿記の帳簿とみなされるのは，本文中で言及したボロメオ商会ロンドン支店の元帳ではなく，これよりもさらに1世紀あまりも前に作成された，トスカーナ地方の商業都市シエナのガレラニ商会（Gallerani e Comp.）ロンドン支店の会計帳簿（1305～1308）であるとされる（Nobes [1982], pp.303-309）。

(2) Greshamの仕訳帳の詳細については，Winjum[1971]；同 [1972]（pp.130-138）を参照されたい。

(3) ［図表4-1］は，イングランド＆ウェールズ勅許会計士協会（編）になる古典簿記書の目録（ICAEW[1975]）に掲載されている簿記書の出版点数に基づいて作成したものである。当該目録には，初版のみならず，再版等のものも含まれているが，これらについても，当時の出版状況を反映するものとして集計している。

(4) Oldcastleの簿記書，および，これとMellisの簿記書との関連の詳細については，小島 [1971]（第3章・第8章）を参照されたい（See also Kats[1926b/1926c]；Yamey[1963a]（pp.155-159）；Bywater and Yamey[1982]（pp.66-71）；小島 [1987]（第12章第1節・第3節））。

(5) Ympynの簿記書の詳細については，小島 [1971]（第4章）を参照されたい（See also Kats[1927a/1927b]；Yamey[1963a]（pp.159-161）；Bywater and Yamey [1982]（pp.45-47）；小島 [1987]（第8章第1節））。

(6) Peeleは，本文中で言及した*The maner and fourme*……に加えて，第二の簿記書である*The Pathe waye to perfectnes*, ……（1569）を出版している。これら二つの簿記書の詳細については，小島 [1971]（第5章・第7章）を参照されたい（See also Yamey[1963a]（pp.162-163）；Bywater and Yamey[1982]（pp.51-53）；小島 [1987]（第12章第2節））。

(7) なお，Peeleは，*The Pathe waye to perfectnes*, ……においても，前著と同様な単一の包括的な仕訳規則を提示している（Peele[1569], A Dialogue betwene the Scholemaster and the Scholler；同 [1569], The Journall or dailye Booke of letter. A）。

(8) Ananias C. Littletonによれば，簿記教授法の発展は，本文中で言及した「仕訳帳アプローチ」から，「元帳アプローチ」，さらに，「貸借対照表アプローチ」（balance sheet approach）への変遷として捉えられる。このうち，元帳を教示の中心にすえた元帳アプローチは，19世紀半ば頃から本格的に展開されるようになり，それ以前の仕訳帳アプローチに取って代わったと言われるが，その嚆矢は，後述のように，Alexander Malcolmの*A New Treatise of Arithmetick*

and Book-keeping.……（1718）などに見出すことができる（Littleton[1931], pp.33-34；同[1961], pp.567-568；see Jackson[1956], pp.303-306）。
(9) Dafforneの簿記書の詳細については，小島[1971]（第10章）を参照されたい（See also Yamey[1963a]（pp.169-170）; Bywater and Yamey[1982]（pp.96-98）; 小島[1987]（第14章第2節））。
(10) Malcolm簿記書の詳細については，渡邉[1983]（第II部第1章）；中野[1992]（第4章II）を参照されたい（See also Yamey[1963a]（pp.159-161）; Bywater and Yamey[1982]（pp.157-160）；小島[1987]（第15章第3節））。

なお，「資本主（主体）理論」とは，企業を取り巻くさまざまステークホルダーのうち，特に資本の拠出者である資本主（proprietor）（株式会社であれば株主）の観点を重視し，資本主主体の理論的視角から，＜資産－負債＝資本＞という資本等式に端的に表現されるように，企業会計全体の計算目的と措定された資本主持分（proprietorship）（＝純財産）の確定計算に関連づけて，簿記ないし会計の諸過程を統一的に説明しようとする思考である。このような資本主理論の生成・確立過程の概略的考察については，中野[2012]を参照されたい（See also Littleton[1933]（Chpas.XI・XII）（片野（訳）[1978]（第11章・第12章））; 中野[1992]（特に第4章～第9章））。
(11) Cronhelmの簿記書の詳細については，中野[1992]（第5章）を参照されたい。Cronhelmの簿記書が刊行される以前のイギリスでは，①本文中で言及したMalcolmの簿記書，あるいは，Mairの Book-keeping Methodiz'd:……（1736）に代表されるような簿記書，つまり，Pacioloの「簿記論」以来のイタリア式簿記の伝統の上に体系化・精緻化されてきた教科書的簿記書と，②Benjaminn Boothの A Complete System of Book-keeping,……（1789）や，Edward T. Jonesの Jones's English System of Book-keeping,……（1796）などに代表される，18世紀後半からの工業化の波の中で，複雑化・多様化していく大規模商業経営への直接的適用可能性を念頭に置いた実践的簿記書という，大きく二つの流れがあり，Cronhlemの簿記書は，これに先行するPatrick Kellyの The Elements of Book-keeping,……（1801）とともに，これら二つの流れを止揚した総合的簿記書を著そうとする動きの産物であった（中野[1992], 103頁；see 久野[1979], 33-34, 37-38, 238頁）。

また，上掲の簿記書のうち，Jonesの簿記書は，複式簿記（＝イタリア式簿記）を批判し，これに代わる新たな簿記法として，「簡単」と「正確」という，単式簿記と複式簿記それぞれの長所を兼ね備えたと称する「イギリス式簿記」（English System of Book-keeping）を提唱し，ドイツ語訳やフランス語訳なども含めて，大いに喧伝に努めたが，結果的にその試みは失敗に終わり，却って複式簿記（＝イタリア式簿記）の優位性を再確認することになった。Jonesの簿記書の詳細については，小島[1987]（第16章第2節）を参照されたい（See also Yamey[1963a]（pp.175-179）; Bywater and Yamey[1982]（pp.196-199））。

第 4 章　15 〜 19 世紀イギリスの簿記事情　　107

⑿　英語圏における Malcolm—Cronhelm らの簿記書に見出される資本主理論—物的二勘定系統説的思考の形成と同様な動きは，ドイツ語圏でも，Georg Kurzbauer や G. D. Augspurg らの簿記書に跡づけることができる。両者を一括して同一線上で捉えることについては検討の余地が残されているが，ここでは，ドイツ語圏のみならず，英語圏の文献も広く渉猟して勘定学説（勘定理論）の系統的分類を試み，両者にかかわる論者の所説を「資本主体勘定学説」（Proprietorship Theory of Accounts）として総括する Karl Käfer の所説に従っておくことにする（Käfer[1966], pp.18-25（安平（訳）[1972], 35-50 頁））。
⒀　第 3 節第 1 項で取り上げた 16 世紀から 17 世紀初頭にかけてのイギリス商人の会計帳簿の詳細については，Winjum[1972]（Chap.VIII）を参照されたい（See also Connel-Smith[1951]；Ramsey[1956]；Vanes[1967]；Winjum[1971]；Yamey[1977]；中野 [1976]；同 [1982]）。
⒁　Winjum は，基本的に複式記入が適用されながらも，その勘定組織から損益勘定や資本金勘定などを欠くために，部分的に単式記入となっている簿記を，"double-entry bookkeeping" と区別して，"double-entry format" と呼んでいる（Winjum[1972], p.114）。
⒂　第 3 節第 2 項で取り上げた 17 世紀半ばから 18 世紀初頭にかけてのイギリス商人の会計帳簿の詳細については，Yamey[1963b] と Winjum[1972]（Chap.IX）を参照されたい（See also Yamey[1977]；中野 [1977]；同 [1982]）。
⒃　18 世紀当時の経営学入門書と位置づけられる Daniel Defoe の *The Complete English Tradesman:* ……（1727）においては，商人（ただし，ここで言う「商人」とは，海外貿易に携わる大商人（merchant）ではなく，国内市場に密着した商人層，特に「若いトレイズマン」（young tradesman）が対象）にとって簿記を習得することの重要性が強調されるが，Defoe が同書において解説した簿記とは，「複式簿記」ではなく，現金出納帳と元帳（実質は債権・債務帳）を中心とした，簡便な簿記であった。その詳細については，中野 [2007] を参照されたい。

＜参考文献＞

小島男佐夫 [1965]『複式簿記発生史の研究 [改訂版]』森山書店。
　――――[1971]『英国簿記発達史』森山書店。
　――――[1987]『会計史入門』森山書店。
中野常男 [1976]「16 世紀英国会計事情の一側面」國民經濟雜誌，第 134 巻第 3 号，71-90 頁。
　――――[1977]「17-18 世紀英国会計事情の一考察」國民經濟雜誌，第 135 巻第 1 号，70-90 頁。
　――――[1982]「複式簿記の損益計算機能に関する一考察―16-18 世紀の英国会

計における冒険取引勘定の役割について―」経営学・会計学・商学研究年報（神戸大学経営学部），XXVIII, 1-31頁。
─────［1992］『会計理論生成史』中央経済社。
─────［2007］「複式簿記と単式簿記：18世紀イギリスの簿記文献を中心に」，中野常男（編著）［2007］『複式簿記の構造と機能―過去・現在・未来―』（第5章5-1）同文舘出版，177-214頁。
─────［2012］「近代会計理論の生成―19世紀英米会計文献に見る資本主理論生成過程の点描―」，千葉準一・中野常男（共編著）［2012］『体系現代会計学第8巻 会計と会計学の歴史』（第7章）中央経済社，261-303頁。
久野秀男［1979］『英米（加）古典簿記書の発展史的研究』学習院。
渡邉　泉［1983］『損益計算史論』森山書店。
Booth, B.[1789], *A Complete System of Book-keeping, by an Improved Mode of Double-Entry:* ……, London.
Bywater, M. F. and B. S. Yamey[1982], *Historic Accounting Literatur: a companion guide*, London.
Connel-Smith, G.[1951], "The Ledger of Thomas Howell," *The Economic History Review*, 2nd Series, Vol.III, No.3, pp.363-370.
Cronhelm, F. W.[1818], *Double Entry by Single: A New Method of Book-keeping, Applicable to All Kinds of Business; and Exemplified in Five Sets of Books*, London.
Dafforne, R.[1635], *The Merchants Mirrour: or, Directions for the Perfect Ordering and Keeping of His Accounts;* ……, London.
───── [1640], *The Apprentices Time-Entertainer Accomptantly: or A Methodical means to obtain the Exquisite Art of Accomptantship:* ……, London.
Defoe, D.[1727], *The Complete English Tradesman, in Familiar Letters: Directing him in all the several Parts and Progressions of Trade,* ……, 2nd ed., Vol.I, London.
Hatton, E.[1695], *The Merchant's Magazine: or, Trades-Man's Treasury.* ……, London (reprinted ed., New York, 1982).
Institute of Chartered Accountants in England and Wales (ICAEW) [1975], *Historic Accounting Literature*, London.
Jackson, J. G. C.[1956], "The History of Methods of Exposition of Double-Entry Book-keeping in England," in Littleton and Yamey (eds.) [1956], pp.288-312.
Jones, E. T.[1796], *Jones's English System of Book-keeping, by Single or Double Entry*, ……, Bristol.
Kats, P.[1926a], "Double-Entry Book-keeping in England before Hugh Oldcastle," *The Accountant*, Vol.LXXIV, No.2667, pp.91-98.
───── [1926b/1926c], "Hugh Oldcastle and John Mellis―I・II," *The Accountant*, Vol.LXXIV, No.2677, pp.483-487；Vol.LXXIV, No.2682, pp.641-648.

―――― [1927a/1927b], "The 'Nouuelle Instruction' of Jehan Ympyn Christophle ― I・II," *The Accountant*, Vol.LXXVII, No.2750, pp.261-269; Vol.LXXVII, No.2751, pp.287-296.

Käfer, K.[1966], *Theory of Accounts in Double-Entry Bookkeeping*, Urbana, Illinois(安平昭二(訳)[1972]『ケーファー 複式簿記の原理』千倉書房).

Kelly, P.[1801], *The Elements of Book-keeping, Both by Single and Double Entry:* ……, London.

Littleton, A. C.[1931], "Cost Approach to Elementary Bookkeeping," *The Accounting Review*, Vol.VI, No.1, pp.33-37.

―――― [1933], *Accounting Evolution to 1900*, New York(片野一郎(訳)[1978]『リトルトン 会計発達史(増補版)』同文舘出版).

―――― [1961], *Essays on Accountancy*, Urbana, Illinois.

―――― and B. S. Yamey (eds.) [1956], *Studies in the History of Accounting*, London.

Mair, J.[1736], *Book-keeping Methodiz'd: or, A Methodical Treatise of Merchant-Accompts, According to the Italian Form.* ……, Edinburgh.

Malcolm, A.[1718], *A New Treatise of Arithmetick and Book-keeping.* ……, Edinburgh.

―――― [1731], *A Treatise of Book-keeping, or, Merchant Accounts; in the Italian Method of Debtor and Creditor.* ……, London.

Mellis, J.[1588], *A Brife Instruction and maner hovv to keepe bookes of Accompts after the order of Debitor and Creditor,* ……, London.

Nobes, C. W.[1982], "The Gallerani Account Book of 1305-1308," *The Accounting Review*, Vol.LVII, No.2, pp.303-310.

Peele, J.[1553], *The maner and fourme how to kepe a perfecte reconyng, after the order of the moste worthie and notable accompte, of Debitour and Creditour,* ……, London.

―――― [1569], *The Pathe waye to perfectnes, in th'accomptes of Debitour, and Creditour:* ……, London.

Ramsey, P.[1956], "Some Tudor Merchants' Accounts," in Littleton and Yamey (eds.) [1956], pp.185-201.

Vanes, J.[1967], "Sixteenth-Century Accounting: The Ledger of John Smythe, Merchant of Bristol," *The Accountant*, Vol.CXLII, No.4839, pp.357-361.

Winjum, J. O.[1971], "The Journal of Thomas Gresham," *The Accounting Review*, Vol.XLVI, No.1, pp.149-155.

―――― [1972], *The Role of Accounting in the Economic Development of England: 1500-1750*, Urbana, Illinois.

Yamey, B. S.[1949], "Scientific Bookkeeping and the Rise of Capitalism," *The*

Economic History Review, 2nd Series, Vol.I, Nos.2&3, pp.99-113.

―――― [1956], "Introduction," in Littleton and Yamey (eds.) [1956], pp.1-13.

―――― [1963a], "A Survey of Books on Accounting in English, 1543-1800," in Yamey *el al.*[1963], pp.155-179.

―――― [1963b], "Double Entry in Practice in the Seventeenth and Eighteenth Centuries," in Yamey *et al.*[1963], pp.180-201.

―――― [1977], "Some Topics in the History of Financial Accounting in England, 1500-1900," in W. T. Baxter and S. Davidson (eds.) [1977], *Studies in Accounting*, London, pp.11-34.

―――― [2000], "The 'particular gain or loss upon each article we deal in': an aspect of mercantile accounting, 1300-1800," *Accounting, Business and Financial History*, Vol.X, No.1, pp.1-12.

―――― , H. C. Edey and H. W. Thomson[1963], *Accounting in England and Scotland, 1543–1800, Double Entry in Exposition and Practice*, London.

（中野　常男）

第5章
アメリカへの複式簿記の移入と簿記理論の体系化
―理論的教示，そして会計学への展開―

　本章では，植民が開始された以降のアメリカの会計事情より出発し，20世紀初頭の大規模株式会社が出現するまでのアメリカ会計史について概説する。第1節では，複式簿記（＝イタリア式簿記）がイギリスからアメリカに伝わった背景について概説する。第2節では，イギリスでは大きく進展されなかった簿記の理論化がアメリカにおいて花開いたことを主要なテキストを通じて概説する。さらに，第3節では，19世紀末から20世紀初頭にかけて大規模株式会社が誕生したことに伴う簿記から会計への変化について説明する。

第1節　イタリア式簿記の導入

　植民地時代のアメリカ(1)において，経済的なつながりを最も強く有していた国は，当然ながらその宗主国であるイギリスであった。法律・経済等の制度の多くはイギリスのものが導入され，本国の経済とは切り離せない存在であった。会計においても，その発展の初期は，イギリスの影響を強く受けたものであった。しかしながら，時を経るにつれ，イギリスの影響が弱まると同時に，アメリカ独自の簿記の教授法が進展していく。すなわち，簿記教育において，「機械的記憶から理論」（Previts and Sheldahl[1988], p.1）という変化が見られたのである。

　本章で取り上げる最大のテーマは，簿記の記録原理の理論化の進展であり，

それは19世紀末から20世紀初頭をもって完成に至る長いプロセスである。まず，その出発点として，植民地時代の簿記事情の概観から始めよう。

イギリスから北アメリカへの植民活動は16世紀末に始まるが，植民地形成のかなり早期から植民地で会計活動が行われていたことが確認されている。植民地経営自体が本国からの出資者を伴う会社形式で運営されていることもあり，これらの会社の中では会計記録が行われ，監査が実践されていたと言う。商人のみならず，政府，裁判所など，さまざまな組織が会計記録を行い，債権の回収の拠りどころとされていたのである（Previts and Merino[1998], pp.15-19）[2]。

その中で，商人の簿記・会計教育の場となったのが，海港都市に位置する大商人の会計事務所（counting-house）であり，そこでは実際の業務を通じての徒弟奉公的訓練に基づく教育が行われていたと言われる（Previts and Sheldahl[1977], pp.54-56）。そのため，植民地時代に大規模で組織的な会計教育が行われていたという証拠は乏しいが，簿記教科書はアメリカにおいても流通し，また，植民地を意識したものも存在していた。例えば，同時代のイギリスを代表する簿記教科書であるJohn Mairの*Book-keeping Methodiz'd*: ……（初版1736）は，後の版においてタバコ植民地や砂糖植民地に関する章を追加していた。

第2節　簿記の理論化の進展

1. 南北戦争前の会計事情

独立戦争（American War of Independence：1775〜1783）後のアメリカ経済の発展により，商人たちの会計事務所が取り扱う取引量が増大するにつれ，会計事務所は徒弟奉公的訓練や簿記・会計教育の場として不適当になった。その結果，新たな教育の場として，19世紀の初頭より私立の会計教育機関が設立され，それまでの企業内の会計事務所における徒弟教育に徐々に代替し始めた

(Previts and Merino[1998], p.48)。

　これらの教育機関では，多くの教師が教科書を著し，そのいくつかは広く利用されるようになった。例えば，19世紀初頭のアメリカを代表する簿記教科書である *The American System of Practical Book-keeping*,……（1820）は，1860年代までに40版以上を重ねたベストセラーであったが，その著者であるJames Bennettは，ニューヨークで簿記教師として住所氏名録に記載されているとおり，彼自身の会計学校を設立し運営していた。Bennettに代表される簿記教師こそが，会計教育の場が大学へと移行し始める19世紀末までの間，簿記理論の進展に関する主たる担い手であったのである。

　その結果として，アメリカ人の著者たちの手による簿記教科書の出版件数は，1820年代から急激な増大を見せる。また，19世紀半ばより，*Hunt's Merchants' Magazine*誌，*The Book-keeper*誌等の商業，会計に関連する定期刊行物が現れ，簿記教師たちも積極的に簿記に関する論稿をこれらの雑誌において公表するようになった（久野[2009]（第1章・第2章））。このことにより，簿記・会計教育の体系化が以前にも増して進んで行くことになる。

　そこで行われた簿記の進展は，主として記帳上の側面と理論上の側面とに分かれる。記帳上の側面とは，機械的な記帳作業の省力化・合理化の進展である。日記帳，仕訳帳，元帳を利用する伝統的な三帳簿制の教授から離脱を始め，日記帳の分割と仕訳帳への合計転記，日記帳と仕訳帳を合体した仕訳日記帳が教授されるようになり，また，特殊欄を含む多桁式の仕訳帳や，補助簿の特殊仕訳帳化が見られるようになる。さらに，決算手続を一覧できる運算表である精算表が標準的に教授されるようになるのである（久野[1985]）。

　他方，理論上の側面とは，簿記の記録原理の理論化の進展を意味する。簿記がイギリスから簿記が移入されたとき，そこでの代表的な簿記教授法のアプローチは，三勘定分類に基づく元帳アプローチ（ledger approach）であった。しかし，アメリカでは，イギリスのFrederick W. Cronhelmの簿記書 *Double Entry by Single*,……（1818）に示された資本主理論（proprietorship theory）的な簿記論（本書の第4章第2節参照）を継承しながら，伝統的な教授法から脱するとともに，独自の発展を遂げ，19世紀末から20世紀初頭にかけて，それが

貸借対照表アプローチ（balance sheet approach）として完成を見るに至る。以下では，南北戦争前の簿記理論の進展に対して，重要な貢献をなしたと評価されるBenjamin F. FosterとThomas Jonesの解説に焦点を当てる。

1-1 Fosterの簿記書

Fosterは，アメリカで簿記教師を務めた後，イギリスに渡り，英米両国で簿記書を多く出版した人物である。主著の一つ*A Concise Treatise on Commercial Book-keeping*,……（1836）では，本人も認めるように，Cronhelmの影響が強く示されている。[5]

彼は，簿記を資本主に対して彼の資本全体の価値とその構成部分の価値をいついかなるときにでも明示できるようなやり方で財産を記録する技法と定義する。そして，企業内の財産の構成要素は常に変質の過程にあるが，これらの要素がどのような変化をするか，資本全体が増加，減少，あるいは，無変化であるかにかかわらず，全資本は常にその構成要素の総和に等しいことは明白であるとする。この均衡関係（Equality）こそが簿記の最も本質的な原理であるとするのである（Foster[1836], pp.23-24）。

そして，借方と貸方の均衡関係は，上記の原理のいささか明瞭さに劣るが直接的な帰結であり，遵守されるべき一般法則であるとみなされると言う。そして，取引の記入規則を説明する前に，Fosterは元帳勘定を分類し，それぞれの分類について借方・貸方に記入される諸項目の内容を列挙していくのである（Foster[1836], pp.25-26）。仕訳規則の説明の前に元帳勘定の説明から入る点において，Fosterの説明は元帳アプローチに属すると言えよう。

Fosterの元帳勘定の分類に対しては均衡関係が強く影響している。すなわち，Fosterによれば，財産（資本）の構成要素は人名勘定，貨幣勘定，物財勘定に，他方，財産全体，つまり，資本は資本勘定に分類されるとする。[6] そして，その一方で，人名勘定，物財勘定，擬制勘定（＝名目勘定）という伝統的な三勘定分類を馬鹿げたものだとして強く批判する。Fosterは，Cronhelmのような数式での表現は行わないものの，資本全体を記録する資本勘定と，その構成要素を記録するその他の勘定に分割するという二系統への勘定分類を行うのであ

る。さらに，損益勘定は単純に資本勘定の分岐であり，経費や利息，手数料等の諸勘定も損益勘定の単なる分枝であり，資本勘定や損益勘定に多数の小口記入が行われるのを防ぎ，個々の集計結果を集約するためのものであるとする。すなわち，損益の諸勘定は，資本勘定の内訳勘定ないし明細勘定と明確に位置づけられるのである（Foster[1836], pp.25-26, 34-36）。

元帳勘定の説明が，Cronhelmの影響を受けた資本主理論的思考に基づくものであった一方で，Fosterは，Cronhelmにより斥けられた仕訳規則の提示も同時に行っている。まず，「受け取った物，あるいはあなたに対して責任を負う人（The thing *received*, or person accountable to you）は借方」，「引き渡した物，あるいはあなたが責任を負う人（The thing *delivered*, or person to whom you are accountable）は貸方」という原則を示し，さらに，人名勘定，物財勘定，損益勘定について一般規則を示す。例えば，財産勘定についての原則を見ると，「財産があなたの所有下におかれる時に借方記入される」などが示される（Foster[1836], p.38）。その上で，現金取引など，さまざまな取引について，仕訳規則を例示するのである（Foster[1836], pp.39-46）。このように，Fosterによって示される仕訳規則は，初期の仕訳帳アプローチ（journal approach）に見られた仕訳規則よりも体系化かつ構造化されたものではあったが，イギリス簿記書の伝統とも言うべき，物の受け渡しと人的関係を絡めた擬人的受渡説の残滓が明瞭に読み取れるものであった。

Fosterの簿記書は，Cronhelmの影響を受け，教示の理論的側面に重点を置いていた。すなわち，簿記を貫く原理としての資本全体とその構成要素の間での均衡の原理が強調され，資本主理論的思考に基づいて，損益勘定やその細目勘定が資本勘定の分岐であることを明確に示した。しかし，その一方で，伝統的な三勘定分類に類似する元帳勘定の分類を行い，取引の記入例を示す前に仕訳規則の提示を行うなど，従来の教科書と類似する点も見出すことができ，初学者に対する配慮を示したものであると言えよう（中野[1992], 148-150頁）。

1-2 Jonesの簿記書

資本主理論的思考がさらに進展したのは，Jonesの簿記書においてである。

Jonesは，Fosterが簿記教師を務めていたアカデミー（New York Commercial Academy）において，同じ時期に校長の職にあった人物であり，その教科書の出版時期はFosterよりも後のものではあるものの，Fosterの思考に大きな影響を与えた人物である。彼の *The Principles and Practices of Book-keeping*, ……（1841）は，当時の代表的な簿記教科書であるともに，簿記理論の進展という観点から言えば，Fosterの簿記書とともに，19世紀前半を代表する著作である。[7]

　Jonesによれば，複式簿記は，商人の業績をそれぞれの段階ないし連続した段階で，その結果に関する明瞭で簡潔な報告書を提供できるようなやり方で，大量のデータを解明し処理することを可能とする方法であるとされる。そして，複式簿記は，企図された結果，つまり，商人の資産，負債，利益，損失，および，原初資本（Resources, Liabilities, Gains, Losses, and Original Capital）に関する報告書を導出するために，絶対的に必要とされる事実の集合のみを包含すると言う（Jones[1841], p.3）。

　Jonesによれば，上記の報告書とは，残高表（Resources and Liabilities）と損益表（Profit and Loss）のことであり，ここで，Jonesが，報告書，つまり，財務諸表の導出を簿記の目的として強く意識していたがわかる（Jones[1841], p.57）。

　これらの報告書を導出するための簿記記録として，Jonesが重視するのが元帳である。Jonesは，元帳と勘定の説明を行う中で，擬人化（personification）の手法を批判している。借方項目がわれわれに対する債務である項目もあれば，資本については引出額であり，商品については支払額であり，現金は受領額である。すなわち，借方・貸方という用語が恣意的に用いられていることは明らかであり，それらを債権・債務という統一的な関係で表示しようとすることは，必然的に，それに伴う曖昧さを持つ言語を使用することになるか，あるいは，実体を持たないばかりでなく，われわれが達成しようとする目的に明確な関連を持ち得ない事物まで擬人化してしまうことになるとして，強く批判するのである。勘定の左右の側を示す名称としての借方・貸方という用語は，人名勘定，その他のすべての勘定にアナロジーにより拡張したときには当てはまるが，アナロジーを構成する関係は曖昧すぎ，生徒の手引きとして用いることはできな

いのである（Jones[1841], pp.20-21）。

そこで，Jonesは，以下の［図表5-1］に掲げる二つの命題を提示し，それを複式簿記の原理とする。すなわち，次の二つの命題である。

図表5-1　Jonesの複式簿記の原理にかかわる二つの命題

命題Ⅰ：　もしわれわれが一定時点における資産と負債を確定することができるならば，それらの比較によって，われわれの有高状態を決定することができる。

命題Ⅱ：　もしわれわれがある期間の期首における有高状態と，当該期間の損益を決定することができるならば，それによって，われわれは期末における有高状態を決定することができる。

複式簿記は，事業に生起した事実を整序する二つの別個の方法を含み，それぞれの方法が別個の勘定系統を有しているとするのである。すなわち，一つの勘定系統が＜命題Ⅰ＞の条件を充足し，もう一つが＜命題Ⅱ＞の条件を充足する。この二つの勘定系統が，帳簿の貸借平均を成立させていると言う。ここで，彼は，＜命題Ⅰ＞にかかわる勘定系統を第一次勘定（Primary Accounts），＜命題Ⅱ＞にかかわる勘定系統を第二次勘定（Secondary accounts）と呼んでいる[8]。均衡の原理は，勘定の二重の整序，つまり，二つの異なる系統の必然的な結果であるとするのである（Jones[1841], pp.21-22）。

取引の記入原理について，Jonesは，二つの系統の勘定への記入を元帳上に如何に行うか，という観点から解説を行う。すなわち，Jonesは元帳アプローチを採用する。複式簿記の理論の最も簡単な説明は，事業取引の整序が完全に現金でなされる場合に与えられるとして，次頁に掲げるような表を提示する（［図表5-2］参照）（Jones[1841], pp.46-47）。

現金取引においては，すべての取引は現金の増加か減少を伴う。もし取引が現金を増加させるとき，現金の増加額は現金勘定の借方（［図表5-2］の1）に記入され，同様の増加は利得または事業からの収益のみをもたらし，これは第二次勘定の貸方（［図表5-2］のD，FまたはH）に記入されるのである。このように，取引が現金を増加させるならば，元帳の借方と貸方は等しく影響を受け

118　第Ⅰ部　簿記の時代

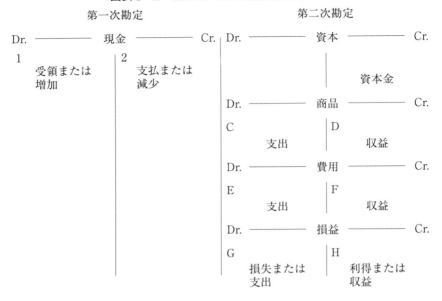

図表5-2　Jonesによる勘定記入のルール

る。現金の減少についても同様に，元帳は借方と貸方に等しく影響を受けるのである。

　Jonesは，さらに信用取引が加わった場合についても説明を行う。彼は，受取手形，支払手形，人名勘定等の追加的な勘定は，現金勘定の拡張に過ぎないとする。すなわち，それぞれの構成要素ごとに個別に増加と減少の比較が行われることとなる。上掲の図表を示した上で，例えば，受取手形の借方は受取手形の増加を，支払手形の借方は債務の消滅に伴う財産の増加を意味するなど，Jonesは個々の第一次勘定の借方と貸方それぞれの記入内容についての説明を，元帳を基礎として行うのである。取引は，第一次勘定の増加・減少と，同額の二次勘定の増加・減少という形か，あるいは，信用取引の場合，第一次勘定内での要素の変動という形を取る。その結果，すべての取引において，借方記入と貸方記入は均衡するのである（Jones[1841], pp.47-48）。

　Jonesが示した二つの命題をそれぞれ，現在の用語を用いた等式関係で表すとすれば，次頁の［図表5-3］のように示されるであろう。Jonesによれば，

複式簿記の本質は，資本計算ないし財産計算の計算結果が一致する二つの勘定系統が内包されていることであり，貸借の均衡はその必然的結果に過ぎないとするのである（本書の序章第3節を参照）。

図表5-3　複式簿記の基本命題を表す等式

命題Ⅰ：（期末）資産－（期末）負債＝（期末）資本
命題Ⅱ：（期首）資本±（期間）損益＝（期末）資本

このように，Jonesは，取引の記帳原則の説明において，資本計算に関する二つの命題を基礎として借方と貸方の均衡を説き，また，借方と貸方を，「負う」・「負われる」金額や関係に還元する擬人化の手法を強く批判した。彼の簿記の教示は，極めて独自性が強いものであったが，アメリカにおいては，Fosterとともに，資本主理論的な簿記理論を提示した先駆者であると高い評価が与えられている（Hatfield[1977], p.2）。

2. 南北戦争後の簿記事情

南北戦争（American Civil War：1861～1865）後のアメリカは，大陸横断鉄道の開通に象徴的に示される全国的な交通網の整備に伴い，市場が急速に全国市場へと統合されていく過程にあった。鉄道会社を中心として株式会社の債券や株式が証券市場に上場され，株式会社の財務情報やその分析，株式会社会計が初めて大きな問題として取り上げられるようになったのも南北戦争後のことであった。

他方，簿記・会計教育は急速に全国化されるフランチャイズ化された実業学校（これを連鎖校と言う）の中で広く行われた。これらの学校で教科書として用いられる簿記書もまた，1870年代より大きく増加している。この中で，簿記の理論化に顕著な貢献をなしたと考えられ，南北戦争後のアメリカを代表する二人の著者による著作を本節では見ていくこととしよう。第一が，Ezekiel G. Folsomによる *The Logic of Accounts;* ……（1873），第二が，Charles E. Sprague

による"The Algebra of Accounts"（1880）と *The Philosophy of Accounts*（1908）である。

2-1　取引に焦点を当てた簿記教示の出現：Folsomの簿記論

　Folsomの著作は，連鎖学校の教科書でありながら，独自の価値論に基づいた簿記の教示が展開されている。特に，簿記を精密科学と位置づけ，その原理に焦点を当てた解説が試みられた最初の六つの章は，同時代には見られないアプローチを採用している点において注目される（Folsom[1873], pp.iii-v, xv-xvi）。

　Folsomが簿記の解明において，まず取り上げるのは価値という概念である。複式簿記において，価値とは総称的・普遍的な用語であり，すべてのものに当てはまるという。そして，Folsomは，価値を，商業価値（Commercial Value）と観念価値（Ideal Value）と言う二つに大きく分類している。このうち，商業価値とは，外部にあるあらゆる価値を集約し代表する用語であり，他方，観念価値とはわれわれの内部に存在するあらゆる価値を集約し代表する用語であるとする（Folsom[1873], pp.2-3）。Folsomの勘定分類は，商業価値を財産の構成部分，観念価値を財産全体と理解するならば，名目勘定は資本勘定の構成要素であると位置づけられ，Fosterと同様の勘定分類の体系であると言えよう。

　続いて，Folsomは，取引について説明を行う。Folsomは，取引の説明に先立ち，等価性（Co-equality）と価値対価値（Value for Value）という二つの法則を示す。すなわち，取引とは，等価の価値の価値との交換であり，価値の受領と引き渡しは等しい（co-equal receiving and giving of values in transactions）という原則が導かれる（Folsom[1873], pp.16-17）。

　そして，価値の交換として，受け取る価値，引き渡す価値の両者は，商業価値，観念価値，そして，商業価値と観念価値という三つの構成要素からなるため，取引には9個の類型があると説明する。Folsomの説明する取引類型（価値交換等式）を，彼が説明する事例と一緒にまとめて表せば，次頁の［図表5-4］のように示される（Folsom[1873], pp.17-28）。

　Folsomによれば，すべての取引は，九つの価値交換等式によって表現される。例えば，商品などの財産が購入価格を上回る価格で販売されるとき，実質的に

図表5-4　Folsomによる価値交換の類型と価値交換等式

類型		価値交換等式	具体的取引例
価値の交換	第一類型	1. 商業価値の受け取り＝商業価値の引き渡し	商品を現金で購入する
		2. 商業価値の受け取り＝観念価値の引き渡し	教育や事務などの直接的な用役を引き渡す代わりに，現金を支払う
		3. 商業価値の受け取り＝商業価値と観念価値の引き渡し	商品を購入価格を上回る価格で現金販売する
	第二類型	4. 観念価値の受け取り＝商業価値の引き渡し	利息や地代といった資本の利用による間接的用役を受け取る代わりに，現金を支払う（第一類型の2と逆の事例）
		5. 観念価値の受け取り＝観念価値の引き渡し	二人の農業従事者が作業を交換して行い，相互に労働を相殺する
		6. 観念価値の受け取り＝商業価値と観念価値の引き渡し	教育や事務などの直接的な用役を，引き渡したものよりもの多く受け取り，差額を現金により支払う
	第三類型	7. 商業価値と観念価値の受け取り＝商業価値の引き渡し	商品を購入し，その購入対価に加えて，運賃についても現金により支払う（第一類型の3と逆の事例）
		8. 商業価値と観念価値の受け取り＝観念価値の引き渡し	利息や地代などの間接的な用役を，引き渡したものよりも少なく受け取り，差額を現金により受け取る（第二類型の3と逆の事例）
		9. 商業価値と観念価値の受け取り＝商業価値と観念価値の引き渡し	他人の手形を割り引いて引き渡すことにより，自己振出の手形を割り引いて回収する（極めて稀な取引）

は用役に対する請求が行われている[9]と説き，この取引を商業価値の受け取りと商業価値と観念価値の引き渡しの組み合わせであると教示する。取引をこのように説明した上で，これらの取引の分析内容がいかに記録されるかの説明がなされる。このときにFolsomが示すのは，次頁の［図表5-5］に示されるような

図表5-5　Folsomによる貸借記入の原則

1. 受け取ったすべての価値は借方記入される。
2. 与えたすべての価値は貸方記入される。

原則である（Folsom[1873], p.30）。

　Folsomによれば，価値の受け渡しは，当該価値の記録のされ方を決定する。すなわち，受け取った価値は常に同額の価値の引き渡しを意味しているため，受け取った価値は，それを生み出す源泉としての引き渡した価値に依拠しており，そして，そのように受け取った価値がそれを生み出す源泉として引き渡した価値に依拠しているならば，受け取った価値は引き渡した価値に対して債務を負っており，それゆえに借方記入されるとされる（Folsom[1873], p.31）。

　同様の推論により，与えた価値には貸方記入が要求されることとなる。説明の中では，明確な擬人化の手法は見られないものの，価値の引き渡しの説明の中では「負う」または「負われる」という関係が意識されており，貸借関係を勘定の借方と貸方に結びつけようとする思考（価値受渡説）が強くうかがわれる。

　Folsomは，資本主理論的な説明に基づき，対立する二つの価値への分析を行った。さらに，価値の分析を基礎とし，取引を価値と価値との交換であるとする取引に関する一般的規則を確立した上で，すべての取引が価値交換等式により説明されることを示した。取引を総体的に説明したという点において，Folsomの理論は，借方と貸方に記入される取引要素を個別的に把握する従前の元帳アプローチよりも進展を見せたと言える。その一方で，取引の仕訳規則の説明においては，擬人化の影響を受けた価値受渡説を示し，貸借関係を勘定の借方と貸方に結びつけようとする思考も強くうかがわれる。結果として，Folsomの教示は，新旧の説明が混在したものとなっていたのである。

　では，Folsomの教示に対する評価はいかなるものであろうか。簿記理論の面で後世に評価されるものの，アプローチの独自性のためか，Folsomのアプローチに対する追随は見られず，実務においては有用でも実際的でもなかったとされる[10]。資産価値についての明確な記述がなされ，価値が与えられたサービ

第 5 章　アメリカへの複式簿記の移入と簿記理論の体系化　123

スまたは発生した原価によって測定されることを明確に示すには，次に述べるSpragueを待たなければならなかったのである（Previts and Merino[1998], p.158）。

2-2　簿記理論の完成：Spragueの簿記論

アメリカにおいて，資本主理論に基づいた簿記理論を完成させたのはSpragueであるとされる。ここでは，彼の思考の原型が見られる"The Algebra of Accounts"という一連の論稿を中心に，Spragueの簿記理論を検討しよう。[11]

Spragueは，簿記（science of accounts）を数学の一部門と捉え，代数学的表記法に還元するとする。すなわち，代数学的結果を日常用語へと翻訳するというアプローチを採用するのである（Sprague[1880], in Brief (ed.) [1982], p.20）。

Spragueは，簿記において探求すべき解あるいは未知数は，純財産（what I am worth）であるとし，これをXとする。すべての複式簿記の操作は，以下のような等式の変形であると表明する。すなわち，

$$H + T = O + X$$

という等式である。ここで，Hは所有（what I have），Tは委託（what I trust），Oは債務（what I owe）を示す。

Spragueの議論は，この等式の導出から始まる。簡潔にたどってみよう。

はじめに，Spragueは，委託や債務が存在しない状態において，純財産Xは所有Hに等しいと示す。すると，

$$H = X$$

という等式が成立する。

これに加えて，委託Tと債務Oがあるとするならば，純財産は，所有に委託を加え，そこから債務を差し引いたものとなろう。すなわち，

$$H + T - O = X$$

となる。

簿記においては，可能な限り減算を回避することがより便利であるとして，減算項，つまり，Oを右辺に移項する。すると，

$$H + T = O + X$$

という簿記の基本等式（fundamental equation）の成立が導かれるのである

(Sprague[1880], in Brief (ed.) [1982], pp.20-22)。

そして，この等式を，Spragueは貸借対照表と呼ぶ。換言すると，簿記係の様式で表明された状態価値等式 (equation of value *at rest*) なのである。そして，複式簿記の特徴は，純財産Xの変化を継続的に記録することであり，あらゆる瞬間において，貸借対照表を作成することなく純財産Xを知ることができることにあるとする (Sprague[1880], in Brief (ed.) [1982], pp.22-24)。

では，この等式が意味するものは何であろうか。Spragueは，HとTの同質性を強調し，H+Tを資産A (assets) と置き換え，A=O+Xという等式もまた示している。この等式は，形式上は貸借対照表等式に他ならない。しかし，Spragueは，外部者に対する債務であるOと，AとOの差額であるXとの間には一般に厳密な差異が存在するとし，両者の区分を強調している。区分が必要な理由として，Spragueは，債務が返済された後に純財産の払い戻しが行われることを挙げ，OとXの混同こそが複式簿記の過程における最大の誤解を生じさせる理由であると述べている (Sprague[1880], in Brief (ed.) [1982], pp.27-28)。すなわち，負債Oが右辺にあるのは，減算を避けるという目的であったことを考慮に入れると，Spragueが導出する基本等式の実質的な意味は，＜資産－負債＝資本＞という資本等式であると言えよう。

Spragueは，このように導出されたH+T=O+Xという基本等式を基礎として簿記手続を代数学的に導出する。すなわち，すべての取引は，状態価値等式の変動として代数学的に説明されることとなる。

まず，変化は増加と減少の2種類の変化しかないことが強調される。すると，増加は，次の4種類，つまり，

  1. 所有の増加（I have more）
  2. 委託の増加（I trust more）
  3. 負債の増加（I owe more）
  4. 純財産の増加（I am worth more）

である。同様に，減少も，次の4種類が存在する (Sprague[1880], in Brief (ed.) [1982], p.28)。

  1. 所有の減少（I have less）

2. 委託の減少（I trust less）
3. 負債の減少（I owe less）
4. 純財産の減少（I am worth less）

ここで，負数は等式の反対側に移項するという原則を適用すると，所有の増加は借方への加算，所有の減少は借方からの減算ではなく貸方への加算となる。これをまとめると，先の状態価値等式の要素と，その変動を示す等式（これを，Sprague は，変動価値等式（equation of value in motion）と呼ぶ）の要素の借方と貸方への配置は，次下の［図表5-6］のようにまとめることができる（Sprague [1880], in Brief（ed.）[1982], p.29）。

図表5-6　2つの価値等式の構成要素

状態価値等式の要素

借方	貸方
所有	債務
委託	純財産

借方	貸方
1. 所有の増加	2. 所有の減少
3. 委託の増加	4. 委託の減少
5. 債務の減少	6. 債務の増加
7. 純財産の減少	8. 純財産の増加

変動価値等式の要素

この表は，貸借対照表についての完全なルールと，仕訳についての完全なルールを示したものである。仕訳とは，あらゆる取引あるいは価値の変化における借方と貸方を確定することであり，換言すると等式の左辺と右辺のそれぞれに価値を置くことである。価値のすべての変化あるいは交換は，基本等式と，その構成要素の変動によって表されることとなる。

上記のように，Sprague は，一貫した代数学的思考に基づき，H + T = O + X という基本等式によって示される貸借対照表から出発し，取引をこの等式の変化として捉え，取引の記入原則を示したのである。すなわち，簿記の目的を

貸借対照表に据え，取引の構成要素から財務諸表にいたる簿記の一連の手続を統一的に説明したのである。ここに，貸借対照表を簿記教示の機軸に据える貸借対照表アプローチの姿が明確に示されたこととなる。

Spragueによる簿記理論は，後に執筆された著書 The Philosophy of Accounts (1908) において，さらに進展する。すなわち，所有と委託として分割されていた貸借対照表の借方側は，資産として統一的に把握される。また，すべての勘定は，(1)資産勘定と負債勘定を分類する外部勘定 (exterior accounts) と，(2)資本主勘定，および，収益・費用を表す経済勘定 (economic accounts) を含む内部勘定 (interior accounts) との，いずれかに分類される (Sprague[1908], p.60)。そして，複式簿記が相対立する二つの勘定系統，換言すれば，資本主持分の構成要素と資本主持分それ自体と言う，相対立する勘定系統からなる二勘定分類の体系からなることがより明確に示されたのである (中野 [1992], 277-278頁)。

Spragueが行った，＜資産＝負債＋資本主持分＞という等式を提示し，それを基礎として簿記の取引規則を教示するという教育方法は，現在の会計教育においても非常にポピュラーな，確立された方法である。Spragueのアプローチは現在の会計教育の出発点でもあり，その後の修正が議論される場合もその中心点でもあったのである (Previts and Merino[1998], p.156)。

第3節　大規模株式会社の成立と簿記から財務会計への展開

Spragueの一連の論考は，19世紀後半から広まり始めた大学での会計教育を念頭に，簿記の技術的側面と同時に教示されるべき簿記の理論的側面を説いたものであった。しかし，大学での会計教育は，従来の商業学校や簿記学校のような簿記に精通した企業内の簿記係 (book-keeper) を養成するよりむしろ，会計事務所に所属し，企業に対して外部から監査等のサービスを提供する公共会計士 (public accountants) を養成するものに変化していた。1896年にニューヨーク州での公認会計士法が成立したのを契機として，公認会計士 (Certified Public Accountants) という会計専門職がまさに生まれようとしつつあったので

ある。

　さらに，19世紀後半から20世紀初頭にかけての経済状況の変化の結果，会計は，財務的な記録・管理機構として企業内の管理に役立つことにとどまらず，企業の外部に対する社会的な役割を果たすことをも期待されるようになった。アメリカ経済の拡大とともに全国化した企業間の競争は，競合企業同士を水平的に結合したより大きな産業企業を生み出す結果となり，19世紀から20世紀初頭の約10年間に，アメリカを代表する全国的な企業が多数発生することとなった（Lamoreaux[1985]）。

　しかし，今までに存在しなかった規模の株式会社の出現は，その存在が社会に悪影響を及ぼすのではないかという危惧を多くの人々に引き起こした。大規模株式会社は「トラスト」（trust）と，また，トラストの出現に伴う諸問題は，「トラスト問題」と呼ばれ，当時の社会で広く議論された。トラストの出現は，会計に期待される役割を大きく変えた。トラストのもたらす弊害を矯正するための方策として，最も反対が少なかったのが財務情報の公開であった。他方，トラストは，大衆が許容できるような経済的規範の範囲内で経営活動を行っていたことを示すために会計情報の公開を行った。[13] ここに，企業外部の情報利用者向けの会計，つまり，財務会計が，鉄道等の規制産業のみならず，一般産業会社においても問題となり始めるのである。

　このような財務会計の問題に初めて正面から取り組んだ著者が，Henry R. Hatfieldであった。彼は，アメリカの株式会社の会計は疑わしい実務で満ちている，という認識を持ち，株式会社会計に関わる諸原理を示そうとした。[14] その際，Hatfieldが理論的な基礎として依拠したのが資本主理論だったのである。しかし，Spragueらの著作に見られる資本主理論が簿記についての理論的説明であったのに対して，Hatfieldは，それを広く企業会計の説明理論へと拡大した。すなわち，資本主理論においては，利益は資本主持分の増減とみなされ，それは資本主持分の構成要素である資産と負債の評価に依存することとなる。そこでは資産の評価が特に問題となり，棚卸資産の評価や固定資産の減価償却，あるいは，暖簾に代表される無形資産の会計処理が問題となる。そして，利益計算の側面においては，株主に分配可能な利益の計算が強調されるのである

(Hatfield[1909];see 中野 [1992], 299-352頁)。

　Hatfieldが資本主理論を基礎として株式会社会計の諸問題に取り組んだのは，それが当時の簿記の説明理論として最も精緻で体系的であったためであろうと考えられる。しかし，彼が依拠した資本主理論とは，所有者――株式会社では株主――を企業と同一視する理論的立場であり，大規模株式会社の出現により所有と経営の分離が相当に進んでいた当時のアメリカの現状とは既に異なるものとなっていた。結果として，Hatfieldの会計理論に対しては，「きわめて現代的な会計問題を古めかしい用具を持って語らしめる」という評価が与えられることとなったのである（山地[1994], 242頁（注58））。しかして，その後のアメリカの会計の発展は，Hatfieldが取り組んだ諸問題，つまり，利益概念と利益計算の具体的方法，および，資本会計を中心的な論点として展開していくのであり，Hatfieldが踏み出した会計学の道を多くの会計学者がたどっているのである。

[注]
(1) 「アメリカ」という語は，南北アメリカ大陸に位置するすべての国を意味しうるが，本章で対象とするのはアメリカ合衆国のみである。他の国の会計の歴史の概説については，Previts et al.（eds.）[2011]を参照されたい。
(2) 会計士の活動も，早期から確認されている。18世紀初頭には，特定の企業には所属せず，企業の会計業務や監査を行う公共会計士の存在が知られている（Previts and Merino[1998], pp.24-25）。
(3) アメリカ人著者によって書かれた会計に関する書籍に関する文献目録を作成したHenry C. Bentley and Ruth S. Leonardによれば，アメリカ人著者による会計文献の出版点数は，以下に示されるように推移している（Bentley and Leonard[1935], p.6）。

年代	1791〜1800	1801〜1810	1811〜1820	1821〜1830	1831〜1840	1841〜1850
著作数	2	2	9	8	23	24
年代	1851〜1860	1861〜1870	1871〜1880	1881〜1890	1891〜1900	
著作数	26	20	59	106	113	

上掲の表より，1830年代と1870年代という二つの時期に出版数が大幅に増加したことが見てとれる。
(4)　もう一つ重要な側面として，業種別会計の説明がこの時代に本格的に始まったという進展も挙げることができる。例えば，銀行業の会計について，Marsh[1856]や，Bryant *et al.*[1863] 等に言及がある。
(5)　Fosterの簿記書の詳細については，久野[1985]（第7章§2）や，中野[1992]（第6章Ⅱ）などを参照されたい。
　なお，Fosterと，後に取り上げるJonesとは同時代の人物であり，かつ，Fosterが，Jonesが校長を務める簿記学校での教師をしていたこと，また，FosterがJonesの考えに多くを拠っていることをFoster自身が認めていること等の理由から，両者は並列的に扱われることが多い（See Jones[1841], p.v）。
(6)　Fosterは，抽象的な財産全体としての資本を示すときには"capital"，勘定としての資本を示すときには"stock"という用語を用いているが，ともに「資本」と訳している。
(7)　Jonesの簿記書の詳細については，久野[1985]（第7章§3）や，中野[1992]（第6章Ⅲ）などを参照されたい。
(8)　Jonesの勘定分類は，第一次勘定が資産・負債勘定，第二次勘定が資本勘定と理解することができるが，他方，商品や船舶等，その価値が確定的ではなく，時間の経過とともに変動する財産（これをJonesは「変動財産」（Floating Property）と呼んでいる）は第二次勘定に分類しており，多少異なっている（Jones[1841], pp.24-27）。
(9)　ここで，Folsomは，原価と販売損益を分離する，今日の分記法に当たる説明を行っている。しかし，別の箇所では総記法による解説が行われている。彼は総記法のような商業価値と観念価値とを混合した「複合価値」（complex value）は，企業において便利であり必要であるが，科学の明確な理解を難しくするものでもあるとしている（Folsom[1873], p.20）。
　なお，Folsomの簿記書の詳細については，久野[1985]（第9章§2）や，中野[1992]（第7章Ⅲ）などを参照されたい。
(10)　Folsomの理論が広く議論の対象となり，受け継がれたのは日本においてであった。商法講習所（高等商業学校などを経て，現在の一橋大学）に就任したアメリカ人簿記講師William C. Whitney が日本に持参した書籍の中にFolsomの *The Logic of Accounts*; ……が含まれており，同書の価値受渡説（価値交換説）が，最終的に取引要素説へと結実したとされる（黒澤[1990]）。
(11)　"The Algebra of Accounts"は，1880年に *The Book-keeper* 誌に連載された論稿であるが，リプリントが複数回出版されており，こちらの方が入手可能性が高い（例えば，Brief (ed.) [1982]）。
　なお，Spragueの一連の論稿の詳細については，久野[1985]（第9章§3）や，中野[1992]（第8章）などを参照されたい。

⑿　Spragueはまた，勘定の締め切りや，勘定残高の振替など，複式簿記に特有と思われる一連の手続についても代数学的な説明を加えている。

⒀　山地 [1994], 168-170頁。

⒁　Hatfieldの*Modern Accounting*は，その出版の3年後に海老原竹之助による抄訳的訳書（『最近會計學』（1912）が出版されるなど，日本においても広く注目されていた会計学文献であった。同書については，英語や日本語を問わず，多くの言及や同書を対象とした研究が存在する。日本語での代表的な研究として，加藤 [1973] や，中野 [1992]（第9章）などを参照されたい。

⒂　企業を資本主たる株主から独立した存在であるとみなす企業主体理論（entity theory）や，その法学上の理論的基礎をなす法人実在説は，萌芽的なものは見られたが，十分に発達したものであるとは言いがたい状況であった（Horwitz[1992]）。Hatfieldらの会計理論家たちが資本主理論に依拠した積極的理由として，Merino[1993] は別の説明を与えている。すなわち，彼らは企業を株主と同一視することにより，個人主義的な会計の利益測定と，株式会社経済を調和させたとされるのである。

＜参考文献＞

加藤盛弘 [1973]『会計学の論理―ハットフィールド「近代会計学」の研究―』森山書店。

久野光朗 [1985]『アメリカ簿記史―アメリカ会計史序説―』同文舘出版。

───── [2009]『アメリカ会計史序説―簿記から会計への進化―』同文舘出版。

黒澤　清 [1990]『日本会計制度発展史』財務詳報社。

中野常男 [1992]『会計理論生成史』中央経済社。

山地秀俊 [1994]『情報公開制度としての現代会計』同文舘出版。

Bentley, H. C. and R. S. Leonard[1935], *Bibliography of Works on Accounting by American Authors*, Vol.I, Boston.

Brief, R. P.（ed.）[1982], *Four Classics on the Theory of Double-Entry Bookkeeping*, New York.

Bryant, H. B., H.D. Stratton and S. S. Packard[1863], *Bryant & Stratton's Counting-House Bookkeeping; ……*, New York.

Chatfield, M.[1977], *A History of Accounting Thought*, revised ed., Huntington, New York.

Folsom, E. G.[1873], *The Logic of Accounts; a New Exposition of the Theory and Practice of Double-Entry Bookkeeping, Based in Value, as being of Two Primary Classes, Commercial and Ideal; ……*, New York.

Foster, B. F.[1836], *A Concise Treatise on Commercial Book-keeping, Elucidating the Principles and Practice of Double Entry and the Modern Methods of Arranging*

Merchants' Accounts, Boston.
Hatfield, H. R.[1909], *Modern Accounting: Its Principles and Some of Its Problems*, New York（松尾憲橘（訳）[1971]『ハットフィールド近代会計学』雄松堂書店）.
─── [1977] "Zwei Pfadfinder," *The Accounting Historians Journal*, Vol.IV, No.1, pp.2-8（Original Text（"Zwei Pfadfinder"）was published in *Zeitschrift für Buchhaltung*, Jg.XVIII, Nr.1, S.80-86）.
Horwitz, M. J.[1992], *The Transformation of American Law: The Crisis of Orthodoxy*, New York （樋口範雄（訳）[1996]『現代アメリカ法の歴史』弘文堂）.
Jones, T.[1841], *The Principles and Practice of Book-keeping, Embracing an Entirely New and Improved Method of Imparting the Science;* ……, New York.
─── [1849], *Book-keeping and Accountantship, Elementary and Practical, in Two Parts*, ……, New York.
Lamoreaux, N.[1985], *The Great Merger Movement in American Business, 1895-1904*, Cambridge.
Marsh, C. C.[1856], *The Theory and Practice of Bank Book-keeping and Joint Stock Accounts;* ……, New York.
Merino, B. D.[1993], "An Analysis of the Development of Accounting Knowledge: A Pragmatic Approach," *Accounting, Organizations and Society*, Vol.18. Nos. 2/3, pp.163-185.
Previts, G. J., and B. D. Merino[1998], *A History of Accountancy in the United States: The Cultural Significance of Accounting*, Columbus, Ohio.
─── and T. K. Sheldahl[1977], "Accounting and 'Countinghouses': An Analysis and Commentary," *Abacus*, Vol.XIII, No.1, pp.52-59.
─── and T. K. Sheldahl[1988], "From Rote to Reason: The Development of American Accounting Thought from 1830 to 1880," in A. T. Craswell（ed.）, *Collected Papers of the Fifth World Congress of Accounting Historians*, Sydney, Paper No.113, pp.1-13.
───, P. Walton, and P. Wolnizer（eds.）[2011], *A Global History of Accounting: Financial Reporting and Public Policy: Americas*（Studies in the Development of Accounting Thought, Vol.14B）, Emerald.
Sprague, C. E.[1880], "The Algebra of Accounts," *The Book-keeper*, Vol.I, No.1, pp.2-4; Vol.I, No.2, pp.19-22; Vol.I, No.3, pp.34-35, 44-48; Vol.I, No.4, pp.51-53.
─── [1908], *The Philosophy of Accounts*, New York.

（清水　泰洋）

第6章

和式帳合と複式簿記の輸入

―江戸時代から明治時代にかけて―

　江戸時代には，わが国固有の和式帳合が存在していた。大福帳とも呼ばれ，筆で和紙に縦書きにした帳簿は，記帳技術は商家ごとに異なるものの，中には複式決算を行うほどに発達した記帳技術や決算方法も見られる。本章では，まず，このような和式帳合の特徴を明らかにする。また，明治初期以降，西洋技術や制度の輸入に際して，洋式簿記，特に複式簿記（イタリア式簿記）が輸入される。なぜ固有の簿記技術を持ちながらも，洋式簿記，つまり，西洋の簿記技術を輸入する必要があったのだろうか。新たな簿記の知識が輸入された過程を，複式簿記の翻訳書（教科書）が教育に組み込まれた事例と，実務に導入された複式簿記の事例から考察する。

第1節　江戸時代の和式帳合

1. 和式帳合とは

　江戸時代には，古くより実務における慣習より発達してきたわが国固有の記帳技術（和式帳合）が存在していた。記録上では，室町時代末期の土倉帳という商業帳簿が最古のものと言われているが，当該帳簿は残存していないため，その記帳方法は明らかにされていない。現存するわが国最古の商業帳簿としては，江戸時代に記帳された伊勢冨山家の帳簿が挙げられる。

この冨山家の帳簿研究では，重要な項目については符牒を用いるなど，記帳技術を「極度の秘密主義」としていたことが明らかにされている（河原[1977]，63頁）。また，江戸時代の記帳技術は，実務の中で，OJT（On-the-Job Training）によって伝えられたことから，記帳技術の解説書は出版されておらず，文書により明示的な理論化が図られた形跡もないと言われる。このため，江戸時代の記帳技術は統一されておらず，商家ごとに異なっていたとされる（西川（登）[1993]，3，31-34頁）。

　このような背景を考えると，江戸時代における各商家の記帳技術から共通的な特徴を見出そうとすることは適切ではないのかもしれない。しかし，当時の記帳技術についての研究は，多いとは言えないものの進められている。この結果，西洋の記帳技術との違いから，わが国固有の記帳技術の特徴として，(1)和紙に筆で縦書きの記録をしていること，(2)記帳において符牒と呼ばれる一種の暗号を使用することがあること，(3)帳簿に記録が行われるものの計算は算盤を使用し簿外で行うこと，(4)一部の大商家においては「複式決算」や，「多帳簿制」に基づく二重記録が行われていた（あるいは，行われていたと推測できる）ことなどを挙げることができるだろう。

　上記のうち，第一の特徴は，わが国と西洋との筆記用具の違いであり，第二の特徴は，わが国と西洋との商慣習の違いに基づくものである。また，第三の特徴は，わが国における算盤教育の徹底によるものと思われる。江戸時代には，寺小屋などで多くの人が「読み，書き，算盤」を学んでいたと言われる。1619（元和5）年から1641（寛永18）年までの20年以上の期間，長崎の平戸島に置かれたオランダ商館（オランダ東インド会社日本支店）の商館長を務めたFrançois Caronの著書『日本大王国誌』（*Beschryvinghe van het machtigh koningryk Japan*, 1645）の中に，「・・・伊太利流の簿記法は知らないが，勘定は正確で，売買を記帳し，一切が整然として明白である。・・・」という記述がある（幸田(訳)[1967]，188頁；see 西川(孝)[1971]，5頁）。この記述からも，当時の算盤の技能はかなり優れていたものと推察できる。第四の特徴である「複式決算」や「多帳簿制」については，詳しい説明は次項以降に譲るが，わが国で形成された記帳技術や決算方法ということができる。ただし，これは特定の大

商家で用いられていたものであり，わが国固有の簿記技術の共通の性格を表すものではない。

　以上のように，共通性のある特徴は形式的なものであると言わざるをえない。この理由としては，以下の2点が挙げられる。第一に，現在も江戸時代の記帳技術を解明しようとする研究は進められているが，未だ十分な研究蓄積があるとは言えない状況にある。第二に，史料が焼失・消失している可能性が指摘できる。「火事と喧嘩は江戸の花」と言われるように，江戸を含め，当時の町は幾度もの火災を経験していることに加え，戦火や震災などにより焼失した帳簿も存在すると考えられる。また，紙は貴重なものであり，使用後の帳簿は他の用途に転用され，紛失した可能性も否定できない。

2．江戸時代の決算法

　現存するわが国最古の商業記録と言われる伊勢商人・冨山家の商業記録は決算に関する記録が中心である。また，このような江戸時代の決算方法について，一部の商家では「複式決算」が行われていた（あるいは，行われていたと推察されている）。本項では，わが国固有の決算法の事例として，冨山家の記録と，「複式決算」を行っていたとされる大坂の両替商・鴻池家の決算法，および，三井家の決算法について概説する。

2-1　わが国最古の商業記録にみる決算法

　残存するわが国最古の商業帳簿を記帳していた冨山家では，原始記録簿は残存していないが，「算用帳」(さんようちょう)（現存する最古のものとしては，1638（寛文10）年）に詳細な資産・負債項目が記録されている。その資産総額から負債総額を差し引くという財産計算を行うことで，当期の正味身代（純財産）が計算されていた。そして，この記録がわが国最古の商業記録と言われる「足利帳」(たしりちょう)（1615（元和元）年〜1640（寛永17）年）に引き継がれ，前期の正味身代（自己資本）との差額として，「足利」（純利益）や「ふ足」（純損失）が求められた。[1]両帳簿とも財産計算のみで損益計算は未だ行われておらず，いわゆる単式簿記の形

態であったと考えられている（河原[1977]，8-12, 22-28頁）。

　しかし，少なくとも1615（元和元）年から25年間も継続した財産計算の記録が残されていることとなる。さらに当時の冨山家は呉服店のみならず，1624（元和10）年には金融業も行い，江戸以外にも大坂や京都にも進出するほどに業務を拡大していた。以上のことを考えると，17世紀中葉の冨山家では，ほぼ毎年，純利益ないし純損失などの計算が行えるほど，相応に組織だった原初記録や，ある程度体系化された決算に至る手続などが確立されていたとものと推測できる。

2-2　江戸時代の複式決算

　「複式決算」は，西洋式の計算構造を想起させる言葉である。江戸時代にはオランダとの交易により，わが国に複式簿記（イタリア式簿記）の解説書が持ち込まれている。例えば，イギリス東インド会社の平戸商館の商館長であったRichard Cocksの日記（1616）に1冊の簿記書を携えて来日した記録が残されていることや，当時輸入された複式簿記の解説書が現存していることからも明らかである（西川（孝）[1971]，4-7頁）。これらの記録から，わが国の記帳法は複式簿記の影響を受けた可能性も考えられるが，貸借複記式仕訳，左右対照勘定，貸借平均の原理のすべてを組み込んだ記録と計算形式を備えた帳簿は発見されていない。さらに，複式簿記の伝播を示すような和書も発見されていない（西川（登）[1993]，42-43頁）。以上の理由から，ここで解説する「複式決算」とは，わが国固有の決算技法ということになる。

　さて，この「複式決算」には，決算記録上，二重に期末資本を計算する方法と，二重に当期純利益（または当期純損失）を計算する方法とに分けられる。両者の違いについては，簿記の発達度合という解釈と，簿記目的観の相違という解釈とがある（西川（登）[1993]，5頁）。両者を併わせて，わが国における「複式決算」と定義するとすれば，三井家，鴻池家，長谷川家，中井家など，数多くの複式決算の記録が残されている。これらの事例のうち，鴻池家と三井家の決算を取り上げ，二重に期末資本を計算する方法と当期純利益を計算する方法とを紹介しよう。

現在確認されている範囲で，決算において財産計算と損益計算による二重計算が行われている最古の例は，大坂の鴻池両替店の「算用帳」(1671 (寛文10) 年（ただし，内容は1670 (寛文9) 年）の記録）である。これには，資産と負債が順に項目ごとに分けて記載され，それぞれの合計額が計算されている。その後，期末資産から期末負債を控除することで，「残高有銀（ありぎん）」（期末資本）が計算されている。つまり，財産計算がなされている。次の行には期首の「元銀（もとぎん）」（資本金）が記載されており，期首・期末の資本金の差額を計算すれば，当期純利益を計算することができるが，当該算用帳では計算されていない（河原 [1977]，262-265頁；田中 [2014]，23-25, 28頁）。

さらに，この算用帳では，収益が記され，これと期首資本の合計額が計算されている。その後，「内払方（うちはらいかた）」として費用項目とその合計額が計算される。これを，先に計算した期首資本と収益との合計額から控除し，「差引残高　有銀」として，期末資本を計算している。直接，損益を計算するのではなく，期首資本を計算に加えることで，変形してはいるものの，損益計算が行われているのである。損益そのものは求められていないが，財産計算と（変形した）損益計算により，最終的に求められる期末資本が一致することを確認する計算構造になっていることは明らかである。これにより，「複式決算」の構造が確立した記録であると言える（河原 [1977]，265-266頁；田中 [2014]，24-25頁）。

これに対して，三井家に残されている最古の「複式決算」の記録として，京都御用所（幕府御用達呉服物の仕入れ店）の決算記録である「永代目録帳」(1693 (元禄6) 年上期〜1844 (弘化元) 年下期までの4冊にわたる記録）がある。これらの記録のうち，1700 (元禄13) 年下期以降から，完全な複式決算が行われている。具体的に，損益計算は，「利徳書抜（かきぬき）」という集合損益勘定において，売上高と期末在庫高などの収益合計額から期首在庫額と当期仕入高や加工費用などの費用合計額を差し引くことで，当期純利益（または当期純損失）を計算する。財産計算は，「有物（ありもの）」という残高勘定の記録において，資産から負債と期首資本の合計額を差し引くことで当期純利益（または当期純損失）が計算されている（西川(登) [1993]，67-84頁）。

3. 江戸時代の多帳簿制に基づく記帳法

　一部の大商家で用いられていた発達した記帳法の一つとして，「多帳簿制」に基づく二重記録がある。この代表的な事例として，中井家の記録が挙げられる。中井家では，大福帳の他，金銀出入帳，問屋仕限帳，売立帳，給金帳，貸借帳など，数多くの帳簿が使用されていた。これらの帳簿間で二重に記録された内容を明示するために用いた手法に，検印が挙げられる。検印そのものは，記帳の成否を確認するため，記入金額を原資料と突き合わせた際に突合せ済みを表すために捺印する印であり，中井家に限らず，広く一般に行われるものである（小倉[2008], 57-58頁）。

　これを中井家では二重記録の突合せに利用していた。例えば，日常の金銭出納に関する記録は，金銀出入帳に記録される。この記録と同内容を別帳簿に記録したこと，つまり，今日の複式簿記でいう現金勘定に対する相手勘定については，売上，大帳，写，合といった検印が捺印されることで判別できる。現金売上については，売立帳に記入された日計を金銀出入帳に入金記録をするとともに，当該帳簿に売上の検印を捺す。大福帳に記入された勘定と現金との関係になると，金銀出入帳には同じ記録が大福帳にも記録されていることを示すために大帳の検印を捺すことになる（小倉[2008], 59頁）。

　このように，中井家では，金銀出入帳以外の帳簿が原始記録簿の機能を兼ね，ここから個別または合計額が金銀出入帳に移記される。この際に検印を行うことで，記録が正確に移記されているか否かを突き合わすことが可能となる。さらに，各帳簿に記録された金額が現金有高と一致するかを確認することで，記録の正確性を検証する仕組みとなっていたのである。ただし，中井家における二重記録は，西洋のように取引の貸借複記ではないため，貸借平均の原理は働いていない。このため，記帳関係の成否検証の方法である試算表的な機能を果たすものは考案されていなかった（小倉[2008], 59-60頁）。

第2節　複式簿記の輸入

1. 複式簿記の輸入の背景

　上述の通り，わが国には固有の商慣習が発達し，これとともに発展した和式帳合が使用されていた。しかし，明治以降，洋式簿記，つまり，西洋の簿記技術がわが国に輸入され，今日のように実務や教育に適用されるに至っている。この背景には，1858（安政5）年にアメリカと締結した修好通商条約を皮切りに，オランダ，ロシア，イギリス，フランスとも通商条約が結ばれたことによる，いわゆる「開港」が挙げられる。これにより，長らく続いた「鎖国」体制から一変し，西洋諸外国との貿易が開始される。

　しかし，西洋諸外国と締結した条約はいわゆる不平等条約であり，この改正を求めるためには，わが国が西洋諸外国と同様の近代国家としての体制を整えるとともに，工業化を進める必要があった。このため，明治政府は近代的な法律や制度の整備作業を進めるとともに，技術や制度をわが国へ移植するための技術者として「お雇い外国人」の雇い入れを行った。洋式簿記である複式簿記（イタリア式簿記）の輸入についても，明治初期における西洋技術や制度の輸入の一環として行われた。

　教育における洋式簿記の輸入は，福澤諭吉により翻訳された『帳合之法』や，Alexander A. Shandの講述を翻訳した『銀行簿記精法』，文部省から小・中学校の教科書として小林儀秀により翻訳された『馬耳蘇氏記簿法』と『馬耳蘇氏複式記簿法』などが挙げられる。先に言及したように，江戸時代には簿記技術の解説書などが出版されていなかったことを考えれば，革新的な取り組みであった。これらに続き，多くの教科書が出版され，学校などで複式簿記が教育されることで，洋式簿記の知識が広く伝播したものと考えられる。

　そして，実務においては，造幣寮に雇い入れられたポルトガル人Vicente. E. Bragaや，国立銀行を設立するにあたり大蔵省紙幣寮に雇い入れられたスコッ

トランド人Shandによる簿記の講義と指導が挙げられる。特にShandによる銀行簿記（複式銀行簿記）は，国立銀行などで実際に利用されたことにより，その技術が実務に広がったことが評価されている。例えば，1887（明治17）年の複式簿記の普及に関する調査結果において，わが国の各地で銀行を中心に複式簿記が利用されていたことが明らかにされている。

2. 教科書による複式簿記の輸入

わが国で最初に出版された洋式簿記による単式簿記の教科書として，1873（明治6）年6月に出版された福澤の『帳合之法』初編（巻之一，二）を挙げることができる（なお，複式簿記を解説した『帳合之法』二編（巻之三，四）は1874（明治7）年6月の刊）。また，同年12月には，わが国最初の複式簿記の教科書として，Shandの『銀行簿記精法』が出版されている。この他にも，1875（明治8）年と1876（明治9）年に文部省から小・中学校の教科書として出版された小林の『馬耳蘇氏記簿法』と『馬耳蘇氏複式記簿法』も，洋式簿記の知識の普及に欠かせない教科書と言えるだろう。以下，広く学校教育で利用された教科書である『帳合之法』，および，『馬耳蘇氏記簿法』と『馬耳蘇氏複式記簿法』について検討する。

2-1 『帳合之法』

『帳合之法』は，アメリカの大規模商業専門学校の簿記教科書の初級編にあたる，Henry B. Bryant, Henry D. Stratton and Silas S. Packardの*Bryant and Stratton's Common School Book-keeping;* ……（1861）を，福澤が翻訳したものである。原書の前半では，日記帳と大帳（元帳）を主要簿とする単式簿記の解説と，四つの記帳例示が説明され，後半では，日記帳と清書帳（仕訳帳），大帳を主要簿とする複式簿記の解説と，四つの記帳例示が説明されている。このうち，福澤は，1873（明治6）年に，単式簿記の内容を『帳合之法』の初編（巻之一・二）として翻訳・出版し，翌1874（明治7）年に，複式簿記の内容（解説と四つの記帳例示）のうち，解説と二つの記帳例示を『帳合之法』の二編（巻

之三・四) として翻訳・出版している。後者の解説と記帳例示のうち二つを翻訳しなかった理由として，福澤は，紙面の制約を挙げ，特に二番目の例示が最も重要な内容であり，残りの二つの記帳例示を省いても問題ない[3]と説明している（津村 [2007], 119-120 頁）。

　福澤による教科書の翻訳における最大の貢献は，当時の日本人にわかりやすい教科書にすべく，(1)訳語や帳簿形式，記数法などを工夫したこと，(2)独自の解説を書き加えたことなどが挙げられる。例えば，洋紙やペンが普及していない当時において，横書きの帳簿を使うことは難しいため，帳簿形式を縦書きに変更し，和紙に筆で記入する形式を考案している（津村 [2007], 121-123 頁）。

　また，当時のわが国には馴染みのない「借方」「貸方」という用語やその区分に関しては，現金の「入」と「出」と考えるとわかりやすいという福澤独自の解説が付けられている。この解説は，後に出版された『銀行簿記精法』においても紹介されていることから，福澤が当時の日本人にとって理解しやすい解説に努めていたことがうかがえる。

　ただし，『帳合之法』の翻訳にあたっての問題点も指摘できる。原著では，計算や記録の検証機能の一つとして，各帳簿を次頁に引き継ぐ際には，頁ごとの合計額を計算・記録するとともに，次頁の最初にその記録が繰越記入されている。しかし，『帳合之法』の記帳例示においては，これらの記録はすべて削除されている。これは，わが国固有の記帳技術において，記録と計算が分離されていたと指摘されているように，風習や文化の違いから，福澤が記帳例示に込められた誤謬や計算ミスを防ぐという西洋式の工夫を理解できなかった結果と考えられる（津村 [2007], 124 頁）。

　このような問題点も指摘できるが，『帳合之法』は書籍としてよく売れたと言われている。これは，福澤が，日本橋丸屋善七店，および，慶應義塾大坂分校や京都分校などで熱心に講習を行い，知識の普及に努めたことが挙げられるだろう。また，1872（明治5）年に公布された「學制」では小・中学校で簿記を教えることが規定されていた。始めは『帳合之法』が教科書として使用されたことから，全国に広く当該教科書が普及した。この他にも，慶應義塾出身の教員などにより，神戸商法講習所などでも『帳合之法』が教科書として利用さ

れた（西川（孝）[1982], 14-15頁）。このため，『帳合之法』は，当時のわが国に広く複式簿記の知識を普及させた簿記の教科書の一つと言えるだろう。

2-2 『馬耳蘇氏記簿法』と『馬耳蘇氏複式記簿法』

1872（明治5）年の「學制」の公布により，文部省は教科書編成掛を設け，東京師範学校とともに，小学校の教科書の編集と教師の養成を始めていた。簿記の教科書として，『馬耳蘇氏記簿法』（一・二）のうち，第一冊目が1875（明治8）年3月に，第二冊目が同年10月に出版された。そして，翌年9月に『馬耳蘇氏複式記簿法』（上・中・下）が出版された。これらの教科書は，小林によって，アメリカのChristopher C. Marshの簿記書 *A Course of Practice in Single-Entry Book-keeping; ……*（1871）と，*The Science of Double-Entry Book-Keeping; ……*（1871）が翻訳されたものである。これら二組の教科書の出版以前から，一部の小学校や師範学校では既に簿記教育が始まっていたことから，急いで教科書を出版する必要があり，そのため，初版には誤字が多数見受けられる（津村[2010], 49-50頁）。

『馬耳蘇氏記簿法』と『馬耳蘇氏複式記簿法』に関して，これまでの研究の多くでは，帳簿組織が『帳合之法』と類似していること，また，これ以前に出版された簿記の教科書と比べると平凡な内容の教科書であるなどの指摘がなされている（黒澤[1990], 108頁；片岡[2007], 415頁）。しかし，これらの簿記書が『帳合之法』と類似するのは，いずれも原著が19世紀のアメリカで出版された教科書であるためであろう。また，内容が「平凡」と指摘されるのは，Marshによる原著（初版）の出版年（『馬耳蘇氏記簿法』の原著初版は1853年の刊，また，『馬耳蘇氏複式記簿法』のそれは1830年の刊）が，『帳合之法』の原書であるBryantらの簿記書の初版出版年（1861年）よりも早いことから，解説内容が古典的であるのは原著そのものに関わる問題であると言えよう（津村[2010], 54頁）。

むしろ，『馬耳蘇氏記簿法』と『馬耳蘇氏複式記簿法』の特徴は，その記帳例示に見出すことができる。先行して出版された『帳合之法』では，複式簿記の特徴である計算ミスなどを防ぐための工夫であった頁ごとの合計額の計算が

削除されていた。しかし,『馬耳蘇氏記簿法』と『馬耳蘇氏複式記簿法』では,この頁ごとの合計額の計算が記帳例示に記されている。そして,帳簿内でも,「次へ」,「前ヨリ」と,記録が引き継がれていることを明らかにするための言葉が書き加えられている。このことにより,わが国に初めて計算ミスを防ぐための複式簿記の工夫が紹介されるととともに,複式簿記の帳簿では記録と計算が一体となっていることが明示されている点を高く評価することができる（津村[2010],54頁）。

また,これら二組の教科書では,『帳合之法』と同様に,学習者にわかりやすい教科書にしようとする工夫が多々見られる。例えば,人名などについては,『帳合之法』と同様に,日本人名などに変更されている。また,小・中学校の教科書という観点からは,幼少の者が学習者となることから,主に「∟」を使用することで,文章の区切りをわかりやすくするように工夫されている。これは,『帳合之法』など,先に出版された簿記書には見られない工夫であり,他の小・中学校の教科書における工夫と合致している（津村[2010],53-54頁）。

3. 実務における複式簿記の輸入

上記のような複式簿記（イタリア式簿記）を教育に取り入れた事例の他,実務に複式簿記を取り入れた事例も取り上げたい。特に,大蔵省ではお雇い外国人を介した複式簿記の輸入が確認できる。具体的には,造幣寮と紙幣寮において,お雇い外国人などによる簿記伝習と,翻訳簿記書による知識の輸入および実務への導入が確認できる。そして,お雇い外国人による複式簿記の導入に続き,上述の教育を通じて複式簿記を学んだ者などを介して,複式簿記を実務で利用した事例として,兼松商店を挙げることができる。これらについて,本項で概説することとしたい。

3-1 造幣寮と『造幣簿記之法』

江戸時代末期のわが国の通貨は,藩札,金貨,銀貨,銅銭など,複雑かつ多種多様であり,他国からも貨幣鋳造の改正を迫られていた。明治政府は,1868

（慶応4）年に貨幣司を置き，香港の英国造幣局より遊休設備一式を購入し，大阪に造幣寮（大蔵省が開庁した1869（明治2）年7月以降は大蔵省造幣寮，1877（明治10）年1月には造幣局と改称）を建設した。この造幣寮は，日本で最初の近代的大工場の一つと言われており，当該工場の運営にあたっては多くのお雇い外国人を招聘する必要があった（西川(孝)[1982], 103-104頁）。

会計担当として1870（明治3）年に招聘されたポルトガル人のBragaは，自ら造幣寮の記帳と計算実務を担当するとともに，日本人職員にこの記帳方法を伝授・指導した。このBragaの簿記伝習の史料として，自筆の講義草案や，先に言及したMarshにより著された銀行書 *The Theory and Practice of Bank Bookkeeping and Joint Stock Accounts;* ……（1856）に基づく仕訳7原則などが残されている。彼の簿記伝習の影響は，明治末期の局員にまで見出されるようである。また，Bragaは，1875（明治8）年から1878（明治11）年までは大蔵本省に勤務し，「簿記計算方の方法取調べかたわら省中の官員への伝習」を担当しており，この頃の自筆の原稿も残されている（西川(孝)[1982], 111頁）。

Bragaによってわが国に伝えられた簿記は，以下の［図表6-1］に示すような帳簿組織を採っている。これを骨子とし，計算課長であった三島為嗣は『造幣簿記之法』（稿本）を1873（明治6）年にまとめている。出版はされていないものの，目次からは，簿記に関する内容の他，造幣寮の役割なども解説されていることがわかる（西川(孝)[1982], 69-70, 107, 114頁）。したがって，当該書は単なる簿記の教科書というよりも，実務手引書としての役割を担っていたものと考えられる。

図表6-1　Bragaの帳簿組織

証拠（伝票）→ 日記草稿 → 日記 → 原簿 → 日計表 ┬→ 残高表
　　　　　　　　　　　　　　　　　　　　　　　　└→ 損益勘定報告

出所：西川(孝)[1982], 107頁。

3-2 紙幣寮と『銀行簿記精法』

　明治政府は，江戸時代より続く通貨の混乱の解消と産業の振興の基礎となる金融の融通を目指し，西洋に倣った「銀行」を設立すべく，1872（明治5）年にアメリカの国法銀行条例（National Bank Act）を模範とし，国立銀行条例と国立銀行成規を制定した。これらの条例などに基づき，1873（明治6）年に，東京に第一国立銀行が設立されているが，大蔵省は，この運営のため，1872（明治5）年にイギリスのマーカンタイル銀行（Chartered Mercantile Bank of India, London & China）の支配人であったShandを紙幣頭付属の書記官として雇い入れている（津村[2009], 34-36頁）。

　Shandの業務は銀行員を養成するため，紙幣寮の官吏の他，第一国立銀行の行員に銀行事務および銀行簿記法の講習を行うことであった。この講述を基に，大蔵省官吏であった海老原済と梅原精一が翻訳したものが，『銀行簿記精法』（巻一〜五）（1873（明治6）年）である。特に当該簿記書の最初に掲げられている「凡例」は，紙幣寮の官吏らが，先に言及したMarshの銀行書 *The Theory and Practice of Bank Book-keeping and Joint Stock Accounts* を参考にしてまとめたことが，近年明らかにされている（白坂[2013], 52-63頁）。

　この『銀行簿記精法』の特徴は，銀行実務に直ちに採用することを前提とした実務手引書として，必要な帳簿の雛形や記入方法とともに，銀行の業務システムについても解説していることである。当該簿記書で解説されている帳簿類は62種類に及ぶが，簿記に関する帳簿は原初記録である伝票と，次頁の［図表6-2］に示す3種類の主要簿と，34種類の補助簿(4)，そして，計算表などである（津村[2009], 37-38頁）。

　ただし，帳簿間の移記や転記の詳細な過程，計算表（貸借対照表および損益勘定書）の作成方法の説明は欠如している。これらについては，後に大蔵省の印刷教本等として出版された『銀行簿記例題』（1879）や『銀行雑誌』（1877〜1889）などで解説されるとともに，計算表の作成に関しては1873（明治6）年に創案された国立銀行定期報告差出方規則で定められている。したがって，『銀行簿記精法』は，他の簿記の印刷教本や法規則等により補完されながら，複式簿記の知識の輸入を試みた実務手引書であったと言えるであろう（津村[2009],

図表6-2　『銀行簿記精法』の簿記に関する帳簿類

主要簿	補助簿	
・日記帳	・株敷勘定元帳	・株敷譲渡日締帳
・日締帳	・株敷有高帳	・割賦金記載帳
・総勘定元帳	・諸証券保護預リ帳	・請合状記入帳
	・収納帳	・支払帳
	・貯蓄金銀控帳	・紙幣有高帳
	・金銀有高帳	・交換帳
	・交換差引帳	・当座預金元帳
	・当座預金元帳差引帳	・預ケ金受取記入帳
計算表など	・発行紙幣記入帳	・敗裂紙幣記入帳
・総勘定差引残高記入帳	・交際証書売買帳	・増補日記帳
・定会要件録	・支払銀行手形記入帳	・諸支払手形日記帳
⇒貸借対照表,	・諸雑費内訳帳	・府内通用割引手形記入帳
損益勘定書	・府外通用割引手形記入帳	・代金取立手形記入帳
	・諸受取手形日記帳	・割引手形元帳
	・割引手形元帳差引残高記入帳	・銀行手形記入帳
	・府外切手記入帳	・府外紙幣記入帳
	・出店勘定元帳	・出店勘定元帳差引残高記入帳

出所：筆者作成。

48頁)。

　実際に，『銀行簿記精法』や『銀行簿記例題』などの教科書は，大蔵省内で官吏や銀行員の養成と翻訳業務を目的とした銀行学局と，その後継である銀行学伝習所の教科書として利用された。このような教育機関を設けたこと，そして，『銀行簿記精法』の教示内容が国立銀行条例などの法規則とリンクしていたことから，第一国立銀行では，1873（明治6）年より，当該教科書の雛形と国立銀行定期報告差出方規則に則した決算書の提出を行っている。さらに，実務や後に出版された印刷教本等において修正や改善が成され，『銀行簿記精法』の教示内容はわが国において実用可能な「シャンド・システム」（現金式仕訳法）へと発展を遂げた。その結果，当該「シャンド・システム」は時間を要するものの，銀行以外の会社の簿記実務にも用いられることとなった（津村[2009], 48

頁；同 [2016], 34-35頁）。

3-3　兼松商店とシャンド・システム

　お雇い外国人Shandの講述に基づく洋式の簿記技術が，国立銀行以外の会社において利用された事例の一つに，兼松商店（設立当初は貿易商社兼松，現在の兼松株式会社）が挙げられる。当該商店は，オーストラリアとわが国との直接貿易を目指して，1889（明治22）年に神戸で創業した貿易会社である。同商店の残存する最も古い帳簿として，1890（明治23）年7月から翌年6月までの約1年間，シドニー支店で複式簿記に基づき日本語で記帳されたと考えられる，「日記仕訳帳」と「原帳勘定」の2冊の帳簿が挙げられる。日記仕訳帳には主に相手勘定が当座預勘定か正金勘定となる取引が仕訳され，原帳勘定にはそれ以外の掛取引が記録されていた。この原帳勘定の記録は日記仕訳帳では内訳勘定として示されるのみとなっており，当座預勘定か正金勘定で決済されたときに初めて，日記仕訳帳に記録された。そして，この2組の帳簿の後継の帳簿というべき「LEDGER」（元帳）も先の2組の帳簿と同様に一般的な商業簿記法が採用された（山地・藤村 [2014], 54, 57-61, 71-73頁）。

　その一方で，神戸本店では，「シャンド・システム」が導入され，これが昭和初年まで維持された。これを示す史料としては，伝票（支払請求伝票，収入通知伝票，振替伝票）や，神戸本店だけでも総勘定元帳や日記帳など30種類以上の帳簿（1905（明治38）年以降）が残存している。そこでは，まず取引すべてを現金の授受を伴ったかのように擬制し，支払請求伝票と収入通知伝票に記録し，これを日記帳へと記帳するために再振替仕訳を行う。すなわち，日記帳には通常とは逆転した仕訳が記録されるため，各元帳へと転記する際は，その記録を逆に組み替える必要がある。そして，最終的に総勘定元帳へと転記される（山地・藤村 [2014], 73, 81-88頁）。

　例えば，商品を掛けで売り上げた場合には，次頁の [図表6-3] に示されるように記帳される。

　以上のように，兼松商店では現存する史料から，1890（明治23）年から1年間，シドニー支店で記帳されていたと考えられる会計記録と，本店で記帳され

図表6-3　兼松商店の帳簿に見られる記帳関係

出所：山地・藤村 [2014], 83-88頁に基づき筆者作成。

ていた1905（明治38）年以降の会計記録とでは，異なる帳簿組織が採用されていたことが明らかにされている。店長である兼松房治郎が神戸本店とシドニー支店の双方を指揮監督していたにもかかわらず，本支店で帳簿組織が異なるという事実は，彼が帳簿組織にあまり関心がなかったと捉えることができる。また，当時の兼松商店では，会計担当者がたまたま習得していた技術を職場で用いた結果とも考えられるのである（山地・藤村 [2014], 73-74頁）。

第3節　結　語

本章では，江戸時代に利用されていたわが国固有の簿記技術（和式帳合）から，明治初期に輸入された洋式簿記である複式簿記（イタリア式簿記）の知識までを，教科書と実務の両面から概説した。

第1節では，わが国固有の簿記技術について，大商家の帳簿よりその特徴を明らかにした。具体的に，当時の簿記技術の特徴として，(1)和紙に筆で縦書きの記録をしていること，(2)記帳において符牒と呼ばれる一種の暗号を使用することがあること，(3)帳簿に記録が行われるものの計算は算盤を使用し簿外で行うこと，(4)一部の大商家においては「複式決算」や「多帳簿制」に基づく二重記録が行われていた（あるいは推測できる）ことを取り上げ，これらを三井家，

中井家，鴻池家などの帳簿の研究より解説した。

　第2節では，明治以降，なぜ，わが国に複式簿記が輸入されたのか，その背景を明らかにするととともに，(1)教科書を通じた複式簿記の普及と教示内容と，(2)実務における複式簿記の導入事例を紹介した。

　まず，前者の教科書を通じた複式簿記の普及と教示内容においては，福澤が翻訳した『帳合之法』，および，小林が翻訳した『馬耳蘇氏記簿法』と『馬耳蘇氏複式記簿法』を取り上げた。これらの教科書は，私立学校や小・中学校の教科書として利用されたことから，わが国で広く学習された教科書であり，知識の普及に貢献した教科書と言える。これらの特徴としては，福澤の考案した和紙に縦書きにするという帳簿形式が採用されるとともに，わかりやすい説明に努めている点が挙げられる。特に『馬耳蘇氏記簿法』などには，先行して出版された『帳合之法』の帳簿形式を改良するなどの工夫が見出されることが明らかになった。

　次に，後者の実務における複式簿記の導入事例として，大蔵省におけるお雇い外国人を介して行われた知識の輸入と，兼松商店にみられる複式簿記の導入事例を概説した。これらから，最初期における実務への複式簿記の導入の成功事例は政府主導によるものであり，お雇い外国人による伝習とこれに基づく実務手引書の利用によることが明らかになった。このような実務教育，そして，私立学校や小・中学校における簿記教育により知識を習得した者を雇い入れることにより，兼松商店のように，複式簿記が政府機関や銀行以外においても導入されたことがわかった。

　ただし，兼松商店の神戸本店の帳簿は，「シャンド・システム」を導入し，豪華な西洋式の帳簿を利用していたものの，その中にはかなりの空きスペース（頁）がある帳簿もあり，必ずしも洋式の帳簿を完璧に使いこなせていたとは言えないようである。これは同店のシドニー支店の帳簿においても同様のことが言える（山地・藤村[2014]，72-73，95頁）。したがって，わが国において複式簿記に基づく記帳が容易に実務に定着したとは言えないであろう。複式簿記輸入後のわが国においては，長期間にわたる教育などによる知識の普及や啓蒙，また，法制度の影響を受ける中で，今日のように実務に複式簿記が定着するに至

るのである。

[注]

(1) 足利帳に関して，本文の説明以外にも，前年の正味身代に純利益や純損失を加減算することで，当期の正味身代を求めているという説明もみられる（河原 [1977], 10頁）。
　　しかし，河原 [1977] で翻刻されている足利帳では，純利益や純損失は当期の純財産の記録の後に一段下げて「但…」として書き加えられていることから，前年の正味身代と，算用帳で求められた当期の正味身代の差額として，純利益または純損失を求めていると考えるほうが自然であると考え，本文では当該説明を採用している。
(2) 小倉 [2008] では，「問屋仕限帳」と表記されている箇所もあるが，「問屋仕切帳」と表記されている箇所もある。同時に，「貸借帳」を「借貸帳」と表記している箇所もある。
(3) 省略された第三例は，先に解説されている単式簿記の第三例と同じ記帳例示を複式簿記で示すことで，単式簿記と複式簿記の違いを明確にするとともに，複式簿記の記録の正確性を示す意図があった。また，第四例は，現金出納帳や売上帳を特殊仕訳帳と位置付け，直接元帳に転記する方法が説明されており，これは複式簿記のデメリットである記帳の煩雑さを解消する意図があった。福澤は，原著の意図を明確に理解できていなかったため，複式簿記の重要な解説を省略したと指摘することもできる。ただし，これらを省略しても，洋式簿記を初めて学ぶ者にとっては，洋式簿記の基礎知識を体系的に解説することはできていたと評価することもできる（津村 [2007], 120頁）。
(4) 『銀行簿記精法』の帳簿組織について，増補日記帳も日締帳と同じ分割仕訳帳であるため，主要簿に含めるとの考え方もある。しかし，日締帳はその記録を直接に総勘定元帳に転記するのに対して，増補日記帳は日記帳への移記が求められる。分割仕訳帳の特徴を「特定の取引についてもはや普通仕訳帳への記入の必要がないこと」と捉え，ここでは増補日記帳は補助簿と位置付けている（津村 [2009], 41-42頁）。

＜参考文献＞

小倉榮一郎 [2008]『江州中井家帖合の法』ミネルヴァ書房（復刻版）。
片岡泰彦 [2007]『複式簿記発達史論』大東文化大学経営研究所。
河原一夫 [1977]『江戸時代の帳合法』ぎょうせい。
黒澤　清 [1990]『日本会計制度発達史』財経詳報社。

幸田成友(訳)[1967]『フランソア・カロン原著　日本大王国誌』(東洋文庫) 平凡社。
白坂　亨 [2013]『わが国会社財務制度の形成過程に関する研究』大東文化大学経営研究所。
田中孝治 [2014]『江戸時代帳合法成立史の研究―和式会計のルーツを探求する―』森山書店。
津村怜花 [2007]「明治初期の簿記書研究―『帳合之法』の果たした役割―」會計, 第172巻第6号, 118-129頁。
―――― [2009]「『銀行簿記精法』(1873) に関する一考察」六甲台論集 (経営学編), 第56巻第1号, 33-50頁。
―――― [2010]「『馬耳蘇氏記簿法』および『馬耳蘇氏複式記簿法』に関する一考察」日本簿記学会年報, 第25号, 49-57頁。
―――― [2016]「国立銀行の設立と銀行簿記―シャンド・システム形成過程に関する一考察―」日本簿記学会年報, 第31号, 29-37頁。
西川孝治郎 [1971]『日本簿記史談』同文舘出版。
―――― [1982]『文献解題　日本簿記学生成史』雄松堂書店。
西川　登 [1993]『三井家勘定管見』白桃書房。
山地秀俊・藤村　聡 [2014]『複式簿記・会計史と「合理性」言説―兼松史料を中心に―』神戸大学経済経営研究所。

（津村　怜花）

第Ⅱ部
簿記から会計へ
―株式会社と近代会計の形成―

第7章

株式会社会計の起源

―イギリス東インド会社と南海会社―

　本章では，17～18世紀のイギリス史において名を遺した二つの株式会社，つまり，イギリス東インド会社（特にロンドン東インド会社（The Governor and Company of Merchants of London trading into the East Indies），以下，東インド会社と略記）と，南海会社（The Governor and Company of Merchants of Great Britain trading to the South-Sea and Other Parts of America and for encouraging the Fishery）に焦点を当てる。東インド貿易に携わったことで知られる東インド会社に関しては，17世紀を中心に，他に先駆けてロンドン本社に導入された複式簿記，現存する会計帳簿や財務表などを検討することで，初期の株式会社会計の起源について考察する。また，南海会社に関しては，18世紀初頭における投機熱によりもたらされた「南海の泡沫」の事件を取り上げ，同社の盛衰について検討する。

第1節　イギリス東インド会社の経営活動と会社形態

1. 東インド会社と東インド貿易

　ヨーロッパの東インド貿易はポルトガル，スペインが主導権を握っていたが，それらの国を排除して強力な海軍国オランダ（「ネーデルラント連邦共和国」

(Republiek der Verenigde Nederlanden))が東インドへの進出を始めた。他方，イギリスはと言えば，16世紀中葉以降における毛織物業の急速な発展により獲得した銀をもって東インドに進出を試みたが，既に胡椒や香料の貿易を行っているオランダの先駆会社（Voorcompagnieen）に後れをとっている状況であった（西村[1960], 4-7, 15-18, 28-29頁；Gardner[1971], pp.17-19（浜本（訳）[1989], 3-6頁））。そこで，先行するオランダに対抗するため，1600年に，東インドへの進出を目指したイギリス商人たちは，Elizabeth I（在位：1558〜1603）から，喜望峰よりマゼラン海峡にわたる貿易の特許状を付与され（独占権を認められ），東インド会社（East India Company）を設立する。ここに，イギリス東インド会社（1600〜1874）[1]の，およそ270年にも及ぶ歴史が幕を開けることになる。

　東インド会社は，東インド貿易の独占権を与えられた特許会社としてもその名を知られるが，設立からおよそ60年経過後の1662年に株式会社へと転換を図り，イギリス最初の株式会社，そして，世界で初めて出資者総会（＝株主総会）を備えた株式会社でもあった（大塚[1969], 437-440頁）。

　さて，イギリス最古の株式会社の事業活動は，上述のように，東インドへの航海に赴き，胡椒・香料などの商品を調達し，それらを本国へと持ち帰り，販売することであった。本社はロンドンに置かれ，航海先となったインドの各地に商館が置かれた。例えば，1613年までにバンタン（ジャワ島）とスラト（インド北西部の港町）に，1639年頃にはマドラス（現チェンナイ），1660〜1670年代にはボンベイ（現ムンバイ）などにも商館が建設され，それらが現地の活動拠点となっていた。商館では，主に代理人を雇うことで，商品の調達を実施していたのである。この当時，香辛料などは調味料としてだけでなく，薬としての効能も期待されたことから，ヨーロッパでも高価な商品として取り扱われた。しかも，まだまだヨーロッパでは珍しかった胡椒・香料などの売却により同社に出資した株主たちも，その分け前にあずかったのである。なお，胡椒・香料などの輸入商品の販売方法としては，主に競売が採用されていた（Chaudhuri[1965] p.16 ; Chaudhuri[1978] pp.148, 208-211）。

　このような貿易による商品売買が，設立当初から18世紀中葉頃までの同社の経営活動の根幹であった。ただし，イギリスは17世紀中葉以降にオランダ

との貿易や植民地の争奪，あるいは，1651年の航海条例（航海法：Navigation Act）の制定等も関係して，第一次英蘭戦争（1652～1654），第二次英蘭戦争（1665～1667），第三次英蘭戦争（1672～1674）という，三次にわたる英蘭戦争（Anglo-Dutch Wars）を経験する。一連の戦争は，東インド貿易にも影響を及ぼす。1660年代には，同社の貿易量が大きく落ち込み，1664年には，戦争の恐れから，東インド会社は貿易の業務を制限するほどであった（Sainsbury[1925], pp.xii, 221；Chauduri[1978] pp.319, 529）。

英蘭戦争により損害を被るだけでなく，同社の経営陣は私貿易の問題にも頭を悩ませていた。同社設立時から，特許状により貿易の独占権が東インド会社に付与されていたことから，個人商人は貿易の実施を認められなかった。しかし，イギリス本国から，個別に東インドに赴き，取引を行う個人商人が多く存在していた。会社の従業員，代理人，船員も例外ではなく，多数の会社関係者も個人取引を始めていたのである。事実上，会社は，船舶所有主や船員たちによる私貿易に対して，ある一定の金額を許可料として会社に対して支払わせることを取り決めており，東インド会社は私貿易を容認する方針を採っていたことがうかがえる（Sainsbury[1909], pp.189, 213；西村[1960], 72頁）。

同社は，上記のような問題も抱えながら貿易を継続していたのであるが，18世紀中頃から貿易を中心とした経営活動は変化の兆しを表し出す。1757年に東インド貿易の覇権をかけたフランスとの対立により起きた，プラッシーの戦い（Battle of Plassey）に東インド会社が勝利したことで，同社はインドの実質的支配とベンガル等の徴税権を獲得する。徴税権の獲得は，東インド会社を貿易会社から植民地統治会社として大きく転換させるものであった。このため，1874年の清算を迎えるまで，同社は，貿易に従事する他に，イギリスによるインド統治に関与することとなる。

2．制規組合から株式会社への転換

設立当初の東インド会社では，株式会社の形態ではなく，古きギルド制に端を発する制規組合（regulated company）の形態が採られ，その中に一航海ごと

に航海事業を実施するための個別企業が設立されていた（大塚[1969], 184-186, 449頁）。外郭である制規組合としての「東インド会社」の内部に, 当座的な個別企業が航海ごとに設立されていた。すなわち, 会社ではない制規組合という意味での「カンパニー」(company) である「東インド会社」という組織に加入金（admission fee）を支払い, そのメンバーになることによって, 初めて, 航海事業を実際に担当する個別企業に出資することができたのである。

　この「東インド会社」には, 設立に貢献したすべてのメンバーから構成される議決機関としての総会（General Court of all the Freemen）と,「東インド会社」と個別企業の経営について支配権を持っていた理事会（Court of Committee）が設置された。理事会は, 外郭たる「カンパニー」の最高責任者である総裁（governor）, 時に副総裁（deputy governor）, および, 24名の理事（assistants）から構成され, 執行機関としての役割を果たした。ただし, ここで言う「カンパニー」とは, 特殊イギリス的な一つの制度に他ならず, イギリス経済史上, 必ずしも「会社」という概念とは内容的に一致していない。航海ごとに設置された当座的な個別企業には, それぞれの航海事業に対する出資者から構成される出資者総会（General Court of Adventures）が個別に設けられた。各個別企業については, 各航海が終了すれば清算された。出資者に対する利益の分配は, これと同時に元本も払い戻すと言う, いわゆる「分割」(division) と呼ばれる方式で行われていた（大塚[1969], 184-186, 454-455頁）。

　上記の組織が, 当座的性格を残しつつ, 個別企業制の段階を脱却し, 数次の航海を運営するために合本企業（joint-stock company）を設立するという合本企業制の段階を経て, 完全な永続性を具備するのは, ピューリタン革命（Puritan Revolution : 1641～1649）の後の共和制国家（「イングランド共和国」(Commonwealth of England) を指導したOliver Cromwell（後に元首である「護国卿」(Lord Protector) に就任）によって1657年に行われた改組に基づき, 東インド会社に新合本（New Joint Stock）の特許状が付与されたときであった（Sainsbury[1922], p.iii）。その後, Charles II（在位：1660～1685）の復位に基づく王政復古（Restoration : 1660）の後の1662年に制定された「破産宣告者に関する布告の条例」(An Act declaratory concerning Bankrupts) により, 全社員の有限責

任制度を備えることで，同社は株式会社へと転換を図ることになる（大塚[1969], 184, 500-501頁）。

株式会社発生史に詳しい大塚[1969]をはじめ，多くの先行研究においては，全社員の有限責任制の確立を株式会社成立の必須要件と捉え，株式会社への転換を画するメルクマールになると論じている。さらに，大塚[1969] は，株式会社の成立の要件として，その他に，会社機関の存在，譲渡自由な等額株式制，確定資本金制と永続性を挙げている（大塚[1969], 24-25, 371頁）。

第2節　東インド会社における会計と監査

1．会計と監査の仕組み

現在，東インド会社に関する史料はロンドンの大英図書館（British Library）に所蔵されており，ロンドン本社の各部門の記録，各商館から本社への書簡，本社理事会の議事録など，多くの史料が現存している。会計に関するものとしては，ロンドン本社の普通仕訳帳，元帳，現金仕訳帳などの会計帳簿（1664〜1874）や，17世紀から19世紀前半における財務表に相当する書類が所蔵されている。他方，1664年の複式簿記導入以前の会計帳簿は現存していない。

会計帳簿以外の史料からも，ロンドン本社における会計・監査業務の仕組みが推察される。株式会社化する前には会計，監査の役職が本社において設けられていたことが，1621年に定められた総会の規定や各担当者の職務規定をまとめた史料から読み取れる。会計と監査に携わったのは，主に会計担当役（Accomptant General），監査担当役（Auditors General），理事会監査役（Auditors in the Court of Committees）と呼ばれる三役である。このうち，会計担当役は，会計記録を集約した元帳を作成するという責任を持っていた。また，監査担当役は，会計担当役による元帳の作成を監督するために，出資者の中から選任された。さらに，執行責任者たちの業務執行を監督・監査するために，理事会監

査役として理事会から6名が任命されていたことがわかる。出資者総会から監査担当役，理事会から理事会監査役という2種類の監査人が規定されたことになる。

ただし，監査担当役は，出資者総会で選ばれたとはいえ，彼らも会社幹部の社員（従業員）であり，正式に理事会での選出を経ねばならない立場であった。それゆえに，会計と監査の仕組みは，職務規定などを設けた理事会の影響下で運用されたことが考えられる。

では，実際に，このような状況下で，出資者（＝株主）による監査はいかなる役割を果たしたのであろうか。

2．株主監査の役割

出資者から選出された監査担当役は，東インド会社の幹部ではあるが，幹部社員の中では上位の役職ではなかった。そのため，監査担当役は，理事会に対して批判的な見解を述べることは容易ではなかったと考えられる。このことは，彼らの選任・解任の権限からも読み取れる。監査担当役の選任については，総裁や過半数の理事が出席する会合で行われ，必ずしも経営陣以外の出資者の見解を反映したものではなかったと言える。しかも，彼らの解任決定の権限も，総裁や理事たちに与えられていたわけである。また，1635年には監査担当役が2名から1名に減らされ，あるいは，1639年までには賃金も一度は£100から約£65に削減されている。ちなみに，このときの会計担当役の賃金は約£253であった（Sainsbury[1907], pp.xxix, 307-308）。

時期は異なるが，1666年には監査担当役が死去したことにともない，理事会は監査担当役の存続について検討することを会計委員会（理事会監査役の後継組織）へ要請している。この時点で，監査担当役の存在そのものが問われる状況にあり，彼らの職務はカンパニー設立から1657年の新合本の設立趣意書の公表以降も変わらず，幹部社員の中でも相対的に優遇されていない存在であった。彼らの立場に加えて，彼らの目的が不正防止の発見ではなく誤謬などの発見にあったことからも，実質的に，監査担当役が，出資者の代表として，

理事たちの不正疑惑を解消するというような役割を期待されることはなかった。このことは，これまでに監査担当役とは別に，出資者自ら，経営陣の疑惑を追及する特別委員会や審議団のような機関，および，自前の監査人を追加的に設置していることからもうかがえる。出資者たちの監査担当役に対する信頼は薄く，彼らが監査担当役の職務に対して満足していなかったことさえ考えられる。さらに，理事会監査役もまた理事会から選任されたが，経営陣に近いこともあってか，監査担当役と同じく，出資者の代表として積極的に不満解消へと動くようなことは見られなかった（杉田［2013b］, 79-80頁）。

第3節　東インド会社ロンドン本社における簿記手続

1. 新しい簿記法としての複式簿記の導入

　1662年の株式会社への転換から2年後の1664年8月に，ロンドン本社に複式簿記が導入されている。一般的に，複式簿記がイギリスの会計実務において普及していないとされる状況の下で，東インド会社が複式簿記を先駆けて導入したのである。新たな簿記手続としての複式簿記の導入に関する議論は，導入のおよそ1か月前の1664年7月1日に同社の理事会で行われていた。理事会は新しい帳簿組織の整備を決定し，会計委員会に対して新たな簿記法によって統一することを要請したのである（Sainsbury［1925］, p.49）。

　それから約1か月後の1664年8月5日に，会計委員会によって帳簿を記録するための規則と手引が作成され，4日後の8月9日の理事会では，会計委員会の見解が示された。会計委員会は，商品の記録方法に関する不十分さを指摘し，これまでよりも商品管理を行う担当者が帳簿上，目に見える形で表示することを会計担当役に求めたのである。8月12日，会計委員会の最終草案「イギリスにおいて東インドの勘定を整理，維持するための規則と指示」が理事会に提出され，これを受けて，複式簿記（a new pair of books）を開始するように指示が

行われたのである（BL/IOR/H/15, pp.1-2）。

　最終草案の趣旨として，かかる複式簿記の導入は，主に本社会計帳簿において，国内の記録だけでなく，海外の各商館地の記録も含めた，膨大な商品の受払いを中心として，そこから生じる債権・債務の発生と消滅，および，私貿易による罰金の発生と徴収など，財産の一括的な記録管理を目的としたものであったことが指摘できる。その記録管理を補完するためにも，最終草案で示された各記帳段階での各担当者や監査人によるチェック体制や，商品を保管する倉庫担当者による補助簿の作成などが盛り込まれていた。

　これは，東インド会社の経営の根幹となる東インド貿易が，英蘭戦争，私貿易の問題などによって停滞し，財政的にも問題を抱えていたことが要因になったものと考えられる。また，この当時，事業の清算を必要とした1650年の合同合本と，永続性を備えた1657年の新合本との間での清算手続が未了であったことからも，合同合本に帰属する財産を確認し，その出資者に対する清算を行う必要があった。財産有高を算定する上でも，財産の一括的な記録管理の実施が必要であったことも想定される（杉田[2012], 101-102頁）。次項では，導入された複式簿記の帳簿組織や勘定等について確認していこう。

2．会計帳簿における簿記一巡の流れと勘定組織

　同社のロンドン本社の元帳として，新たな簿記方法が導入された1664年8月から同社が清算される1870年までの間に39巻，また，元帳に対応する普通仕訳帳は56巻が現存している。帳簿1冊当たりの頁数は，約100頁から数百頁に及ぶ代物である。これらの他にも，現金仕訳帳も現存している。

　17世紀の普通仕訳帳と元帳を見れば，基本的には記帳期間中の記録対象となる諸取引に対して複式記入による記帳が行われるとともに，その受け皿となる勘定として，商品名商品勘定（特定商品勘定），人名勘定，資本（Stock）勘定，残高勘定，損益勘定などが設けられていることがわかる。ここでは，複式簿記が導入された当初の元帳B（1664～1669）と，元帳C（1669～1671）の勘定記入を取り上げてみよう。[2] なお，元帳に見出されるBやCなどのアルファベット

記号は，東インド会社により付されたものである。

　元帳Bにおける各勘定への開始記入は，10丁（＝見開き10ページ目）の（開始）残高勘定を相手方として行われている。加えて，元帳Bの各実在勘定部分の残高に関しては391丁の（閉鎖）残高勘定へと振り替える仕訳が見受けられる。資本勘定には，元帳Bの前に存在した元帳A（現存していない）における貸借差額（純財産額に相当）が繰り越されてきており，そこに名目勘定の残高を集めた損益勘定の残高が振り替えられた。ただし，元帳Bでは，元帳締切時における財産の合計から債務の合計を控除した金額と資本勘定に記載された残高にはわずかな差異が生じていた。

　その後，新たな簿記手続（＝複式簿記）の導入に伴って，旧帳簿組織の記録を新たな帳簿組織に繰り越していく上での誤謬や転記漏れなどが反映され，元帳Bの資本勘定の額と後続する元帳Cの資本勘定の額との差異が修正されることにより，元帳Bの資本勘定と元帳Cのそれとの対応が明確となった。ここに，実在勘定と名目勘定の統合を基軸とする一つの体系的な勘定組織が見られるのである。導入において十分な準備期間もなく元帳に用いられた新たな簿記手続は，元帳Bと元帳Cの記帳期間となる約7年の間に誤謬の修正を行いつつ，試行錯誤的な運用をされながら，複式簿記の要件を完備したと言える。すなわち，1664年8月に新たに導入された簿記手続は本質的に複式簿記であったことが確認できるのである。

　では，その後の元帳はどうなっているのであろうか。本社の元帳D～元帳K（1671～1713）の期間では，財産や債務の開始仕訳の相手科目として資本勘定が用いられた。同勘定は，開始残高勘定と資本金（純財産）勘定を包摂したような性格を有している（個別に資本金や純財産を示す勘定は設けられていない）。それゆえ，資本勘定には，元帳締切時に（各名目勘定の残高が振り替えられた後の）損益勘定の残高が振り替えられることになる。資本勘定の残高は，商品名商品勘定や人名勘定などの実在勘定の残高とともに，（閉鎖）残高勘定へと振り替えられ，元帳の締切が完遂される。ただし，元帳によっては資本勘定，損益勘定，（閉鎖）残高勘定への記入が一部未記入，あるいは，勘定の締切が行われていないケースも散見される。他方，仕訳帳では一連の振替記入な

どが網羅的に行われており，元帳への記入が省略されたことがわかる。元帳の締切については，必ずしも定期的に行われておらず，記帳期間は2年から長いもので12年ほどであった。

第4節　商品名商品勘定の採用と棚卸資産の評価

　東インド会社は貿易を主たる経営活動としていたこともあり，同社の会計帳簿には膨大な商品の取引が記録されており，元帳締切時には，多くの売残商品の記入も行われている。輸入商品の売買が当時の経営活動の根幹でもあったので，輸入商品の勘定における損益の把握と売残商品に対する評価方法を確認して利益計算と資産評価の一端を垣間見ていこう。

　現存するロンドン本社の元帳B～K（1664～1713）においてはもっぱら商品の種類別，つまり口別の商品名商品勘定（特定商品勘定）が設けられていた。主に輸出商品と輸入商品が棚卸資産として認識されるが，このうち，輸入商品の販売が東インド会社にとって主だった収入源となっていた。インドから輸入される商品には，香料，胡椒の他に，キャラコ（Calico）などのインド産織物などがある。これらは海外から船舶によって運ばれ，ロンドンの港に到着後，倉庫で保管された。一方，輸出商品としては，仕向地先で販売されるもの，航海などにおいて自家消費，あるいは，そのまま現地で通貨として用いるものが含まれていた。

　輸入商品の勘定には，借方に旧帳簿からの残高が資本勘定を相手科目として記入され，続けて仕入が記入された。金額欄には仕入総額が記入されるとともに，摘要欄に，仕入時の仕入口ごとに，商品の調達先である商館名，数量と船舶名が記載された。ただし，仕入単価については基本的に未記入である。商品の調達地から送られてくる記録には，現地の代理人によって買い付けられた商品の数量と買入総額のみしか記載されていなかったことがその要因と思われる。

　一方，商品勘定の貸方の金額欄には売上の記録が，その都度，売価（総額）

で記入され，摘要欄には商品仕入時の船舶名，商品購入者名と売価（単価），販売数量がおおむね明記されていた。記帳方法としては，総記法に相当するような方法が採用されていたことになる。損益については，商品ごとに設けられた商品名商品勘定によって個別に把握されていた。いわゆる口別に損益を把握していたのであり（口別損益計算），会社全体としての損益を元帳の損益勘定で総括的に把握していたというわけではなかった。

商品勘定は商品の種類ごとに設けられているわけだが，必ずしも商品すべての払出しが完了されなくとも勘定の締切が行われている。各商品勘定ごとに売買損益が算出され，仮に売れ残り部分が生じれば，放置されずに何らかの評価が行われて新しい元帳へ繰り越されていた。商品の払出しが完了するのを待ってから，勘定が締切られるというようなことはない。元帳締切時にそれぞれの売残商品に対して評価が行われ，新しい元帳へと繰り越されていたのである。(4)

各元帳の売残商品の評価額に関する筆者の分析によれば，主に多くの売残商品に対して，原価に基づく評価ではなく，売価（単価）等のうち端数のない売価やそれに近い価格に数量を乗じた売残商品評価額の算出，あるいは，売価等を基礎とした売残商品評価額そのものの見積評価が行われていたことが示される。その背景としては，実務上の簡便さに加えて，商品の市場価値の見積りということが考えられる。当時，東インド会社では，売残商品に対する原価評価ということは基本的に行われていなかったのである（杉田[2013a], 106-114頁）。

第5節　財務報告実務：定期的な会社資本評価の実施

東インド会社では，1610年頃には既に財産有高を報告するような事例がみられ，17世紀中葉頃から定期的な財務報告が出資者総会（＝株主総会）で実施されるようになる。特に，7年ごとに実施された資本評価（Stock Valuation）と呼ばれる財産有高等を示した4回の報告書（1664, 1671, 1678, 1685）は，初期の株式会社における定期的な財務報告の萌芽的存在でもあるため，以下ではこれらを詳しく見ていくこととする。

先に述べたように，1657年に行われたCromwellの改組に基づき，東インド会社に新たな特許状が付与された後，同年10月19日，新合本の設立趣意書（定款に相当）が公開された。この設立趣意書の中には，「定期的な会社資本の評価」と「配当（dividend）制」の導入が明示されていた。ここに，東インド会社における定期的な財務報告の起源が登場したといえよう。かかる会社資本の定期的な評価（以下，資本評価と記す）は，本来的には，持分を算定して会社から資本を引き出したり追加出資を行ったりすること，つまり，出資者の自由な参加と退社を可能とすることを目的としていた（Sainsbury[1925], pp.115-116；Winjum[1972], pp.216, 228）。

　第一回目の資本評価は，設立趣意書の7年後の1664年12月12日に出資者総会へ提出された。そこに含まれた財産項目は，1664年12月1日付けのものである。出資者総会では財産の項目から報告が行われ，続いて債務の項目が報告された。財産の合計から債務の合計が差引かれ，その差額は£495,735.0s.6d.であった。

　この第一回目から7年が経過した1671年8月30日に，第二回目の資本評価が出資者総会で報告された（Sainsbury[1932], p.35）。議事録に記載された資本評価は貸借に分かれており，借方に，債務の合計額，貸借差額，貸方に財産の金額（内訳）が掲載されていた。借方項目の内訳は，1671年4月30日に東インド会社が保有する債務である。一方，貸方項目の内訳は主に債権，積荷，仕向地ごとの積荷残高，イギリスにおける残高である。この借方合計と貸方合計の差引差額£645,827.2s.3d.が借方に記載された。加えて，同年5月に宣言された配当の金額£36,989.2s.6d.も記載されている。1671年の第二回目の資本評価には，金額は明記されていないが，今後商品の売却などを通じて期待される利益に関する記述が貸借の合計の下に見受けられる。このような期待利益に関する記述は，第一回目の資本評価では見受けられない。

　さらに，それから7年後の1678年8月14日の総会において，第三回目の資本評価が読み上げられた。第三回目の資本評価（[図表7-1]（166-167頁）参照）では，1678年6月1日付で，先に貸方の項目が，続いて借方の項目が列挙された。記載項目として主に仕向地先の商館別に分類され，続いて国内の債権項目など

が示されている。第三回目の資本評価の特徴として，各商館ごとに，例えば，スラト商館であれば，各下部組織も含めて，財産（Dead Stock と Quick Stock の分類）が記載されており，金額としては不良債権が控除されたものが計上されている。第三回目は，第二回目よりも，項目の分類化が進んだように見て取れる。

　第四回目の資本評価は，1685年9月30日付で報告されている。第三回目の資本評価と同様に，これを行うための仮の計算表に相当するものも現存する。このため，いかなる項目を集計して作成したのかが明確となっている。

　なお，第一回目から第四回目までの評価における資本評価額等の変遷を示したのが，［図表7-2］（168頁参照）である。

　さて，資本評価の作成方法にも注目してみよう。第二回目の資本評価（1671）は，元帳Cの締切の日付で作成され，第三回目の資本評価（1678）も同様に，元帳Fの締切日と同じ日付で作成されている。すなわち，1664年に複式簿記が導入されて以降，4回の資本評価が実施されており，このうち，第二回目と第三回目の資本評価は元帳の締切とともに実施されているため，これら2回の資本評価は複式簿記の記録との関係が問われるところであろう。

　しかし，第二回目の資本評価と元帳勘定記録においては，資本評価における資本と期待利益は元帳Cの資本勘定と損益勘定の金額とはいずれも異なっている。資本評価を作成するために10頁ほどに及ぶ仮の計算表が残っており，これを確認すると，元帳勘定との部分的な一致が見られることはわかるが，必ずしもすべての記録について一致するというわけではない。また，第三回目の資本評価においても勘定記録と部分的には一致しているものの，必ずしもすべての項目が帳簿記録と一致したわけではなかった。おそらくは，資本評価の金額は元帳勘定の記録からすべてが誘導されたわけではなく，原始記録に基づいて作成されていたと考えられる。このことは，第四回目の資本評価にも共通している。報告内容と作成方法に関して統一的ではないものの，17世紀後半にかけて7年という周期で4回の財産有高に関する報告が出資者総会で実施されたことに，財務報告の萌芽の一端が垣間見えるのである。

図表7-1　1678年6月1日付の第三回目の資本評価

貸　　　方	Dead Stock £ s.d.	Quick Stock £ s.d.
スラトのプレジデンシー，その下部商館のDead Stock，Quick Stock。不良債権控除済み	39,691 0 0	278,478 18 6
ボンベイ島の要塞，利用権，新たな建物	60,000 0 0	
ペルシアの収入と特権	20,000 0 0	
フォートセントジョージのエージェンシー，とそこの下部の商館のDead Stock，Quick Stock。これら不良債権控除済み	17,445 0 0	574,759 4 4
フォートセントジョージの利用権と建物，コースト・ベイで獲得した特権	50,000 0 0	
バンタンのエージェンシー，そこの下部の商館のDead Stock，Quick Stock。これら不良債権控除済み	19,347 0 0	196,995 0 0
セントヘレナ島の特権と保管品	10,000 0 0	
現在，任務中の船舶所有主への前払金		23,486 19 8
イギリスにおける下記の人物が管理する現金，金，銀，その他商品 　Humphrey Edwin　　　　　　　　17,790 3 0 　Thomas Sprigg　　　　　　　　　58,625 10 0 　Charles Aston　　　　　　　　　156,219 3 6 　George Papillon　　　　　　　　14,932 6 0 　John Beard and T. Percehouse　10,244 15 6 　J. Prowd, Harris, Elkin. &c　　9571 3 4		288,330 19 1
イギリスにおける債権（イギリスにおいて会社に対して債務のある人物） 　陛下に対する£20,000貸付残高　　　8,750 0 0 　9月，3月の販売に関する複数の買い手　18,273 1 0 　会社に対するいくつかの債務　　　20,290 2 5		47,313 3 5
3隻のスラト船舶，3隻のコーストアンドベイ船舶 1678年8月7日，上述の船舶，積荷の到着後，計算された関税，船舶料，費用を控除後		102,255 0 0
	£216,483 0 0	1,511,619 10 0

借　方	Dead Stock £ s.d.	Quick Stock £ s.d.
利子付債務		685,640 12 3
バンタン商館に関する22か月間の費用と損失（最後の帳簿J.1676年7月31日締め以降）		9,937 10 0
会社の業務に携わる，インド，イギリスにおける複数の代理人，船員への債務。General bookには詳細に述べられていないが，計算すると，すべての額はこうなるだろう。		25,000 0 0
イギリスとインドにおける会社に対する債務 Quick Stockとして計算 しかし，それらのうちいくらかが，疑わしいものであるといけないから，理事は2万ポンドを割り当て補填するために妥当だと考えた。		20,000 0 0
		713,578 2 3
東インド会社の財産有高(すべての債務を支払った場合)	£216,483 0 0	798,041 7 9
	£216,483 0 0	1,511,619 10 0
加えて，この評価の貸方における商品には，インドだけでなくイギリスにも会社に対する複数の疑わしい不良債権がある。この勘定の貸方への振替を行っていないが，備忘録として言及される。		
		£ s.d.
At Surat. Kàrwàr, and Calicut		17,440 16 4
At Fort St. George, Machilipatan, Madapollam, Hūgli, Balasore. Dacca, Kàsimbàzàr, and Patna		37,251 10 6
At Bantam, Jambi. Siam, Tonquin. and Tywan		20,000 0 0
インドにおける不良債権		74,692 6 10
イギリスにおける不良債権		22,479 14 4
インドとイギリスにおける不良債権合計額		97,172 1 2
日本との取引を達成しようと試みることは，とても利点がある。このストックは使い果たされ，損失は4万ポンドにのぼる。もっとも，これまで計画が達成されていないが，上記の費用（支出）がすべて無益であったというわけではない。いくつもの発見があり，その礎は，同様のことを容易にならしめ，今後，より少ない費用でも，とても価値があることを達成できるようならしめることに帰するものである。今のところ，現在の評価では，理事がいかなるものも計算していないが，しかし，このメモに挿入する必要があること考えている。		

出所：BL/IOR/B/35, pp.40-42に基づき筆者作成。

図表7-2 資本評価額の変遷

	出資者総会報告日	財産（£）	債務（£）	資本評価額（£）
第一回	1664年12月30日	661,542	165,807	480,858.12s.6d.
第二回	1671年 8月30日	1,007,113	361,286	645,827. 2s.3d.
第三回	1678年 8月12日	1,511,619	713,578	798,041. 7s.9d.
第四回	1685年 9月30日	2,487,312	783,890	1,703,442. 6s.1d.

出所：Sainsbury[1925/1932/1938]；Chaudhuri[1978], BL/IOR/H/4, pp.1-12, 15-50; BL/IOR/B/31, pp.310-311に基づき筆者作成。

第6節 利益分配の方法：分割制から配当制への移行

　前節では，財産有高に相当する資本評価について記載された項目と複式簿記の記録という観点から検討したが，必ずしもすべてが一致したわけではなく，利益の金額も勘定記録から誘導されたとは言い難かった。損益については，特定商品勘定で把握していたものの，これもまた配当可能利益計算とは結びついていない。

　それでは，株式会社へと転換を果たした東インド会社は出資者への利益分配をどのように行っていたのであろうか。設立当初から，企業の永続性が確立する1657年頃までは，先に述べたように，「分割」という方式で，利益分配が出資の払戻しと未分化のまま包含されて実施されていた。これは，会社形態が，永続性を必ずしも満たしておらず，各航海ごとに設立された個別の事業会社が航海終了後に清算されていたからである。当座的な性格を帯びた事業会社には，このような分割制が適していたのである。ちなみに，Scott[1910]の分析に基づくとその分割率は，1613年頃までは190～300％前後，その後は100～200％という推移になっている。投資の成果としては，元本の2倍近くの金額が払戻されたときもあり，決して悪いものではなかったことがうかがえるのである（Scott[1910], pp.125-126；大塚[1969], 453-454頁）。

　1657年に永続性を完備することで，同社では，各航海あるいは合本ごとに

清算を行うことはなくなり，利益分配にあたっても，かつての「分割」の方式から利益のみを分配するという「配当」の方式を採用するに至る。そして，初めての配当宣言が1661年9月に行われるとともに，実際に翌1662年6月に第一回目の配当の支払いが実施された（大塚[1969], 499頁）。このときの配当率は出資額の20％であった。同社で配当が規定されてから，最初の配当の実施まで約5年を要したが，それ以後は，第一回目の実施からおよそ12年間で11回の配当が実施されている。Scott[1910]によると，その配当率は，10～40％の間で推移している（Scott[1910], pp.177-179）。

　これらの配当宣言はいかなる要因に基づいて行われたのであろうか。東インド会社が胡椒と香料の貿易を独占している状況においては，東方からの船隊が無事に帰着することが，収益性の高い経営活動を支えていた。すなわち，無事な船舶の到着が，会社にとって利益の獲得を認識できる時点であった。このような貿易独占下では，船舶がロンドンへ帰還することが，配当宣言の決定的に重要な要因になっていたと考えられる（Winjum[1972], p.226）。すなわち，船舶が無事に到着したことに基づいて配当宣言が実施されたことを考慮すると，勘定記録（損益勘定）と配当可能利益計算との間には必ずしも関係がないことが指摘できるであろう。

　とは言え，東インド会社では，既述のとおり当時の他の商人組織などと比べて，いち早く複式簿記を導入し，定期的な財務報告も実施し，本社の会計帳簿には海外商館の取引が反映され，会計帳簿の作成や監査の手続に関しても体系だった仕組みを構築している。同社の簿記会計の技術や仕組みは，当時として決して後進的なものではなかったと考えられる。17世紀の東インド会社に，今日における株式会社会計の萌芽が認められるのである。

第7節 南海会社と「南海の泡沫」

1. 南海会社と株式投機熱

　18世紀初頭，株式会社のもたらす利益に多くの商人や貴族たちが関心を寄せた。このような株式会社への期待が投機熱を高めることになった。これを象徴するように，西ヨーロッパを覆っていた投機熱がイギリスにも拡がりをみせ，バブルをもたらすことになる。代表的な事例が，1711年に奴隷取引を主たる起業目的とした貿易会社として設立された南海会社（South Sea Company）の株式の価格上昇とその大暴落である。後世に「南海の泡沫」（South Sea Bubble：1720）と呼ばれるこの事件では，数か月の間に起きた急激な株価上昇から一転して，急激な株価下落に陥り，多くの投資家が損失を被ることとなったのである（なお，同時期のフランスに生起したミシシッピ会社事件（ミシシッピの泡沫）については，第1章第5節を参照）。

　上記の事件の中心となったのが南海会社であるが，同社は，東インド会社の設立からおよそ110年が経過した後に，イギリスで設立されている。同社もまた，17世紀半ば以降の東インド会社と同様に株主総会を備えた株式会社であり，スペイン領南アメリカ植民地に対して奴隷を供給するというアシェント貿易（Ascient Trade）の独占権をイギリス政府から賦与された特許会社（特権的株式会社）であった。ただし，東インド会社が貿易を主たる事業として進めてきたが，南海会社は，1719年以降の対スペイン戦争の勃発などにより，本来の事業であるアシェント貿易そのものを喪失しつつあった（鈴木[1986]，103頁）。

　一方で，南海会社は，公債の保有を通じて国家財政と密接な関係を維持した側面を持ち合わせた。同社を語る上で，「ファンド・オブ・クレジット」（fund of credit：公債転換）が，その大きな特徴として挙げられるであろう。そもそも南海会社は，対外戦争のために発行され累積した巨額の公債の処理という国家的財政危機に対処するため，先のアシェント貿易の特権と引き換えに，公債（主

として既発行の短期流動債）を南海会社の株式に転換し，これを同社の資本金に組み入れるという形で設立されている。すなわち，公債の処理そのものが1711年の同社設立の目的でもあった。さらに，公債の南海会社株式への転換が1720年においても計画（以下，南海計画（South Sea Scheme）と略記）されることとなり，このことが一連の株価の急上昇とその崩壊に大きく関係することになるのである（鈴木[1986]，144-146，180-184頁；中野[2014]，3頁）。

ところで，当時の株式取引の様子等はと言えば，ロンドンに限らず，フランスなどを始めとする西ヨーロッパが空前の投機熱に覆われていたのである。特に18世紀初頭のイギリスでは，先に述べたイギリス最初の株式会社である東インド会社や，1694年に設立されたイングランド銀行（Bank of England）も，投機の対象として株式市場で脚光を浴びる存在であった。他にも多くの株式会社の新規設立が相次いでおり，投機対象は少なくなかった。中には多様な企画や起業が掲げられたものだけでなく，「永久運動機関の発明」，「誰も知らない有利な大事業」といったような奇想天外な企画や起業，いわゆる泡沫会社（bubble companies）による株式募集もあったとされている（鈴木[1986]，140-141頁；小林[2008]，110-113頁）。

2. 南海計画とバブルの崩壊

さて，株式投機熱を煽ることになる南海会社による南海計画が，1720年1月に発表されることとなったが，南海計画では，既発行の公債のうち長期債を南海会社の株式に転換し，これを同社の資本金に組み入れることになっていた。特に株式と公債との交換は時価を基準に行う（設立時は額面で転換）とされ，しかも，南海会社は，転換した公債の額面に等しい株式を発行する権利を与えられたがゆえに，南海会社の株価が額面よりも高ければ高いほど，公債と交換すべき株数は少なくて済み，旧公債保有者に引き渡されずに残った株式（余剰株式）を売却すれば，南海会社の経営陣は多額の利益獲得を目論むことができたのである（鈴木[1986]，63-66頁；小林[2008]，95-98頁）。

実際に，南海会社の株価は，南海計画が発表された直後から上がり始めてい

た。南海会社の株価は、年初においては1株（額面£100）およそ£100台であったが、同法案が庶民院（下院）を通過した4月にはその計画の詳細が世間に知れ渡り、さらに株式募集の風説も加わることで、6月には£1,000を超えるまでに上昇し続けた。投機ブームは最高潮に達していたのである（鈴木[1986], 144頁）。

　当時の東インド会社やイングランド銀行の株価も値を上げていたものの、南海会社の株価の上げ方は、それらの会社の株価と比較しても群を抜いていたのである。これは、先ほど述べた南海計画に加えて、同社が、株価を釣り上げるための手段も実行していたからに他ならなかった。株価を釣り上げる要因としては、高配当の宣言、株式を担保としたローンの授与（株式担保貸付）や、自社株購入による買い支えなどが指摘される。このような一連の事案により、バブルが引き起こされたのであった（鈴木[1986], 97-98, 144頁；小林[2008], 159-161頁）。

　南海会社の株価が最高値の£1,050までに急騰した1720年6月頃に、時を同じくして一つの法律が成立する。泡沫会社禁止法（泡沫会社条例：Bubble Act)である。この法律（特に後半部分）は、株式投機を抑制するためのものであ(6)り、南海会社の経営陣が親しい政治家にも働きかけることで成立にこぎつけたものであった。株式投機熱の高まりによって、中には怪しい会社設立もあり、出資額を受けるとそのまま行方をくらます輩さえ登場していた。実体の伴わない会社設立や株式投資の熱を利用した悪巧みが横行したのである。上記の泡沫会社禁止法は、このような泡沫会社を取り締まることを目的としており、結果として株式会社の設立が抑制されることになった。この条例が成立した後、南海会社の株価も一転して下落しはじめ、年末までには1株£150台にまで下落したのである（鈴木[1986], 144-154頁；小林[2008], 140-143頁）。

　すなわち、バブルがはじけた格好となり、熱狂的投機ブームも終焉を迎えたのであった。南海会社にいたっては、かかるバブルの崩壊が一大政治スキャンダルにまで発展し、汚名を後世に残すこととなってしまった。株式会社制度の悪用が、泡沫会社禁止法の制定をもたらしたのであるが、その結果は、19世紀の準則主義の登場まで、株式会社制度の一般的普及にいったんブレーキをか

けることとなった。18世紀初頭では，株式会社制度をめぐる問題と株式市場におけるバブルの一種もまた垣間見ることができたと言える。

3. Snellと「監査報告書」

上記の「南海の泡沫」の事件に関連して，しばしば取り上げられるのが，自ら「会計士」（Accountant）と称したCharles Snellにより作成された報告書 *Observations made upon Examining the Books of Sawbridge and Company*（1721?）である。これは，全体でわずか4頁しかない小冊子であるが，「会計士」により大規模株式会社について作成された最初の「監査報告書」の例として挙げられるからである（Green[1930], p.52；Edwards[1960], p.6)[7]。

上述のバブル崩壊後，責を帰すべき人たちの追求が始まった。1721年1月9日に議会に秘密委員会（Committee of Secrecy）が設けられ，調査が進められることになった。調査は遅々として進まなかったが，このような調査との絡みで作成されたのが，上記のSnellの報告書である。もっとも，当該報告書は，「監査報告書」と言っても，もちろん現代的な意味における「監査報告書」（auditor's report）ではない。それは，先に述べた議会による調査が進められる中で明るみに出た南海会社と政界有力者との癒着，特にCharles Stanhope（one of the Secretaries of the Treasury）に対する南海会社からの贈賄事件を調査する過程で，「会計士」と称していたSnellによって，南海会社の実質的な金融子会社であったソーブリッジ商会（Sawbridge and Company）の会計帳簿が「監査」（examining）され，これに関する報告が小冊子にまとめられたという経緯のもの，より具体的に言えば，収賄を否認する被疑者Stanhopeの主張を側面から擁護する役割を果たすものであった。

すなわち，Snellの報告書は，南海会社株式を巡る疑惑を解明するというよりは，被疑者側の反証を補強するためのもの，したがって，それは，調査にあたった議会の秘密委員会からの委嘱を受けたとか，被害を受けた者たちがこの種の問題の解明を独立した「会計士」に委ねた方がよいと判断したことによるというよりは，むしろ，簿記に関する専門知識を買われて，被疑者側からの依

頼に応じ，特別な弁護ないし弁明の機会を提供するために作成されたというのが真相であろう。

しかしながら，Snell の *Observations*……は，大きなバブルの崩壊劇に関連した政治的・経済的醜聞事件の調査に，専門職業人として徐々に形成されつつあった「会計士」が，その専門知識，特に簿記に関する知識を買われて一定の関与を行うまでに成長していたことを示しているのである。

[注]
(1) イギリス東インド会社とは総称である。イギリス東インド会社には，ロンドン東インド会社に対抗して1698年に設立されたイギリス新東インド会社（The English Company trading into the East Indies），および，これら2社が1709年に合同した結果として成立した合同東インド会社（The United Company of Merchants of England trading into the East Indies）が含まれている。
(2) 現存していないものの，元帳Bの前に，元帳Aが存在したことが，仕訳帳などの繰越記入を通じて推察される。
(3) 元帳H（1682年7月～1694年6月）からは輸入商品に関して，Silke and Callicoe Books勘定などのように一部の商品に関して総括的な勘定が設けられている。
(4) なお，元帳F以降では，元帳の締切とは関係なく，記帳期間における締切りが複数回行われるような勘定が多数登場している。
(5) この配当は，1657年の新合本の出資額£369,891.5s.に対する10％分に相当する金額である。
(6) なお，泡沫会社禁止法（正確には，An Act for better securing certain Powers and Privileges intended to be granted by his Majesty by two Charters for Assurance of Ships and Merchandize at Sea; and for lending Money upon Bottomree: And for restraining several extravagant and unwarrantable Practices therein mentioned）は，相異なる二つの法案が一つの法案に合体されて成立したという経緯を有している。すなわち，この法律の前半部分では，ロイヤル・エクスチェンジ保険会社（Royal Exchange Assurance Company）と，ロンドン保険会社（London Assurance Company）と言う二つの保険会社に対してその営業を許可する特許の授与を定めている。そして，法律の後半部分で，特許を持たない会社が法人として振る舞うことや，譲渡可能な株式を募集すること，あるいは，定められた目的以外に特許を転用すること，廃止された特許を再び利用することなどを禁止する規定が定められていた（鈴木［1986］，

147-148頁）。

(7) 「南海の泡沫」と Snell の「監査報告書」の詳細については，中野 [2014] を参照されたい（See also Snell[1721?]; Worthington[1895]（Chap.II, Appendix I-A&B））。

<参考文献>

(1) 文書史料（一次史料）

British Library, IOR/B/31, 35, Court Minutes.
———— IOR/H/4, 6, 15, Home Miscellaneous Series.
———— IOR/L/AG/1/1/2-11, General Ledgers, 1664-1713.
———— IOR/L/AG/1/5/1-9, General Cash Journals, General Commerce Journal, 1664-1713.
———— IOR/L/AG/1/6/1, 4-5, General Commerce Journals, 1671-1673, 1694-1713.

(2) 著書・論文

浅田　実 [1984]『商業革命と東インド貿易』法律文化社。
大塚久雄 [1969]『株式会社発生史論』（大塚久雄著作集第一巻）岩波書店。
小林章夫 [2008]『おどる民だます国―英国南海泡沫事件顛末記』千倉書房。
杉田武志 [2012]「17世紀ロンドン東インド会社における複式簿記導入の目的」日本簿記学会年報，第27号，95-105頁。
———— [2013a]「17世紀における時価評価の実態―イギリス東インド会社の時価評価実務（1664-1694）―」，渡邉　泉（編著）[2013]『歴史から見る公正価値会計―会計の根源的な役割を問う―』（第5章）森山書店，81-102頁。
———— [2013b]「17世紀前半ロンドン東インド会社の監査人に関する史的考察」會計，第184巻第2号，69-83頁。
———— [2017]「株式会社の登場と会計報告の始まり：イギリス東インド会社にみる貸借対照表の萌芽」企業会計，第70巻第1号，47-54頁。
鈴木俊夫 [1986]『英国重商主義公債整理計画と南海会社』中京大学商学会商学研究叢書編集委員会。
中野常男 [2002]「株式会社と企業統治：その歴史的考察―オランダ・イギリス両東インド会社にみる会社機関の態様と機能―」経営研究（神戸大学大学院経営学研究科），第48号，1-44頁（電子出版物：http://www.b.kobe-u.ac.jp/resouce/br/pdf/no.48.pdf）。
———— [2014]「18世紀イギリスの金融不祥事と会計監査―「南海の泡沫」(1720) における「会計士」の役割―」経営研究（神戸大学大学院経営学研究科），59号，1-34頁（電子出版物：http://www.b.kobe-u.ac.jp/resouce/br/pdf/no.59.pdf）。
西村孝夫 [1960]『イギリス東インド会社史論（改訂版）』啓文社。

茂木虎雄 [1994]『イギリス東インド会社会計史論』大東文化大学経営研究所。
渡邉　泉 [2003]「16-18世紀イギリス簿記書にみる固定資産の評価方法」大阪経大論集，第54巻第4号，21-34頁．
Chaudhuri, K. N.[1965], *The English East India Company; The Study of an Early Joint-Stock Company 1600-1640*, London.
――――― [1978], *The Trading World of Asia and the English East India Company 1660-1760*, Cambridge.
Edwards, J. D.[1960], *History of Public Accounting in the United States*, East Lanshing, Michigan.
Gardner, B.[1971], *The East India Company*, London（浜本正夫（訳）[1989]『イギリス東インド会社』リブロポート）．
Green, W. L.[1930], *History and Survey of Accountancy*, New York.
Sainsbury, E. B.[1907/1909/1912/1913/1916/1922/1925/1929/1932/1935/1938], *A Calendar of the Court Minutes etc. of the East India Company 1635-1676*, Oxford.
Scott, W. R.[1910], *The Constitution and Finance of English, Scottish and Irish Joint-Stock Companies to 1720*, Vol.II, Cambridge.
Snell, C.[1721?], *Observations made upon Examining the Books of Sawbridge and Company*, London.
Winjum, J. O.[1972], *The Role of Accounting in the Economic Development of England: 1500-1750*, Urbana, Illinois.
Worthington, B.[1895], *Professional Accountants: An Historical Sketch*, London.
Yamey, B. S.[1956], "Introduction," in A. C. Littleton and B. S. Yamey（*eds.*）[1956], *Studies in the History of Accounting*, London, 1956, pp.1-13.

（杉田　武志）

第8章
株式会社制度確立期の財務報告実務
―19世紀イギリスにおける鉄道会社の会計実務―

　本章では，近代的株式会社の初期の典型例と考えられる19世紀イギリスの鉄道会社の会計実務を取り上げる。彼らの会計実務を現代的な財務報告実務の源流として位置付け，会計理論生成のメルクマールの一例を示す。当時の株式会社を取り巻く法規制について言及した上で，19世紀イギリスの二大鉄道会社の会計実務を例に挙げながら，具体的な会計に関する規定が存在しなかった時代に，財務報告実務の精緻化が図られ，資本的支出と収益的支出の区別の理論が芽生えた状況を明らかにする。

第1節　19世紀イギリスの株式会社に対する法規制

　18世紀のイギリスでは，前章でも言及した泡沫会社禁止法（泡沫会社条例：Bubble Act）の制定後，企業が株式を発行して資金調達を行うには国王の特許状が必要となり，自由に株式会社を設立することはできなかった。つまり，会社設立にあたり特許主義が採用されていたのである（大塚[1969], 519-520頁）[1]。

　しかしながら，19世紀に入って，1825年の泡沫会社禁止法の廃止を経て，1844年に株式会社登記法（登記法：Registration Act）が制定されると，特許状がなくても，株式会社を設立し，株式を発行することが認められるようになった（株式制度）。すなわち，株式会社の設立にあたって準則主義が採用されることになったのである（山浦[1993], 6-11頁）。同法には，会社設立を認可する

要件として，適切な勘定を設けた帳簿に基づいて貸借対照表（Balance Sheet）を作成することなど，会計に関する規定が含まれていた（7 & 8 Vict., c.110（quoted from Edwards[1980], pp.16-17）；山浦[1993], 14-16頁）。

1855年には有限責任法（Limited Liability Act）が制定され，1844年の株式会社登記法の下で設立された会社の社員（株主）の有限責任が認められた（有限責任制度）（山浦[1993], 12-13頁）。株主の有限責任を認めるにあたり，債権者保護を目的として，同法には，最低資本金や配当に対する経営者の責任などの会計に関する規定が含まれていた（18 & 19 Vict., c.133（quoted from 山浦[1993], 22-23頁））。

また，1856年には株式会社法（Joint Stock Companies Act）が制定され，会社設立を促すことを目的として，登記の簡易化が図られ，さらに，会計に関する規定は任意規定となり，会計制度に大幅な自由が与えられた（山浦[1993], 24-26頁）。一方で，その内容は，利益からの配当，利益の留保，複式簿記の採用，損益計算書の作成とその手続（費用化の延期を含む），貸借対照表の様式といったように，これまでに比較して，詳細かつ踏み込んだものであった（19 & 20 Vict., c.47（quoted from Edwards[1980], pp.20-22）；山浦[1993], 26-29頁）。

実は，以上のような会計規制は，公益事業会社，特に鉄道会社に対する会計規制を土台としたものであった（山浦[1993], 32-33頁）。では，鉄道会社に対する会計規制とはどのようなものであったのだろうか。

第2節　19世紀イギリスの鉄道会社に対する会計規制

イギリスでは，準則主義の導入以前から，ある特定の目的で会社設立が申請された場合に限り，議会が，特別に，株式会社形態を取る会社設立を認めていた。こうして設立された会社は，法定会社（statutory companies）と呼ばれる（Edwards[1986a], Introduction）。

鉄道会社は，このような法定会社の一つであった。議会によって，鉄道建設を目的として会社設立を認可され（Edwards[1986a], Introduction），株式制度と

有限責任制度を認められ，さらには鉄道を敷設する土地を強制買収する特権も認められていた（Parker[1990], p.55）。

そして，鉄道会社は，そのような特権を得る代わりに，会社設立認可の際，議会により制定された個別法（議会個別法（または議会特別法）：Private Acts of Parliament）によって規制されていた。個別法には会社の業務に関する規定および会計に関する規定が含まれており，業務に関しては，株式を発行して調達した資金をすべて建造物に投入すること，借入れの上限，また，その公共性から運賃の上限などの規定が設けられていた（Edwards[1985], pp.22-23）。

他方，会計に関しては，例えば，ロンドン・バーミンガム鉄道会社（London and Birmingham Railway Company）の個別法では，次のような規定が設けられていた。すなわち，事業に関する現金収支のすべてに関する真実かつ規則的な諸勘定を帳簿に設け，債権者に検閲の権利を与えること（第148条），半期ごとに，事業に関する収入と支出から真実かつ詳細な会計報告書（Account）を作成し株主に提示すること（第155条）[(4)]，配当を真実の利益から行い，資本金のうち払込金額にのみ利息を支払うこと（第156条）などである（3 Will. 4, c.36（quoted from Edwards[1986a], pp.8-9））[(5)]。

1844年には，鉄道の運賃を規制することを目的として，鉄道業に対する最初の一般法となる鉄道規制法（Railway Regulation Act）が制定された（中村[1991], 81頁）。

同法には，次のような会計に関する規定が含まれていた。すなわち，鉄道は公共の利益に配慮すべきであり，開業後21年以上経つ企業は，運賃からの収入が資本（Capital Stock）の10％を超えてはならないこと（第1条），現金収支すべてを網羅した真実の諸勘定を設け，半期ごとにその諸勘定の残高の一覧表（Statement of Balance）を作成し，取締役が監査し，その写しを上院に提出するとともに，帳簿，会計報告書，証憑を検査し，本社に保管すること（第5条）などである（7 Vict.8, c.85（quoted from Edwards[1986a], pp.38-39）；中村[1991], 81-82頁）。

1845年には，各法定会社に対して制定されてきた個別法に含まれていた規定を整理し，統合することを目的として，会社条項統合法（公益事業会社条例法：

Companies Clauses Consolidation Act）が制定された（山浦 [1993], 56-57頁）。

　この法律には，次のような会計に関する規定が含まれていた。すなわち，株主に諸勘定を検閲する権利を与えることを前提として，現金収支すべての金額を網羅した真実の諸勘定を作成すること（第115条），株主総会14日前までに帳簿を締め切り，資本，債権，財産の真実の一覧表を示す正確な貸借対照表（Balance Sheet）を作成し，半期ごとに損益に関する事項の概要（distinct View）を作成し，貸借対照表は，取締役の検査を受け，取締役会長が署名すること（第116条），株主総会14日前から株主総会後1か月の間，株主は帳簿を検閲できること（第117条），株主総会に貸借対照表を提出すること（第118条），帳簿記入を経理に任せることができ，経理は株主に帳簿を検閲する権利を与えること（第119条），宣言どおりに配当を行うこと（第120条），資本を減少させるような配当を行ってはならないこと（第121条），偶発債務，拡張，修繕，改良に備えて，必要ならば，利益を留保でき，残高は株主に配当できること（第122条），配当を受け取る人が株式の払込みを行うまで，配当を行ってはならないこと（第123条）などである（8 Vict., c.16（quoted from Edwards[1980], pp.170-173）；中村 [1991], 83-84頁）[6]。

　1868年には，会社間での決算書の比較可能性の向上を目的として，決算書様式の統一化を図るために，鉄道規制法（Regulation of Railways Act）が制定された（*Hansard's Parliamentary Debates*[1868], p.1957；Edwards[1985], p.40；中村 [1991], 136頁；佐々木 [2010], 267頁）。

　同法には，附表に示す様式に従って決算書を作成すること（第3条），会計報告書の偽造を行った場合，罰金が課されること（第5条）など，会計に関する規定が含まれていた（31 & 32 Vict., c.119（quoted from Edwards[1980], pp.174-187）；中村 [1991], 136-146頁）[7]。

　附表に含まれていた会計報告書のうち，重要なものとして位置付けられるのは，資本勘定，収益勘定，配当可能利益計算書，一般貸借対照表である（村田 [1995], 109頁）。前者3つの会計報告書の各残高が別の会計報告書に振り替えられることで，決算書の整合性が図られる。

　上記のうち，資本勘定は，株式を発行して調達した資金などをどのように使

用したのかを示す会計報告書である。株式，社債，長期借入金などによる収入と，これらの資金の使途（支出）が記載され，やがては固定項目を記載する会計報告書となった（Edwards[1985], p.20）。資本勘定残高は一般貸借対照表に振り替えられた。

また，収益勘定は，損益計算書（厳密には営業損益計算書）に相当する会計報告書である。収益勘定残高は配当可能利益計算書に振り替えられた。

配当可能利益計算書は，未処分利益の処分を報告する会計報告書である。収益勘定残高に，繰越利益と営業外収益を加算し，そこから営業外費用を控除して，配当可能利益が計算された。配当可能利益計算書の残高は一般貸借対照表に振り替えられた。

さらに，一般貸借対照表は，資本勘定と配当可能利益計算書の残高の振替先であると同時に，資本勘定に記載されない資産と負債を記載する会計報告書，やがては流動項目を記載する会計報告書となった（Edwards[1985], p.20）（[図表8-1]（次頁）参照）。

当時の鉄道会社では，株式や社債を発行して調達した資金など（資本）から行うべき支出を資本的支出，収益から行うべき支出を収益的支出としていた。このような会計報告書を含む決算書が作成されると，資本的収支が資本勘定に，収益的収支が収益勘定（費用化の延期が行われた場合は一般貸借対照表）に記載されたため，資本的支出と収益的支出の適切な区別につながると期待されたのである（Edwards[1985], p.29）。

ここで注意すべきは，主要な鉄道会社は，1868年の鉄道規制法制定以前から，資本勘定，収益勘定，配当可能利益計算書，一般貸借対照表を含む決算書を作成していたことである。同法の附表で示された決算書の様式は，彼らの，特にロンドン・ノースウェスタン鉄道会社（London and North Western Railway Company）の決算書を参考にしたものであった（*Hansard's Parliamentary Debates*[1868], p.1957；Edwards[1985], p.40；佐々木[2010], 272頁）。さらに述べるならば，鉄道会社は，自発的に，減価償却を理由とした利益の留保や，資本の支出と収益的支出の区別に対する取組みも行っていた。

では，19世紀前半の鉄道会社の減価償却実務や，資本的支出と収益的支出

図表8-1 資本勘定，収益勘定，配当可能利益計算書，一般貸借対照表の関係

資本勘定

固定資産		資本金	×××
建造物，土地など	×××	固定負債	
		社債，長期借入金など	×××
①残高（一般貸借対照表へ振替）	×××		
	×××		×××

収益勘定

営業費用		運賃収入	
修繕費など	×××	旅客収入など	×××
②残高（配当可能利益計算書へ振替）	×××		×××
	×××		×××

配当可能利益計算書

営業外費用		前期繰越利益	×××
支払利息など	×××	②収益勘定残高	×××
		営業外収益	
		受取利息など	×××
③残高（一般貸借対照表へ振替）	×××		×××
	×××		×××

一般貸借対照表

流動資産		流動負債	
現金，在庫など	×××	短期借入金など	×××
サスペンス勘定残高	×××	①資本勘定残高	×××
		③配当可能利益計算書残高	×××
	×××		×××

出所：村田 [1995], 109-111頁を参考にして筆者作成。

の区別に関する取組みとはどのようなものであったのだろうか。

第3節　19世紀前半の鉄道会社の決算書作成の実務

　鉄道会社は，19世紀を通して，現金収支を重視した会計実務を行っていた（Edwards[1985], p.23）。特に初期の鉄道会社の決算書は如実にこれを示している。19世紀前半の鉄道会社における決算書の作成手続は，一般に，次のようなものであった。

　開業前の鉄道会社は，総現金収支報告書（general receipts and disbursements account）を作成し，これに建設に関する現金収支を記載していた。開通後は，この総現金収支報告書に代えて（または追加して），資本勘定を作成するようになった。また，収益勘定を作成し，輸送収入（収益）とそれを獲得するために行われた支出（費用）を記載し，配当可能利益（あるいは，配当可能利益算定の基準となる当期純利益）を算出した。さらに，鉄道会社の中には，決算書の整合性を証明するために，一般貸借対照表を作成するところが存在した。当初，その合計額は現金残高を示していた（Edwards[1985], pp.23-24）。

　このような鉄道会社の決算書作成の実務は，同じ法定会社として，先に運輸業として発展し，その経営が類似していた運河会社の実務の影響を受けていた。運河会社は，個別法によって，株式を発行して調達した資金すべてを運河建設に投入することを義務付けられており，このことを証明するため，開通前は総現金収支報告書を作成していた。そして，開通後は，収益勘定を作成して配当可能利益を算出するとともに，利益のみから配当を行ったことを明示するために，総現金収支報告書の名称を資本勘定に変更した上でこれを閉鎖した。こうすることによって，株主に対し，以後，資本勘定に記載するような取引を行わないことを，つまり，資本から配当を行っていないことを明示しようとしたのである。そして，その後，株主から財政状態の報告を要求されると，運河会社の中には，資本勘定残高と，閉鎖後の調達資金（資本）とその使途（資産）の状況を記載した会計報告書を公表し，これを一般貸借対照表と称したところが

存在したのである（Edwards[1985], pp.21-22, 27-28；村田[1995], 72-83頁）[9]。

しかしながら，鉄道会社は，このような運河会社の実務を継承するものの，資本勘定を閉鎖することができなかった。開通後も，路線延長が計画されており，資本を調達し，そこから支出を行う必要が予想されたためである。他方で，資本勘定を作成すること，合わせて資本勘定に記載されないストック項目を記載する会計報告書（一般貸借対照表）を作成するという実務は引き継がれた（Edwards[1985], p.28）。それゆえに，鉄道会社は，資本勘定と一般貸借対照表を含む決算書を作成していたのである。このような様式は，やがて，「複会計システム」(double account system) と呼ばれるようになった（Dicksee[1905] p.129）[10]。

ロンドン・ノースウェスタン鉄道会社の前身であるロンドン・バーミンガム鉄道会社（同社は，1846年に，グランド・ジャンクション鉄道会社（Grand Junction Railway Company），マンチェスター・バーミンガム鉄道会社（Manchester and Birmingham Railway Company）と合併して，ロンドン・ノースウェスタン鉄道会社となる）は，開通直前の1837年上期に，総現金収支報告書に加えて，資本勘定，収益勘定（当該期の名称は"income"），そして，その役割から一般貸借対照表に相当する報告書"cash"を含む複会計システムで決算書を作成し始めた。資本勘定残高と収益勘定残高が一般貸借対照表に振り替えられ，その残高は現金有高を示していた。同残高は総現金収支報告書の残高と等しくなっている（National Archives U.K., RAIL1110/260, Aug.1837）[11]。

また，配当が開始されると，鉄道会社の中には，配当可能利益計算書を作成するところが出現した。グレート・ウェスタン鉄道会社（Great Western Railway Company）は，最初の配当宣言を行った1840年下期から，それまで作成していた資本勘定に相当する総現金収支報告書と収益勘定に加えて，その役割から配当可能利益計算書に相当する一般収益勘定（General Revenue Account）を作成するようになった。それまで，収益勘定残高が総現金収支報告書に振り替えられていたのだが，当該期より，収益勘定残高は一般収益勘定に振り替えられ，しばらくの間（減価償却費が計上されるまで），一般収益勘定残高が総現金収支報告書に振り替えられることになった。総現金収支報告書の残高は現金有高

を示していた（National Archives U.K., RAIL1110/190, Feb.1841）[12]。

　なお，ロンドン・バーミンガム鉄道会社の後身であるロンドン・ノースウェスタン鉄道会社でも，1849年上期から，配当可能利益計算書が作成され始めた（National Archives U.K., RAIL1110/260, Aug.1849）。一方，グレート・ウェスタン鉄道会社でも，1863年下期から，一般貸借対照表が作成され始めた（National Archives U.K., RAIL1110/182, Mar.1864）。

第4節　19世紀前半の鉄道会社の減価償却の実務

　鉄道会社の主な固定資産は，車輌（stock），軌道（permanent way），建築物，および，土地である。これらの固定資産の規模は大きく，鉄道会社は，当初から，これらをいかに維持していくのかという課題に取り組むことになった。それゆえに，他の業種に比較して早期に，固定資産に関する会計処理の精緻化が図られることになった。

　鉄道会社が固定資産の減価を意識し始めたのは19世紀初頭のことであり[13]，意識していた減価を減価償却費として計上するようになったのは1830年代後半のことである[14]。

　鉄道会社は，まず車輌について，減価償却費を計上するようになった。摩滅や技術の開発によって取替が必要になると予想したためであった（*The Railway Times*[1843], p.262（quoted from Pollins[1956], p.344））。車輌の購入にかかる支出は巨額であり，これを当該期の収益に賦課することは，当期純利益，そして，当該期の配当を極端に減少させることにつながる。それゆえに，当時，既に，永久的株主と一時的株主とに分解していた鉄道会社の株主のうち，高配当を望む一時的株主は，かかる会計処理に反対した。逆に，このような支出を資本に賦課することには，固定資産を収益によって維持することを望む永久的株主が反対した。したがって，鉄道会社は，そのような支出を当該期の株主と将来の株主双方に公平に負担させることにし，車輌購入のための資金を確保するために，前もって少しずつ利益を留保しておくことにしたのである（Lardner[1850], p.116；Pollins[1956], p.354)[15]。

　ここで注意しておくべきことは，鉄道会社の減価償却に関する会計処理は，現在の方法と異なっていたことである。鉄道会社は，減価償却費を計上するのと同時に，同じ金額を減価償却準備金として設定し，さらに，これを預金あるいは現金の形で社内（あるいは社外）に確保していた。将来は，減価償却準備金を取り崩して，固定資産を購入する予定であった。このような減価償却の方法をファンド会計と呼ぶ（Edwards[1986b], p.252)[16]。

　ロンドン・バーミンガム鉄道会社は，おそらく，毎期一定率の減価償却費を計上するようになった最初の鉄道会社であり，1838年上期，配当開始に先立って，£10,000の減価償却費を計上し，同額の減価償却準備金を設定している。このとき，同社は，輸送量の増加に対応するための（National Archives U.K., RAIL1110/260, Aug.1838)，そして車輌の効率性を維持するための資金を確保するために減価償却準備金を設定すると主張している（National Archives U.K., RAIL1110/260, Aug.1840；Pollins[1956], p.346)。この減価償却準備金は，しばらくの間，取り崩されず，一般貸借対照表に記載された残高は，時に，処分可能利益の一部（配当源泉）として表示されることもあった（National Archives U.K., RAIL1110/260, Aug.1840)[17]。

　グレート・ウェスタン鉄道会社も，1842年上期，前の期の分とあわせて£20,000の減価償却費を計上している（National Archives U.K., RAIL1110/190, Aug.1842)。これについて，同社は，株主を公平に扱うためだと主張している（National Archives U.K., RAIL1110/190, Feb.1842)。ただし，グレート・ウェスタン鉄道会社は，ロンドン・バーミンガム鉄道会社と異なり，減価償却費を計上すると同時に，同額を資本勘定に振り替えていた（National Archives U.K., RAIL1110/190, Aug.1842)[18]。

　ここで興味深いことは，グレート・ウェスタン鉄道会社の株主が，上記のような会計処理に対して，収益への二重賦課であるとして反対したとき，同社は，本来，収益に賦課すべき支出（収益勘定に計上すべき金額）を資本に賦課，つまり，資本勘定に計上しており，これを是正するためだと主張したことである（National Archives U.K., RAIL1110/190, Feb.1843)。収益に賦課すべきものを資本

に賦課していたのは，グレート・ウェスタン鉄道会社を含む鉄道会社の中には，車輌（部品を含む）を自社製造していたところがあり，工場で発生した支出を，資本から行う支出であっても，収益から行う支出であっても，まず資本に賦課，つまり，資本勘定に計上していたためであると考えられる。なお，ロンドン・バーミンガム鉄道会社も，1841年上期に，それまで設定してきた減価償却準備金を取り崩して資本勘定に振り替え，さらに述べるならば，以後は，グレート・ウェスタン鉄道会社と同様に，減価償却準備金を設定した後，これを取り崩して，資本勘定に振り替えるようになった（National Archives U.K., RAIL1110/260, Aug.1841）。

しかしながら，鉄道会社にとって，経営成績が良好でない中，支出を見越して十分な減価償却準備金を設定することは難しく，19世紀後半になると，それが不足し，やがてファンド会計は実施されなくなった（Edwards[1986b], pp.253-255）。鉄道会社は，後述するように，発生した固定資産に関する支出を当該期（あるいは当該期以降）の収益に賦課するようになっていったのである（Edwards[1986b], pp.254-255）[19]。

第5節　19世紀中期の鉄道会社の資本的支出と収益的支出の区別

鉄道会社の固定資産に関する支出の目的は，大きく分けると，修繕（repair），更新（renewal），取替（replacement），改良（betterment），追加（addition），拡張（extension）に区別される（Pollins[1956], pp.349-353；Edwards[1986b], p.252）。このうち，更新は，固定資産の部分的な取替，例えば，車輌の部品の取替や軌道の枕木一本の取替などを意味し，取替は，固定資産全体の取替，例えば，車輌一両の取替や一定区間の枕木の取替などを意味した（Edwards[1986b], p.252）。

このような固定資産に関する支出のうち，どこまでの範囲の支出を資本に賦課できるのかは，一定の配当率（配当率の平準化）を目標としていた当時の鉄道会社にとって（National Archives U.K., RAIL1110/260, Mar.1837；Edwards[1985], p.26），大きな問題であった。資本に賦課しない支出は収益に賦課されること

になり，利益，つまり，配当を減少させることにつながったためである（Brief[1965], p.15）。

19世紀のイギリスでは，どのような支出を資本的支出にすべきかについて具体的な規定は設けられていなかった。それゆえに，鉄道会社によって，あるいは，時代によって，異なる会計処理が行われていた。ただし，大まかな展開は，次の通りである。

19世紀前半，多くの鉄道会社は，修繕と更新に関する支出を収益に賦課し，それ以外の支出を資本に賦課していた。このような会計処理は，修繕・更新会計と呼ばれている（Edwards[1986b], p.252）。

1840年代に入ると，鉄道会社の中に，どのような支出を資本に賦課すべきかについて言及するところが出現する。ロンドン・バーミンガム鉄道会社は，1841年下期に，資本に賦課した支出について，少額であると断った上で，駅や側線の追加など増加した輸送量に対応するために行った支出を資本に賦課したと主張している（National Archives U.K., RAIL1110/260, Feb.1842）。また，グレート・ウェスタン鉄道会社は，1842年上期に，前述したように，収益に賦課すべき支出を資本に賦課していると述べた後，資本に賦課すべき支出は経営を拡大させるための支出であるべきだと主張している（National Archives U.K., RAIL1110/190, Feb.1843）。

1840年代後半になると，鉄道会社の不正会計が暴露され，(*The Railway Times*, 1849, p.500（quoted from Edwards[1985], p.27）: The Select Committee of the House of Lords, 1849, Second Report, pp.409-414（quoted from Edwards[1985], p.34）），特定の設備投資を行う目的で調達した資金をそれ以外の目的に流用することを防止する必要があると言及されるようになった（The Select Committee of the House of Lords, 1849, Third Report, p. v（quoted from Edwards[1986a], p.212）；佐々木[2010], 253-254頁）。

また，当時の株主は，新株を引き受ける義務があったのであるが，不況になり，鉄道会社の株価が下落すると，新株の引受けに躊躇し（杉浦[1971], 76頁），資本勘定を閉鎖するように，つまり，新株を発行しないように，さらには，これを促す資本からの支出を行わないように要求したのである。[20] 当時の鉄道会社

にとって，これは，さらなる資金調達の可能性が低くなること，言い換えるならば，その後の支出を，その時点での資本の残り，あるいは，その後の収益から行わなければならなくなることを意味した。したがって，鉄道会社は，資本に賦課する支出の金額の制限や，さらには資本に賦課する支出の範囲の制限に取り組むことになったのである（澤登[2009]，86-88頁）。

やがて，19世紀後半になると，鉄道会社は，一般に，固定資産の価値を増加させる支出のみを資本に賦課し，それ以外の支出，つまり，固定資産の価値を維持するための支出を収益に賦課するようになり，結果，修繕，更新に関する支出に加えて，取替に関する支出も収益に賦課するようになった（Brief[1965]，pp.14-15）[21]。このような会計処理を取替会計と呼ぶ（Edwards[1986b]，p.252）。

一方で，それまで資本に賦課していた支出も収益に賦課することになると，鉄道会社では，収益に賦課すべき支出が増加した[22]。経営成績が良好でない中，そのような支出を一度に収益に賦課することは難しかった。したがって，鉄道会社は，かかる支出を将来の収益に割り当てることにしたのである。具体的には，支出が行われると，いったん「サスペンス勘定」（未決算勘定：suspense account：費用化を延期した支出を記入しておく勘定）に計上しておき，残高を将来にわたって一定率ずつ収益勘定に振り替えることにした（cf. Pollins[1956]，p.351）。なお，このような「サスペンス勘定」の残高は，一般貸借対照表に記載された[23]。

また，鉄道会社は，支出を資本に賦課するたびに，あるいは，収益に賦課することを延期する，つまり，「サスペンス勘定」に計上するといった会計処理を行うたびに，当該支出の目的や金額を明示するなどして，その妥当性を示し，株主の許可を得るようになった（cf. Pollins[1956]，p.349）。

ロンドン・ノースウェスタン鉄道会社は，1848年下期より，資本的支出明細書を作成し，資本に賦課する支出の目的と金額を明示するようになった（National Archive U.K., RAIL1110/269, Feb.1849）。また，1849年下期には，監査役報告書を作成し始め，同報告書で，資本に賦課する支出の目的と金額が適切であると承認を受けるようになり，さらに，株主の賛同を得て，支出を資本に賦課するようになった（National Archive U.K., RAIL1110/269, Feb.1850）。このよ

うな取組みは，資本に賦課すべき支出の範囲の明確化を促したと考えられる。

第6節 結 語

　本章では，株式会社初期典型例の19世紀イギリス鉄道会社の会計実務を取り上げ，法で規制される以前から，彼らが，自発的に，決算書の整備，減価償却，資本的支出の範囲の制限に取り組んでいた様子を示してきた。

　鉄道会社は，配当政策と資金調達の可能性を考慮しながら，会計実務の精緻化を図ってきた。19世紀前半の鉄道会社の減価償却および資本的支出の会計処理の展開に，資本的支出と収益的支出の区別に関する理論の萌芽を見出すことができる。

[注]
(1) 泡沫会社禁止法の背景にあった「南洋の泡沫」事件については，中野[2014]を参照されたい。
(2) このような傾向は，当時のイギリスの「レッセ・フェール」（laissez faire：自由放任主義）の風潮を反映したものであったと言われる（山浦[1993], 29-30頁）。
(3) さらに，1862年には近代会社法の萌芽として位置付けられる会社法（Companies Act）が制定され（友岡[1996], 163頁），従来の規定の統合が図られた（山浦[1993], 31頁）。会計に関しては，任意規定の姿勢が維持され，内容も，1856年株式会社法の規定とほぼ同じであった。複式記入に関する規定は省かれたため（25 & 26 Vict., c.89（quoted from Edwards[1980], pp.24-29）），一層，自由化が図られたとも言える（山浦[1993], 31-32頁）。
(4) 当時のイギリスでは，"Account"は会計報告書を指すこともあった。
(5) なお，グレート・ウェスタン鉄道会社の個別法の規定については，中村[1991]（110-111頁）を参照されたい。
(6) 1845年の同日，鉄道会社に対しては，鉄道条項統合法（Railway Clauses Consolidation Act）も制定された。同法には，上記の会計に関する規定に加えて，救貧委員会の治安書記に対して検閲権を認めることが含まれている（第108条）（8 & 9 Vict., c.20（quoted from Edwards[1986b], p.40））。

1867年には，鉄道会社法（Railway Companies Act）が制定され，監査役の証明なしに配当宣言を行うことが禁止された（30 & 31 Vict., c.127（quoted from Edwards[1980], p.173）；中村 [1991], 135頁）。

(7) 同附表に含まれていた会計報告書は，以下の通りである。No.1（授権資本および認可資本計算書），No.2（払込金を示す認可資本計算書），No.3（借入金および社債計算書），No.4（資本収支計算書（資本勘定（Capital Account）），No.5（資本的支出明細書），No.6（車輌明細表），No.7（資本的支出見積計算書），No.8（資本追加拡張額計算書），No.9（損益計算書（収益勘定（Revenue Account）），No.10（配当充当金計算書（配当可能利益計算書）），No.11（配当金計算書），No.12（注記），No.13（一般貸借対照表（General Balance Sheet）），No.14（路線別走行マイル計算書），No.15（車輌種類別走行マイル計算書）である（31&32Vict., c.11（quoted from Edwards[1980], pp.174-187）；中村 [1991], 136-146頁）。

ただし，減価償却に関する規定は定められていなかった。

(8) 社債や長期借入金は，後に株式に転換されたため，一般に，資本の金額は減少しなかった。

(9) ただし，運河会社の一般貸借対照表には，資本や固定負債とその使途（固定資産）も記載される可能性があるため，鉄道会社の一般貸借対照表とは別個のものとして位置付けられると考えられる。

(10) 複会計システムを採用した決算書様式は，その後，他業種に伝播した。1871年にはガス会社規制法（Gas Works Clauses Act）で，1882年には電気会社規制法（Electric Lighting Act）で，それぞれ複会計システムでの決算書作成が義務付けられた。また，水道会社の中には，採用が義務付けられていなかったにもかかわらず，自発的に，複会計システムで決算書を作成したところがあった（Edwards[1985], p.19）。

(11) ロンドン・バーミンガム鉄道会社の1837年上期の決算書については，村田 [1995]（130頁）を，また，1838年下期の決算書については，Edwards[1985]（pp.32-33）をそれぞれ参照されたい。

(12) グレート・ウェスタン鉄道会社の1842年上期の一般収益勘定については，村田 [1995]（152頁）を参照されたい。

(13) 1826年に設立を認可されたリバプール・マンチェスター鉄道会社（Liverpool and Manchester Railway Company）では，技師James Walkerが，認可以前に作成された起業目論見書作成に先立って，車輌の減価償却の必要に触れている（中村 [1991], 161-164頁）。

(14) 減価を意識してから計上するまでに時間を要したのは，当時の鉄道会社が，修繕を適切に行ってさえいれば，資産の取替日は無視できるくらい遠いものだと考えていたためであった（Edwards[1986b], p.252）。

(15) 当時の鉄道会社では，一般に，利益は配当にまわされることになっていたた

め，将来の支払いに備えて利益を留保することは大きな意味を持っていた（Edwards[1985], p.25）。

(16) 鉄道会社が行った減価償却に関する仕訳は次のようだったと推測される。

減価償却費　×××　／　現　　　金　×××
現　　　金　×××　／　減価償却準備金　×××

(17) しかしながら，当該期のロンドン・バーミンガム鉄道会社は，減価償却準備金ではなく，未実現利益を配当した（National Archives U.K., RAIL1110/260, Feb.1841）。

(18) グレート・ウェスタン鉄道会社が減価償却費準備金を設定していたかどうかは不明である。

(19) 車輌に続いて，軌道についても減価償却準備金が設定されるようになったが，車輌と同様に，十分な減価償却準備金が設定されず，それはマイナスとなり，後述する「サスペンス勘定」へと変化した。軌道に関するファンド会計の展開については佐々木[2010]（213-240頁）を参照されたい。

(20) 1847年，金融恐慌が勃発し，配当が落ち込んだため，株主は資本からの支出に反対し始めたとも言われている（Pollins[1956], pp.349-350）。

(21) ただし，一般に，取替の時期は延期され，鉄道会社の中には，消耗し尽された固定資産を使用していたところも存在した（Brief[1965], pp.15-16）。

(22) さらに述べるならば，不況期，資本勘定閉鎖の要求が強まると，改良や追加に関する支出までも収益に賦課すると宣言する鉄道会社も存在した。しかしながら，後述する方法で，これらの多くは，特に追加に関する支出は，最終的に資本に賦課された。

(23) 鉄道会社は，そのような支出を「サスペンス勘定」に計上し，残高を一般貸借対照表に記載することで，収益あるいは資本，どちらにも賦課する余地を残したと考えられる。少なくとも19世紀中頃の鉄道会社の中には，実際，経営成績や資本勘定閉鎖要求に応じて，「サスペンス勘定」の残高を資本勘定に振り替えたところが存在した（澤登[2009], 84, 86頁）。

しかしながら，19世紀後半になると，「サスペンス勘定」の残高は，収益勘定にのみ，規則的に振り替えられるようになった。ロンドン・ノースウェスタン鉄道会社は，1865年上期に，軌道に関する「サスペンス勘定」の名称を「更新と改良のための（RENEWAL AND IMPROVEMENT OF ROAD）勘定」から「更新のためのサスペンス（Renewal of Road Suspense）勘定」へと変更し，それまで，目的に応じて資本勘定と収益勘定に振り替えていた残高を，収益勘定にのみ振り替えるようになった（National Archives U.K., RAIL1110/270, Aug.1865）。

<参考文献>

(1) 文書史料（一次史料）等

National Archives U.K., RAIL1110/182, *Reports and Accounts, Railway Companies. Great Western Railway (includes pamphlets)*, 1835-1869.

National Archives U.K., RAIL1110/190, *Reports and Accounts: Railway companies. Great Western Railway half-yearly reports and accounts with notices of meetings and prospectuses dated between July 1833 and October 1835*, 1833-1851.

National Archives U.K., RAIL1110/260, *Reports and Accounts: Railway companies. London & Birmingham Railway*, 1832-1845.

National Archives U.K., RAIL1110/269, *Reports and Accounts: Railway companies. London & North Western Railway (with statement of annual earnings and expenses in gross and per train mile, of passenger etc. traffic 1849-1868)*, 1846-1862.

National Archives U.K., RAIL1110/270, *Reports and Accounts: Railway companies. London & North Western Railway*, 1862-1888.

Hansard's Parliamentary Debates[1868], Vol.CXC, London.

(2) 著書・論文

大隅健一郎[1987]『新版株式会社法変遷論』有斐閣。

大塚久雄[1969]『株式会社発生史論』（大塚久雄著作集第一巻）岩波書店。

佐々木重人[2010]『近代イギリス鉄道会計史―ロンドン・ノースウェスタン鉄道会社を中心に―』国元書房。

澤登千恵[2009]「19世紀中葉イギリス鉄道会社の複会計システム」會計，第175巻第4号，77-92頁。

杉浦克己[1971]「1840年代のイギリス鉄道投資」経済志林，第39巻第3号，51-187頁。

千葉準一[1991]『英国近代会計制度―その展開過程の探究―』中央経済社。

友岡　賛[1996]『歴史にふれる会計学』（有斐閣アルマ）有斐閣。

中野常男[2014]「18世紀イギリスの金融不祥事と会計監査―「南海の泡沫」(1720)における「会計士」の役割―」経営研究（神戸大学大学院経営学研究科），No.59, 1-34頁（電子出版物：http://www.b.kobe-u.ac.jp/resouce/br/pdf/no.59.pdf）。

中村萬次[1991]『英米鉄道会計史研究』同文舘出版。

村田直樹[1995]『近代イギリス会計史研究』晃洋書房。

山浦久司[1993]『英国株式会社会計制度論』白桃書房。

Brief, R. P.[1965], "Nineteenth Century Accounting Error," *Journal of Accounting Research*, Vol.III, No.1, pp.12-31.

Dicksee, L.[1905], *Advanced Accounting*, 2nd ed., London.

Edwards, J. R.[1980], *British Company Legislation and Company Accounts, 1844-*

1976, Vol.I, New York.

―――― [1985], "The Origins and Evolution of the Double Account System: An Example of Accounting Innovation," *Abacus*, Vol.XXI, No.1, pp.19-43.

―――― [1986a], *Legal Regulation of Bitish Company Accounts: 1836-1900*, Vol.I, New York.

―――― [1986b], "Depreciation and Fixed Asset Valuation in British Railway Company Accounts to 1911," *Accounting and Business Research*, Vol.XVI, No.63, pp.251-263.

Lardner, D.[1850], *Railway Economy*, London (reprinted ed., New York, 1968).

Parker, R. H.[1990], "Regulating British Corporate Financial in the Late Nineteenth Century," *Accounting, Business and Financial History*, Vol.I, No.1, pp.51-72.

Pollins, H.[1956], "Aspects of Railway Accounting before 1868," in A. C. Littleton and B. S. Yamey (eds.) [1956], *Studies in the History of Accounting*, London, pp.332-355.

（澤登　千恵）

第9章
株式会社と管理会計の生成
―鉄道業から製造業へ―

　管理会計は，最初に産業革命を成し遂げ原価計算に精通していたイギリスではなく，かつてその植民地であったアメリカで生成した。それは，当時のアメリカ企業を取り巻く環境，そして，それに対応した企業戦略・組織および経営管理方法が，それらに適合した会計機能を要求し，管理会計を生み出したからである。そこで，本章では，管理会計が，「なぜ」，「如何にして」，アメリカで生成したかを考察する。なぜなら，そのことによって，管理会計がいかなるものであるかを理解することができると考えられるからである。

第1節　開　題

　1958年のアメリカ会計学会（American Accounting Association：以下，AAAと表記）の管理会計委員会報告書によれば，「管理会計とは，経済実体の歴史的および計画的な経済的なデータを処理するにあたって，経営管理者が合理的な経済目的の達成計画を設定し，またこれらの諸目的を達成するために知的な意思決定を行うのを援助するため，適切な技術と概念を適用することである」（AAA[1959], p.210；櫻井（訳著）[1979], 151頁）と定義される。また，AAAは，同報告書において，「管理会計は，有効な計画設定や代替的な企業活動からの選択，および業績の評価と解釈による統制に必要な方法や概念を含み，また，管理会計の研究は，経営管理上の特殊な諸問題，意思決定および日々の課業との関連

において，会計情報を収集・総合・分析・提示する方法を考察することからなる」（AAA[1959], p.210；櫻井（訳著）[1979], 151頁）と説明する。

しかし，管理会計はある時期に急に出現したものではなく，長い年月をかけて生成・発展してきた。そこで，本章では，この経営管理のための会計機能である管理会計が，株式会社として設立された19世紀中期のアメリカ鉄道会社と，20世紀初頭のアメリカ製造会社において，如何にして生成したかについて，当時の企業環境を踏まえながら，できる限り一次史料に基づいて検討する。

第2節　管理会計に対する認識と生成史研究の意義

企業経営や企業会計について論じる場合には，株式会社を前提にして説明されることが多く，本章でも，この株式会社を前提として，管理会計の生成について検討することにする。株式会社は，次頁の［図表9-1］で示されるように，まず株主総会において取締役と監査役が選任され，株主総会は取締役会に会社運営を委任する。そして，取締役会は財政状態や経営成績を会計係によって作成された貸借対照表と損益計算書などの財務諸表を用いて説明することになるが，この財務諸表は監査役による監査を受けた上で，株主総会に提出され，その内容が承認されれば，取締役会は会計責任を果たしたことになる。

また，取締役会は会社運営を効率的に実施するために，次頁の［図表9-1］で示されるように，最高経営管理者（top management），中間管理者（middle management），下層管理者（lower management）などの経営管理者や従業員によって構成される経営管理階層・組織を構築する。この場合，効率的な会社運営・管理のために，予算や標準原価などの会計情報が利用される。

このように，取締役会は，株主などの企業外部の利害関係者に説明を行うとともに，企業内部の経営管理活動を行うために，会計情報を必要としたが，前者を支援する会計機能が財務会計（financial accounting），後者を支援する会計機能が管理会計（management accounting; managerial accounting）と呼ばれる。財務会計の目的は，取締役会に会社運営を委託した株主や，資金を貸し付けた

図表9-1 株式会社の機構

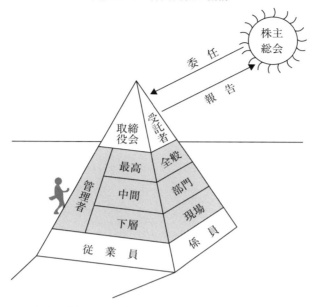

出所：西澤[1993], 6頁。

債権者，そして，税務署などの企業外部の利害関係者に対して，取締役会が財務諸表を提出し，利害関係者を調整・説得することである。他方，管理会計の目的は，企業内部の経営管理に役立つ会計情報を経営管理者などに提供し，企業における意思決定や業績評価といった活動を支援することである。

ゆえに，財務会計と管理会計の目的が異なることによって，会計情報の種類，報告の要求，規制，主体，期間，評価手段，そして，視点などに相違が生じる。財務会計において作成される財務諸表は，過去の財政状態や経営成績を表し，企業会計原則などに従って必ず作成されなければならないものであり，それは企業全体を対象として，定められた決算期間において貨幣で評価される。これに対して，管理会計において作成される予算や標準原価は，未来の会計情報であり，作成される段階で何の制約もなく，それは，部門，製品，プロジェクトなどを対象として，予算期間やプロジェクト期間などにおいて貨幣だけでなく物量でも評価される。そして，管理会計情報を作成・利用することは強制され

ず，会社運営・管理のために管理会計を実施するかどうかも自由であるが，もしこれを実施しないならば，羅針盤のない船で出港するようなものであるので，当然，管理会計を実施せざるをえないであろう（高梠（編著）[2012]，7-8頁）。

　従来，管理会計の登場は，19世紀末から20世紀初頭にかけて展開された科学的管理成立以降であると考えられ，それ以前は成行管理の時代として切り捨てられてきた傾向にあり，管理会計の本格的な生成は，20世紀初頭のアメリカ製造業の中で認識されてきた（田中[1982]）。しかし，歴史というものは物事が表面化する以前から著述されるべきであり（Chandler[1980]，p.13），管理会計が表面化する以前の状況，換言すれば，「なぜ管理会計が生成するに至ったか」を検討することは重要であると考えられる。

　そこで，次節以降では，20世紀初頭のアメリカ製造会社における管理会計の本格的な生成を考察する前に，19世紀中期のアメリカ鉄道会社における管理会計機能を鉄道管理会計として認識し，これから検討を始める。そして，この鉄道管理会計が20世紀初頭のアメリカ製造会社における管理会計に大きな影響を与えることによって，予算管理と標準原価管理を軸とした体系的な管理会計が生成した状況を一次史料に基づきながら検証することにしたい。

第3節　19世紀中期アメリカの鉄道会社における鉄道管理会計の生成

1．アメリカ巨大鉄道会社の成立

　1841年にアメリカで最初の鉄道ブームが訪れる以前は，有料道路や運河が多く利用されており，この時期の鉄道開業路線距離は3,500マイル，1840年代末でも6,000マイル弱にすぎなかったが，1860年までに，ミシシッピ川以東における幹線鉄道網建設の終了，東西を結ぶ大幹線鉄道の完成，旧北西部地域における鉄道建設の促進などによって，30,000マイルを超えるに至り，巨大鉄道会社が出現した。なぜなら，鉄道は有料道路や運河と比べて，輸送費用が安価

で輸送能力に関しても優れていたからである（Chandler[1980], pp.82-86）。

そして，このような巨大鉄道会社の出現によって，鉄道の経営管理に対する変革が要求された。なぜなら，鉄道の日常業務と長期的問題に関する意思決定の量と複雑性が増大したからである。鉄道は，遠く離れた各地域での日々の業務に関する意思決定を，運河や織物工場などでなされるよりも継続的，効果的，および迅速に行う必要があり，予定された時間通りに，安全に損失を出さないように，数量的に変動する人，工業製品，農産物，および，家畜などを毎日輸送しなければならなかった（Chandler[1965], pp.19-20）。そこで，当時の鉄道会社では，このような経営管理からの要求に対して，近代的経営管理組織の構築とともに，専門的訓練を受けた経営管理者の育成・雇用が必要となった。

先の［**図表9-1**］で示されるように，当時の鉄道会社では，経営権を有する最高経営管理者が中間管理者に指令を発し，中間管理者は現場の業務に責任のある下層管理者を管理するような経営管理階層・組織が構築されたが，このことが，これまでに存在しなかった内部管理手続を生み出し，会計や統計を利用したコントロールの発展が促された。このように，鉄道は，アメリカで最初に，前述したような経営管理階層の必要性を生じさせた企業であった（Chandler[1980], p.87）。

また，当時の鉄道会社は，経営管理活動の種類が多く複雑であったので，経営管理業務を遂行するためには，経営管理者としての資質と特別の訓練が必要であった。そして，鉄道の経営管理者は所有と経営の分離の進展によって，鉄道会社の株式をほとんど所有していなかったものの，その職務の専門性を活かすことによって，会社内での地位を確立し，株主や企業の代表者の職務である資本調達・配分や財務政策の設定などに関しても，これらを掌る人たちと同等の権限を有するようになった（Chandler[1980], p.87）。

さらに，当時の鉄道会社では，その大規模化の進展によって，巨額の資本調達を行わなければならなかったが，ウェスタン鉄道会社（Western Railroad Corporation）に代表されるように，一般住民からの資本獲得が困難であったため，州政府が大株主となることが多く，州議会において，鉄道ルートの選定や予算の承認がなされた。また，鉄道建設や鉄道運賃設定においても，州政府に

よる規制が存在したため，鉄道会社はその説明を州議会で求められた（Western Railroad[1838], pp.4-5）。

例えば，ウェスタン鉄道会社では，州の産業発展のために，投資利益率（＝利益額÷投資額）が10％を超えないような鉄道運賃を設定することが求められた（Western Railroad[1839], pp.6-7；高梠[1999], 57-60頁）。この投資利益率は巨額の鉄道建設に要する投資がいかに効率的に利用されるかを判定する指標であった。

このように，鉄道会社における近代的経営管理組織や専門的な経営管理者の登場，および，巨額の資本調達・運用は，それまでのアメリカ企業において経験されなかったことであったが（Chandler[1980], p.16；高梠[1999], 33-34頁），次項では，Alfred D. Chandler Jr.により，19世紀中期における近代的経営管理の先駆者として取り上げられたアメリカ巨大鉄道会社において，近代的経営管理組織，そして，鉄道管理会計が如何にして生成したかを検証することにする。

2．近代的経営管理組織の生成

Chandlerによれば，19世紀のアメリカ鉄道会社において，近代的経営管理の生成に貢献があったのは，先に言及したウェスタン鉄道会社，および，ボルティモア・オハイオ鉄道会社（Baltimore and Ohio Railroad Company），ニューヨーク・エリー鉄道会社（New York and Erie Railroad Company），ペンシルベニア鉄道会社（Pennsylvania Railroad Company）であった（Chandler[1980], p.95）。

このうち，ウェスタン鉄道会社は，1833年3月15日に，マサチューセッツ州ウースター（Worcester）からスプリングフィールド（Springfield）を経由して西の州境まで，鉄道を建設するための設立特許状（charter）を州政府から与えられ，最終的には鉄道ルートがマサチューセッツ州ウースターからニューヨーク州オールバニ（Albany）までのおよそ150マイルを結び，三つの管区（division）をもつアメリカで最初の長距離地域間鉄道であった（Chandler[1980], p.82）。

ウェスタン鉄道会社においては，1840年代初期，最高経営管理者として，

社長，取締役，そして，後に総管区長となるチーフ・エンジニアが配置され，輸送部門には，チーフ・エンジニアの下に中間管理者である輸送主任が置かれた。その輸送主任は輸送部門の全般的管理を行い，最高経営管理者に対する報告責任を有したが，その下には，路線主任，手荷物主任，軌道監督，主任機械工などの下層管理者が配置された（Western Railroad[1840], pp.3-23）。さらに，1841年5月10日の列車事故を境として輸送主任に輸送部門の管理権限を集中させ，本格的な近代的経営管理組織が登場した（Salsbury[1967], pp.186-188）。

ボルティモア・オハイオ鉄道会社は，1827年にメリーランド州から設立特許状を与えられたが，ウェスタン鉄道会社の経営管理組織を基礎とした上で，鉄道の基本的業務を輸送活動だけでなく，これに金銭の徴収・支払いといった業務を付け加えた。このことは，当時，財務活動が重要性を増してきたことをうかがわせるものである。そして，前者を輸送部門，路線建設・補修部門，機械修理部門に三分割し，それぞれ輸送主任，路線主任，機械主任が配置され，総管区長に報告責任を負った。また，金銭の徴収・支払いに関する部門の長は財務部長であり，文書部長を管理し，文書部長は事務主任を管理した（Baltimore and Ohio Railroad[1847], pp.3-19, 26-27）。

ニューヨーク・エリー鉄道会社は，1832年にニューヨーク州から設立特許状を与えられたが（New York and Erie Railroad[1835], p.3），ボルティモア・オハイオ鉄道会社の経営管理組織をそのまま継承するのではなく，自らの置かれた状況にこれを適合させた（Chandler[1980], p.101）。同社は，先の2社よりも大規模で路線距離も長かったため，日常業務に関する権限を管区長に委譲したが，そのことによって，報告責任がより一層要求された（New York and Erie Railroad[1856], p.37）。また，管理の一般原則を設けることによって，ボルティモア・オハイオ鉄道会社よりも，各管理者の職務，各管理者間の責任・権限が明確になり，組織内で情報を効率的に伝達させようとした（Chandler[1965], p.29）。さらに，顧問エンジニアと呼ばれる職位が設置されたが，この職位は社長や取締役などの経営管理者からの相談事に助言を与えることが職務であり，後にペンシルベニア鉄道会社で登場するスタッフ部門の萌芽的形態であったと考えられる（New York and Erie Railroad[1846], pp.5-13）。

そして，近代的経営管理組織が完成に至るのは，1846年にペンシルベニア州から設立特許状を与えられたペンシルベニア鉄道会社においてであった（Central Railroad[1846]）。同鉄道は，前3社の鉄道の経営管理組織を参考にして，会社の業務を輸送部門，会計部門，財務部門，および法律部門に分割した（Pennsylvania Railroad[1858], pp.8-15）。また，同鉄道では，ニューヨーク・エリー鉄道会社におけるよりも，総管区長のもっていた権限が大幅に管区長に委譲され，管区長の権限と報告責任が一層強化されたが，そのことによって，鉄道会社の管区制組織は事業部制組織に酷似したものになった。さらに，1860年までに主要な鉄道建設が完了したことによって，それまで鉄道建設に責任のあったチーフ・エンジニアは路線維持活動に関して，社長や総管区長に助言・支援を行うことになったが（Pennsylvania Railroad[1858], pp.25-26），これは実際に管理活動や輸送活動を行うライン機能ではなくスタッフ機能であった。すなわち，当時，ペンシルベニア鉄道会社において初めて，ライン・スタッフ概念が登場したと考えられる（Chandler[1980], p.106；高梠[1999], 209頁）。

3. 鉄道管理会計の生成

以上のように，19世紀中期の鉄道業において，近代的経営管理組織が生成した。そして，それに適合した経営管理活動を支援するための管理会計が生成した。具体的には，多額の投資と複雑な管区制組織を前提とした経営管理を実施するために，投資利益率を軸として，鉄道ルートの選定や予算の作成などが体系的に行われた。そこで，ここでは，鉄道業における経営管理活動を支援する管理会計機能を鉄道管理会計と呼び，これを意思決定活動と業績評価活動に役立つ会計機能として認識する。なぜなら，管理会計の認識の仕方にはさまざまあるが，当時の鉄道会社に関しては，鉄道ルートの選定に役立つ会計機能を意思決定会計として，また，予算の作成などに役立つ会計機能を業績評価会計として説明する捉え方が，その機能をよりよく理解できると考えられるからである（Beyer[1963]；高梠[1999], 209頁；同[2008], 18-28頁）。

そこで，前述したように，Chandlerは，近代的経営管理を構築した先駆者

として，ウェスタン鉄道会社，ボルティモア・オハイオ鉄道会社，ニューヨーク・エリー鉄道会社，および，ペンシルベニア鉄道会社を取り上げたが（Chandler[1980], p.95），ここでは，紙面の関係上，ウェスタン鉄道会社の経営管理を支援した鉄道管理会計についてのみ考察することにする。なぜなら，他の3社においても，投資利益率を軸とした鉄道ルートの選定や予算の作成などといった共通した鉄道管理会計の機能を確認できるからである（高梠[1999], 87-220頁）。以下，本節では，この鉄道管理会計について考察する。

ウェスタン鉄道会社は，1833年3月15日に授権資本金\$2,000,000で設立され，最も早く近代的経営管理組織が構築されたが，投資利益率10％を目標値として鉄道ルートの選定が行われた（Western Railroad[1839], pp.2-7）。1836年8月15日に2人のエンジニアによって作成された報告書には，投資利益率10％を達成できる三つの鉄道ルートの中から同社にとって最も有利なルートを選定する意思決定について記されている。その際，提案される三つの鉄道ルートについて，距離，最も高い地点の標高値，傾斜の程度（底辺を1マイルとしたときの高さで表示される），そして，基礎工事（土木工事，トンネル工事，橋梁工事など），および，鉄道敷設に要する見積投資コストについての比較・検討とともに，鉄道レール敷設後に発生する修理費や輸送費などの見積コストをも考慮して，鉄道ルートを選定するといった意思決定がなされている（Western Railroad[1838b], pp.19-36）。

すなわち，当時のウェスタン鉄道会社における鉄道建設に関しては，目標投資利益率10％を基準として，採算の合う適切な鉄道運賃が設定できないような投資活動は最初から実施されることはなく，鉄道ルート選定という意思決定は目標投資利益率10％に基づいてなされたのである（Western Railroad[1836], p.19）。

なお，ボルティモア・オハイオ鉄道会社，ニューヨーク・エリー鉄道会社，および，ペンシルベニア鉄道会社においても，個々の企業環境・事情に応じて，鉄道ルートの選定が行われた。例えば，ボルティモア・オハイオ鉄道会社では配当率5～6％（Laws and Ordinances[1831], p.35; Laws, Ordinances, and Documents[1840], p.76），ニューヨーク・エリー鉄道会社では投資利益率6％，配当率5％（New York and

Erie Railroad[1835], pp.17, 33)．そして，ペンシルベニア鉄道会社では投資利益率6％（Pennsylvania Railroad[1853], p.417）が，それぞれ目標値として設定された。

また，当時のウェスタン鉄道会社では，営業予算が作成・利用されたが，目標値として投資利益率10％が設定され，年間貨物量や年間乗客数が予測されるだけでなく，地形や自然条件などが考慮された上で，投資利益率10％を目標値として，収益と費用が見積もられるプロセスのなかで，鉄道運賃が設定されることによって，営業予算がそれとともに作成された（Western Railroad[1836], pp.19-23）。

ウェスタン鉄道会社における一つの例として，ウースターとスプリングフィールド間においては，営業予算が作成されたが，鉄道建設に要する投資額を$2,000,000と見積もるとともに，この区間における人口や産業の状況を調査し，年間貨物量を53,400トン，年間乗客数を55,510人と予測し，貨物1トン当たり運賃$4，乗客1人当たり運賃$2と設定することによって，年間収益が$334,620，損耗費を含む年間費用が$130,572，そして，年間収益と年間費用の差額としての年間営業利益が$204,048と見積もられた。すなわち，この予算は投資利益率がほぼ10％（＝$204,048÷$2,000,000）になるように作成されたのである（Western Railroad[1839], pp.6-7）。

そして，選定されたルートでの輸送活動を管理する際には，このときに見積もられた燃料費，損耗費，および，一般経費等で構成される見積輸送コストが業績評価の基準とされた。そして，これらの見積輸送コストと時刻表に表示される走行時間については，その関係が連動しており，輸送活動や修理活動に携わる全従業員は当該区間において，時刻表に表示された走行時間を守ることによって，基準となる見積輸送コストを超過しないように管理されたのである（高梠[1999], 233頁）。

第4節 20世紀初頭アメリカの製造会社における管理会計の生成

管理会計は，最高経営管理者から下層管理者までの会社全体の経営管理活動

を体系的に支援することができて初めて，本格的に生成するものであると把握されてきた。これは，管理会計の技法的な観点からいえば，最高経営管理者を支援する予算管理と下層管理者を支援する標準原価管理が登場することによって，管理会計が生成したと認識されるものである。そのように考えれば，最高経営管理者から下層管理者までの経営管理活動を体系的に会計情報を用いて支援した最初の事例は，20世紀初頭のデュポン火薬会社（E.I. du Pont de Nemours Powder Company）であるといえる（Johnson[1975]；高梠[2004], 126-271頁）。

その際，19世紀のアメリカ鉄道会社で生成した鉄道管理会計は，20世紀初頭のデュポン火薬会社における管理会計の生成に大きな影響を与え，その基本的な構造と管理会計の技法が継承されたと考えられる。その理由としては，両者とも近代的経営管理組織を備えており，体系的な経営管理活動を実施するために，投資利益率を軸とした管理会計技法が利用されたからである。そして，管理会計における鉄道業から製造業への継承は，鉄道の経営管理者が，20世紀に入って，その将来が有望視されたデュポン火薬会社などの製造会社に転職するといった，人の移動によって達成された。例えば，デュポン火薬会社の総括経営管理者であったHamilton M. Barksdaleは，以前，ボルティモア・オハイオ鉄道会社のエンジニア・管理者であった（Dale and Meloy[1962]；Livesay[1975], pp.40-42；田中[1982], 101頁；高梠[2004], 53-54頁）。

デュポン火薬会社は，1903年5月に，授権資本金$50,000,000で，デュポン社（E.I. du Pont de Nemours and Company）を持株会社とする事業会社として設立された（Du Pont[1903]）。19世紀後期，多くの火薬会社は，黒色火薬の価格と生産量を決定していた火薬工業協会（Gunpowder Trade Association）と，新しいダイナマイト事業をコントロールする持株会社であったイースタン・ダイナマイト会社（Eastern Dynamite Company）によって支配されていたが（Chandler[1980], p.439），デュポン火薬会社設立の目的は，これらを構成する多数の火薬会社を吸収合併・買収することによって，多くの火薬会社を垂直的に統合することであった（Chandler and Salsbury[1971], pp.56-70）。

このように，デュポン火薬会社は，多くの会社を寄せ集めて設立されたため，これらを体系的にコントロールする必要性があった。そこで，前述した19世

紀中期のアメリカ鉄道会社で登場したような近代的経営管理組織よりもさらに複雑な組織が構築され，これを支援するための管理会計システムが不可欠となった。すなわち，デュポン火薬会社において本格的な管理会計が生成したのは，当然のこととして，これを生み出す基盤が存在していたからであった。

　本節では，デュポン火薬会社の経営管理活動を，戦略計画，マネジメント・コントロール，そして，オペレーショナル・コントロールから構成されるものとして認識し，戦略計画に役立つ会計機能を割当予算（appropriation）システム，マネジメント・コントロールに役立つ会計機能を予算管理，そして，オペレーショナル・コントロールに役立つ会計機能を原価管理として説明する（Anthony[1965]；Anthony and Welsch[1974]）。なぜなら，同社の経営管理活動については，これを19世紀中期の鉄道会社と比較した場合に，特に下層管理者レベルでの管理方法が異なるので，経営管理を上記の三つに分類して捉える方が予算管理と原価管理の領域をより明確に説明できると考えられるからである（高梠[2008]）。

　最初に，戦略計画の存在を示す史料として，1910年の高性能爆薬（ダイナマイト）部門における工場長会議の議事録がある。この議事録には，各事業体や各部門に資金を体系的に割り当てるための割当予算システムについての説明が掲載されているが，割当予算の申請・判定を実施する際に，その目的や手続などが定められていた。特に，割当予算が承認されるためには，割当予算を申請する側である各事業部や各部門にとって，その活動の必要性やその活動が実施された場合の経費の節約可能性に関して記述をすることは不可欠であった（Du Pont[1910], pp.208-217）。

　他方，このような申請のあった割当予算に対して，その要求が妥当なものであるかどうかを判断する活動が，最高経営管理者によって行われている。1911年6月23日に，当時，コントローラーであったR. H. Dunhamが総括経営管理者のIrenee du Pontに提出した報告書には，Carney's Point工場に対して追加投資を行うかどうかを判定するための情報が記されている。この報告書によれば，まず当該工場への総投資額と費用総額が見積もられ，投資利益率が15％，20％，25％となる三つのケースに基づいて，製品の販売価格の見積もりがなさ

れたが，その販売価格が市場で通用するものであるかどうかを考慮した上で，これらの情報に基づいて，上記工場への追加投資が必要であるかどうかが判断された（Records of du Pont, Series II, Part 2, Box 1018；高梠[2004]，181-185頁）。

このように，デュポン火薬会社に吸収合併あるいは買収された多くの会社は，同社の各事業体や各部門などを構成したが，それらが資金を獲得するためには，経営執行委員会に対して資金割当のための申請を行う必要があった。そして，戦略計画を支援する割当予算システムにおいては，割当予算の申請時に，予算を要求する側（各事業体や各部門など）は，その要求額に応じて，割当予算の獲得によって達成可能となる経費などの見積節約額を提示することが求められたが，割当予算を判定する側は，投資利益率に基づいて，申請された内容が割当予算として承認されうるものであるかどうかを判断した（高梠[2004]，210-212頁）。

割当予算システムは，企業全体の活動を調整するとともに，各事業体や各部門の業績評価を行う際の基準を導き出すことになるが，この割当予算が承認されると同時に，その枠内で営業予算が作成された。例えば，当時のデュポン火薬会社の高性能爆薬部門では，1912年当時において，5種類の高性能爆薬の製品別・等級別に，投資利益率10％，15％を目標値として，販売価格，製造コスト，販売費，一般管理費などが見積もられ，営業予算が作成された。そして，それらの数値は，企業活動が予定通りに実施されるかどうかを評価するための基準として利用された（Records of du Pont, Series II, Part 2, Box 1011）。

また，1912年4月10日に，当時，デュポン火薬会社の副社長であったChas. L. Pattersonが，同社の総括経営管理者であったBarksdaleに提出した報告書には，Duluth Officeにおいて展開された製品種類別の予算統制の実施状況が掲載されている。Duluth Officeでは，4種類の高性能爆薬について，販売価格，製造コスト，販売費，一般管理費，輸送費などに関する予算値と実績値とを比較し，その差異を分析する予算統制が実施されている（Records of du Pont, Series II, Part 2, Box 1011；Dale and Meloy[1962]；高梠[2004]，221-224頁）。このように，予算の作成と統制の実施を示す史料の存在によって，当時のデュポン火薬会社において，予算管理が実施されていた事実を検証できる。

そして，原価管理の存在を示す史料として，デュポン火薬会社の製造部門の一つである高性能爆薬部門における第34回工場長会議の議事録（1912年）に収録される営業報告書を取り上げることができる。この営業報告書は直接材料費を管理する化学部門によって作成されたものであるが，同報告書によれば，硫酸，硝酸，グリセリンといった原料の消費量と消費額が事前に設定された標準値（standard）と比較され，原価差異分析による原価管理が展開された（Du Pont[1912], pp.127-135, 149-167）。また，第35回工場長会議の議事録（1913年）には，加工費を管理する原価部門によって作成された報告書が収録されており，この報告書において，燃料費，工場消耗品費，修理作業賃金，および，製造作業賃金といった加工費を費目別・工場別に管理するために，標準原価を用いた原価差異分析による原価管理が展開された（Du Pont[1913], pp.131-135；高梠[2004], 260-266頁）。

第5節　結　語

以上のように，管理会計は，最初に産業革命を成し遂げたイギリスではなく，19世紀中期のアメリカ鉄道会社，および，20世紀初頭のアメリカ製造会社において生成した。この両者のように，巨額の初期投資を必要とする企業において，その重要な関心事は，投資した巨額の資金を効率的に回収できるかどうかである。それゆえに，単なる利益額ではなく，投資利益率が，巨大企業における経営管理活動の軸としての役割を果たしていたと考えることができる。そして，20世紀初頭のデュポン火薬会社は，19世紀中期の巨大鉄道会社が多数の鉄道管区を管理・調整しなければならなかったのと同様に，吸収合併・買収した多くの会社を管理・調整するという必要性に迫られたが，両者とも，その管理・調整のために投資利益率を利用した。

19世紀中期の鉄道会社も20世紀初頭の製造会社も株式会社として設立されたが，特に鉄道会社の経営管理者は会社の株式をほとんど所有していないにも係わらず，その専門性を発揮して，近代的経営管理組織，そして，管理会計シ

ステムの構築に大きな貢献をした。さらに，鉄道会社の鉄道管理会計は，製造会社の管理会計に大きな影響を与え，その基本的な構造・技法が製造会社に継承された。具体的には，鉄道会社における投資利益率に基づく経営管理方法については，最高経営管理者のレベルでは，これがデュポン火薬会社の最高経営管理者レベルのそれに影響を与えたと考えられる。しかし，下層管理者レベルの管理方法に関しては，鉄道会社と製造会社では状況が異なった。すなわち，前者が時刻表を用いて現場の業績評価・管理を行ったのに対して，後者では標準原価が原価管理のために利用された。

　換言すれば，19世紀中期の鉄道会社では，最高経営管理者レベルの経営管理においては，鉄道ルートの選定や予算の作成などが主に財務情報を利用して実施されたが，下層管理者レベル，あるいは，現場レベルの輸送活動の管理を行う管理者と従業員の管理に関しては，標準原価ではなく，主に時刻表や規則集といった非財務情報が利用された（上總 [1989]，85-88頁）。これに対し，20世紀初頭の製造会社では，最高経営管理者レベルから下層管理者レベルまでのすべての経営管理が財務情報を用いて行われた。

　このように，鉄道会社と製造会社のそれぞれで作成・利用される情報に相違があるゆえに，前者を鉄道管理会計として捉え，これが後者の管理会計の原型であると認識する。ただし，両者で利用される情報およびその利用方法の相違は，鉄道業と製造業という業種の相違によって生じるものであり，鉄道管理会計および製造業に役立つ管理会計はそれぞれの経営管理活動に完全に適合していたのである。

＜参考文献＞

(1) **文書史料（一次史料）**

Baltimore and Ohio Railroad Company[1847], *Organization of the Service of the Baltimore & Ohio R. Road, under the proposed New system of Management*, Baltimore.

Central Railroad[1846], *An Act to incorporate the Pennsylvania Railroad Company, passed April 13, 1846, with a Supplement*, Philadelphia.

Du Pont de Nemours Powder Company, E. I.[1903], *Charter of the E. I. du Pont de Nemours Powder Company*, organized under the Laws of New Jersey.

―――― [1910], *Minutes of H. E. O. D. Super-intendents' Meeting No. 32, at New York, N.Y., April 12th-16th*, New York.

―――― [1912], *Minutes of H. E. O. D. Super-intendents' Meeting No.34, at Washington, D.C., April 18th-24th*, Washington. D.C..

―――― [1913], *Minutes of H. E. O. D. Superintendents' Meeting No.35, at Wilmington, Del., April 17th-23th*, Wilmington.

Laws and Ordinances relating to the Baltimore and Ohio Rail Road Company[1831], Baltimore.

Laws, Ordinances and Documents, relating to the Baltimore and Ohio Rail Road Company[1840], Baltimore.

New York and Erie Railroad Company[1835], *First Annual Report of the Directors of the New York and Erie Rail Road Company, made to the Stockholders, September 29, 1835*, New York.

―――― [1846], *By-Laws and Regulations of the New York and Erie Rail Road Company, adopted by its Board of Directors, on the 21st of January, 1846*, New York.

―――― [1856], *Report of the President and Superintendent of the New York and Erie Rail Road Company, to the Stockholders, for the Year Ending September 30, 1855*, New York.

Pennsylvania Railroad Company[1853], *Minutes, No. 2*.

―――― [1858], *Organization for Conducting the Business of the Road, adopted December 26, 1857*, Philadelphia.

Records of E. I. du Pont de Nemours & Co., Series II, Part 2, Papers of Hamilton MacFarland Barksdale, Box 1011 (File 103), Hagley Museum and Library.

Records of E. I. du Pont de Nemours & Co., Series II, Part 2, Papers of Hamilton MacFarland Barksdale, Box 1018 (File 60-1-A-3), Hagley Museum and Library.

Western Railroad Corporation[1836], *First Annual Report of the Directors of the Western Rail-Road Corporation, with the Act of Incorporation, the Aid of the Western Rail-Road, and By-Laws*, Boston.

―――― [1838a], *A Brief Statement of Facts in relation to the Western Rail Road*, Boston.

―――― [1838b], *Reports of the Engineers of the Western Rail Road Corporation, made to the Directors, in 1836-1837*, Springfield, Massachusetts.

―――― [1839], *A Brief Statement of Facts in relation to the Western Rail Road*, Boston.

―――― [1840], *Regulations for the Government of the Transportation Department*

of the Western Rail Road Corporation, Springfield, Massachusetts.
(2) **著書・論文**
足立　浩 [1996]『アメリカ管理原価会計史―管理会計の潜在的展開過程―』晃洋書房。
伊藤　博 [1992]『管理会計の世紀』同文舘出版。
岡本　清 [1969]『米国標準原価計算発達史』白桃書房。
上總康行 [1989]『アメリカ管理会計史（上）』同文舘出版。
高梠真一 [1999]『アメリカ鉄道管理会計生成史―業績評価と意思決定に関連して―』同文舘出版。
─── [2004]『アメリカ管理会計生成史―投資利益率に基づく経営管理の展開―』創成社。
─── [2008]「経営管理システムとしての管理会計の生成」會計，第173巻第2号，18-28頁。
─── （編著）[2012]『管理会計入門ゼミナール』創成社。
小林健吾 [1987]『予算管理発達史―歴史から現在へ―』創成社。
辻　厚生 [1971]『管理会計発達史論』有斐閣。
高浦忠彦 [1992]『資本利益率のアメリカ経営史』中央経済社。
田中隆雄 [1982]『管理会計発達史―アメリカ巨大製造会社における管理会計の成立―』森山書店。
中根敏晴 [1996]『管理原価計算の史的研究』同文舘出版。
中村萬次 [1994]『米国鉄道会計史研究』同文舘出版。
西澤　脩 [1993]『管理会計を語る』白桃書房。
廣本敏郎 [1993]『米国管理会計論発達史』森山書店。
村田直樹 [2001]『鉄道会計発達史論』日本経済評論社。
American Accounting Association（AAA）[1959], "Report of Committee on Management Accounting," *The Accounting Review*, Vol. XXXIV, No. 2, pp.207-214（櫻井通晴（訳著）[1979]『A.A.A.原価・管理会計基準』中央経済社，38-42, 164-174頁）.
Anthony, R. N.[1965], *Planning and Control System, A Framework for Analysis*, Boston（高橋吉之助（訳）[1968]『経営管理システムの基礎』ダイヤモンド社）.
─── and G. A. Welsch[1974], *Fundamentals of Management Accounting*, Homewood, Illinois.
Beyer, R.[1963], *Profitability Accounting for Planning and Control*, New York.
Chandler, A. D., Jr.[1965], "The Railroads: Pioneers in Modern Corporate Management," *Business History Review*, Vol. XXXIX, No. 1, pp.16-40.
─── [1980], *The Visible Hand: The Managerial Revolution in American Business*, 5th ed., Cambridge, Massachusetts（鳥羽欽一郎・小林袈裟治(訳)[1981]『経営者の時代―アメリカ産業における近代企業の成立―（上・下）』

(4刷) 東洋経済新報社).

――――and S. Salsbury[1971], *Pierre S. du Pont and the Making of the Modern Corporation*, New York.

Dale, E. and C. Meloy[1962], "Hamilton MacFarland Barksdale and the Du Pont Contributions to Systematic Management," *Business History Review*, Vol. XXXVI, No. 2, pp.127-152.

Johnson, H. T.[1975], "Management Accounting in an Early Integrated Industrial: E. I. du Pont de Nemours Powder Company, 1903-1912," *Business History Review*, Vol. XLIX, No. 2, pp.184-204.

――――and R. S. Kaplan[1987], *Relevance Lost: The Rise and Fall of Management Accounting*, Boston (鳥居宏史(訳)[1982]『レレバンス・ロスト―管理会計の盛衰―』白桃書房).

Livesay, H. C.[1975], *Andrew Carnegie and the Rise of Big Business*, Boston.

McKinsey, J. O.[1922], *Budgetary Control*, New York.

――――[1924], *Managerial Accounting*, Vol. I, Chicago.

Salsbury, S.[1967], *The State, the Investor, and the Railroad, the Boston & Albany, 1825-1867*, Boston.

(高梠　真一)

第10章
株式会社と会計専門職業
―19世紀イギリスにおける会社法制の整備と会計専門職業の発展―

　19世紀以降のイギリス会計学は会計士会計学と捉えることができる。産業革命を経て，19世紀のイギリスではめまぐるしい経済発展を経験する。これに伴い，会社を容易に設立できるような法改正が行われる。他方，不況時に破産する会社数も増加し，破産関連業務を担う会計専門家が現れる。さらに，会社法の整備・改正が繰り返され，監査役監査制度が整っていく。監査役の補助的代行者として会計士が注目され，監査業務を担当するようになる。本章では，第一に，19世紀のイギリスにおける経済的・制度的な変遷の過程はどのようなものであったのか，第二に，会計士の職業専門家としての質の向上に関して，どのような背景の下で監査業務に対する蓄積を増やし，専門家集団として組織化し，どのような代表的論者が登場したのか，以上の二点を中心に検討を進めることにする。

第1節　開　　題

　Ananias C. Littleton は，会計史研究の古典と位置づけられる彼の主著の一つ *Accounting Evolution to 1900*（1933）において，次のように言う。「光ははじめ十五世紀に，次いで十九世紀に射したのである。……」と（Littleton[1933], p.368（片野（訳）[1978], 498頁））。

　19世紀の経済発展は簿記論を会計学へと発展させた。それは，株式会社の

発達とその社会経済に対する影響に由来するものである。株式会社の成長は，経済のみならず，会社法制の整備ももたらした。そして，監査業務を担う会計士（accountant）が登場する。19世紀イギリスの会計士および監査の発展を例に挙げ，Littletonは，「……会計の発展が社会の発展と相関的関係を有することを実証するものである……」とする（Littleton[1933], pp.362-365（片野（訳）[1978], 492-495頁））。

そのため，実際，Littletonは，先に言及した著書（全22章）のうち，株式会社制度に関して二つの章を，また，監査の生成と発展に関して四つの章を，それぞれ充てている。

本章の目的は，19世紀のイギリスにおける会社法制の整備と会計専門職業の生成・組織化に焦点をあてることで，株式会社と会計専門職業の生成と発展の過程を追うことである。

19世紀以降のイギリス会計学を形容して，会計士会計学と表現することができるだろう。株式会社の資本増大とその影響力の増加が，監査業務の発展，職業専門家としての会計士の社会的認知と信頼をもたらしたと考えられる。そして，その会計士たちが監査業務に裏打ちされた会計の理論的考察を行うに至った。

18世紀中頃からの「産業革命」（Industrial Revolution）は工業化（industrialization）を推し進め，急激な経済発展をもたらし，社会・経済の構造を大きく変えるほどのものであった。これに伴って，特許主義の制約を取り外し，株式会社の設立を容易にするようにとの要望が高まり，準則主義の導入により，株式会社の設立が容易にできるようになった。他方で，株式会社の設立が容易になったことにより，破産の数や額も増大した。これによって，破産関連業務を担う専門家が現れて会計士となる。

さらに，会社法制に関しても，監査役監査の制度が導入され，強制監査，任意監査と変遷を繰り返し，制度として成熟していった。この監査役監査における監査役は，会計・監査に精通していたというわけでもなかったため，その補助的代行者として破産関連業務を通じて会計知識を有していた会計士が注目され，監査役の補助者として監査業務を担当するようになる。

本章では，以上の経過と背景を探るため，特に以下の三点に着目したい。すなわち，第一に，社会経済的背景はどのようなものであったか，第二に，法制度の整備に伴って監査を担当する者の独立性がどのように変化していったか，第三に，監査を担当する者の専門性がどのように高まっていったのか，これら三点である。

本章の構成は，次の通りである。まず，第2節において，会計士と破産関連業務を検討する。19世紀前半から中期にかけて，経済発展と10年ごとに繰り返される不況，それに対する破産法の整備と増加する破産関連業務を担当した会計士について見ていく。次に，会計士が監査業務にどのようにして携わっていったかを，第3節では会社法の「マグナ・カルタ（大憲章）」（Magna Carta）とも言われる1862年会社法（Companes Act）の制定まで，また，第4節では大不況を経験し会社法制がさらに厳格化される1908年総括会社法（Companies Consolidation Act）の制定までと，二つの節に分けて取り上げる。第5節では，増加する会計士が専門家集団として組織化し，いくつもの団体が設立されていく様子を確認する。最後に，19世紀末に現れた2人の会計士に着目し，会計士が教育する立場から示す会計学，監査論について，第6節で紹介しよう。

第2節　会計士と破産関連業務

1. 産業革命と経済発展

会計監査の実務や制度の発展は，19世紀のイギリスに起源を求めることができる。監査を担う会計士たちは，どのような社会経済的背景の下で，その職の質と範囲を拡大していったのかを探るため，その頃のイギリスの経済発展にまず注目しよう。

18世紀から19世紀中期に至るイギリスの産業革命は，18世紀におけるさま

ざまな発明とその応用によってもたらされたところが少なくない。

産業革命における特徴的な産業の一つに綿工業がある。綿工業の機械化と工場化は，いくつかの画期的な発明により発展していく。1733年にJohn Kayが飛び杼（flying shuttle）を発明する。手織による織布からの作業の大幅な時間短縮・効率化が進む。1764年にJames Hargreavesによりジェニー紡績機，1771年にRichard Arkwrightにより水力紡績機，そして，1779年にSamuel Cromptonにより両者の強みを併せ持つミュール紡績機が発明される。さらに，1785年にはEdmund Cartwrightによって力織機が発明されるなど，繊維産業は急速に興隆していった（長谷川[2012]，49-52頁）。

産業革命に大きな影響を与えた発明として，蒸気機関と製鉄法も代表的なものである。蒸気機関は，1712年，Thomas Newcomenにより蒸気機関（往復運動型）が発明され，炭鉱採掘における排水などに活用された。そして，1781年にJames Wattが往復運動から回転運動による蒸気機関を発明し，工場における原動機，あるいは，蒸気船や蒸気機関車など，多くの機械の動力源として幅広く利用されることとなる。また，製鉄業では，1709年，Abraham Darby Iが木炭に代わり石炭コークスを用いて銑鉄を行うコークス製鉄法を発明し，1783〜84年にはHenry Cortがパドル炉を発明したことにより，木炭製鉄から石炭製鉄へと大きく変わっていった（長谷川[2012]，47-48，52-54頁）。

これらの産業の発達は，運輸業においても，高速化，大量化，定期化といった影響を及ぼした（交通革命）。運河や鉄道の発達は，ヒトやモノの移動だけでなく，郵便や電信の発展も促した（長谷川[2012]，60-62頁）。

このようにして，産業革命は，イギリスを「世界の工場」に変え，人口増大，都市化，農業革命などと相俟って，19世紀中期の「パクス・ブリタニカ（イギリスの平和）」（Pax Britannica）と呼ばれる時代を築いていく。

2．恐慌と破産

産業革命により，18世紀から19世紀にかけて飛躍的に拡大するイギリス経済であったが，より詳細に見れば，19世紀においては約10年周期の経済不況

を繰り返していた。1815年，1825年，1836年，1847年，1857年，1866年の不況は多くの破産事件をもたらした。これに対して，その対応策として破産法の整備と改正が繰り返される。

以下の［図表10-1］は，19世紀のイギリスにおける不況とそれに対する対応としての破産法の改正について示したものである。

図表10-1　19世紀のイギリスにおける不況と破産法の改正

不況	年	破産法の改正	年
恐慌	1815年，1825年	破産法の部分改正	1825年，1831年，1833年
恐慌	1836年，1847年	破産法の大幅改正	1847年，1849年
恐慌	1857年	破産法の部分改正	1861年
恐慌	1866年	破産法の部分改正	1869年，1883年

出所：Littleton[1933], p.297（片野（訳）[1978], 390-391頁）を基に加筆・修正。

「南海の泡沫」（South Sea Bubble：1720）の渦中に制定された泡沫会社禁止法（泡沫会社条例：Bubble Act）により，株式会社の設立に際しては，国王の特許状（Crown's Charter）による認可，あるいは，個別法（議会個別法（または議会特別法）：Private Acts of Parliament）による承認・許可が必要であり，特許主義と呼ばれる，株式会社の設立が容易に行われないようにする規制が設けられていた。しかし，1844年に制定された株式会社登記法（株式会社の投機，設立および定款についての法律（登記法）：Registration Act）により，株式会社の設立にあたり，法律で定められた要件をみたせばその設立が認められるという準則主義が導入された。これにより，株式会社の数が増大する一方で，10年周期で繰り返される経済不況が重なり，破産数は増加していく。そのため，破産に対してはその事後的影響の大きさから，破産法の改正による破産管財業務の整備が進められていく。その中で，破産報告書の作成に伴う会計専門知識を有する会計士に対しての需要が高まっていった（山桝[1961], 19-20, 23頁；千葉[1991], 61-66頁）。

3. 会計士と破産業務

　会計士が，19世紀のイギリスにおいて，破産関連業務に従事するという形で注目される以前，かかる専門職業人が，どのようにして誕生し，認知されていったかについては不明な点が多い。そのような中でも，16～17世紀の貴族の荘園（manor）の会計と監査に関する事実が挙げられる。また，スコットランドにおいて，George Watson が，会計士として会計実務にあたっていたと言われている。さらに，本書の第7章で検討された「南海の泡沫」（1720）の事件において，南海会社の事実上の金融子会社であったソーブリッジ商会（Sawbridge and Company）の会計帳簿に関する「監査報告書」をまとめたCharles Snell も，書法講師（Writing Master）兼会計士（Accountant）と称していた。このように，断片的ではあるが，19世紀以前においても，会計業務に携わるものもいた（Littleton[1933], pp.259-267（片野（訳）[1978], 372-381頁）；山桝[1961], 18-21頁；千葉[1991], 88頁；友岡[1996], 223-224頁；中野[2014], 10-13頁；see Brown（ed.）[1905], p.88）。

　19世紀に入り，会計士たちがどのような監査業務に携わっていたかについては，1824年のグラスゴーの会計士 James McClelland の会計業務広告や，1854年のエディンバラと1855年のグラスゴー，それぞれにおける会計士協会設立勅許請願書の業務内容にその一端を見ることができる。具体的には，彼らは，破産事務と清算業務，信託業務，保険事務，会計事務などにあたっていた（Littleton[1933], pp.305-306（片野（訳）[1978], 418頁）；see Brown （ed.） [1905], pp.197-210）。

　19世紀前半の会計士たちにとって，最も関与した業務と言えば，やはり破産関連業務であろう。破産法の改正に伴い，破産事件に関わる会計帳簿の処理業務が発展する中で，プリミティブな監査業務が生成していった。具体的には，1831年の破産法廷設置法（An Act to Establish a Court in Bankruptcy）において，官選破産管財人（official assignee）として会計士が挙がり，制度的にも監査業務の展開に影響が与えられた。1836年の経済不況に伴う破産事件では，会計士が破産報告書の作成に関与するようになった。

このようにして，次第に破産関連業務に携わる会計士による監査業務の発達，また，会計士数の増加が進んでいった。破産関連業務以外にも，先に言及した1844年株式会社登記法の制定による監査業務の増大などがあり，会計士における会計や監査の知識，実務経験の蓄積が進み，会計士の質の向上，専門家集団としての会計士協会の設立へとつながっていく（山桝［1961］，22-23頁）。

　このように，19世紀前半のイギリスにおける会計士業務の特徴は，いわゆる破産関連業務に関わる監査業務が主たるものであったという点である。これは，破産という臨時的・突発的な事態に伴う監査であって，その後，会社法制の整備と会計監査の制度化により発達する定期的な監査とは異なる性質のものであった。とは言え，1849年，1861年，1869年の破産法により，会計士による破産関連業務はさらに精緻化され，その専門性は高まっていった。

　1849年の破産法（Bankruptcy Act）では，1825年，1831年，1833年の各破産法で破産者に求められていた義務を採用・発展させ，帳簿記録の破産管財人に対する提出と，破産財産目録作成にあたり破産管財人を補佐すること（第105条），裁判所の指示通りに貸借対照表および勘定を整備し，その真実なることを誓約すべきであり（第150条），事件完結前に破産者の財産状態ならびに破産管財人の収支報告を法廷に公表すること（第185条）などが定められた。また，破産者による陳述の妥当性を判断する根拠となる破産管財人の会計報告が正しいことを立証するため，会計士に委嘱するということが常態化していった。

　裁判所や破産管財人にとって，会計報告は破産者がまだ債務履行支払能力があった過去の時点まで遡って作成されることになっており，信頼しうる会計報告を行うことは容易なことでなかったこと，債務履行支払能力がなくなった理由とその原因を法廷に示す必要があったため，会計業務に精通した会計士の助けがなければ困難となっていた。このようにして，会計士に対するその認知と受容が高まっていく（Littleton［1933］，pp.278-280（片野（訳）［1978］，391-392頁））。

　1849年破産法が改正され，1861年破産法（Bankruptcy Act）となる。官選破産管財人が廃止され，債権者が選出した破産管財人が破産財産を調査することになる（第117条，第127条）。これにより，それまで債権者の発言権は乏しかったのに対して，その発言権が大幅に向上した。会計士は，債権者により選出さ

れた破産管財人として会計報告書を作成する一方で，ときには反対に，破産者側に委託され，破産者側の破産資料を作成するといった業務も行っていた（Littleton[1933], pp.280-281（片野（訳）[1978], 393-394頁））。

また，会計士の業務は，それまでの法定での解決だけにとどまらず，示談による解決も行われるようになり，取扱業務が増大した。同法では，破産管財人は3か月ごとに債権者に会計報告書を提出すること（第129条），最後の弁済までに完全な会計報告書を作成すること（第141条），会計報告書の様式も規定されていた（第16条）。この報告書は，当時の実例として，左側に債権者の種別，偶発債務，右側に債務者の種別，管財人に提供された財産，債権者の財産と欠損額が示されており，いわゆる「資産負債表」と位置づけられるものであった。さらに，「欠損勘定」が添付され，そこでは，一方に各種損失項目が示され，他方に資本金が示され，その差額として損失を補償すべき資本不足額（deficiency）を表していた。この不足額は「資産負債表」の差額と一致するなど，その後の一般的な形式と同様なものであった（Littleton[1933], p.281（片野（訳）[1978], 393-394頁））。

1869年破産法（Bankruptcy Act）が，1861年破産法の改正により制定される。この1869年法によると，債権者には，裁判所の調停を経なくとも和解が容易となるような妥協をする権利が追加され，それは，債権者の過半数，債権額の4分の3の同意で認められることなった（第13条）。債務の清算・免除も，債権者本人またはその代理人による投票によって，債権者側の同意により認められることとなる（第16条，第125条，第126条）。その結果，破産訴訟事案のうち，最終的に破産に至る件数が激減し（全体の1/8），協議清算に至る場合が増えた。これにより，会計士に対する需要はさらに増えたものの，会計・監査業務に長けた会計士ばかりともいかず，中には，専門家としての会計士ではなく，あくまで自称の会計士といった未熟なものも現れた。1875年に，Quain判事をして，「破産事件における一さいの仕事は会計士とよばれる無知の輩によって独占されてしまっているが，これはまさに法律に取り込まれた最大悪弊の一つである」と言わしめるに至った（Littleton[1933], pp.281-282（片野（訳）[1978], 394-396頁）；see Worthington[1895], pp.72-73）。

会社法の整備に伴う監査業務の増大によって監査に一定の質が求められた他に，破産法に由来する破産関連業務における会計実務の質の維持という観点からも，19世紀中期から後期にかけて，会計士たちの組織化・団体化が促されていくこととなる。

第3節　会計士と監査業務：1862年会社法の制定まで

イギリスが世界中に植民地を拡大し，繁栄の時代を謳歌した帝国主義の時代である19世紀において，1837年から1901年に至る期間にイギリス国王であったのはVictoria女王である。政治的にも経済的にも社会的にもイギリス帝国にとって最盛期とも言えるビクトリア朝という時代において，経済の基盤となる会社制度，関連法制の発展が進み，それに伴って，会計・監査の担い手である会計士の専門職業化も発展していくのである。

1．1844年株式会社登記法

イギリスにおいて，会社機関としての監査役の役割が重要だと位置づけられることになったのは，1845年の会社条項統合法（Companies Clauses Consolidation Act）と，1862年の会社法（Companies Act）などである。当初，監査役監査は会計知識に乏しい素人による監査から始まる。が，次第に職業専門家としての会計士に対する注目や信頼度が高まり，会計士監査へと発展していく。

18世紀初頭に生起した多くの株式投機による詐欺事件の経験から，1720年の泡沫会社禁止法は，株式会社の設立にあたり，国王の特許状による認可，あるいは，個別法（議会特別法）による承認・許可を必要とする特許主義を採用し，法人格のない株式会社の設立を厳しく規制した。これに対して，急速に経済発展が進む中，大規模な事業を可能にする自由な会社設立の要請が高まった。1825年の会社設立のほとんどは議会による立法承認を求めていた。1824年に

は，17件の会社設立のための法案が議会で審議された。しかし，1825年になると，申請はさらに増大し，438件の会社設立が議会に申請され，このうちの286件の申請が議会による特別法立法により設立許可されるに至った（Harris[2000], pp.250-268（川分（訳）[2013], 291-310頁）; see 中川 [1982], 24頁）。

このような会社設立の容易化に対する要求や投機ブームの高まりにより，1825年に泡沫会社禁止法は廃止された。しかし，その後も，企業による不正や破産は続き，会社設立を容易に行えるようにする一方で，さらなる不正や破産を生起させないようにするという必要が生まれる。これにより，議会特別委員会（Select Committee on Joint Stock Companies）が設置され，不正防止，会社破産の減少，その一方で会社設立を自由に行えるようにする法改正が検討された。1843年，Robert Peelが率いる内閣（第二次ピール内閣）の商務大臣であったWilliam Gladstoneが上記委員会の委員長となる。この委員会では，新法制定により，詐欺目的の会社設立を防ぎ，株主と公益を保護することがうたわれていた。会社設立を容易にすること，不正や破産を防ぐために会計・監査に関する規定を設けることなどが提案され，監査の制度化が検討されている（千葉[1991], 68-69頁；山浦 [1993], 8-9頁；Harris[2000], pp.268-286（川分（訳）[2013], 310-327頁）; see 中川 [1982], 25頁）。

上記のグラッドストン委員会の報告を経て，1844年11月5日，先に言及した株式会社登記法が制定される。会社設立に関して，これまでの特許主義を廃し，準則主義による会社設立を認める代わりに，発起人および取締役の責任を重くするとともに，会計・監査に関する規定を強化し，監査役制度を設けた。取締役は，会計帳簿の作成と，完全で真実な貸借対照表（full and true Balance sheet）の作成が義務づけられた。また，監査役に関する規定として，会社設立に際して監査役を選任すること，さらに，年次株主総会で1人または数人の監査役を選任し，監査役は取締役が作成した会計帳簿および貸借対照表を監査し監査報告書を作成する。そして，貸借対照表と監査報告書の株主と登記官への届出の義務を定めた（第39条，第42条，第43条）。さらに，監査役については取締役による兼任が禁止されている（Littleton[1933], pp.288-289（片野（訳）[1978], 401-402頁）; 山桝 [1961], 24-25頁；千葉 [1991], 69-73頁；山浦 [1993], 9-10頁；Harris

[2000], pp.282-285（川分（訳）[2013], 324-326頁）；see 中川 [1982], 25頁）。

　翌1845年に，会社条項統合法が制定される。公益事業会社に対して，取締役への会計責任をさらに厳格化した。監査役は，少なくとも1株以上の株式を保有することが定められ，株主としてのみ会社に役職をもつことができると限定された。また，監査役が会社の費用で会計士を雇用し監査業務を委嘱できると定められた（山桝 [1961], 28-29頁；千葉 [1991], 73-74頁）。

　これにより，会計士にとって，これまでの破産関連業務に関わる臨時監査の他に，公益事業会社に限り，定期的な監査業務が拡がっていった。他方，会計監査の角度からは，素人とも言える監査役による監査（素人監査）から，専門家である会計士による監査業務の代行を認め，会計士監査が始まった。イギリスの監査役監査制度は，1844年株式会社登記法，1845年会社条項統合法と，株主保護を重視し，会社機関としての監査役の選任資格規定を設け，監査役の独立性も意識されている（Littleton[1933], p.289（片野（訳）[1978], 402頁））。

2．1855年有限責任法と1856年株式会社法

　1855年に，有限責任法（Limited Liability Act）が制定される。出資者による有限責任制度が導入され，さらなる投資家の出資意欲が喚起された（山桝 [1961], 29頁；山浦 [1993], 11-14頁；see 中川 [1982], 25頁）。

　1856年に制定された株式会社法（Joint Stock Companies Act）では，会社設立に関する規定として，7名以上の発起人による署名が必要となり，基本定款（memorandum of association）を作成することが定められるとともに，この両者を設立登記にあたり提出し，通常定款（articles of association）を設けることなどが義務づけられた。会計・監査に関する規定として，模範通常定款附表B（Table B）という模範表も付されていた。

　会社が，この附表Bに示された雛形に倣い貸借対照表を作成することで，同法では，会計に関する内容を一定程度規定した。その結果，監査に関して，従来の監査役制度による会計監査は強制されなくなり，任意規定化した。また，監査役は，会社の費用で会計士に監査補助として監査を代行させることができ，

さらに，総会での株主以外からの監査役の選任についてもその余地が与えられた。素人である監査役による監査がさほど効果的に機能していたとは言えない一方で，会計専門家としての会計士がその知識と経験をますます広く認められていった（山桝[1961], 29-30頁；千葉[1991], 102-113頁；山浦[1993], 24-31頁；see 中川[1982], 25-26頁）。

3. 1862年会社法

1862年11月2日，会社法が制定される。1855年の有限責任法による有限責任制度がさらにまとめられており，有限責任会社の基礎であり，「マグナ・カルタ」とも称される。旧法における出資制度がより現代的なものとなり，株式会社として株主による出資がより活発なものとなる。

同法は，会計・監査に関する規定として，模範通常定款附表A（Table A）という模範を示すことで，会計に関する内容を一定程度規定しようとした点で，1856年株式会社法を踏襲している。すなわち，1862年会社法においても，会社設立や出資が容易化され，その資本規模が増大する一方で，会計・監査に関する規定は，厳格な強制ではなく，任意規定であった。会社自ら固有の定款を定めるか，あるいは，模範通常定款を採用するかを選択でき，多くの会社で会計規定の模範表である附表Aが雛形として用いられた。監査役制度は維持されていたものの，監査役の資格としては株主以外でもよいとされ，ついに監査役に会計士が選任されるという制度が整った。会社機関における監査役の独立性の問題，また，監査業務の専門的知識が必要とされたことに対する要請に基づくものと言えるであろう。こうして，会計士が監査役に選任され，会計士による監査役監査が徐々に拡がっていった（山桝[1961], 31-33頁；千葉[1991], 113-117頁；山浦[1993], 31-32頁；see Dickinson[1914], p.232；Edey and Panitpakdi[1956], p.356；中川[1982], 26頁）。

第4節　会計士と監査業務：1908年会社法の制定まで

1. シティ・オブ・グラスゴー事件と1879年会社法

　19世紀中期，世界経済は，1860年代中頃の「第二次産業革命」（Second Industrial Revolution）と，1873年から始まる大不況（Long Depression）を経験する。一方，イギリスにおいては，1862年会社法の制定以後，第二次産業革命や大不況などの経済の波の影響もあったにもかかわらず，監査役監査に関しての法制はしばらく改正されずに維持された。しかし，その後，同法の任意監査規定における問題が表面化し，監査実務にはさまざまな不具合が生じていた。すなわち，会計知識に乏しい監査役がいたという専門性に関する問題と，会計士による代行の監査が行われたとしても，会社の費用によって雇用されていることから監査業務に関してさまざまな縛りがあったという独立性に関する問題である。これらの問題を最も象徴的に露呈させたのが，シティ・オブ・グラスゴー銀行（City of Glasgow Bank）の破綻，いわゆるシティ・オブ・グラスゴー銀行事件である（山桝[1961], 34頁；山浦[1993], 68-72頁）。

　シティ・オブ・グラスゴー銀行は，1839年にスコットランドに設立された有力銀行である。1873年から始まる大不況の影響を受けて，不良債権が増加し，経営危機に陥り，1878年10月に支払停止となる。その後の調査で，貸借対照表上に多くの粉飾が認められたと言われる。その結果，無限責任制度を採用していた銀行の出資者である株主にとって多大な被害が出ることになり，多くの株主が破産に至った（山浦[1993], 72-74頁；友岡[1995], 35-79頁）。

　このシティ・オブ・グラスゴー銀行事件を承けて，銀行出資者における無限責任制度の維持の是非が問題となった。1882年に無限責任により登記されていた銀行7行が有限責任制度に移行した。また，1862年会社法で形成された任意監査規定も見直され，1879年会社法（Companies Act）では，イングランド銀行（Bank of England）を除く銀行に対して監査役を設けることが定められ，

監査役監査が強制されることとなったが，実際はそれにとどまらず，監査役監査に代わり会計士監査が一般化した。

その後，かかる傾向はさまざまな事業会社に波及し，19世紀末には職業会計士による監査業務がさらに急速に発達し，また，会計士の社会的な認知と信頼が高まった。さらに，1879年会社法では，旧法で会計士を会計・監査補助者として雇用する際に，その費用を会社の費用として雇用できる旨の規定があったが，これが廃止された。これにより，会計士監査が専門性の向上だけではなく，独立性の観点からもより厳格なものへと発展していくのである（山桝[1961], 34頁；山浦[1993], 72-73頁；友岡[1995], 99-114頁；see Brown(eds.)[1905], pp.318-319）。

2. 1900年会社法と1908年総括会社法

19世紀中期以降，イギリスにおける監査制度は，独立性と専門性という二つの側面において発達していった。監査役監査における監査役の選任要件，監査補助者である会計士の代行に際しての雇用費用，監査役の会社機関における位置づけなどが独立性の側面に関して改正されていった。また，専門性の側面からは，会計事項に精通しているわけではない監査役による，いわば素人監査という実態，職業専門家である会計士による監査役の補助または代行，会計士自身の会計知識や監査業務の質の向上のための研鑽などが認められる（Dickinson[1914], pp.232-233）。

1900年の会社法（Companes Act）では，旧法において任意規定化していた監査役監査制度が再び強制されることとなった（第21条）。ただし，法律により職業専門家としての会計士がその任にあたることまでを強制として規定されたわけではなかった。したがって，Arthur L. Dickinsonによれば，同法の導入後も，当初は株主総会で投票により選出された監査役には会計・監査知識の乏しい監査役がおり，かつ，会計士に監査業務を依頼せず，自らでこれを行うという会社もあったと言う。株主も，職業会計士に監査業務を委嘱した場合の費用対効果を重視していなかった。しかし，その後，株主総会で監査役を選任し，

その監査役が監査業務を依頼する会計士を選任するようになっていった（Dickinson[1914], pp.232-233；山桝[1961], 34頁；千葉[1991], 210-220頁；山浦[1993], 94-98頁）。

同法では，さらに，目論見書の規定を強化し，「真実かつ正確なる概観」（true and correct view）に関する規定を設けた。ただし，貸借対照表の開示強制は規定されなかった（山桝[1961], 42-43頁；千葉[1991], 216-220頁）。

その後，1907年会社法（Companes Act），1908年総括会社法（Companies Consolidation Act）において，貸借対照表の開示が義務づけられ，登記所への届出も強制されることとなり，財務内容を広く閲覧できることになった。しかし，私会社，つまり，非公開会社という分類範疇が設けられ，当該会社に対する免除規定が設けられた結果，貸借対照表の届出は強制されず，財務開示が強制されなかった。他方，監査役の監査職務や権限を明確に定めた。すなわち，監査役の職務とは，会社財産を調べ報告すること（to see and to report）であり，そのために監査役としての注意義務があるとするものである。その一方で，監査役の選任資格として職業会計士が強制されるまでには至らなかったものの，株主の推薦を受けたものである必要を示しており，監査役の独立性が向上していった（Dickinson[1914], pp.236-239；山桝[1961], 34, 42-43頁；千葉[1991], 222-232頁；山浦[1993], 104-110頁；see 中川[1982], 26-27頁）。

第5節　会計士団体の設立

これまで見てきたように，イギリスでは，19世紀の急速な経済発展や会社法制の整備，会社資本の増大などが進む。破産関連業務としての会計や監査，あるいは，会社法の整備に伴う会計士監査の普及は，イギリスにおける職業会計士と監査業務の発展へとつながる。これは，会計士にとって，会計・監査業務のさらなる精緻化，監査役たりうるための知識の蓄積，社会的責任を果たすための信頼の醸成，専門家集団としての組織化を促すこととなる（Littleton[1933], pp.271-284（片野（訳）[1978], 386-397頁））。

1853年に，イギリス最初の会計士団体がエディンバラで設立され（Institute of Accountants in Edinburgh），翌1854年には，Victoria女王からの特許状（Royal Charter）による国王勅許を得て，エディンバラ会計士協会（Society of Accountants in Edinburgh）という法人組織を設けた。グラスゴーでも1853年に会計士団体が設立され，1855年に国王勅許を受け，グラスゴー会計士保険数理士協会（Institute of Accountants and Actuaries in Glasgow）となった。1866年にはアバディーンで会計士団体が設立され，1867年に国王勅許が与えられて，アバディーン会計士協会（Society of Accountants in Aberdeen）となる。これらの三つの団体に所属する会計士は，「勅許会計士」（Chartered Accountant：CA）と自らを名乗っていた。その後，1951年，これら三つの団体は統合し，スコットランド勅許会計士協会（Institute of Chartered Accountants of Scotland：ICAS）となる（山桝[1961], 37頁；友岡[2005], 144-146頁）。

他方，イングランドにおいては，1862年会社法の制定以後，会計士協会が相次いで設立された。1870年のリヴァプール会計士法人協会（Incorporated Society of Liverpool Accountants）をはじめとして，1870年にロンドン会計士協会（Institute of Accountants (London)），1871年に会計士マンチェスター協会（Manchester Institute of Accountants），1872年にイングランド会計士協会（Society of Accountants in England），1877年に会計士シェフィールド協会（Sheffield Institute of Accountants）が相次いで発足している。これらの協会は，1862年会社法の影響を受けて，いわば自主的に設立されたものであり，国王勅許を受けたものではなかった。そのため，上記の五つの協会は協議を重ね，1880年に国王勅許を与えられ，イングランド・ウェールズ勅許会計士協会（Institute of Chartered Accountants in England and Wales：ICAEW）を設立するに至った。この協会は，イギリスにおける最大の会計士協会である（山桝[1961], 38-39頁；友岡[2005], 146-147頁）。

また，1888年には，アイルランド勅許会計士協会（Institute of Chartered Accountants in Ireland：ICAI）が設立される。このようにして，19世紀後期には，職業専門家団体としての会計士協会が次々と誕生した（山桝[1961], 38-39頁）。

第6節　会計教育

　最後に，19世紀のイギリスにおける会計監査実務の発展と監査制度の確立がもたらしたものとして，会計教育の側面について検討しておきたい。それまでの簿記書に加えて，この19世紀後期，会計学と監査に影響を与えた二人の存在を確認することができる。一人はFrancis W. Pixley，もう一人はLawrence R. Dickseeである（Zimmerman[1954], pp.92-95, 174-176（小澤・佐々木（訳）[1993], 96-98, 179-183頁））。

　Pixleyは，1852年に生まれ，1933年に没した。勅許会計士であり，イングランド・ウェールズ勅許会計士協会の会長も務めた（友岡[1996], 215頁）。彼の代表的著書を示す。すなわち，

　　1881年：*Auditors: Their Duties and Responsibilities under the Joint Stock Companies Acts and the Friendly Societies and Industrial and Provident Societies Act*

　　1897年：*The Profession of a Chartered Accountant*

　　1908年：*Accountancy: Constructive and Recording Accountancy*

　　1922年：*The Accountant's Dictionary*（Vol.1 & Vol.2）（編著）

　上掲書のうち，1881年の*Auditors:* ……は，イギリスにおける初めての監査実務書である。19世紀後期に監査実務が急速に発達した流れを受け，会計士たちの監査知識の向上を目的とする同書の位置づけは重要である。

　他方，Dickseeは，1864年に生まれ，1932年に没した。勅許会計士であり，会計学に関して，イギリス初の大学教授（1902年にバーミンガム大学（University of Birmingham）の教授，その後，ロンドン大学政治経済学院（London School of Economics and Political Science）の教授）となった（友岡[2005], 253-256頁）。彼の代表的著書を示す。すなわち，

　　1892年：*Auditing: A Practical Manual for Auditor*

　　1903年：*Advanced Accounting*

　上掲書のうち，1892年の*Auditing:* ……は，その後，1905年に，Robert H.

Montgomeryの手により，アメリカ版 (Authorized American ed.) が出版される。また，Montgomeryは，DickseeのAuditing: …… を参考にして，Auditing: Theory and Practice (1912) という著書を出版する。同書は，現在でも広く読み継がれている。

　両者による会計に関する書籍，監査に関する書籍は，会計士会計学と言われるイギリス会計学に関連して，それぞれ会計士，監査人の質的向上に少なからず影響を与えた。両者ともに，監査の実務書をとりまとめた後，引き続いて会計学に関する本を出版している。PixleyもDickseeも，ともに会計士としての監査実務経験に基づく執筆を行っている。また，両者の著書では固定資産会計，特に減価償却についても論じられており，監査実務の視点からも当時の会計問題に対するアプローチが試みられた (See 中川 [1982], 18-19頁)。

<参考文献>

　大隅健一郎 [1987]『新版株式会社法変遷論』有斐閣。
　川北　稔（編著）[1998]『イギリス史』(世界各国史) 山川出版社。
　千葉準一 [1991]『英国近代会計制度―その展開過程の探究―』中央経済社。
　友岡　賛 [1995]『近代会計制度の成立』有斐閣。
　――――[1996]『歴史にふれる会計学』(有斐閣アルマ) 有斐閣。
　――――[2005]『会計プロフェッションの発展』有斐閣。
　中川美佐子 [1982]『イギリスの会計制度―比較制度論的研究―』千倉書房。
　中野常男 [1992]『会計理論生成史』中央経済社。
　――――[2014]「18世紀イギリスの金融不祥事と会計監査―「南海の泡沫」(1720) における「会計士」の役割―」経営研究（神戸大学大学院経営学研究科），59号，1-34頁（電子出版物：http://www.b.kobe-u.ac.jp/resouce/br/pdf/no.59.pdf）。
　長谷川貴彦 [2012]『産業革命』(世界史リブレット) 山川出版社。
　山浦久司 [1993]『英国株式会社会計制度論』白桃書房。
　山桝忠恕 [1961]『監査制度の展開』有斐閣。
　Brown, R. (ed.) [1905], *A History of Accounting and Accountants*, Edinburgh.
　Chatfield, M.[1977], *A History of Accounting Thought*, revised ed., Huntington, New York.
　Dickinson, A. L.[1914], *Accounting Practice and Procedure*, New York, (reprinted.,

Houston, Texas, 1975).

Edey, H. C. and P. Panitpakdi[1956], "British Company Accounting and the Law1844-1900," in A. C. Littleton and B. S. Yamey (eds.) [1956], *Studies in the History of Accounting*, London, pp.356-379.

Edwards, J. R.[1989], *A History of Financial Accounting*, London.

Harris, R.[2000], *Industrializing English Law: Entrepreneurship and Business Organization, 1720-1844*, Cambridge（川分圭子（訳）[2013]『近代イギリスと会社法の発展―産業革命期の株式会社1720-1844年―』南窓社）.

Howitt, H.[1984], *The History of the Institute of Chartered Accountants in England and Wales*, New York (Original ed., 1966, London).

Insitute of Charterd Accountants of Scotland[1984], *A History of Chartered Accountants of Scotland: From the Earliest Times to 1954* (Original ed., 1954, Edinburgh).

Littleton, A. C.[1933], *Accounting Evolution to 1900*, New York（片野一郎（訳）[1978]『リトルトン 会計発達史（増補版）』同文舘出版）.

Stacey, N. A. H.[1954], *English Accountancy: a Study in Social and Economic History, 1800-1954*, London.

Woolf, A. H.[1912], *A Short History of Accountants and Accountancy*, London（片岡義雄・片岡泰彦（訳）[1977]『ウルフ 会計史』法政大学出版局）.

Worthington, B.[1895], *Professional Accountants: An Historical Sketch*, London.

Zimmerman, V. K.[1954], *British Backgrounds of American Accountancy*, Ann Arbor, University Microfilms（小澤康人・佐々木重人（訳）[1993]『近代アメリカ会計発達史―イギリス会計の影響力を中心に―』同文舘出版）.

（辻川　尚起）

第11章
政府・自治体と公会計
―アメリカ公会計の起源と特徴―

　政府・自治体は営利組織（例えば，株式会社）と異なり，その活動の主たる資源は税金であり，徴税という強制的な徴収方法を採用している。このため，資源の管理・使途に細心の注意が払われなければならないことはいうまでもない。本章では，営利組織会計と異なる会計制度を発展させていったアメリカの公会計を取り上げ，公会計に特有の会計手法と，予算を用いた管理方法について考察する。

第1節　アメリカ公会計の起源と特徴：基金と予算

　会計の領域は，大別すれば，営利組織会計（例えば，株式会社会計など）と，非営利組織会計（例えば，政府・地方自治体会計，学校会計，病院会計など）とに区別することができる。前者は利益の獲得を目的として活動を行う組織の会計であるのに対して，後者は利益の獲得以外の目的をもって活動を行う組織の会計である。本章では，後者の非営利組織会計のうち，その一つであり，代表的な分野となる政府・自治体の会計である公会計[1]に焦点を当てている。
　そもそも，政府運営の費用として，策定された予算は議会によって審議され，そこで承認された目的のために首長によって使用される。税金を使用して支出を行う政府組織は，納税者から委託された税金を誠実に管理し，国民の最大利益になるように行政活動を運営するという受託責任（stewardship）を負うこと

となる。それゆえ，その受託責任を果たしていることを示すために会計報告を行う会計責任（accountability）を有している。政府組織において会計責任を果たすことを目的とした会計が公会計である。アメリカ合衆国（以下，アメリカと略記）では，当該分野の研究が日本に比べ比較的早くから行われていることから，ここでは，アメリカの公会計を取り上げる。

　アメリカの公会計は，一般に，1789年の連邦政府会計の発足に起源を求められる。それは，同年の議会法（An Act of Congress）に基づいて設立された財務省が，連邦政府の財政収支の合法性や適格性を確認する手段として支払命令書（Warrant System）と単式簿記に基づく現金主義会計の方式を採用していたことを指している（菊池[1977], 101頁）。

　その後，約120年間はアメリカ公会計の停滞期であったが，19世紀末から20世紀初頭のアメリカにおいて革新主義運動（Progressive Movement）が行われた。この運動の中で，企業の管理手法を政府組織へ導入する必要性が主張されるようになった。そして，この運動の成果として，政府組織へ複式簿記・基金会計と予算制度が導入されたのであった。そこで，本章では，基金（Fund）と予算という公会計にとって重要な構成要素である両側面に着目し，それぞれの導入時期に遡り，その生成における背景とともに導入の意義について述べていきたい。

　アメリカの公会計の特徴の一つは基金会計であるとされている。基金とは，財源の使途別に分離され，分離された財源が個別の会計実体となる。この基金という会計手法または様式は，最初は都市会計（Municipal Accounting）において創始・形成され，次第に他の政府会計に導入されていった。その役割は，政府予算に基づく執行活動を明確な記録・表示・報告によって正確に反映せしめ，財源における管理統制を図ることである（菊池[1979], 57, 84-85頁）。1900年頃以前の公会計における基金は，ある特定の目的のために区別した現金の意味であったが，これ以後は公会計の財務会計制度の本質である基金会計の出発点であるとみなすことができる（菊池[1977], 61頁）。

　また，アメリカ公会計を特徴づけるもう一つの柱は予算制度である。予算制度は支出統制に基づく管理手法であり，行政運営の活動を経済的かつ効率的に

運営するために科学的管理を政府機関の管理手法として導入しようとしたものである。政府機関ではその主な活動資源が税金であることから，公共資金の調達と費消には一定の制限が必要である。その制限は，憲法，法令または行政的条例によって行われる。予算は，政府機関の運営に関して整序ある計画を提供するとともに，公共資金の支出を統制するという役割が課せられている。

　基金も予算も公共資金という性質からその支出の抑制に役立つために設けられている。基金は活動目的に対する支出を保証するものであるのに対し，予算はその金額を示すものであり，両者は互いに関係しているといえる（菊池[1977]，73-77頁）[2]。

第2節　アメリカの経済情勢と公会計の展開

　アメリカの公会計は，既述のように，1789年の連邦政府会計の発足に起源があるとされる。その後の約120年間は，停滞期と言われるが，19世紀末以後，アメリカの経済情勢の展開とともに，アメリカ公会計も急速に発展していくことになる。本節では，その発展の背景となる経済情勢，それに伴う都市会計の統一化運動と，現在の公会計の原点ともいえる基金会計について述べる。

1. 19世紀におけるアメリカの経済情勢

　19世紀の半ば頃，アメリカは主に農業中心の社会であり，農民は債権の備忘録ととともに，収入支出の単純な計算書しか必要としなかった（Cleveland [1904a], p.395）。しかし，1890年代の中頃までには，都市は地方に比べて3倍の勢いで成長し，それに伴い都市機能も増加した。新しいコミュニティが繁栄し，そのために，公的サービスが急速に整備される必要があった。一方で，古い都市の拡大においても既存の設備では不十分さが露見し，上下水道やごみ処理施設を整備し，財産を火事や盗難から保全する必要性があった。公衆衛生の問題が特に急務であり，また，道路舗装，街灯，道路整備，中央分離帯システムの

計画や，橋の建設が，都市管理の重要な局面となった（Potts[1976], pp.56-57）。

都市地域の成長につれ，数や多様性の問題が生じた。急速な拡大であったことから，効率性よりも便宜主義に基づいており，その結果，支出がかなり増加し，莫大な公共事業の計画が始まった。鉄道などでは事業者に対してフランチャイズ制がとられ，事業者から使用料を得たが，一方で前例のない借入が莫大な公債の発行をもたらすことになった（Potts[1976], pp.56-57）。

1898年のシカゴ市の帳簿監査では，市債および利札の支払が全体的に放置され，特別賦課基金(3)が約50万ドル不足していたことがわかった。しかも，監査を開始するにあたって，市債と利札が乱雑に置かれていたことから，市債の債務額と利子の支払額に対する市の統制を検証することは不可能であった（Previts and Merino[1979], p.121,（大野他（訳）[1983], 129-130頁））。このようなことから，シカゴ市をはじめとするアメリカの諸都市において完全な会計システムの必要性が不可欠であると認識され，多くの人たちにより，都市の管理上の問題への取組みが行われた（Cleveland[1904a], p.396）。統一した都市会計と財務報告（financial reporting）を求める運動がこの頃から始まったのである。

2．公会計における統一化運動

当時は，現金主義会計の方式が一般に使用されており，多くの財務担当官は，前期の未徴収税額についてわからなかったし，在職期間中に徴税した金額を示すことも知らなかった。会計記録は，役人が相当量を受け取るためにのみ示され，このような不完全な会計実務による納税者の損失が非常に大きな金額となっていた（Potts[1976], pp.49-50）。ほとんどのアメリカの都市において，収益・費用（revenues and expenses）と収入・支出（receipts and disbursements）の二つのカテゴリが混乱しており，完全な会計のシステムは存在していなかったと言われる（Cleveland[1904b], p.406）。

アメリカの諸都市では，このようなシステムの下での管理上の無力さを認識し，複式簿記の導入のために必要な処置をとった（Cleveland[1904a], p.396）。これを最初に行ったのがシカゴ市であり，1902年のことであった。シカゴ市の

例に倣う都市が存在する一方で、その他の都市や地方政府はまだ管理上の問題を預金出納帳から解決しようと試みていた。「収益と費用」報告書を法律が要求している州でさえ、収支の記録が中心となっている補助的な明細書を通して解決しようとした（Cleveland[1904a], p.397）。このように、アメリカの都市会計では、複式簿記の導入の必要性を理解しつつも、現金出納帳等の収支計算を重視していた。当時は単式簿記に基づく現金主義会計の方式であった。

1903年、そして、1906年になると、全米国勢調査局（U.S. Census Bureau）、全国都市連盟（National Municipal League）、および、ニューヨーク市都市調査局（New York Bureau of Municipal Research）の共催による「都市会計統一化会議」が開催され、統一的な会計基準（当時は勘定分類の基準）の形成運動が開始された（菊池[1977], 103頁）。1910年頃、多くの州では予算運営とコントロールのために予算制度と財政組織を設立する処置がとられた。当該分野においては州の方が連邦政府よりも進んでいた（Morey[1948], p.227）。公会計における予算の重要性は企業のそれよりも大きいとされているが、それは予算が法律と関連しているからである。すなわち、公会計における法的支出権（appropriations）とは、財源を費消すべき法的授権を意味し、実際の取引を有効にコントロールできなかった時に（実際取引と予算取引を比較して）法律が遵守されていないと捉えることができるからである（菊池[1977], 81頁）。

3. 公会計における基金会計

1913年になると、公的機関による基金会計の最初の体系的な原初的形態を記述したとされるニューヨーク市の*Handbook of Municipal Accounting*（『都市会計ハンドブック』：以下、『ハンドブック』と略記）が公刊された[(4)]。この『ハンドブック』は、ニューヨーク市都市調査局を中心とする財務関係担当のコントローラ（財務担当官）が都市会計統一化会議の成果を取り入れたものであり、ニューヨーク市自体の会計マニュアルとして、同時に一般都市会計の基準となる公的性格のものとして捉えられている。これについては、ニューヨーク市のコントローラであったH.A. Metzが出版資金を提供し、Frederick A. Cleveland

が作成における中心的な役割を果たした（菊池[1977], 122頁）。

当該『ハンドブック』刊行以前の1905年頃から基金の使用を積極的に提案していたのはClevelandであった（Cleveland[1904a], pp.397-398）。彼は，1910年の *Uses and Purpose of a Municipal General Ledger*（『都市会計一般元帳の使用と目的』）においてそれを記しているが，体系的な著書として刊行したわけではなかった。しかし，これ以後における研究には少なからずClevelandの基金思考の影響が見られ，先の『ハンドブック』は，その会計様式と会計思考をClevelandの論文から得たものであるとされる（菊池[1970], 244頁）。

第3節　アメリカ公会計における基金概念

そもそも，基金とは何かについては，全米政府会計委員会（National Committee on Governmental Accounting：以下，NCGAと略記）の前身である全米都市会計委員会（National Committee on Municipal Accounting：以下，NCMAと略記）により正式に定義された。それまでにも慣習的には使用されており（菊池[1970], 86頁），通俗的には，特定目的または諸目的に対する分離されたる現金を意味していた。すなわち，特定目的のために使われる金銭は，この基金から支出されるべきであることを意味し，かかる意味での基金という用語の使用例は，既に1893年のセントポール市（ミネソタ州）の年次報告書で見られた（菊池[1970], 258頁）。

これに対し，NCMAは，基金について，「特定の活動，あるいは特定の規制，制限，拘束にしたがって特定の活動の実施や特定の目的の遂行を目的として，分離された金銭，ないしはその他資源（総額あるいは純額）であり，独立した財政実体または会計実体」（NCMA[1941], p.1）であると定義している。また，後継のNCGAにおいても上述の定義がほぼ引き継がれ，さらに，かかる定義の注記で，「基金は，財源の総額であるとともに独立せる会計実体でもある。独自平均勘定グループ（A Self-balancing Group of Accounts）は，各基金が，一方において資産及びその他の財源をいい，他方では支出負担行為

（obligations）[5]，剰余金（Surplus）とその他負債をも含ませて表示しなければならない。これに関連して各基金の収入ならびに支出諸勘定もまた設定されなければならない……」（NCGA[1951], p.234）として明確な規定が与えられている。

第4節　アメリカ公会計における簿記：
クリーブランドの所説を中心として

　公会計において基金という考え方を最初に導入したのは，先の『ハンドブック』より少し以前に論文を公表したClevelandであるということは既に述べたところであるが，このClevelandの論文では，複式簿記の導入と勘定システムが提案され，これらを通して基金会計が推奨されたのである。それぞれの特徴がどのようなものであったのかについて，以下で見ていきたい。

1. Clevelandにおける簿記システム

　Clevelandは，複式簿記の導入を推奨した（Cleveland[1904b], pp.409-410）。当時は，それぞれの部局で独立した記録システムが構築されており，例えば，ある部局では取引について備忘記録以外は存在せず，ある部局では自らの情報のために分類化されたステートメントを保持していたが，備忘記録自体は縮小していった。しかし，それぞれの部局を監督する必要性から，部局の取引については高い特定の技術や完全な記録が要請された。すなわち，部局長等が管理上の結果の適切な見解を得るために，あるいは，公的機能を有効に行使するためには，一般的に集中化された勘定システムに基づいて記録が作成される必要があったのである（Cleveland[1904a], p.399）。

　管理という側面からみれば，現金収支に関する報告書はあまり役立たなかった。経済性や正確性の保証，役員の啓発，市民や納税者の満足のためには，適正な支出管理を可能とする複式簿記システムが必要とされたのであった（Cleveland[1904b], pp.410-411）。

複式簿記を「一経済主体に帰属する財産とその持分に関する財務的資料を組織的な方法で蒐集・分類かつ要約する会計技術ないし会計手続である」（菊地[1977], 63頁）と定義すれば，公会計においても，複式簿記を導入することにより，現金のみならず現金以外の資産や負債を総勘定元帳に導入し，管理しようと試みたのである。また，このことは，現金のみならず，その他資産や負債の記録も誘導し，基金を一個の会計実体あるいは会計単位として捉えるという思考へと繋がったのである（菊地[1977], 63-64, 69-70頁）。すなわち，1900年頃の最初の基金概念は，特定目的に使用するために保持される現金の管理が目的であったが，複式簿記の導入は，資産・負債・基金残高を基金毎に記録・測定・管理することが可能となり，基金を一個の会計実体の役割へと変化させたのである。これは，政府組織の目的や活動が多様であることに対応しているのである。

2. Clevelandによる勘定システム

　Clevelandは，彼の勘定システムを通して，会計実体としての基金会計という会計思考と様式を提案した。Clevelandが考える勘定システムについて，彼は，以下のように定義し説明している。すなわち，「都市の勘定システム（system of municipal accounts）は，すべての財務的取引や都市の財務管理に関わる全データが，①収集され，②分類され，③最終的に都市管理上の問題を調整する（co-ordinate）方法あるいは手段である」（Cleveland[1904b], p.407；同[1910], p.156）。

　さらに，彼は，その継続記録によって①〜③が機能するとして，次のように述べている。すなわち，帳簿や伝票，他の原始記入による記録は，財務データを集める目的で保持され，完全であるためにはすべての取引の証拠を含む必要がある（収集）。仕訳は分類を意味している（分類）。ただし，データの「収集」や「分類」が行われたこれら帳簿や記録は，完全な勘定体系のために必要であるが，補助簿や関係書類として位置づけられる（Cleveland[1904b], p.407；同[1910], pp.156-157）。

　そして，収集・分類された帳簿や記録は，次に最終調整のための帳簿に転記

される。都市会計ではこの帳簿は二種類あり，(1)特殊元帳および部局ごとの帳簿（Special and Departmental Ledgers）と，(2)総勘定元帳である。後者の総勘定元帳は統制勘定を含み（Cleveland[1910], pp.156-157），その必要性について，(a)組織の真の財政状態と運営結果に関して役人に知らせるために必要なすべての事実を単一の記録から入手可能であること，(b)組織の詳細な会計記録と報告書だけでなく，総合計の完全性と正確性をもたらす管理上のコントロールの実施のための手段と述べている（Cleveland[1910], p.401）。

Clevelandは，さらに，このためにはどのような総勘定元帳が必要となるのか，その形式と内容について検討している。理知的な方向性と監督のために必要とされる情報の観点から都市の勘定と報告を考える場合，総勘定元帳のデータは基本的に法的関係と制度的関係について，集計・分類される（Cleveland[1910], p.403）。

前者の法的関係は，所有主関係（proprietary）と呼ばれ，自治体を法人（corporation）として捉え，法人全体の法的権利と義務を包含している。法人が所有しているものや負っているもの，収益，費用，剰余金，欠損金から示される運営の結果について考察している。

他方，後者の制度的関係は，基金（funding）と呼ばれ，代理人に課せられる諸法令や制限・命令などの観点から代理人や受託人の活動を規定するものである。法人が所有しているものや負っているもの，収益，費用，余剰，欠損から示される運営の結果ではなく―所有主関係ではなく―，手元にある貨幣や資源で何を行うのか，あるいは，何を行わないのかを決定する。

法的関係（所有主関係）は，市の所有権の観点から，資産と負債の諸項目が一般運営上に発生するものと，固定資産の取得や改良工事の支出から発生するものとに区分し，前者を流動項目，後者を固定項目として勘定体系を設定している。すなわち，前者については総勘定元帳に流動勘定（Current a/c）の設定を行い，後者については資本勘定（Capital a/c）を設定する。流動勘定には経常的な一般行政取引に基づく資産および負債を分類・集合し，資本勘定には恒久性財産（Permanent Properties）や改良設備（Improvements）等の固定資産の調達による資産および負債を分記する方式を提起している（菊池[1977], 65, 116

頁)。

そして,流動資産,流動負債とその差額を一会計単位とし流動勘定として貸借対照表を作成し,他方において固定資産,固定負債とその差額をもって一会計単位として資本勘定として貸借対照表を作成する。ただし,流動勘定や資本勘定は単なる簿記上の計算区分単位を意味しているわけではなく,それぞれ独自平均勘定として会計実体を意味している(菊池[1977],105-117頁)。そして,彼は,この方式による貸借対照表を二重式貸借対照表(Double-Balance-Sheet)と呼んでいる(Cleveland[1910], p.404)([図表11-1]参照)。

Clevelandは,このような勘定システムの創設にはかなりの費用が必要であろうと述べているが,その一方で,彼は,私企業(private corporation)が当該体系作りを成功させているとして(Cleveland[1904a], pp.400-401),地方自治体の管理にも援用できる可能性を示唆している。

図表11-1 Clevelandの勘定体系と貸借対照表

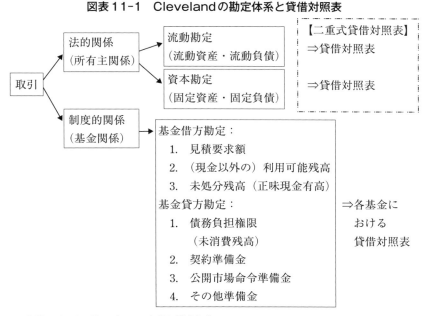

出所:Cleveland[1910], p.407を基に筆者作成。

第5節　公会計における予算の意義と制度

　予算は支出の上限額を設定する役割を担っている。そして，予算によって設定された支出の上限額を超えないように管理し，また，設定額に過不足が生じた際に，その原因を分析し，データを保持するためのツールが複式簿記であると言える。では，そもそも予算（budget）という語は何を意味していたのであろうか。ここでは，予算が意味する語義とその制度とはどのようなものなのかについて説明する。

1. 予算の語義と目的

　"budget" という語は古フランス語の "bourgette" に由来する語であり[6]，これは小さなカバン，または，書類を入れる小袋を指すものであった。この "budget" が予算の意味として使用され始めたのは，1760年にイギリス議会が国王の浪費を制限するためであった。イギリス議会において大蔵大臣は予算に関係する書類を収めた「カバン」を開き，書類を取り出して議会に対する予算の説明を行っていた。この行為から，"budget" という語は，予算に関係する書類が入っているカバンの意味から，予算に関係する書類それ自体を指すようになり，この用法が定着したのが18世紀であった（Rogers[1932], p.186）。

　アメリカにおいて，記録上では最古のものとなる予算は1790年1月9日に初代財務長官であるAlexander Hamiltonが下院へ提出した予算書であると言われている[7]。しかしながら，Hamiltonが提出した予算は正式なものではなかった。なぜなら，1921年の「予算・会計法」（Budget and Accounting Act）が適用されるまで，連邦政府においては正式かつ詳細な予算書は存在しなかったからである（Rogers[1932], p.186）。

　では，予算とはどのようなものであろうか。20世紀初頭においてアメリカの地方政府へ予算制度を導入しようと尽力した人物であるClevelandは，予算を以下のように定義している。すなわち，

「企業または政府の一定の期間における財務計画である。その財務計画は責任ある執行部によって準備された後,財務計画が実行される前に代表者組織(または正式に選任された代理人)へ提出され,承認および授権を受ける必要がある」(Cleveland[1915], p.15)。

では,具体的に,政府予算制度はどのような手続なのか,これについて概説しよう。

2. 予算制度の概要

政府組織における予算制度を説明するにあたり,1921年の「予算・会計法」における予算手続を,以下の[図表11-2]に示しておく。

この図表に示されるように,まず,大統領が予算の基本方針を決定し,予算

図表11-2 アメリカ連邦政府の予算編成の手続

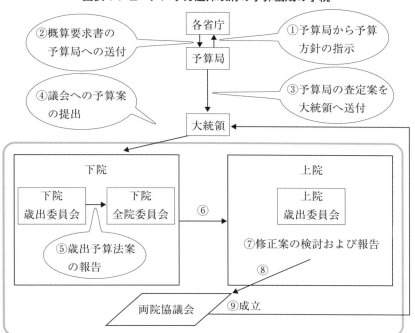

局を通じて予算の見積を作成するよう各省庁に指示する。その後，各省庁は，予算の見積を作成し，予算局に提出する。予算局は，聴聞会を開き，提出された予算の見積を査定し，予算の見積額の変更を加える。そして，査定が終了した予算の見積を大統領に提出し，予算編成の責任者である大統領による検討を経て，決定された予算の見積額を予算局が各省庁へ通知する。各省庁の決定された予算の見積を基に予算局によって予算法案が作成され，大統領によって議会へ予算法案が提出される。その後，議会の審議を経た予算法案が，大統領の署名を受けることにより予算法として成立する。

上記のように，すべての公的部門が執行府の長の下に再編され，各支出機関は予算の要求を執行府の長に行い，議会はその予算に承認を与える形式を採る予算制度を執行府予算という。アメリカ合衆国においては，1790年に最古の予算書が登場してから，1921年に連邦政府において上記のような予算制度を執行するための法律である「予算・会計法」が登場するまでに，130年余りの時間が必要であった。この130年のうち，連邦政府に先立って，予算の定義を行う等，予算制度の確立に積極的に取り組んだ20世紀初頭の地方政府に目を向けてみよう。

第6節　アメリカ地方政府における予算制度の生成の背景

19世紀末から20世紀初頭のアメリカの地方財政において歳出が増大する傾向が見られたが，その主な原因はヨーロッパからの大量の移民へ対応するための政策のためであった。このような地方政府の経費の膨張に対して，一般財産税では応じきれずに破綻し，そこで州税として法人税・相続税・所得税を導入する改革がなされて来た。このような努力が行われたが，各都市の大都市化に伴って高まってきた公共事業の需要にはとても応じきれるものではなかった。結果的に，地方政府の財政は経費膨張に収入が追いつかなくなり，地方債を累積させることとなる。

次頁の［図表11-3］は，地方政府における経費膨張および歳出超過の状態

図表11-3 アメリカ地方政府の歳入と歳出の概況

(単位百万ドル)	歳　　入				歳　　出			
会計年度	合計	連邦政府	州政府	地方政府	合計	連邦政府	州政府	地方政府
1902	1,694	653	183	858	1,660	565	136	959
1913	2,980	962	360	1,658	3,215	958	297	1,960
1922	9,322	4,261	1,234	3,827	9,297	3,645	1,085	4,567

出所：Historical Statistics of the United States Millennial Edition Online.Total government revenue and expenditure, by level：1902-1995[Table Ea10-23]. <http://hsus.cambridge.org/.> (2013年12月25日) より筆者が作成。

を示している。

　しかしながら，19世紀末から20世紀初頭のアメリカ地方政府において行財政改革の必要性が主張された直接の理由は，このような経費膨張への対策としてではなかった。

　先に述べた移民は，不熟練労働者として都市に流入し下層労働者となり，定職のないまま都市にスラムを形成していった。これらの移民の多くは財産がなく，文字も読めず，移民が自らの手で仕事を見つけるのも困難であった。このような状況下で衣食住を提供したのが政治上のボスとマシーンであった。移民たちは自己の便宜と利益を求めてアメリカにやってきたのであった。このような移民にとって，市政の良否は問題ではなかったので，移民たちはボスとマシーンの言いなりとなり，選挙の時にはボスの指示通りに投票した。

　マシーンが選挙に勝てば，能力の有無を問わず，忠実な協力者とその縁者に政府の仕事を褒美として与えることができる，スポイルズ・システム（spoils system）がマシーンに油を差し続けるのである。ほとんどの公職の者がその地位のためにボスに借りを作っているので，ボスは公職への任用や，市議会や州議会における投票，あるいは，裁判所の判決にまで影響を及ぼすことができた。また，契約の締結，公共施設の建設，さらには警察行政において生じる腐敗は，ボスやマシーンが支配している地域ではありふれたこととなっていた。マシーンの権力は有力な対立政党のない一党支配の都市や州において最も強大である。このような地域では，ボスやマシーンはすべての選挙で党のために下働きする者を何の障害もなく役職に任命することができるのである（Zimmerman[1962], p.73)。

　このような社会状況が，予算を用いた管理を行う動機づけを与えたのである。20世紀初頭のアメリカの諸都市から予算の必要性を訴える運動は始まる。それは，財界や社会におけるリーダーたちにより，また，報道機関等を通じて，アメリカ各地の地方自治体に予算が必要であることを提唱した。その結果，ニューヨーク市が最初に予算制度を設けた行政団体の一つとなり，その後，カリフォルニア州とウイスコンシン州が続いた。1923年までには，すべての州が何らかの形の予算制度を設けることとなった。

　では，ニューヨーク市における予算の導入過程を例にとり，当時の予算制度がどのような思考の下に生成してきたものであったのかを，次節で考察したい。

第7節　予算制度の生成と連邦政府への導入

　ニューヨーク市では，予算制度の導入の前では，無計画かつあいまいな手法で作成された歳出予算額が支出のために承認されるに過ぎない状況であった。このような状況を打開すべく，アメリカにおいて予算を発展させることに貢献したのが，先に述べたニューヨーク市都市調査局（以下，調査局と略記）であった。この調査局は，初期には立法府が支出機関を統制する手段として予算を確立しようとしていた。しかし，行政上の大きな自由裁量権および立法府における歳出予算配分の過程と行政運営における執行府による統制とを分離する必要性を認識するようになる。この考えは，最終的に執行府の長の責任原則として表現されるようになり，この原則が調査局の主要な概念となった。[9]

　1909年から1913年のWilliam J. Gaynor市長時代のニューヨーク市において，この原則が次第に執行府予算として具体化されて行き，すべての行政機関の政策決定とその責任が市長に集権された。調査局は，このニューヨーク市における活動を通じて，執行府の長が責任を遂行できるようにするため，また，その長が公共政策の立案と遂行の指導者として活動するために，行政府の活動が規制されないように要求する主張を展開した。また，調査局は，予算は支出を統

制し，行政運営にあたり効率性と経済性を執行府へ提供することを可能とする最も重要な手段であると考えて活動した。

この調査局の前身である都市改善局（Bureau of City Betterment）は，ニューヨーク市の保健局への予算の導入のために会計士と協力して歳出項目を精査し，歳出をその役割ごとに再区分した。この分類に基づいて歳出予算の配分が行われる予算が「区分された予算」（segregated budget）である。この「区分された予算」がニューヨーク市で採用された予算であった。

この予算の下での予算作成は任命された幾人かの市の職員が行う。以下の[図表11-4]に示すように，予算の作成時には，書類の第一列目に，分類され項目分けされた前期のすべての歳出額を列挙する。第二列目には，次期の歳出予算要求額を列挙する。第三列目では，前期の歳出額と次期の歳出予算要求額との差異について説明を加える。第四列目には，前期のすべての歳入額を列挙する。もし，前期の歳入額を大きく上回る歳出額が要求されているのであれば，歳出額の削減を求めるか，増税，または，公債の発行を提案する。このようにして作成された予算が議会において承認され，最終的に予算条例として成立する。その後，コントローラが現金を支払う前にすべての小切手や支払命令書に

図表11-4　予算書類の例

部門予算				
予算項目	前期の歳出額	次期の歳出予算要求額	差異の説明	前期の歳入額
歳出				
長官の給料	x,xxx	x,xxx	条例改正のため　（+）xxx	
…	…	…	…	
歳出合計額	xxx,xxx	xxx,xxx	x,xxx	
歳入				
手数料収入				x,xxx
…				…
歳入合計額				xxx,xxx

出所：Dahlberg[1966]の説明を基に筆者作成。

署名を行うために予算により定められた歳出要求額に目を通すのであるが，これを事前監査という。また，会計期間の終わりに監査官の事後監査が行われる。

さらに，効率的な統制を確立するためには会計手法を用いることが必要であった。予算に関する勘定の役割は，次年度以降に負債を発生させる原因となる歳出を禁止するというよりも，歳出に制限を設けるものでなければならないと考えられた。この考えに基づき，負債の発生を防ぐために，財務担当官が現在の債務額を示すことにより注意を喚起する必要があった。さらにまた，期間中に，追加的な資金の必要性から，予算を流用する必要が生じた場合は，担当官はこの流用が必要になった理由を尋ね，なぜさらなる資金が必要になったのかを明らかにしなければならなかった。

ニューヨーク市において，このような会計手法の導入が完成するのは1910年以降のことであった。1909年以前の各部門における勘定は運営にかかる費用の情報を提供しておらず，また，それらの勘定は容易には理解しえないものになっていた。それゆえに，1909年から1913年にかけて，調査局は資金が特定の目的のために取り分けられて，支出されるようにするために，「区分された予算」を生み出そうと奮闘していたのであった。最終的に，この努力は，1913年の「歳出予算条例」（Appropriation Act）とそれに付随する836頁に及ぶ別表として結実した。

予算の項目は，1913年の「歳出予算条例」において3,992の項目に及んだ。職位と給与に関しては，さらに項目分けが行われた。この項目分けの目的は，前節で述べたように，マシーンの党員や個人が公的サービスと公金を私物化しようとすることを防止するためであった。彼らによる職権の乱用は主に購入や契約において行われ，しかも，それは正当な行為であると考えられていた。それゆえに，雇用や購入または契約に関して予算上の制限が課されたのである。また，詳細に区分された予算項目と歳出予算による支出の上限設定により，各部門の長は，職員の任用等に関する自由裁量権を行使することができず，さらにコントローラを介した支出の手続により，直接に支払を行うこともできなくなったのである。

上記のように，大都市であるニューヨーク市において予算制度が導入された

ことにより，全米で政府への予算制度の導入についての議論が盛んに行われることとなった。最終的には，連邦政府においても新たな予算制度が導入され，それが，先に述べた1921年の「予算・会計法」として法制化されたのである。

そして，この連邦政府の新しい予算制度が逆に民間企業の予算へ影響を及ぼし，政府における新たな予算制度の仕組みを民間企業に導入すべく，James O. McKinseyの*Budgetary Control*（1922）が刊行されるに至るのである。このように，連邦政府における管理手法である新たな予算制度が民間企業に導入可能であったのは，本章の始めでも述べたように，予算制度がもともと民間企業における科学的管理を政府機関の管理手法として導入しようとしたものであったからである。

第8節 結　語

会計はその提供する情報が組織活動を理解するのに有用であり，組織が行った活動の結果として記録される取引を意味ある分類項目に集計し分離する。このことで財務諸表を通じて組織を理解できるのである（吉田[2003], 11頁）。その意味で，会計は，政府・地方自治体にとっても，営利組織（株式会社）にとってもなくてはならない存在である。

しかし，これまで見てきたように，公会計はその資源が徴税であるということから，特に資金を管理し，支出を統制する必要性がある。このことから，基金会計や予算という制度が開発され，活用されてきた。基金会計は会計主体にかかわり，営利組織会計のように組織そのものが会計実体であるのではなく，基金そのものが一つの会計実体を構成するという特徴を持っている。また，複式簿記の導入により，継続的な勘定の記録による有用性や単式簿記では曖昧となっていた資源の顛末も明らかにできる。一方，予算制度は資金の支出における恣意性の排除，つまり，資金の管理・統制を行う役割を果たしているのである。

本章では，アメリカ公会計において，資金を管理し，支出を統制しようとす

る動きが20世紀初頭から見られることを明らかにした。今後，公会計には，政府組織への資金提供者であり，受益者でもある納税者や国民が求める会計の役割を考察し続け，現在および将来の会計情報の利用者のニーズに合った政府組織の会計情報を提供する役割がある。⁽¹⁰⁾

[注]
(1) アメリカにおける公会計とは，全米政府会計委員会（National Committee on Govermental Accounting：NCGA）によれば，「政府機関に関する会計の作成，報告，および解釈である」（NCGA[1951], p.235）と定義される。他方，日本における公会計の範囲には広義説と狭義説があり，主にその適用領域に関して指摘される。両説の分岐点は，公企業，主として公共企業体，公団，事業団，公庫，金庫および特殊会社その他における公有または公私混合出資会社等を，その領域に包含するかどうかであり，国または地方公共団体等は両説において共通している（菊池[1977], 33頁）。

　日本における公会計研究は主に政府・地方自治体のみに限定する狭義説を採用しているが，アメリカにおける公会計研究の範囲は政府単位あるいはその構成要素である政府諸機関を含めており，日本の広義説に相当する領域を網羅しているのである（菊池[1977], 37頁）。

(2) 菊池[1977]では，予算について管理的側面よりも財務的側面から予算会計を取り上げ，検討を行っているので参照されたい。

(3) 特別賦課基金について，NCMA[1941]で次のように述べている。特定の所有財産に対して便益を得ると思われる受益者から所有財産の改良（例：道路の建設）やサービス（例：道路整備）のために徴収する一部あるいは全額の資金である（NCMA[1941] p.3, p.129）。

(4) このClevelandの説は，D.C. Egglestonに受け継がれた。Egglestonは『都市会計ハンドブック』を公刊したニューヨーク市の都市調査局の中心的なメンバーである。この点については，菊池[1977]を参照されたい。

(5) 支出負担行為とは，当座の使用に供する物品や消耗品等の購入でも，発注書の発行や契約その作成等を行い，購入要請の起源を書面にすることである。そして，この手続の過程で支出負担額が確定され，認められた物品やサービスの提供に充当されるべき債務負担財源の特定がなされる。こうすることによって，財務担当官の支払に関わる権限に対してそれを制限すると同時に，その責任の所在が明らかになるという機能を保持している（伊藤[2003], 22-23頁）。

(6) 革のカバンを意味するラテン語の"bulga"が語源であるとする考えもある。

(7) 予算書の名称は，*A Report on Public Credit* となっていた。
(8) ボスとマシーンの定義を述べておく。候補者の選出や党機関の運営に極めて大きな影響力を持つ政治家を「ボス」と呼んでいる。また，政治上の「マシーン」とは，一般に政府を支配するグループとして定義されているが，マシーンの主要メンバーは通常は公職についていない。ボスとマシーンは「見えない政府」と言われることもある（Zimmerman[1962], pp.72-73）。
(9) 第7節は，Dahlberg[1966]（pp.149-173）を参照した。
(10) 国債等は次世代の納税者に負担を強いるものであるので，将来の会計情報の利用者に向けた情報も公会計が提供するべき情報に含まれると考えられる。

＜参考文献＞

伊藤博幸[2003]「アメリカ地方政府会計における制度的改革の変遷（II）—会計管理手法と資本勘定貸借対照表の考察を中心として—」明星大学経済学研究紀要，第35巻第1号，21-34頁。

片桐正俊[1993]『アメリカ連邦・都市行政関係形成論—ニューディールと大都市財政—』御茶の水書房。

菊池祥一郎[1970]「原始基金会計とその源流—クリーブランド教授とエグレストン会計士—」経済集誌（日本大学），第40巻第3号，46-62頁。

―――― [1977]『アメリカ公会計論』時潮社。

―――― [1979]「都市会計と基金・予算会計—ロスアンゼルス市のアニュアル・レポートを参考に—」公益事業研究，第31巻第1号，83-122頁。

吉田　寛[2003]『公会計の理論—税をコントロールする公会計—』東洋経済新報社。

Cleveland, F. A.[1904a], "Municipal Accounts," *Political Science Quarterly*, Vol.XIX, No.3, pp.391-401.

―――― [1904b], "Revenues and Expenses as Distinguished from Receipts and Disbursements in Municipal Accounting," *The Accountant*, Vol.XXXI, No.1558, pp.406-411.

―――― [1909], *Chapters on Municipal Administration and Accounting*, New York.

―――― [1910], "Uses and Purpose of A Municipal General Ledger," *The Journal of Accountancy*, Vol.X, No.6, pp.401-425.

―――― [1915], "Evolution of the Budget Idea in the United States," *The Annals of the American Academy of Political and Social Science*, Vol.LXII, pp.15-35.

Dahlberg, J. H.[1966], *The New York Bureau of Municipal Research*, New York.

McKinsey, J. O.[1922], *Budgetary Control*, New York.

Morey, L. and R. Y. Hackett[1951], *Fundamentals of Governmental Accounting*, 2nd. ed., New York.

National Committee on Governmental Accounting (NCGA) [1951], *Municipal Accounting and Auditing*, NCGA.

National Committee on Municipal Accounting (NCMA) [1941], *Municipal Accounting Statement*, revised ed., NCMA.

Potts J. H.[1976], *An Analysis of the Evolution of Municipal Accounting to 1935 with Primary Emphasis on Developments in the United States*, Michigan, Xerox University Microfilms.

Previts, G. J. and Merino, B. D.[1979], *A History of Accounting in America*, John Wiley & Sons（大野功一・岡村勝義・新谷典彦・中瀬忠和訳 [1983]『プレヴィッツ＝メリノ　アメリカ会計史』同文舘出版）.

Rogers, D. M.[1932], "Development of the Modern Business Budget," *The Journal of Accountancy*, Vol.LIII, No.3, pp.186-205.

Zimmerman, J. F.[1962], *State and Local Government*, New York（神戸市地方自治研究会（訳）[1986]『アメリカの地方自治―州と地方団体―』勁草書房）.

（兵頭　和花子・川﨑　紘宗）

第12章
近代的財務諸表の発展
―誘導法に基づく貸借対照表と損益計算書の出現と展開―

　財務諸表（financial statements）とは，企業会計を前提とすれば，企業の経済活動の計数的結果にかかわる要約一覧表ある。それは，企業の実態を財務的側面から貨幣金額で写像（描写）するものとして，資本主（＝出資者：株式会社であれば株主）のみならず，債権者，従業員，取引先，政府機関，地域社会など，さまざまな利害関係者ないしステークホルダー（stakeholders）の意思決定に供するために会計情報を伝達する重要な媒体と位置づけられる。

　本章では，財務諸表のうち，組織的な簿記の記録に基づき，誘導法に拠り作成される貸借対照表（balance sheet）と損益計算書（profit and loss statement, or income statement）に考察の範囲を限定し，主として17世紀から20世紀初頭に英米で刊行された簿記・会計文献を手がかりにその史的展開について概観する。

第1節　財務諸表の生成・発展の諸段階

　複式簿記による組織的記録を前提とした誘導法に基づく貸借対照表と損益計算書の生成・発展の過程については，以下に示すような三つの段階が見出される（See 久野（光）[1985], 245, 386-388頁）。すなわち，

　第一段階：（閉鎖）残高勘定と（集合）損益勘定のみで，特に帳簿から独立した計算書（計算表）ないし報告書が作成されない段階

第二段階：決算資料として，決算手続の正確性の検証を中心目的としながらも，残高表とか資産負債表，あるいは，損益表といった名称が付された計算書ないし報告書が帳簿から独立して作成される段階

第三段階：広汎な外部報告でなく，もっぱら資本主（出資者）に対する内部報告であっても，報告を主たる目的とした計算書ないし報告書が帳簿から独立して作成される段階

　以下では，上記のような三つの段階を念頭に，誘導法に拠る財務諸表の生成・発展について，先に述べたように文献史的に検討する。

第2節　Luca Pacioli と Simon Stevin

　今日の複式簿記の解説書を見るとき，取引の認識から始まる「簿記手続の一巡」（または「簿記一巡の手続」），特にその最終段階にあたる決算本手続（帳簿決算手続）の解説にあたっては，例えば，わが国で言う大陸式決算手続に拠るならば，損益勘定と残高勘定という二つの集合勘定を設定して元帳に設けられたすべての勘定を締め切るとともに，損益勘定から損益計算書，残高勘定から貸借対照表をそれぞれ誘導・作成するという手順が教示されている。すなわち，厳密に言って，財務諸表の作成が「簿記手続の一巡」（特に決算手続）に含まれるか否かは別にして，決算（ないし帳簿の締切り：closing）にあたり，損益計算書と貸借対照表の作成がそれに関連して解説されている。

　しかし，このような決算（ないし帳簿の締切り）にあたって財務諸表を作成するという手順は，果たして，複式簿記の誕生当初から「簿記手続の一巡」に組み込まれていたのであろうか。[1]

　本書の序章で述べたように，Luca Pacioli が1494年に刊行した数学書 *Summa de Arithmetica Geometria Proportioni et Proportionalita*（『算術・幾何・比および比例総覧』）に収録された「簿記論」("Particularis de Computis et Scripturis"（「計算記録要論」））は，複式簿記（イタリア式簿記）を印刷教本として世界最初に

解説した文献とされる（本書，17頁）。そこでは，体系的組織が確立された段階での，15世紀末当時の海港都市ヴェネツィアの商人が用いていた商的企業複式簿記（＝ヴェネツィア式簿記）が解説されているが，帳簿の締切りにあたっては，試算表（合計試算表と残高試算表）の作成は教示されているものの，帳簿から独立した財務諸表の作成については言及されていない（片岡[2007]，151-153頁; see 小島[1965]，第6章Ⅱ; 同[1987]，61頁）[2]。

複式簿記の解説書において組織的な簿記の記録に基づく財務諸表の作成を説いた初期の例として，本書の第3章で取り上げられたネーデルラントのSimon Stevinを挙げることができる。彼は，数学書 *Wisconstighe Ghedachtenissen*（『数学覚書』(1605~1608)）の第5巻に収録した論稿 "Vorstelicke bouckhouding op de Italiaensche wyse"（「イタリア式王侯簿記」）(1607)において，複式簿記の解説を行っている。そして，その特徴は，①1年を会計期間とする期間損益計算を解説したこと，および，②期間損益の計算過程を，「状態表」（Staet）と「状態証明表」（Staetproef）と呼ばれる，二つの計算表を用いて精緻化したことにあるとされる（本書，72頁）。

すなわち，Stevinは，複式簿記の記録に依拠しつつ，ただし，帳簿それ自体を締め切ることなく，帳簿の外で状態表と状態証明表を作成し，これらの計算表を通じて損益計算の正確性を検証することを教示している。具体的には，期末の状態表（[図表3-3]（73頁）参照）において，貸方（右側）に資産の細目と合計額（£3,191.17.1），借方（左側）に負債の合計額（£51.8.0）がそれぞれ掲記され，両者の差額から期末資本（£3,140.9.1）が確定される。これを期首資本（£2,153.3.8）と比較することにより，資本の増加分としての期間利益（£987.5.5）が計算される。他方，状態証明表（[図表3-4]（73頁）参照）にあっては，貸方（右側）に収益の細目と合計額（£1,152.2.5），借方（左側）に費用の細目と合計額（£164.17.0）がそれぞれ掲記され，両者の差額から収益の超過分としての期間利益（£987.5.5）が計算される。この金額が先の手続で計算された損益の額と一致することの確認を通じて，損益計算の正確性が検証されるという構造になっている（本書，72-73頁; see Stevin[1607], Coopmans Bouckhouding, ch.9, p.35）。

これは，現代風には，財産法的損益計算の結果を損益法的損益計算の結果により検証する方式と解することもできるが，Stevinの場合には，かかる手続が，元帳の諸勘定の上に記録されず，簿外の計算表において実施されている。すなわち，損益計算が帳簿の締切りと切り離されている点に大きな特徴がある。決算の過程で検証目的のために帳簿から独立した計算表が作成される段階に至っているが，ただし，決算と帳簿の締切りとが結合した，今日的な意味での帳簿決算手続は，彼の「簿記論」には見出されないのである（本書，72, 74頁）。

第３節　財務諸表の作成を巡る二つの方式

　帳簿から独立した財務諸表を作成するには，以下の二つの方式が考えられる（See Littleton[1933], p.140（片野（訳）[1978], 221頁））。すなわち，
（１）試算表を基礎に資料を多桁式に配列する方式
（２）元帳の残高勘定と損益勘定を写し出す方式
　このうち，（１）の方式の事例は，例えば，本書の第４章で言及された17世紀イギリスのRichard Dafforneの簿記書 *The Merchants Mirrour:*……（1635）に見出される。それは，不規則に実施される帳簿の締切りに先立って，諸勘定を締め切る前に作成される試算表，具体的には，［図表12-1］（258-259頁）に示されるように，六桁（六欄）式の計算表（「一般残高の概観，または財産計算」(Survey of the Generall-Balance, or Estate-reckoning)）として提示されている(Dafforne[1635], "Survey of the Generall-Balance, or Estate-reckoning")。
　この計算表にあっては，借方（左側）・貸方（右側）ともに三つの金額欄が設けられている。すなわち，第一の金額欄では，何の整理も施されていない，元帳締切日の諸勘定それぞれの合計額が表示される（＝合計試算表欄）。第二の金額欄では，先の合計試算表に基づき，損益に関する諸勘定は損益部分と財産部分に区分・整理され，また，損益勘定では貸借差額から損益が算出される。その他の諸勘定，つまり，資産・負債・資本金の諸勘定では貸借残高が計算さ

れ，結果として，第二の金額欄は貸借が一致する（「第二の試算表」（"Second, Or, Tryall Ballance"））。さらに，第三の金額欄では，「第二の試算表」のうち，損益に関する諸勘定以外の諸勘定の残高が移記され，特に資本金勘定については「第二の試算表」の資本金額に損益を加算した金額が記載されるので，第三の金額欄も貸借が一致することになる（「真実の残高表」（"True-Ballance"））。

要するに，第一の金額欄は合計試算表，第二の金額欄（「第二の試算表」）は棚卸修正による損益計算と財産計算の混合形態，第三の金額欄（「真実の残高表」）は貸借対照表欄ということになる。第二の金額欄を修正記入と損益計算とに区分すれば，今日の八桁精算表になり，その意味で，上掲のDafforneの計算表は今日の精算表の萌芽形態とみなされる（小島[1987], 292頁；久野（光）[1985], 384-385頁）。

ただし，Dafforneの計算表に見られる多桁式の方式は，その後も損益計算書欄が追加されるなど独自の発展を遂げるが，その発展は多桁式の表を今日の簿記教科書に見る精算表のように運算表化する方向へと向かった。

それゆえに，財務諸表の発展は，(2) の方式，つまり，前節で取り上げたStevinの状態表と状態証明表のように，元帳諸勘定の集合残高を写し出すという方式により発展する。すなわち，それは，勘定形式から報告式へと進化するとともに，報告内容の拡充と精緻化の方向へと発展していくことになる。次節以降では，その過程を英米の文献により跡づけることにしよう。[3]

第4節　18世紀スコットランドの簿記書

PacioloやStevinなどの数学者を除けば，簿記解説書の著者の多くは簿記を含む商取引の実務に携わった人たちであった。しかしながら，例えば，イングランドとの統合（1707）を経た18世紀のスコットランドでは，その社会的・経済的興隆，および，「スコットランド啓蒙」（Scottish Enlightenment）と呼ばれた知的文化運動を背景として，実学教育への要請が高まり，特にそれは会計

図表12-1　Dafforneの「一般残高の概観または財産計算」(1635)

Anno 1633. the 23. of October in Amsterdam.

	SURVEY OF THE Generall-Ballance, or Estate-reckoning.	Thus ought your accounts to stand at the first view of the Bookes, when everything is transported out of the Waste-booke into the Leager.			Thus ought your Second, Or, Tryall Ballance to stand, with the Losses.			Thus ought your True-Ballance to stand, which you transport into your Nevv-bookes.		
	Debitor.	Guild.	sti.	pe.	Guild.	sti.	pe.	Guild.	sti.	pe.
23	Dito. To Bancke, as in fol.1. appeareth	13688	17	8	5555	2	—	5555	2	—
—	Dito. To House King *David*, fol.2. —	6213	15	—						
—	Dito. To *Susanna Peeters Orphans* —	5573	16	8	713	14	8	713	14	8
—	Dito. To *Jacke Pudding* my account Currant — — —	11328	6	8	2648	6	8	2648	6	8
—	Dito. To Wines, for 15. Butts unsold	1260	—	—	1260	—	—	1260	—	—
—	Dito. To French Aqua-vitae, for 58. Hogsheads — — —	5568	—	—						
—	Dito. To Rye, for 18. Last, 7. Mudde, fol.3. — —	2877	15	8	1533	15	8	1533	15	8
—	Dito. To Couchaneille, as in fol.4. —	10080	—	—	36	—	—			
—	Dito. To Brasill, as in fol. — —	10888	3	—	70	11	—			
—	Dito. To Interest-reckoning, fol. —	44	14	—						
—	Dito. To Profit and Losse, fol. —	320	2	8						
—	Dito. To Voyage to London, consigned to *Jacke Pudding*, fol. — —	7810	—	—	2600	—	—	2600	—	—
—	Dito. To Voyage to Hambrough, fol. —	2353	3	—						
—	Dito. To Voyage to Dansicke, fol. —	1967	1	—						
—	Dito. To Insurance-reckoning, fol. —	3463	2	8						
—	Dito. To Cash, as appeareth in fol. —	29561	11	—	27153	8	—	27153	8	—
—	Dito. To Cambrix, 11. Peeces unsould	8000	—	—	440	—	—	440	—	—
—	Dito. To Ship the Rain-bow, fol. —	1043	12	8						
—	Dito. To *Hans van Essen* at Hambrough my account Currant, fol. —	3780	—	—	60	—	—			
—	Dito. To *Peeter Brasseur* at Dansicke, my account Currant, fol. —	3805	14	8	53	12	8			
—	Dito. To *Jacke Pudding* at London, his account Currant, fol. —	917	—	—						
	Summe gl. —	130544	15	—	42124	10	—	41904	6	—

	Anno 1633. the 23. of October in Amsterdam.									
	SURVEY OF THE Generall-Ballance, or Estate-reckoning	Thus ought your accounts to stand at the first view of your Bo0kes, when each parcell is transported out of the Waste-booke into the Journall & Leager			Thus ought your Second, Or, Tryall-Ballance to stand, with the Gaines.			Thus ought your True-Ballance to stand, which you transport to Nevv-bookes.		
	Creditor.	Guild.	sti.	pe.	Guild.	sti.	pe.	Guild.	sti.	pe.
23	Dito. By Bancke, as in fol.1. appeareth	8133	15	8						
—	Dito. By House King *David*, fol.2. —	7538	15	—	1325	—	—			
—	Dito. By *Susanna Peeters Orphans* —	4860	2	—						
—	Dito. By *Jacke Pudding* my accouant Currant — — —	9145	—	—	465	—	—			
—	Dito. By French Aqua-vitae, for 58. Hogsheads sould — — —	6960	—	—	1392	—	—			
—	Dito. By Rye, for 16. Last sould, fol.3.	1788	12	8	444	12	8			
—	Dito. By Couchaneille, as in fol.4. — .	13950	—	—	3906	—	—			
—	Dito. By Brasill, as in fol.4. —	10817	12	—						
—	Dito. By Interest-reckoning, fol. —	102	16	8	58	2	8			
—	Dito. By Profit, and Losse, fol. — —	394	7	8	74	5	—			
—	Dito. By Voyage to London, fol. —	8350	—	—	3140	—	—			
—	Dito. By Voyage to Hambrough, fol. —	3816	6	—	1463	3	—			
—	Dito. By Voyage to Dansicke, fol. —	3805	14	8	1838	13	8			
—	Dito. By Insurance-reckoning, fol. —	3576	6	—	113	3	8			
—	Dito. By Cash, as appeareth in fol. —	2408	3	—						
—	Dito. By Cambrix-cloth, fol. —	8105	12	—	545	12	—			
—	Dito. By Ship the Rain-bow, fol. —	1432	12	8	389	—	—			
—	Dito. By *Hans van Essen* my account —	3720	—	—						
—	Dito. By *Peeter Brasseur* my account —	3752	2	—						
—	Dito. By *Jacke Pudding* at London, his account Currant — —	3294	18	—	2377	18	—	2377	18	—
—	Dito. By Stocke, for my just Estate —,	24592	—	—	24592	—	—	39526	8	8
	Summe gl. —	130544	15	—	42124	10	—	41904	6	8

の側面において,実学教育の主体となった専門学校(academy)や,グラマー・スクール(grammer school)等の教室における利用を目的として,もっぱら学校の教師たちによって当時の水準を抜く優れた簿記書が相次いで出版されるという状況,いわゆる「スコットランドの優越」(Scottish Ascendancy)と称されるような状況が醸成された(See Yamey[1963], p.170)[(4)]。

Alexander MacGhie の The Principles of Book-keeping Explain'd……(1718)も,このような「スコットランドの優越」と呼ばれる状況を醸成した簿記書の一つであった。MacGhieは,商人は,彼が望むときにはいつでも新しい財産目録(Inventory)を作成し,新しい帳簿を開始するために元帳を締め切ることができると説くとともに,ある商人は1年ないし半年のある定められた時にこれを行うと述べている(MacGhie[1718], p.52)。そして,このような元帳の締切りにあたり,別に二枚の紙葉(two clean Sheets)を用意し,損益表(Profit and Loss-Sheet)と残高表(Balance-Sheet)を作成すべしと説いている(MacGhie[1718], pp.52-53)。

これらの計算表は,その名称からは今日の財務諸表を想起させるものがあるが,実質的な機能は,MacGhieが,これらの計算表を相互に「試算」(Tryal)することにより諸帳簿が正しく記帳されているか否かを見出すことが意図されているのみであり,それゆえに,諸帳簿が締め切られ,損益表と残高表の内容が仕訳帳と元帳に秩序立てて移記されるならば,これらの計算表はもはや何の役にも立たず,帳簿のいかなる部分ともみなされないと述べていることからも明らかなように(MacGhie[1718], p.54),元帳に損益勘定と残高勘定が設定される前に作成される,二つの集合勘定への振替記入の正確さを事前に検証するためのもの,つまり,決算の運算表とでもいうべき性格のものであった。

ただし,これらの計算表が作成される結果として,MacGhieが掲げる損益勘定と残高勘定(特に残高勘定)は,[図表12-2]に示されるように,借方と貸方の双方ともに基本的に相手方勘定を個別に記入する代わりに,金額の大半ないし全部が,「諸口」(To sundry Accompts (*as per Journal*), or By sundry Accompts (*as per Journal*))を用いて総括記入されており,最終的に貸借の一致を確認するだけの,かなり簡略化ないし形骸化された記入内容になっている

図表12-2　MacGhieの損益勘定と残高鑑定（1718）

(借方記入)　　　　　　　　　　　　　　　　　　　　　　　　　　(folio 10, left)

Edinburgh.

			Fo.	l.	s.	d.
1705.		Profit and Loss　—　—　—　Dr.				
March	9	To James Wardlaw *for Discount allowed him.* —	3	53	18	11
	13	To Andrew Sim *for Discount allowed him.* —	4	6	5	5
May	14	To James Wardlaw *for Rebatement.* —	3	20		
	17	To sundry Accompts (*as per Journal*) —　—	—	108	12	9
	—	To Stock *for so much gain'd in 4½ Months Trading.*	2	5325	2	10
		Summa		5513	19	11

(貸方記入)　　　　　　　　　　　　　　　　　　　　　　　　　　(folio 10, right)

Edinburgh.

			Fo.	l.	s.	d.
1705.	10	Profit and Loss　—　—　—　Cr.				
April	5	By Peter Winchester *for Discount allowed me.* —	4	27	7	
May	15	By Peter Wilkinson of London his Accompts of Goods.	10	57	4	9
	17	By James Carnagie *for Peter Wilkinson's Allowance..*	3	20	14	
	—	By James Pussendorf *for the Penalty.* —　—	9	40		
	—	By sundry Accompts (*as per Journal*) —　—	—	5368	14	2
		Summaa		5513	19	11

(借方記入)　　　　　　　　　　　　　　　　　　　　　　　　　　(folio 12, left)

				l.	s.	d.
1705.		Balance　—　—　—　—　Dr.				
May	17	To sundry Accompts (*as per Journal*) —　—	—	31922	5	5

(貸方記入)　　　　　　　　　　　　　　　　　　　　　　　　　　(folio 12, right)

				l.	s.	d.
1705.		Balance　—　—　—　—　Cr.				
May	17	To sundry Accompts (*as per Journal*) —　—	—	31922	5	5

※　紙幅の関係から借方記入と貸方記入を左右でなく上下に配置する形に書き改めている。

(MacGhie[1718], Leger No.I, folios 10,12; see MacGhie[1718], Leger No.II, folio 10)。

このような帳簿の締切手続の正確性を検証する目的をもって，簿外で損益表や残高表を作成すべしとする教示は，MacGhieと同じスコットランドのAlexander Malcolmの *A Treatise of Book-keeping,……* (1731) や，John Mair の *Book-keeping Methodiz'd:……* (1736) にも共通して見出されるところである (Malcolm[1731], p.87; Mair[1736], p.87; 同 [1773], p.79)。[5]

しかしながら，彼らはいずれもこれらの計算表を簿外で作成すべしとは教示するものの，その具体的な例示については論及していない。これに対して，「スコットランドの優越」の末尾を飾る文献とも言えるRobert Hamiltonの *An Introduction to Merchandise……* (2nd ed., 1788) では，損益勘定と残高勘定が，先のMacGhieの場合と同様に，「諸口」（To Sundries, per J., or By Sundries, per J.) を用いて，貸借の一致を確認するだけの，簡略化された内容のものとして例示されるともに（Hamilton[1788], pp.304-305, 316-317），［図表12-3］に示されるように，彼以前には見られなかった損益表（Profit and Loss Sheet）と残高表（Balance Sheet）の雛型が具体的に掲げられている（Hamilton[1788], pp.319）。

さらに，Hamiltonは，これら二つの計算表が，決算過程の検証機能のみならず，損益や財産状態の表示機能を併せ持つことを明らかにしている。すなわち，彼は，残高表の借方側が商人のあらゆる種類の財産（"property"），また，貸方側がすべての負債を含むので，その貸借差額が純財産（"nett estate"）を示し，他方，損益表の貸方側が商人の獲得したすべてのもの，また，借方側が失ったすべてのものを含むので，その貸借差額が純損益（"nett gain or loss"）を示すということを指摘しているのである（Hamilton[1788], pp.285-286）。

第5節　19世紀アメリカの簿記書

前節で検討を加えた18世紀のイギリス，特にスコットランドの簿記書には，第1節で言及した財務諸表の生成・発展に関する三つの段階のうち，第二段階，

第 12 章　近代的財務諸表の発展

図表12-3　Hamiltonの損益表と残高表（1788）

PROFIT AND LOSS SHEET.

Salt — —	L. —	11	4	Meal — —	L. 9	18	—
Charges Merchandize	13	14	2	Port wine —	6	15	—
Proper Expenses	32	15	10	Paper — —	4	18	6
	L. 47	1	4	Yarn — —	2	3	2
In ledger —	4	4	10	Calicoes —	1	13	4
	L. 51	6	2	Diaper — —	—	15	10
Nett gain —	16	13	8	Iron — —	2	7	11
	L. 67	19	10	Clover-feed —	5	—	1
				Linfeed —	—	18	—
				Share of Ship Hazard	23	—	—
				Train-oil —	8	—	—
					L. 65	9	10
				In Ledger	2	10	—
					L. 67	19	10

BALANCE SHEET.

Cash — —	L. 8	3	10	Meal, outcome 3 B.			
Meal, 124b. at 13s.6d.	83	14	—	Royal Bank —	L. 201	3	2
Yarn, 474sp. at 2s.	47	8	—	William Bruce —	20	—	—
Amissing ½				Tho. Sharp —	8	—	—
House in Edin' —	300	—	—		L. 229	3	2
Ja. Boswell —	37	11	—				
H. Hardie — —	31	2	6				
D. Miller — —	18	—	—				
J. Cuthbert —	5	6	3				
Iron, 40st. at 3s.4d.	6	13	4				
J. Henderson —	7	4	—				
W. Hunter — —	18	13	6				
Ja. Dalton — —	35	15	—				
Clover-feed, 300lb. at 6d.	7	10	—				
Deficiency 10 lb.							
J. Scott — —	4	7	6				
Share of Ship Hazard	140	—	—				
Geo. Gordon —	6	3	4	STOCK —	528	9	1
	L. 757	12	3		L. 757	12	3

および，第二段階から第三段階への移行過程を認めることができた。

　他方，大西洋の対岸，つまり，独立革命を経て既にイギリスの植民地からの独立を果たしていた19世紀のアメリカの簿記書においても，南北戦争の前後には，同様に，決算過程の検証機能よりも，もっぱら資本主に対するものではあったが，資産・負債・資本，および，損益の状態を報告することに機能を定めた計算表を帳簿から独立して作成すべしとする教示を見出すことができる。

　例えば，本書の第5章で言及された19世紀前半のアメリカを代表する簿記書の一つ，Benjamin F. Foster の *A Concise Treatise on Commercial Book-keeping*……（1836）では，1年ないし半年を単位とする年次決算の方向が明示されるとともに（Foster[1836], pp.50, 67-68），具体的な決算の手続を進めるにあたり，損益表（Profit and Loss Sheet）と残高表（Balance Sheet）の作成が説かれている。

　すなわち，Fosterは，元帳勘定を締め切る前に，まず仕訳帳から元帳への転記の正確さを検証するために，簿外での試算表（Trial Balance），具体的には合計試算表の作成を説く（Foster[1836], pp.49-50, 59）。そして，試算表における貸借の一致を通じてこれを確認した後に，彼は，前節で言及したMacGhieやHamiltonらの簿記書で教示されていたのと同様な，検証目的をもって，［図表12-4］に示されるような，損益表と残高表と呼ばれる計算表を簿外で作成すべき旨を教示している（Foster[1836], pp.51, 160; cf. Foster[1836], p.109）。

　Fosterは，決算予備手続にあたる簿外での計算表による検証の後，決算本手続にあたる元帳の締切手続に進んでゆく。その際に，彼は，帳簿内に，いわゆる大陸式決算手続にみられる損益勘定と残高勘定を設けている。ただし，これら二つの集合勘定の記入内容は，先のMacGhieやHamiltonの簿記書に見られたのと同様に，「諸口」（To Sundries, or By Sundries）を用いた総括記入から構成されるにすぎない（Foster[1836], pp.53, 149, 158; cf. Foster[1836], pp.103, 106）。

　このように，Fosterは，損益勘定と残高勘定の設定を説くのであるが，その記入内容は極めて形骸化したものであり，むしろ損益表と残高表の方が，検証目的で作成されているとはいえ，元帳諸勘定の実態を反映した，相対的により詳細な損益と資産・負債・資本に関する情報が記載されている。しかも，これらの計算表には，借方と貸方を示す旧来の"To"や"By"という符号が未だ

図表12-4　Fosterの損益表と残高表（1836）

Dr.	RROFIT AND LOSS SHEET, December 31.			Cr.		
To Charges,		567	71	By Commission,	1,261	17
To Advent. to New Orleans,		110	82	By Adv'r. to Rotterdam,	656	34
				By Hemp in Co.	120	52
		675	53	By Cotton,	612	12
				By Ship Mars,	316	14
				By Interest,	57	89
Net Gain,		2,590	81	By Profit & Loss, サ Ledger,	242	16
		3,266	34		3,266	34

Dr.	BALANCE SHEET, December 31.			Cr.		
	Effects.			*Debts.*		
To Cash, on hand,		3,581	58	By Bills Payable, No.9,	2,400	00
To Bills Receivable, do.		3,658	28	By J. Stirling, due to him,	1,966	88
To Ship Mars, our 1-6,		2,064	00			
To John Reed, due by him,		630	00	Am't of our debts,	4,366	88
To Thomas Jones, do.		387	00			
To B. F. Foster do.		96	00			
To Murray & Co. do. them,		1,296	79			
To Atwood & Co. do.		1,844	04			
To Dawson & Co. do.		7,560	00	By Stock, Net Capital,	17,422	81
To J. Brown & Co. do.		672	00			
		21,789	69		21,789	69

残されてはいるが，勘定や試算表にみられる「元丁」欄は廃され，特に残高表では借方項目を総括して「資産」（"Effects"），貸方項目を総括して「負債」（"Debts"）という標題が付記されていることを考えれば（Foster[1836], p.160），損益表と残高表は，決算の集合勘定である損益勘定と残高勘定から独立した，財務諸表としての損益計算書と貸借対照表の萌芽をなすものと思量される。

　上述したFosterの簿記書にみられる計算表，つまり，先の生成・発展段階から言えば，第三段階に属する報告書の萌芽的事例は，彼と同時代のThomas Jonesの *The Principles and Practice of Book-keeping*……（1841）にも見出される

(Jones[1841], p.17)。さらには，第6章で取り上げられた，わが国の明治初期における複式簿記（＝洋式簿記）の導入に大きな影響を及ぼしたHenry B. Bryant, Henry D. StrattonとSilas S. Packardによる一連の簿記書（Bryant and Stratton's Book-keeping Series），例えば，その最初のものにあたる*Bryant and Stratton's National Book-keeping*……（1860）で教示されていた損益表（Statement of Losses and Gains），および，資産表（Statement of Resources）と負債表（Statement of Liabilities）（または，後者の二つの表を一つにまとめた資産負債表（Statement of Resources and Liabilities））（Bryant, Stratton and Packard[1860], pp.28-32, 51），あるいは，これも第5章で言及されているが，同様に明治初期に邦訳書が出版されているEzekiel G. Folsomの*The Logic of Accounts*……（1873）の中で解説されていた，合計試算表（Trial Balance）から誘導される二つの報告書，つまり，[図表12-5]に示されるような，商業価値勘定分析表（Analysis of Commercial Accounts）と観念価値勘定分析表（Analysis of Ideal Accounts）（Folsom[1873], pp.341-342）などに，より詳細なものへと展開された形態が見出されるのである[6]。

第6節　Charles E. SpragueとHenry R. Hatfield

前節までで述べたように，複式簿記の組織的記録から誘導される形で作成される財務諸表の淵源は，おそらくMacGhieらの簿記書に見出されるような，帳簿の締切過程，つまり，決算手続の正確性検証を目的とした計算表に求められるであろう。そして，帳簿から独立して作成されるこの種の計算表が，例えば，Hamiltonの簿記書を嚆矢として，その後のFosterらの簿記書に見出される教示からうかがえるように，単に記帳の検証機能だけでなく，損益や財産状態の表示機能を併せ持つことが認識される中で，企業の所有主であり経営者であった資本主に対する内部報告目的のものではあっても，徐々に報告書（財務諸表）としての体裁を採るようになったものと考えられる。

図表12-5　Folsomの観念勘定分析表と商業勘定分析表 (1873)

ANALYSIS OF IDEAL ACCOUNTS.

				LOSSES.		GAINS.	
3	Mdse.	Cr.—For returns · · · · · · · 3240.75					
		" " inventory · · · · · · 2520.36					
		" " total returns · · · · 5761.11					
		Dr.—For outlay · · · · · · · 4524.50					
		Differ'ce.—Net service given, or gain				1236	61
5	Expense.	Dr.—For outlay · · · · · · · 140.25					
		Cr. " returns · · · · · · · 24.24					
		Differ'ce.—Net service rec'd, or loss		116	01		
7	Interest	Cr.—For service given · · 75.00					
		Dr. " " received · · 38.65					
		Differ'ce.—Net service given, or gain				36	35
9	Discount	Dr.—For service received · · 84.00					
		Cr. " " given · · · 54.30					
		Differ'ce.—Net service rec'd, or loss		29	70		
		Total losses and gains · · · · · · · ·		145	71	1272	96
		Deduct losses · · · · · · · · · · · · ·				145	71
		Net gain, at closing · · · · · · · ·				1127	25
1	Stock	Cr.—For investment · · · · · 4808.00					
		Dr. " withdrawal · · · · · 125.00					
		Net investment · · · · · · · · · 4683.00					
		Add net gain · · · · · · · · · 1127.25					
		Net capital from the ideal values · ·				5810	25

ANALYSIS OF COMMERCIAL ACCOUNTS.

			RESOURCES.		LIABILITIES.	
3	Mdse.	Amount on hand, pre inventory · · · ·	2520	36		
2	Cash	Dr.—For money received · · · 8620.24				
		Cr. " " given · · · · · 5420.35				
		Difference.—Amount on hand · · · · ·	3199	89		
4	Bills Rec.	Dr.—For others' written				
		promises received · · · · · · 1500.00				
		Cr.—For others' written				
		promises given · · · · · · · 1000.00				
		Difference.—Amount on hand · · · · ·	500	00		
6	Bills Pay.	Cr.—For others' written				
		promises given · · · · · · · 800.00				
		Dr.—For others' written				
		promises received · · · · · 400.00				
		Difference.—Amount outstanding · · ·			400	00
8	J. Bonsall	Dr.—For verbal promises				
		received · · · · · · · · · 300.00				
		Cr.—For verbal prom's given · 200.00				
		Difference.—Amount our favor · · · ·	100	00		
10	J.F. Curtis	Cr.—For verbal prom's given · 350.00				
		Dr.— " " " rec'd · 240.00				
		Difference.—Amount his favor · · · ·			110	00
		Total resouces and liabilities · · · ·	6320	25	510	00
		Deduct liabilities · · · · · · · · · · ·	510	00		
		Net capital from commercial values · ·	5810	25		

さらに，このように生成・展開してきた財務諸表が，Charles E. Sprague の *The Philosophy of Accounts*（1908）や，Henry R. Hatfield の *Modern Accounting:……*（1909）が出版された20世紀初頭に，ユナイテッド・ステーツ・スティール社（United States Steel Corporation：以下，USスティール社と表記）の公表財務諸表にその典型例を見出すような，資本主（株主）や債権者のみならず，広く一般大衆をも視野に入れた外部報告会計が展開される中で，今日的な形態を採るに至ったことは想像に難くないであろう。

例えば，第5章でアメリカにおける簿記理論の完成者として言及された Sprague は，簿記の教示にあたり，貸借対照表アプローチ，つまり，財務諸表のうち，特に貸借対照表を論理構造の基軸にすえて解説を進めている（本書，123-126頁）。その際に，彼は，「簿記手続の一巡」の最終的アウトプットである財務諸表，具体的には，損益計算書（と剰余金計算書），および，貸借対照表について，［図表12-6a］のように例示している（Sprague[1908], pp.73, 75）。

Sprague は，上述のように，貸借対照表を簿記法教授の要に置いているが，しかし，収益と費用を収容する損益計算書についても，貸借対照表に表示される時点的状態がどのように達成されたかを明らかにするものであるとして，貸借対照表とともに，年度末に企業の状況を提示するために不可欠の文書と位置づけている。そして，彼は，損益計算書が有する高度に技術的な様式では大衆その他の利害関係者に対する情報伝達媒体として適さないと述べ，［図表12-6b］に示されるように，項目を組み替えて，様式も報告式に改めた分析的報告書，つまり，経済勘定要約表（Summary of the Economic Accounts）の作成を説いている（Sprague[1908], pp.75-76）[7]。

アメリカにおいて，簿記でなく，会計，とりわけ財務会計の問題に初めて正面から取り組んだのは，これも第5章で言及された Hatfield であるが（本書，127頁），彼は，主著の *Modern Accounting:……*（1909）において，Sprague と同様に，貸借対照表を論理展開の基軸にすえて解説を進める。しかしながら，Hatfield が解説の対象としたのは，Sprague のそれと異なり，単なる記帳技術としての簿記ではなく，会計，それも US スティール社に代表されるような巨大株式会社の会計であった（Hatfield[1909], pp.355-356（松尾（訳）[1971], 333頁））。

図表12-6a　Spragueの損益計算書・剰余金計算書と貸借対照表（1908）

PROFIT AND LOSS.

Outlay		*Income*	
Salalies	$4,000.00	Profit on Sales	$15,520.66
Delivery	987.56	Interest	150.00
Insurance	169.50	Rent	240.00
Interest	387.50		
Taxes	151.42		
Repairs	232.19		
Fuel	365.00		
Light	279.50		
Supplies	463.84		
	$7,036.51		
Net Profit	8,874.15		
	$15,910.66		$15,910.66
Dividend, $10 per share	$6,000.00	Net Profit, brought	
Carried to Surplus	2,874.15	down	$8,874.15
	$8,874.15		$8,874.15

SURPLUS.

		1907			
		Jan. 0	Balance		$11,468.43
		Dec. 31	Profit		2,874.15
					$14,342.58

BALANCE SHEET.
At the beginning of business, January 1, 1908

Cash	$7,643.59	Personal Creditors	$5,745.83
Bonds	5,000.00	Bills Payable	7,000.00
Merchandise	44,262.83	Mortgage Payable	4,000.00
Bills Receivable	5,250.00	Dividend Payable	6,000.00
Personal Debtors	24,826.99		
Real Estate	10,000.00	Total Liabilities	$22,745.83
Fuel	55.00	Capital Stock	60,000.00
Accrued Interest	50.00	Surplus	14,342.58
	$97,088.41		$97,088.41

図表12-6b　Sprague の経済勘定要約表 (1908)

```
                    SUMMARY OF THE ECONOMIC ACCOUNTS
 From
 Page                           1907

       Gross Profit on sales ··················           $15,520.66
       Outlay:
         Salaries ················  $4,000.00
         Delivery ················     987.56
         Insurance on Stock ······      99.50
         Fuel ····················     365.00
         Light ···················     279.50
         Supplies ················     463.84
         Interest ················      87.50
         Real Estate Expense in lieu of Rent ·······  873.61
         Total                      $7,156.51         $7,156.51
       Net Trading Profit ·····················        $8,364.15
       Interest on Investment (including equity in real estate)···  510.00
       Total Revenue ························         $8,874.15
       Distribution:
         Dividend, $10 per share on 600 shares ············  6,000.00
         Increase of Surplus Account ···············    $2,874.15
         Balance of Surplus at beginning ·············   11,468.43
           "         "    at close ···············       $14,342.58
```

Hatfieldは，財務諸表，特に貸借対照表と損益計算書の関係について，会計の本質にかかわらしめながら，次のように述べている。

すなわち，Hatfieldは，会計の本質が，次の二点にあると規定するとともに，

(1) 一定時点における企業の財政状態 (financial status) の正確な表示を行うこと

(2) 一定期間に獲得された成果の表示を行うこと

そして，(1) の機能は貸借対照表，(2) の機能は損益計算書にそれぞれ具現されると説いている (Hatfield[1909], p.v (松尾 (訳) [1971], ix頁))。

いま少し詳細に見るならば，Hatfieldにあっては，貸借対照表の目的は，①主として企業の支払能力 (solvency) に関する情報を与えて，当該企業の財政状態を表示すること，②①の目的よりは多少劣るが，生み出された利益を表示すること，つまり，毎年作成される貸借対照表の比較を通じての利益の流れ (flow of income) を表示することにあり，他方，損益計算書 (Profit and Loss

Account)の目的は，配当可能な純利益額に特に注意を払いつつ，一定期間の企業の純利益を表示することにあるとされる（Hatfield[1909], pp.54, 196-197（松尾（訳）[1971], 51, 189頁））。[8]

このように，Hatfieldは，貸借対照表と損益計算書の役割に関して，前者が企業の時点的財政状態の表示を担い，後者が期間損益の表示を担うという，極めて今日的な理解を示している。しかも，彼は，貸借対照表が支払能力表示という点で債権者に関心をもたせ，損益計算書が配当可能利益の計算という点で資本主に関心をもたせると考えられるが，しかし，債権者も資本主も企業の営業取引に関して望まれる情報を得るためには貸借対照表と損益計算書の両方を必要とすると説き，それゆえに，これら二つの財務表は相互補完的であり，一般に両者は相伴って公表されると述べている（Hatfield[1909], pp.196-197（松尾（訳）[1971], 189頁））。

第7節　ユナイテッド・ステーツ・スティール社の財務諸表

前節で言及したHatfieldが，*Modern Accounting*：……において，当時の企業による財務諸表の具体例の一つとして示したのが，[図表12-7a]（272-273頁）と[図表12-7b]（274頁）に示されるUSスティール社のそれであった（ただし，*Modern Accounting*：……で例示されているのは1907年度の貸借対照表のみである）(United States Steel Corporation[1903]; see Brief (ed.) [1986]; Vangermeersch (ed.) [1986]; cf. Hatfield[1909], pp.62-63の間（頁番号なし）（松尾（訳）[1971], 60-61頁））。

例示した「1902年3月31日に終了する会計年度に関するUSスティール社の第一年次報告書」（*First Annual Report of the United States Steel Corporation for the Fiscal Year ended Decembner 31, 1902*）（ただし，本章では貸借対照表と損益計算書のみ例示）は，まさしく，今日的な企業，特に大規模株式会社による外部報告会計―会計情報公開政策を反映した，現代的意味における財務諸表の嚆矢といえる存在であった。すなわち，19世紀末から20世紀初頭にかけてアメリカ

図表12-7a　USスティール社の連結貸借対照表（1903）

CONDENCED GENERAL BALANCE

ASSETS.

PROPERTY ACCOUNT:
Properties owned and operated by the several companies $1,453,635,551.37
Less, Surplus of Subsidiary Companies at date of
　acquirement of their Stocks by U.S. Steel
　Corporation, April 1, 1901 .... $116,356,111.41
Charged off to Depreciation and Extinguishment
　Funds 12,011,856.53
　　　　　　　　　　　　　　　　　　　　　　　　128,367,967.94
　　　　　　　　　　　　　　　　　　　　　　　　　　　　　　$1,325,267,583.43

DEFERRED CHARGES TO OPERATIONS:
Expenditures for Improvements, Explorations, Stripping and Development at Mines, and for
　Advanced Mining Royalties, chargeable to future operations of the properties 3,178,759.67

TRSUTEES OF SINKING FUNDS:
Cash held by Trustees on account of Bond Sinking Funds 459,246.14
($4,022,000 par value of Redeemed bonds held by Trustees not treated as an asset.)

INVESTMENTS:
Outside Real Estate and Other Property $1,874,872.39
Insurance Fund Assets 929,615.84
　　　　　　　　　　　　　　　　　　　　　　　　　　　　　　2,804,488.23

CURRENT ASSETS:
Inventories $104,390,844.74
Accounts Receivable 48,944,189.68
Bills Receivable 4,153,291.13
Agents' Balance 1,091,318.99
Sundry Marketable Stocks and Bonds 6,091,340.16
Cash 50,163,172.48
　　　　　　　　　　　　　　　　　　　　　　　　　　　　　　214,834,157.18

　　　　　　　　　　　　　　　　　　　　　　　　　　　　　　$1,546,544,234.65

Audited and found correct.
　PRICE, WATERHOUSE & CO.,
　　　　　　　　　　　Auditors.

```
SHEET, December 31, 1902
                              LIABILITIES.
CAPITAL STOCK OF U.S. STEEL CORPORATION:
  Common ·······················································   $508,302,500.00
  Preferred ·····················································    510,281,100.00
                                                                                      $1,018,583,600.00
CAPITAL STOCKS OF SUBSIDIARY COMPANIES NOT HELD BY U.S. STEEL
    CORPORATION (Par Value)
  Common Stocks ·················································    $44,400.00
  Preferred Stocks ··············································     72,800.00
  Lake Superior Consolidated Iron Mines, Subsidiary Companies ···     98,714.38
                                                                                         215,914.38
BONDED AND DEBENTURE DEBT:
  United States Steel Corporation Bonds ·························  $303,757,000.00
  Less, Redeemed and held by Trustee of Sinking Fund ············     2,698,000.00

             Balance held by the Public ·······················   $301,059,000.00
  Subsidiary Companies' Bonds ·················· $60,978,900.75
  Less, Redeemed and held by Trustees of Sinking Funds 1,324,000.00

             Balance held by the Public ·······················     59,654,900.75
  Debenture Scrip, Illinois Steel Company ······················         40,426.02
                                                                                       360,754,326.77
MORTGAGES AND PURCHASE MONEY OBLIGATIONS OF SUBSIDIARY COMPANIES:
  Mortgages ····················································     $2,901,132.07
  Purchase Money Obligations ···································      6,689,418.53
                                                                                         9,590,550.60
CURRENT LIABILITIES:
  Current Accounts Payable and Pay Rolls ·······················    $18,675,080.13
  Bills and Loans Payable ······································      6,202,502.44
  Special Deposits due Employes and others ·····················      4,485,546.58
  Accrued Taxes not yet due ····································      1,051,605.42
  Accrued Interest and Unpresented Coupons ·····················      5,398,572.96
  Preferred Stock Dividend No.7, payable February 16, 1903 ·····      8,929,919.25
  Common Stock Dividend No.7, payable March 30, 1903 ···········      5,083,025.00
                                                                                        49,826,251.78

       Total Capital and Current Liabilities ·····················                    $1,438,970,643.53
SINKING AND RESERVE FUNDS:
  Sinking Fund on U.S. Steel Corporatin Bonds ··················     $1,773,333.33
  Sinking Funds on Bonds of Subsidiary Companies ···············        217,344.36
  Depreciation and Extinguishment Funds ························      1,707,610.59
  Improvement and Replacement Funds ····························     16,566,190.90
  Contingent and Miscellaneous Operating Funds ·················      3,413,783.50
  Insurance Fund ···············································      1,539,485.25
                                                                                        25,217,747.93
BOND SINKING FUNDS WITH ACCRETIONS: ·····························                        4,481,246.14
  Represented by Cash, and by redeeemed bonds not treated as assets (see contra).
UNDIVIDED SURPLUS OF U.S. STEEL CORPORATION AND SUBSIDIARY COMPANIES:
  Capital Surplus provided in organization of U.S. Steel Corporation ··  $25,000,000.00
  Surplus accumulated by all companies since organization of U.S. Steel
    Corporation ················································     52,874,594.05
                                                                                        77,874,597.05
                                                                                      $1,546,544,234.65
```

で急速に展開された企業合併運動（merger movement）の真只中の1901年4月1日に設立されたUSスティール社は，その巨大さのゆえに，一般大衆の側における反独占感情や，政府の側における反独占の動きを最も早く，最も敏感に反応した会社であり，それゆえに，かかる反独占の動きを宥和するための方策としての会計情報公開政策をいち早く採用した会社であった[9]。その結果として，George O. Mayが，*Financial Accounting*:……（1943）の中で，「……すべての

図表12-7b USスティール社の連結損益計算書（1903）

```
UNITED STATES STEEL CORPORATION AND SUBSIDIARY COMPANIES.
           GENERAL PROFIT AND LOSS ACCOUNT
                  Year Ending December 31, 1902.

       GROSS RECEIPTS.
Gross Sales and Earnings ·········································  $560,510,479.39
       MANUFACTURING AND OPERATING EXPENSES.
Manufacturing and Producing Cost and Operating Expenses ···········  411,408,818.36

       Balance ····················································  $149,101,661.03

Miscellaneous Manufacturing and Operating Gains and Losses (Net) ··  $2,654,189.22
Rentals received ·················································      474,781.49
                                                                                   3,128,970.71

       Total Net Manufacturing, Producing and Operating Income ····  $152,230,631.74

       OTHER INCOME.
Proportion of Net Profits of properties owned but whose operations
    (gross revenue, cost of product, expenses, etc.) are not included
    in this statement ············································  $1,972,316.45
Interest and Dividends on Investment and on Deposits, etc ·········   3,454,135.50
                                                                                   5,426,451.95

       Total Income ···············································  $157,657,083.69

       GENERAL EXPENSES.
Administrative, Selling and General Expenses (not including General
    Expenses of Transportation Companies) ························  $13,202,398.89
Taxes ···························································    2,391,465.74
Commercial Discounts and Interest ································    1,908,027.90
                                                                                  17,501,892.53

       Balance of Income ··········································  $140,155,191.16

       INTEREST CHARGES, ETC.
Interest on Bonds and Mortgages of the Subsidiary Companies ·······  $3,879,439.91
Interest on Bills Payable and Purchase Money Obligations of
    Subsidiary Companies and Miscellaneous Interest ··············    2,234,144.43
Rentals paid ·····················································      732,843.10
                                                                                   6,846,427.44

       Net Earnings for the Year ··································  $133,308,763.72
```

第 12 章　近代的財務諸表の発展　275

権威者は，1902年12月31日に終る年度のユー・エス・スティール会社（United States Steel Corporatino）の最初の充実した財務諸表が，この発展の歴史における一つの境界標であったということに，たぶん，同意するであろう。……」（May[1943], p.201（木村（訳）[1970], 57頁））と述べているように，同社は，最初の会計年度から，他社と比較して極めて詳細な内容の，しかも，持株会社であるがゆえに連結形式を採った財務諸表を，監査報告書を添付して公表している。まさに，ここに至って，今日，われわれが目にするような，大規模株式会社による，資本主（株主），あるいは，債権者を超えた，広く一般大衆を視野に入れた会計情報公開政策の産物としての近代的な財務諸表の登場を見るのである。

[注]

(1) 今日の会計実務では，帳簿の締切りは，期間損益計算制度の下で，期末の決算（定期決算）と結び付く形で実施される。しかしながら，両者の結合関係は当初から必然のものとして存在した訳でなく，歴史的に見れば，両者は別個の概念であった。すなわち，帳簿の締切りは，元来，個々の帳簿が記入で一杯になった時に行われる帳簿の更新などに際して随時かつ不規則に行われたのであり，やがて期間計算が確立する過程で，定期決算と結び付く，つまり，決算の下で帳簿が規則的に締め切られる，換言すれば，決算手続が元帳の諸勘定の上に記録されるという，現在の帳簿決算手続が出現するのである（See 小島[1961], 45, 58頁）。

したがって，例えば，第4章で言及されたDafforneの簿記書でも，帳簿の締切りは，①仕訳帳・元帳が記入で一杯になり，新帳へ繰り越さなければならない時，②商人が廃業した時，③帳簿の所有主が死亡した時の三つが挙げられており，その規則的な実施については言及されていない（See Dafforne[1635], p.46）。

(2) 財務諸表の作成が簿記書において教示されていないということは，必ずしもそれが実務において行われていないということを意味するものではない。例えば，14世紀のイタリア商人の会計実務においては，組織的な簿記記録に基づく誘導法でなく，棚卸法（財産目録法），つまり，資産と負債の実際的調査（実地棚卸）を基礎に「ビランチオ」（bilancio）と呼ばれる財務表が作成されていた。その目的や記載項目の詳細さについては，個々の商人や年代の変遷により異なるが，ここでは，フィレンツェ近郊のプラートに本拠を置いた大商人

アヴィニヨン・ダティーニ商会のビランチオ (1368)

```
Page 7
Below will be entered the closing of a fiscal period, which began October 25,
  1367, and ended September 1368.
On September 27, 1368, we have in our stores merchandise, furniture, and fixtures
     amounting to 3141 fiorini, 23 soldi, and 4 denari, as shown in the accout
     book.                                              fior. 3141, s. 23, d. 4.
Accounts receivable, as shown in the memorandum book B and in the yellow Ledger
     A, amount to 6518 fiorini, 23 soldi, and 4 denari.  fior. 6518, s. 23, d. 4.
Total of merchandise, fixtures, and receivables ammount to 9660 fiorini, 22 soldi,
     and 8 denari.                                     fior. 9660, s. 22, d. 8.
Total liabilities, as per ledger, including in said sum the capital of two
     partners, i.e., Franciescho and Toro, taken from page 7 of this ledger,
     amount to 7838 fiorini, 18 soldi, and 9 denari.    fior. 7838, s. 18, d. 9.
To Profit for the fiscal period, October 25, 1367, to September 17, 1368, the
     length of which is 10 months 22 days, amounts to 1822 fiorini, 3 soldi, and
     11 denari.                                        fior. 1822, s. 3, d. 11.
This profit is divided into two parts, i.e., one to Franciescho and one to Toro:
Credit Franciescho, on page 6, for his half of the profit, amounting to 911
     fiorini and 2 soldi.                               fior. 911, s. 2.
Credit Toro, on page 6, for his half of the profit, amounting to 911 fiorini, 1
     soldo, and 11 denari.                             fior. 911, s. 1, d. 11.
```

　Francesco Datiniが作成した，彼自身とToro di Albertoとの共同出資による組合企業（partnership）の形態を採るアヴィニヨン・ダティーニ商会の1367年10月25日から1368年9月17日に係る期間のビランチオ（1368年10月25日付け）を例示しておこう（ただし，Edward Peragalloの英訳による（Peragallo[1936], pp.28-29））。

　上掲のビランチオでは，棚卸残高や勘定残高を別の帳簿に明細を記してその合計額のみを対比する要領で作成されている。すなわち，4行目から16行目において，実地棚卸により認識された商品・備品と，帳簿から認識された債権が記され，その合計額（fior.9660, s.22, d.8）が計算される。そこから，帳簿から認識された債務と二人の出資額との合計額（fior.7838, s.18, d.9）が控除されて利益（fior.1822, s.3, d.11）が算出される。次いで，17行目以降において，財産法により算出された利益が二人のパートナーの間で折半される分配の過程が記されている（端数調整込み）（橋本（寿）[2009], 266-269頁；see 泉谷[1997], 289-291頁）。

(3)　なお，イギリス人が複式簿記により記帳した現存する最古の会計帳簿は，本書の第5章で言及されたように，Greshamの仕訳帳（1546~1552）であるが（本書，92頁），それは，徐々にではあるにせよ利用の頻度を高め，Dafforneの簿記書が刊行された17世紀に入ると，例えば，第7章で解説されているように，当時の巨大会社であったイギリス東インド会社（ロンドン東インド会社）でも1664年にその導入が決定されている。そして，これとほぼ時期を同じくして，同社では7年ごとに資本評価（Stock Valuation）が実施され，その結果が出資

第12章　近代的財務諸表の発展　277

者総会（株主総会）で報告されるようになる（本書, 159-160, 163-168頁）。
　次頁に掲げるのは，1664年に次いで1671年に実施された第二回目の資本評価に関するものである（Sainsbury[1932], pp.69-70）。
　特に第二回目の資本評価は，複式簿記導入後の元帳Cの締切日と同一の日付（1671年4月30日）で作成されているが，その内容は，元帳の勘定記録との部分的な一致が見られるものの，おそらく，それは，元帳からすべてが誘導された訳でなく，原始記録に基づいて作成されたと言われる。複式簿記は導入されたが，そこから財務諸表が誘導・作成される段階には至っていないのである（本書, 164-165頁）。
　なお，本書第7章には，1678年6月1日付けの第三回目の資本評価の結果が例示されている（（［図表7-1］（166-167頁）参照））。
(4)　18世紀の「スコットランド啓蒙」と，その当時に刊行された簿記書の詳細については，例えば，Mepham[1988] を参照されたい。
(5)　Mairは，*Book-keeping Methodiz'd:* ……の改訂版にあたる*Book-keeping Moderniz'd:* ……（1773）において，元帳の締切りは，単に勘定に割り当てられたスペースが年度末までにほとんど一杯になると想像されるからでなく，もっぱら昨年度の取引からどれだけの利益を得たか，損失を被ったかを見出すという意図をもってのことであると述べている。かかる教示からは，かつては，注(1)で記したように，帳簿の更新その他の理由から不規則に行われた帳簿の締切りが，期間計算の下での定期決算と結び付き，その手続に組み込まれて，今日的な意味での帳簿決算手続の確立をみたことがうかがえる（Mair[1773], p.67; see 小島[1987], 352頁）。
(6)　Folsomが掲げる商業価値勘定分析表と観念価値勘定分析表を会計等式で表せば，前者は〈期間損益＋期首資本＝期末資本〉，後者は〈期末資産－期末負債＝期末資本〉となるように，これらは，今日的な損益の二重計算でなく，期末資本の二重計算を目的とした計算表であることに留意されたい（中野[1992], 223頁）。
(7)　ここで「経済勘定要約表」という場合の「経済勘定」（"economic accounts"）とは，Spragueに固有の用語法によるものであり，一般的には，「名目勘定」，つまり，収益と費用の諸勘定を意味している（Sprague[1908], p.60）。
(8)　Hatfieldは，損益計算書（Profit and Loss Statement）の目的に関して，*Modern Accounting*……の別の箇所で，それは，経営者が浪費を抑制し，不利益な投資を防げるように，企業の活動によりよい洞察を与えると述べて，経営者の内部管理に関連づけての損益計算書の目的についても言及している（Hatfield[1909], pp.282-283（松尾（訳）[1971], 269頁））。
　なお，彼は，損益計算書に相当する用語として，上記の例からも明らかなように，資本主や債権者に対する外部報告書としては"Profit and Loss Account"，また，経営者の内部管理向けには"Profit and Loss Statement"と

イギリス東インド会社の資本評価 (1671)

		Dr.		
		£	s.	d.
1671 April 30	Stock. To several persons, as in folio 6 of the book of valuation ················· To balance ····················· Out of this estate is to be deducted a division of ten per cent. made in May last, amounting to	361,286 645,827 1,007,113 36,989	11 2 13 2	6 3 9 6
		Cr.		
1671 April 30	Stock. By several debts owing to the Company, as in folio 1 of the book of valuation ······· By Stock in shipping, as in folio 3 of the said book ····················· By remains at Surat & the Coast of the cargoes of five ships sent in 1670, as in folio 7 of said book ···················· By plantation of St. Helena, being a place of charge for the accommodation of shipping ··· By remains at Bantam and the cost of the cargoes of seven ships sent thither in 1670, as in folio 9 of the said book ··············· By remains at the Fort, Metchlepatam, and the Bay, and the cost of the cargoes of five ships sent thither in 1670, as in folio 10, ditto book By remains in England, as in folio 4 and 5, ditto book ····················· By money in cash ················	136,735 17,709 170,586 129,213 235,709 313,255 1,003,210 3,902 1,007,113	19 18 8 8 11 11 17 16 13	0 8 10 6 0 6 6 3 9
		£	s.	d.
	By the profit on £98,569 5s. 9d., cost of the cargoes of four ships sent to Surat in 1669, and arrived there and part of them sold, which we hope will produce 10 per cent. clear of charges By the profit on £199,815 1s. 2d., the cost of the cargoes of four ships from Surat, five from Bantam, and three from the Coast & Bay, arrived in England, which we hope will produce, clear of all charges, about 50 per cent. By desperate debts owing the Company at home & abroad ······················	 65,542	 17	 2

(9) USスティール社の会計情報公開政策と当時の巨大企業規制との関わりについては，山地 [1994]（特に第5章）を参照されたい。

〈参考文献〉

泉谷勝美 [1997] 『スンマへの径』森山書店。
片岡泰彦 [2007] 『複式簿記発達史論』大東文化大学経営研究所。
久野光朗 [1985] 『アメリカ簿記史―アメリカ会計史序説―』同文舘出版。
小島男佐夫 [1961] 「決算と元帳の締切について」會計，第79巻第3号，44-58頁。
――――― [1965] 『複式簿記生成史の研究（改訂版）』森山書店。
――――― [1987] 『会計史入門』森山書店。
中野常男 [1992] 『会計理論生成史』中央経済社。
――――― [1993] 「財務諸表の史的展開―現代的財務諸表の淵源と確立―」産業經理，第53巻第3号，90-104頁。
西川孝治郎 [1982] 『文献解題 日本簿記学生成史』雄松堂書店。
橋本武久 [2008] 『ネーデルラント簿記史論―Simon Stevin簿記論研究―』同文舘出版。
橋本寿哉 [2009] 『中世イタリア複式簿記生成史』白桃書房。
久野秀男 [1993] 『会計制度史比較研究』（学習院大学研究叢書25）学習院大学。
山地秀俊 [1994] 『情報公開制度としての現代会計』同文舘出版。
Brief, R. P. (ed.) [1986], *Corporate Financial Reporting and Analysis in the Early 1900s*, New York.
Chatfield, M. [1977], *A History of Accounting Thought*, revised ed., Huntington, New York.
Folsom, E. G. [1873], *The Logic of Accounts; A New Exposition of the Theory and Practice of Double-Entry Bookkeeping*, ……, New York.
Foster, B. F. [1836], *A Concise Treatise on Commercial Book-keeping, Elucidating the Principles and Practice of Double Entry*……, Boston.
Hamilton, R. [1788], *An Introduction to Merchandise, containing*……, *Book-keeping in Various Forms,* 2nd ed., Edinburgh (1st ed., Edinburgh, 1777/1779).
Hatfield, H. R. [1909], *Modern Accounting: Its Principles and Some of Its Problems*, New York（松尾憲橘（訳）[1971] 『ハットフィールド 近代会計学』雄松堂書店）。
Jones, T. [1841], *The Principles and Practice of Book-keeping, Embracing an Entirely New and Improved Method of Imparting the Science*; ……, New York.
Littleton, A. C. [1933], *Accounting Evolution to 1900*, New York（片野一郎（訳）[1978] 『リトルトン 会計発達史（増補版）』同文舘出版）。

MacGhie, A.[1718], *The Principles of Book-keeping Explain'd*, ……, Edinburgh.

Mair, J.[1736], *Book-keeping Methodiz'd: or, a Methodical Treatise of Merchant-Accompts, According to the Italian Form.* ……, Edinburgh.

─────── [1773], *Book-keeping Moderniz'd: or, Merchant-Accounts by Double-Entry, According to the Italian Form.* ……, Edinburgh.

Malcolm, A.[1731], *A Treatise of Book-keeping, or, Merchants Accounts; in the Italian Method of Debtor and Creditor*……, London.

May, G. O.[1943], *Financial Accounting: A Distillation of Experience*, New York(木村重義(訳)[1970]『G.O. メイ 財務会計―経験の蒸留―』同文舘出版).

Mepham, M. J.[1988], *Accounting in Eighteenth Century Scotland*, New York.

Peragallo, E.[1936], *Origin and Evolution of Double Entry Bookkeeping: A Study of Italian Practice from the Fourteenth Century*, New York

Sainsbury, E. B.[1932], *A Calender of the Court Minutes etc. of the East India Company 1671-1673*, Oxford.

Sprague, C. E.[1908], *The Philosophy of Accounts*, New York.

United States Steel Corporation[1903], *First Annual Report of the United States Steel Corporation fot the Fiscal Year ended December 31, 1902*, Hoboken, New Jersey.

Vangermeersch, R.(ed.)[1986], *Financial Accounting Milestones in the Annual Reports of United States Steel Corporatin: The First Seven Decades*, New York.

Winjum, J. O.[1972], *The Role of Accounting in the Economic Development in England: 1500-1750*, Urbana, Illinois.

Yamey, B. S.[1963], "A Survey of Books on Accounting in English, 1543-1800," in B. S. Yamey, H. C. Edey and H. W. Thomson, *Accounting in England and Scotland, 1543-1800: Double Entry in Exposition and Practice*, London, 1963, pp.155-179.

(中野　常男)

第13章

会計理論の生成と展開

―世紀転換期から1920年代のアメリカにおける学説史的展開―

　本章では，20世紀初頭のアメリカにおける簿記会計のテキスト，および，当時の実務から，簿記会計上の説明がどのように変化していったのか，また，当時の社会経済的背景が会計理論にどのような影響を及ぼしていたのかを明らかにする。特に貸借対照表を中心としたアプローチから，次第に損益計算（書）が注目されるようになっていった過程について，複式簿記の説明理論，利益概念，資本会計を中心に考察する。

第1節　複式簿記教授法の展開：資本勘定と損益勘定

1．資本等式と資本主持分勘定

　20世紀初頭のアメリカの簿記書のほとんどは，19世紀後半まで主流であった元帳アプローチ（ledger approach），つまり，元帳勘定を人名勘定，実在勘定（物財勘定），名目勘定（仮想勘定ないし擬制勘定）に分類するという三勘定分類の手法を未だ用いていた。そこでは，資本に関する勘定は名目勘定に分類され，人名勘定や実在勘定が中心で，資本は非現実的な仮想的なものとして示されており，複式簿記の原理には注意が払われていなかった。

　その後，普及し始めていた複式簿記に関する議論展開は，Henry R. Hatfield

のModern Accounting (1909) などに見られるように，＜資産－負債＝資本主持分（資本）＞という資本等式によるものであった。Hatfieldは，自身の議論が，特にスイスのJohann F. Schärの所説に依拠していることを明らかにしている。

Schärによれば，資本（自己資本）は企業活動の中心をなすものであり，複式簿記は資本の循環過程の完全なる価値計算をなすものと解釈される。資本（K）は純財産をもって概念づけられ，純財産は積極財産（A）と消極財産（P）との代数的総和，つまり，差額であるゆえに，＜積極財産（A）－消極財産（P）＝資本（K）＞という関係が成り立つ。彼の所説は，物的二勘定系統説（materialistische Zweikontenreihentheorie）（または純財産学説（Reinvermögenstheorie））と呼ばれている。

この物的二勘定系統説は，資本等式説と同じものと考えられており，資本主の正味財産（＝純財産）の計算が第一目的とされ，正味財産は積極財産である資産と消極財産である負債の差額として認識されていた。したがって，損益は資本主持分（proprietorship）の増減として，換言すれば，損益に関する勘定は資本主持分の従属的勘定として示されていた。

すなわち，当時のアメリカの著者たちの大半が複式簿記の説明を資本主の観点から行い，簿記の基本的領域は財産と資本主持分（資本）という二つの領域であると考えていた。Hatfieldも，複式簿記の全体構造を示す上で，「財産」（goods）と，損益を含んだ全体財産である「資本主持分」（資本）という二つの領域に分けて説明し，資本主持分の構成要素とその分類を，次頁の［図表13-1］のように示していた。

資本主持分勘定で示される原初資本（original capital）と純利益（net profits）の合計金額は，常に財産勘定によって示される正味財産の金額と一致しなければならず，この「財産」と「資本主持分」という二つの記録（二重記録）によって，記帳の正確性を検証することができる。

このように，「資本」は独立した概念であり，資本（に関する）勘定は他のすべての勘定の基盤と位置づけられていた。ただし，Hatfieldにあっては，少なくとも複式簿記の説明は株式会社を念頭に置いていたわけではなく，利益概念の説明を除けば，出資されていた資本は自明のものとして取り扱われ，資本

図表13-1　Hatfieldにおける資本主持分勘定の分類

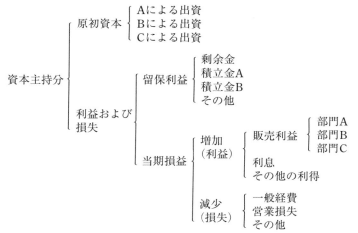

出所：Hatfield[1909], p.9（松尾(訳)[1971], 8頁）。

勘定そのものが注目されることはほとんどなかった。したがって，資本は，"net worth"，"net assets"，"stock"，あるいは，"balance" といった用語で示され，差額としての正味財産という形式的な意義しか与えられていなかった。

すなわち，簿記理論上は，資本と利益の関係は上位概念と下位概念として認識されていたが，個人企業や組合企業（partnership）が中心であるために，「資本と利益の区分」は，形式的にあっても，実質的にはそれほど重要ではなかった。

2. 貸借対照表等式と費用・収益勘定

1910年代になると，資本等式を前提としながらも損益に関する説明が次第に詳細になっていたが，かかる資本等式を批判して，＜資産＝持分（equity）＞という貸借対照表等式を主張したのが，*Accounting Theory*（1922）の著者であるWilliam A. Patonである。

彼は，資本主の観点が，当時の株式会社組織の巨大化という状況において，もはや適合する理論ではないと考えていた（Paton and Stevenson[1918], p.7；

Paton[1922], p.iii)。すなわち、会計実務上は株式会社会計に対応するように会計処理が行われているにもかかわらず、簿記会計の説明理論（会計テキスト）では、未だに目的が資本（資本主持分）の決定であり、勘定は資本主の観点から分類されているために、実務に比べればかなり遅れていると考えていた。そこで、簿記会計の説明上、これまで資本主の観点を反映する典型的な資本主持分という用語を用いず、換言すれば、資本等式による誤解をなくすために、批判的な意味で貸借対照表等式を用いていたのである（Paton[1922], pp.52-53)。

Patonの複式簿記における最大の特徴は、費用勘定や収益勘定といった損益に関する点である。彼は、費用勘定と収益勘定は貸借対照表貸方持分勘定に対する従属的な勘定であり、これらの一時的分類は経営者の観点からは本来非常に重要なものであると説明している（Paton[1922], p.145)。

さらに、会計理論の点からは、収益はこれら二つの分類の支配的なものであり、費用項目は本質的には収益からの控除を表しているという。費用勘定は、厳密に言えば、収益勘定の単なる借方を構成しているにすぎず、そのように理解されるべきであると述べて、両者の関係を、以下の［**図表13-2**］のように示している。

図表13-2　Patonにおける費用勘定と収益勘定の関係

出所：Paton[1922], p.155.

Patonにあっては、費用が収益からの控除とされている点で、それ以前の会計文献よりも費用と収益の対応関係が強く認識されている。従来の資本等式説による説明では、費用・収益の勘定は資本主持分の下位区分として認識されており、そこでの収益は、営業収益と営業外収益といった区分は見られず、全体としての収益の説明にすぎない。しかし、Patonの挙げる収益・費用とは営業

損益に限定されていた。

第2節　第一次世界大戦期頃までの利益概念

1．貸借対照表に基づく利益概念：配当可能利益の重視

　20世紀初頭の会計利益に対する考え方は，資本等式からもわかるように財産法的なものであった。例えば，当時の会計論者間で最も多く引用・紹介されているのが，1904年に国際会計士会議で"The Profits of a Corporation"という論文を報告したArthur L. Dickinsonの見解である。そこでは，二つの決算日に見積もられる正味財産の増加または減少を利益または損失として考えることが必要となると述べていた（Dickinson[1904], p.172）。

　このように，利益は資本主持分項目の増減をさすものとして説明されており，この意味で貸借対照表に依拠するものであった。したがって，利益概念はストック概念，つまり，貸借対照表に基づく利益であり，ドイツ会計学で言えば静態論に近いものであった（See Previts[1980], p.165）。さらに，それは具体的には配当可能利益を意味していた。

　Hatfieldにおいても，損益勘定の残高を具体的にどのように考えていたのかと言えば，＜利益＝配当可能利益＞という見解であった。しかしながら，Hatfieldの利益概念と当時の法律上のそれとは，＜（純）利益＝配当可能利益＞であるという点では共通しているが，配当可能利益が，具体的にどのような項目を含み，逆に，どのような項目を除くかという点では必ずしも一致していたわけではない。

　法律的見解でも配当源泉は決して統一されていなかったが，法律や判例には，例えば，株式プレミアムといった営業活動によらないものも配当可能と認めていたので，剰余金が配当可能であるという貸借対照表的利益概念がまさしく該当した。これに対して，Hatfieldは，＜配当可能利益＝損益（純利益）＝営業

活動による損益>と考えている点で若干異なっていた。しかし，損益勘定の残高が，固定資産の売却益といった特別損益を含んだ包括主義に基づく利益を示すのか，純粋な営業活動のみを含める当期業績主義に基づく利益を示すのかということは明確ではない。これは，貸借対照表を中心と考えており，Hatfield自身は損益計算書の様式を示していないからである。複式簿記における詳細な損益分類の説明が見られないために，営業外損益，あるいは，特別損益という概念が欠如していたのである。

このように，配当可能な源泉という厳密な意味では，会計学上と法律上の見解は異なっていたと言えるが，利益とは配当可能利益を示すものであるということは，当時の会計論者の一般共通的な見解であった。そして，これは貸借対照表に計上される剰余金を意味していた。

2. 法律の影響と会計実務の特徴

当時（第一次世界大戦前；1914年まで）の会計理論においては，資本および利益の定義は，会社法や所得税法，裁判所の判決といった法律上の影響を強く受けていた。会計理論上の利益は配当可能利益と同義に考えていたが，それは当時の実務の特徴からもうかがうことができる。1900年代から1910年代前半においては，19世紀から20世紀への転換期における企業合併は多くの水増し資本の問題を抱えながら，高配当または安定配当を企業は目標としていた。

その最大の理由は，株価への影響を意識したからであり，特に優先株に対する配当を継続させることが企業にとって重要であった。したがって，十分な配当原資（過去の累積剰余金）があるならば，当期利益以上の配当を行っても何の問題もなく，当期利益以上の配当を禁止するものではなかった。配当金の計上に関しても，損益計算書に相当する"Profit and Loss account"や"Income account"で配当金額が記載されている企業もあれば，利益と期首剰余金を合算した期末剰余金から控除するという形式で配当額が計上されている企業もあったため，配当は期末剰余金の数値によるものという一般的認識が会計人にあった。

しかしながら、当時の会計実務における最大の問題点は、配当に充てる原資（剰余金）がないにもかかわらず配当を行うことであり、実際にそのような状況が多く見られた。したがって、会計理論においては、配当可能利益または配当原資である貸借対照表の資本（純資産）の部に注意が向けられていたことは当然であった。DickinsonやHatfieldの利益の説明もほとんど法律に依拠していたが、これは配当可能利益の限度額計算と言うものでなく、何が配当可能で、何が配当不能であるかという問題であった。もちろん、会社法や裁判所の判決と会計理論が必ずしも一致していたわけではないので、配当可能であるから利益、配当不能であるから資本という区別は行われていなかった。

第3節　第一次世界大戦期以降の利益概念

1. 損益計算書に基づく利益概念：営業利益の重視

　第一次世界大戦頃までに出版されていた簿記会計文献でも損益計算に対する考察は行われており、損益計算書の説明では、損益の分類を示し、フローとしての利益概念を示していた。しかし、当時の文献において議論の前提として用いられた資本等式＜資産－負債＝資本主持分＞では、資本等式の右辺である資本主持分の金額を求めることが第一目的とされるという点で、ストックとしての概念が強く、利益決定は資産評価による副産物であり、二次的問題であると考えられていた（Previts[1980], p.161）。

　このような状況において、経営管理目的から営業損益を強調したのが、Patonである。彼の持分概念における実質的意義は、損益計算面、つまり、利益概念にある。これまで、持分概念は、負債と資本という貸借対照表の貸方側を同一視することをその特徴として挙げられている。しかし、むしろ、損益計算における支払利息・社債利息・配当等、企業に資金を提供するすべての持分に対するリターンを費用とは認識せず、純利益（net revenue）勘定で同一に扱

う点で意義があったのである。Patonは，営業損益と，営業以外の損益や特別損益とを，純利益勘定と剰余金勘定を用いて区別して説明しており，その関係を示すと，以下の［図表13-3］のようになる。

図表13-3　Patonにおける勘定間の関係

費用・収益		純利益		剰余金	
材料費等 減価償却費 引当損 売上割引	売上高 賃貸料 仕入割引	支払利息 社債利息 支払配当金 法人税	純利益 受取利息 受取配当金	臨時損失	剰余金 土地評価益 積立金
純利益		剰余金			

出所：Paton and Stevenson[1918], p.137,144,147.

上掲の図表では，営業損益に該当するものを費用・収益勘定に計上し，この差額を純利益勘定に振り替え，純利益勘定で持分のリターンである支払利息・配当等を控除した残高が剰余金勘定に振り替えられている。さらに，経営管理者や取締役会が重要な営業決定や財務政策を行うのは費用・収益計算書に基づいており，経営者の意思決定のための損益分類を強調したいという理由から，純利益勘定と剰余金勘定との間の区別よりも，費用・収益勘定と純利益勘定との間を区別することが重要であると述べている（Paton[1922], p.182）。

したがって，費用・収益勘定と純利益勘定を結びつけて損益計算書として取り扱っているのが一般的な会計実務であるが，彼はこのような傾向を批判している。また，費用とは経営者によって購入され一期間の収益を生み出すために使われた，財貨および用役の費消を表すものであり，利益とは営業活動の結果を示すものであるという彼の営業利益概念から，実務上，費用処理されている支払利息や社債利息を費用ではなく利益処分である主張している（See Paton and Stevenson[1918], pp.190, 198-200；Paton[1922], p.169）。

すなわち，Patonは，資本主への報酬は必ずしも企業の最終的な目標ではないということ，つまり，配当金額そのものや配当可能利益ではなく，経営管理目的（経営者）にとっては，それよりも前に示される営業損益がより重要であ

ると主張していた。

2. 会計実務における損益計算書と剰余金計算書の区分

　第一次世界大戦期頃までは，各企業の年次報告書（Annual Report）を見ると，貸借対照表以外の損益計算書や剰余金計算書（利益処分）の区分は曖昧であった。しかし，第一次世界大戦後，特に1920年代においては，いずれの企業においても共通する特徴が見出される。それは，この曖昧であった区分が，本業による利益を中心とした損益計算書と，配当や社債利息を支払う剰余金計算書（利益処分）に明確に区分されてきたという点である。すなわち，"Profit and Loss" と "Surplus" が区別されるようになっていた。

　また，1920～1921年前後の年次報告書はそれ以前のものと異なることが多い。なぜなら，第一次世界大戦後の1920年前後は，大戦期の戦争特需の反動から多くの企業が大幅な減益や赤字を計上するという，1920年恐慌と呼ばれる時期を経験していたからである。

　例えば，ユナイテッド・ステーツ・スティール社（United States Steel Corporation：以下，USスティール社と表記）は，1921年度と1922年度のみ貸借対照表よりも配当を示す "Income account" だけを先に表示しており，これら両年度に先行する1920年度では配当可能純利益，配当前期末剰余金残高，配当金額等を1901年4月からの詳細（経緯）を一覧表にして表示している。[3]

　また，ジェネラル・モーターズ社（General Motors Company：以下，GM社と表記）は，1920年度から "Profit and Loss account" を "Surplus account" に名称変更し，同年度の年次報告書では自動車産業の成長性を示し，1912年からの税引前純利益，税金，利子・配当金額，留保利益額を一覧表にしている。また，1923年度からは貸借対照表よりも損益計算書・剰余金計算書の方を先に示し，1924年度からは普通株の配当も優先株の配当も同じ "Surplus account" に計上している。

　さらに，デュポン社（E.I. du Pont de Nemours and Company）は，1921年に年度利益を剰余金に振り替えてから配当金を控除する形式に変更している。これ

は，当期利益と配当を区別する方法であるが，この年度が配当金に比べて当期利益の方が少ない金額であったことによるものと推測される。また，1926年には"Income account"が"Income account"と"Surplus account"の二つに区分されている。

上記のように，損益計算書と剰余金計算書が明確に分けられるようになったことにより，利益は，貸借対照表上の概念ではなく，一年間の経営成績を表すフローとしての当期利益概念として明確になったのである。

3. 企業の配当傾向

配当そのものの考え方も変化していた。1920年代のUSスティール社，GM社，デュポン社，および，ジェネラル・エレクトリック社（General Electric Company），それぞれの企業利益や配当状況を見ると，各社の利益は段階的に増加していた。そして，企業の配当性向も，1920年代後半に限ってみれば，第一次世界大戦前よりも高く，これはアメリカ企業全体の特徴でもあった。

このような配当に関する特徴は，業績が良好であったことに基づいており，安定した収益を見込めることができたことによる。企業は，毎期または四半期ごとの利益数値や将来利益の予測に基づいて配当を増額させていたのである。[4] かかる特徴から，常に安定して利益をあげることができた1920年代においては，企業にとって配当可能利益は確かに重要ではあるが，配当原資である当期利益（本業に基づく利益）がより重要であり，配当そのものはあくまでも企業の判断に基づいていた。むしろ，配当額に見合うほどの利益がない場合（特に1929年10月に発生した大恐慌（Great Depression）に続く1930年以降）には，企業にとってはより利益・配当を意識したといえるだろう。

4. 会計理論と実務との乖離

Patonが主唱していたような経営管理目的からの営業損益を重視する見解は，この当時の会計実務，具体的には，企業の年次報告書における損益計算書

図表13-4　1922年のUSスティール社の損益計算書冒頭部分

Gross Receipts-Gross Sales and Earnings (see page 23)	$1,092,697,772.36
Operating Charges, viz. :	
Manufacturing and Producing Cost and Operating Expense, including ordinary maintenance and repairs and provisional charges by subsidiary companies for depreciation	$959,973,966.88
Administrative, Selling and General Expenses (not including general expenses of transportation companies)	30,331,295.78
Taxes (including reserve for Federal income taxes)	35,798,449.97
Commercial Discounts and Interest	6,854,030.13
	$1,032,957,742.76
Less, Amount included in above charges for allowances for depletion and depreciation here deducted for purpose of showing same in separate item of charge, as see below	33,382,624.09
	999,575,118.67
Balance	$ 93,122,653.69

という意味では見られない。当時，最も多くの情報を開示していたと思われるUSスティール社の損益計算書の最初の部分は，上掲の［図表13-4］のようになっている。

　上掲の図表に示したように，製造原価や営業費用の内訳項目が明記されているという点で優れているといえるが，このような詳細な勘定科目を記載している企業は珍しかった。例えば，GM社やデュポン社といった，同時期の他社の損益計算書の最初に表示される項目は，次頁に掲げる［図表13-5］のようになっていた。

　この［図表13-5］の上段に示すように，GM社では，冒頭部分で，製造原価，販売費・管理費等を控除した純利益数値が計上されているだけで，それらの詳細な金額は記載されていない。これは，下段に示すデュポン社の場合でも同様である。

　会計理論においては損益に関する詳細な分類が主張されていたが，会計実務

図表13-5　1922年の年次報告書における損益計算書冒頭部分

GM社	
Net earnings for year before deducting interest, but after all expenses of manufacturing (including maintenance), selling and administration, as well as ordinary taxes, insurance, depreciation ($13,584,788.95 in 1922; $6,750,674.54 in 1921) of plant and equipment	$ 66,781,613.52
デュポン社	
Net Sale	$ 71,956,448.45
Net Income from Operations and Investments	$ 12,920,458.48
Profit & Loss from Sales of Real Estate, Securities, etc.	334,233.48
Total Earning	$ 13,254,691.96

においては競争上の理由等から製造原価などが明らかにされていなかった。もちろん、経営管理目的から内部情報としてはきわめて多くのデータが企業内にあったと思われるが、外部報告という観点からは、未だ損益計算書における詳細な開示はなされていなかった。さらに、年次報告書そのものが株主向けのものであることから、彼らの関心の高い配当状況を中心とした形式になっていたと理解できる。ただし、実務上も、利益は、配当を除いた、本業を中心とした営業利益・経常利益に近いものになっていたことは確かである。

第4節　アメリカ連邦所得課税制度の影響

　当時の会計理論、特に損益計算（面）に最も影響を与えた要因として、アメリカ連邦所得課税制度が挙げられる。この制度は、外部利害関係者である投資家に対してではなく、法人税を納める企業（経営者）に多大な影響を与えたと考えることが自然である。さらに、損益計算書における利益（所得）概念がどのように認識されていたのかは、会計理論への影響を考える上で最も重要なものである。

Floyd W. Windalは，法律上の所得概念の発展過程を二期に分けている。第一期は1861年から1920年までであり，課税所得計算における現金主義会計の確立の時期，また，発生主義会計への発展の胎動の段階と位置づけている。この第一期は，さらに大きく二つの段階に区分されており，第一段階は純財産の距離比較（財産法）による所得計算の思考から現金収支計算（現金主義）による所得計算施行への移行段階（およそ1861年から1912年まで）であり，第二段階は現金等価物の受領をも所得実現の規準とする点で発生主義の胎動の段階（およそ1913年から1920年まで）とされている。そして，第二期は1920年代から1963年までであり，発生主義会計が判例の中に確立される時期であると論じられている（Windal[1963], pp.29-32）。

1．1909年法人免許税法と1913年所得税法

　1909年の法人免許税法の所得計算規定は，年度中にあらゆる源泉から受け取った所得の総額から，同法が明示的に定める五つの控除項目の金額を差し引いて純所得を確定すべき旨を定めていた。これらの控除項目には，「年度中に実際に支払われた（actually paid within the year）」という条件が付されており，現金収支に基づく所得（利益）計算の色彩が強かった。これに対して，会計学者からは，減耗償却費（減価償却費）を認めるべきという主張がされていたが，法律はこの点を考慮してはいなかった。

　他方，1913年所得税法については，連邦所得税を法律化するための憲法修正が1909年7月に提案され，1913年2月の憲法修正16条の可決によって直接税である連邦所得税が認められるようになった。この後，アメリカ関税法（Underwood-Simmons Tariff Act）が可決され，この法律のSec.2G. (b) において，純所得（純利益）は，総所得から，すべての個人および企業課税と支払利息，営業費用，偶発損失，不良債権および減価償却費等が費用控除の対象とされた。1909年法人免許税法とは異なり，現金収支だけでなく，財産の使用・摩損による減価への引き当て，天然埋蔵物の枯渇に対する引き当てである減耗償却費といった発生主義に基づく費用も控除されるようになった。

この1913年所得税法は，会計理論だけでなく，会計実務に対しても多大な影響を与えた。課税所得の決定を支える文書記録を要求することによって，税法は会計を義務的なものにし，会計士は財務諸表を作成する必要性をまったく考えていなかった経営者を支援するという直接的な業務を有するようになった。さらに，納税申告書を作成するという業務は，会計監査以外にも会計士は有用となりうるということを示す機会を与え，会計処理の選択および会計理論が専門家以外の外部の人々にとっても重要となった（Previts and Merino[1998], p.182）。

2. 戦時所得課税制度とその影響

第一次世界大戦期（1914～1918）になると，通常の課税だけでなく，戦時超過利得税といったものが課されるようになっていた。参戦前の増税で，法人税の通常税率もそれまでの1％から2％に引き上げられ，1917年歳入法で戦時超過利得税が導入された。1918年歳入法では，戦時超過利得税が，戦時利得税（War Profits Tax）と超過利得税（Excess-Profits Tax）に分離され，通常課税の他に，株式資本税（capital stock tax）も課された。このような戦時所得課税

図表13-6　連邦政府の税収額

（単位：百万ドル）

年　度	関　税	個人所得税	法人税	超過利得税
1914	292.3	41.0	39.1	―
15	209.8	67.9	57.0	―
16	213.2	173.4	171.8	―
17	226.0	691.5	503.7	1,638.7
18	180.0	1,127.7	653.2	2,505.6
19	184.5	1,269.6	743.5	1,431.8
20	322.9	1,075.1	636.5	988.7
25	547.6	734.6	1,170.3	―
29	602.3	1,001.9	1,193.4	―

出所：Bureau of the Census[1960], pp.711-715より作成。

制度によって，第一次世界大戦の終末までに歳入の多くが超過利得税を支払う株式会社から徴収されるようになり，連邦政府の税収入額は，前頁の[図表13-6]に示されるような構成になっていた。

　企業にとっては法人税や超過利得税は重い負担と感じるようになり，企業の会計利益に対する意識は高まっていたといえる。実際に，1910年代後半の戦時所得課税制度のときは，かかる法人税に関する金額を独立した項目で損益計算書または補足情報として各企業は表示していた。

　固定資産の売却による所得を課税することができるのか，留保利益からの株式配当は課税対象になるのか，あるいは，1910年代における物価水準の上昇による保有利得を所得として課税することができるかという裁判所の問題は，会計において当時頻繁に議論されていた問題であり，ほとんどの会計文献でもこのような項目に言及されていた。

　このことからも，所得課税制度と会計理論・実務は密接に関連していたことが理解できる。なお，今日においては税法（税務会計）が財務会計における会計処理を具体的に規定しているとも言われているが，当時の所得（計算）は，あくまでも企業の判断によって決定されるものであった(See May[1925], p.255)。

第5節　資本会計の理論的展開

　1910年代前半までのアメリカの簿記会計テキストでは，資本に関して体系だった説明はなされていなかった。したがって，資本剰余金（capital surplus）という概念はほとんど存在しなかった。当時の会計人の一般的な見解は，株式資本金の金額は実際にその金額と同等の価値を有するべきであり，発行株式の実際の価値と額面金額を区別するという考えは持っていなかった。すなわち，当時の資本概念は，複式簿記と同じように，＜資本＝実質財産（正味財産）＞というものであった。また，剰余金と積立金の区別，さらには，積立金と引当金の用語上の区別さえ行われておらず，剰余金といえば配当可能な利益剰余金（earned surplus）をさすものが中心であった。

しかしながら、1910年代後半ないし1920年代になると、会計理論の中で最も本質的で重要な「資本と利益の区分」が、資本の領域において見られる。すなわち、剰余金に関して理論上の精緻化が見られるようになったことである。この契機となったのが、1910年代の無額面株式発行の普及と、1910年代後半の大幅な物価上昇による資産評価から生じる再評価剰余金である。

1. 配当不能としての資本剰余金概念の生成

1912年にニューヨーク州によって初めて無額面株式が認められるようになり、その後、1920年代前半にはアメリカの州会社法の半分以上が無額面株式を認めるようになっていた（Hurdman[1919], pp.249, 254-255）。法律だけでなく、企業においても、1920年代後半以降に設立された会社のほとんどが無額面株式を有しており、歴史ある会社でも額面株式を無額面株式に変更していた。

1912年のニューヨーク州の株式会社法は、「会社の資本金は基本定款に記載された額である」と規定したが、資本金額の決定方法については明文規定を置いていなかった。したがって、維持されるべき表示資本額の決定を企業の自由裁量に委ねるという欠点を有していた（伊藤[1983], 208頁）。

例えば、会社法上の表示資本と払込剰余金の関係について、あるいは、法的事項である表示資本を貸借対照表に別個に表示すべきかどうかといった問題が生じた。そこで最大の議論となったのは、株式プレミアムといった払込剰余金の配当可能性についてであった。これは配当可能利益の問題と直接結びついていた。

1920年代には、会計理論上、剰余金の詳細な分類が既に行われていた。特に注目したいのが再評価剰余金である。会社法や裁判所の判決では、再評価剰余金が配当可能であるのかどうかという問題が焦点になっていたと言われ、会計理論においても、1920年代の中心的議論であったと主張されている（See Previts and Merino[1998], p.267）。

確かに、裁判所の判決において配当可能利益が中心的な問題であったことは事実である。しかし、むしろ、理論上では剰余金の詳細な分類が示されること

によって，また，実務上においても企業の配当方針によるものであったために，配当可能利益の問題はそれほど中心的問題であったとは思えない。会計理論上，再評価剰余金が配当可能利益には含まれないということは当時の会計論者の共通認識であった。

このように，配当不能である資本剰余金の概念が生じてくると，複式簿記で単一概念として資本を説明することは限界に至った。すなわち，それまでの説明では，剰余金に対する基本的な見解は利益剰余金を意味していたが，剰余金勘定に計上されるものには，今日でいう特別損益項目も含まれており，固定資産売却損益や再評価剰余金といったものも混在していたからである。したがって，複式簿記ではなく，会計理論において資本会計なるものが成立し，剰余金が資本剰余金と利益剰余金に区別・分類されるようになった。すなわち，会計理論上は利益剰余金と資本剰余金を区別することによって，「資本と利益の区分」が明確になっていたのである。

2. 資本会計における会計実務の特徴

会計理論上は，資本会計における理論化と詳細な分類が示されていたが，実務上は決してそのような理論に対応してはいなかった。当時の企業の貸借対照表の貸方側を見ると，今日の資本（純資産）の部のように，資本金，資本剰余金等が一つの区分としてまとめて計上されていたわけではないし，実際には非常に簡素化されていた。また，州会社法で株式種類別の払込価額を基準とした醵出資本額が確定しない限りにおいては，厳密な意味では醵出資本（paid-in capital）と留保利益（retained earnings）との区別保持は不可能であった（中村 [1975], 58-59頁）。

例えば，1922年のUSスティール社の連結貸借対照表貸方側の最初には，資本金・少数株主持分が計上されているが，その後に社債が計上され，処分済剰余金項目に相当する項目は，流動負債の後に，"Appropriated Surplus to cover Capital Expenditures"，"Sundry Reserves" として示され，最後に資本剰余金と利益剰余金を含んだ未分配剰余金が計上されるという，いわばサンドイッチ

的な表示であった。そして，"Reserves" という用語には引当金と積立金の両方が含まれており，資本の部分が明確にされているわけではなかった。

　最も詳細な会計数値を公表していると考えられるUSスティール社でさえこのような状態であり，その他の企業の大部分は，資本金，積立金（引当金と区別されない），剰余金という大項目の表示であったと推測される。その一例として，1926年のデュポン社の剰余金計算書を，以下の[図表13-7]に掲げている。

図表13-7　1926年のデュポン社の剰余金計算書

Surplus at beginning of year	$ 62,669,541.04
Net Income for the year	41,969,574.10
Surplus resulting from refunds and adjustment of taxes for prior years	2,681,294.13
Surplus resulting from revaluation of Canadian Explosives, Ltd. Common Stock	2,015,358.00
Appropriation of Surplus for Pension Reserve	4,880,729.29
Total	$ 104,455,037.98
Dividends on Debenture Stock	4,770,409.65
Dividends on Common Stock　（4回合計）	33,267,062.25
Total Dividends	$ 38,037,471.90
Surplus at end of year	$ 66,417,566.08

　なお，デュポン社では，1926年に初めて損益計算書が"Income Account"と"Surplus Account"とに二分されているが，"Surplus Account"を見ると，配当の源泉が不明確である。

補論　同時代におけるドイツ会計学の特徴

　わが国の会計学研究においては，アメリカ会計学だけでなくドイツ会計学の影響も大きく，歴史的にはドイツ会計学の研究の方が主流であった時期もある。

ドイツ会計学の特徴は，端的に言えば，静的貸借対照評論（statische Bilanz：以下，静態論と表記）や，動的貸借対照評論（dynamische Bilanz：以下，動態論と表記）という貸借対照表（Bilanz）に関するものである。これは，1861年ドイツ一般商法（Allgemeines Deutsches Handelsgesetzbuch von1861：ドイツ普通商法とも言われる）の第31条で規定された貸借対照表の作成時における「付すべき価値」の解釈を巡って，売却時価か取得原価かという論争（評価論争）が20世紀初頭まで行われていたことによる。

ただし，静態論と動態論という区別が当初からあったわけではなく，これは，Eugen Schmalenbachによって行われた。1919年に，*Dynamische Bilanz*（『動的貸借対照表論』）の初版が公刊され（1962年の第13版まで増補・改訂），同書において，彼は，貸借対照表をもって財産計算や資本計算の手段とみる見解を静態論，他方，貸借対照表をもって損益計算の手段とみる見解を動態論と称したのである。静態論の論者としては，複式簿記における物的二勘定系統説の完成・普及に多大な影響を与えたSchärが挙げられる。

Schmalenbachの動態論は，「一致の原則」（Grundsatz der Kongruenz）に見られるように，現金収支に基づく全体損益計算を基準としたものであるため，期間損益の合計が全体損益であるという前提であった。

そこでは，収入と収益，支出と費用の組み合わせから損益計算の構造を明らかにしようとしているが，損益計算を損益計算書ではなく貸借対照表から説明している。損益計算の直接的手段はあくまでも損益計算書であるが，貸借対照表は，当該期間の損益計算に未解消項目（未決項目），つまり，収入・支出計算と収益・費用計算の食い違う部分（支出・未費用，収益・未収入，費用・未支出，収入・未収益等）を収容するものと解釈していた。

このような説明は，本来，ドイツ税法に規定される「収入・支出計算を使用する損益計算」に対して，1890年のプロシア税制改革によって，ドイツ商法，ドイツ株式法に規定される「貸借対照表を使用する」「期首財産と期末財産の比較」が容認されたことに起因すると言われる（土方[2005], 58頁）。

すなわち，全体の収支計算（全体損益）と一期間の損益計算（期間損益）の合計とが一致するということ，最終的には，収支計算と損益計算は異ならない

ことを証明するために動態論が主張されたのである。

　この他にも，同時代の著作として，Schmalenbachの動態論を拡充・確立するために貢献したErnst Walbの1926年の*Die Erfolgsrechnung privater und öffentlicher Betriebe*（『損益計算論』）や，静態論者や動態論者の貸借対照表観とは異なり，損益計算と財産計算の両方が分離され，二元的貸借対照表論とも呼ばれているFritz Schmidtの1921年の*Die organische Bilanz im Rahmen der Wirtshaft*（『有機的貸借対照表論』）などが挙げられる。

[注]

(1) 「水増し資本」(watered stock) とは，会社の有価証券（株式と社債）の額面価額（貸借対照表貸方）が，利益に基づく会社の実際の価値（資産側）を超える状態を意味する（過大資本化と同義）。

(2) 1900年代に会社更生が行われた17のトラストのうち，10社は会社更生の前年には資本食い込み配当（unearned dividend）または資本食い込み社債利払い（unearned interest on bonds）を行っていた。剰余金が既にマイナスであるにもかかわらず，優先株配当や普通株配当を行っていたトラストも存在していた（See Dewing[1914], p.554）。

(3) 1921〜1922年にもUSスティール社は利益をあげていたが，1918年から1920年までの利益額と比較すると，半分以下になっていたことが，表示順が変更された理由と考えられる。なお，同社においてかかる変更はこの時期以外には見当たらない。

(4) デュポン社では，1926年以降特別配当を行い，配当性向は90％以上にもなっていた。他方，USスティール社でも，前年度利益と比較して1923年の下半期は配当額を増やし，1927年からは基本配当率が1.25％から1.75％に上昇し，1929年には特別配当も実施していた（See 桑原[2008], 311-313頁）。

(5) 当時の会計人は，一般に，剰余金を分類する意義に同意しており，払込剰余金，資本剰余金，再評価剰余金，利益剰余金は分離されるべきであると論じていた（See Previts and Merino[1998], pp.263-264）。

(6) ただし，会計実務においては，利益剰余金からの配当は課税されるのに対して，払込剰余金からの配当は課税されないということが，両者の区分を望ましいとする最大の理由があったため，当時の文献においても理論的な資本と利益の区分（資本剰余金と利益剰余金の区分）よりも，配当可能の剰余金と配当不能の剰余金との区分の方を重視していたという見解も見られる（See 中村[1975], 114-115頁）。

＜参考文献＞

伊藤邦雄[1983]「アメリカ株式会社会計制度の史的構造（二）」商学研究（一橋大学），24号，193-273頁．

加藤盛弘[1972]「ハットフィールド『近代会計学』における資本と利益」同志社商学，第23巻第6号，939-958頁．

桑原正行[2008]『アメリカ会計理論発達史―資本主理論と近代会計学の成立―』中央経済社．

津守常弘[1962]『配当計算原則の史的展開』山川出版社．

中野常男[1992]『会計理論生成史』中央経済社．

中村　忠[1975]『資本会計論（増訂版）』白桃書房．

西山忠範[1961]『株式会社における資本と利益』頸草書房．

土方　久[2005]「シュマーレンバッハと動的貸借対照表論」，戸田博之・興津裕康・中野常男（共編著）[2005]『20世紀におけるわが国会計学研究の軌跡』（第3章）白桃書房，48-65頁．

Bureau of the Census with the Cooperation of the Social Science Research Council[1960], *Historical Statistics of the United States: Colonial Times to 1957*, Washington, D.C..

Dewing, A. S.[1914], *Corporate Promotions and Reorganizations*, New York.

Dickinson, A. L.[1904], "The Profits of a Corporation," *Official Record of the Proceedings of the Congress of Accountants, Federation of Societies of Public Accountants*, New York, pp.171-206.

Hatfield, H. R.[1909], *Modern Accounting: Its Principles and Some of Its Problems*, New York（松尾憲橘（訳）[1971]『近代会計学―原理とその問題―』雄松堂書店）．

Hurdman, F. H.[1919], "Capital Stock of No Par Value," *The Journal of Accountancy*, Vol.XXVIII, No.4, pp.246-257.

Kehl, D.[1976], *Corporate Dividends: Legal and Accounting Problems Pertaining to Corporate Distributions*, New York（Original ed., 1941）．

Kester, R. B.[1925], *Accounting Theory and Practice*, Vol.II, 2nd ed., New York.

Paton, W. A.[1922], *Accounting Theory: With Special Reference to the Corporate Enterprise*, New York.

―――― and R. A. Stevenson[1918], *Principles of Accounting*, New York.

May, G. O.[1925], "Taxable Income and Accounting Bases for Determining It," *The Journal of Accountancy*, Vol.XL, No.4, pp.248-266.

Previts, G. J.[1980], *A Critical Evaluation of Comparative Financial Accounting Thought in America 1900 to 1920*, New York.

―――― and B. D. Merino[1998], *A History of Accountancy in the United States: The Cultural Significance of Accounting*, Columbus, Ohio.

Windal, F. W.[1963], "Legal Background for the Accounting Concept of Realization," *The Accounting Review*, Vol.XXXVIII, No.1, pp.29-36.

(桑原　正行)

結　章
現代会計へのプロローグ

　本書を終えるに当たり，結章では会計史を学ぶ意味を問い直す。そして，会計の歴史を知ることが，現在を知ることにつながることを指摘した上で，各章を横断的に捉えて現代会計へのつながりを考察する。そして，最後に，20世紀の会計について，アメリカを中心にその動向を概観する。

第1節　会計史を学ぶ意義

1．会計史の役割

　本書では，古く古代文明（特にメソポタミア文明）から出発した会計の歴史を，中世以降の欧米社会を中心として概説してきた。そこからは，会計の歴史，特に複式簿記の歴史が長く，そしてまた，多くの人たちが現在の会計を形作るのに貢献してきたことが理解できたであろう。しかし，会計の歴史は何の役に立つのだろうか。なぜ会計史を学ぶ必要があるのだろうか。

　会計史に限らず，歴史一般についても同じ問いは常に投げかけられてきた。フランスを代表する歴史学者であるMarc Blochが,「パパ，だから歴史が何の役に立つのか説明してよ」と息子に尋ねられたというエピソードは，歴史の果たす役割が自明でないことを明白に物語っている（松村（訳）[2004], ix頁）。

注意しなければならないのは，現在において，歴史とは，単純な事実の積み重ねとは理解されないことである。例えば，1494年にLuca Pacioliが「簿記論」をその一部に収めた数学書『スムマ』を出版したといった事実を列挙するだけでは歴史にならないのである。確かに，19世紀には，事実を列挙し，事実に語らせることにより歴史を構築する実証史学が主流であった。中学校や高等学校で学習する「歴史」はこれに近いものかもしれない。

しかし，20世紀に入ると，歴史構築の作業の中での歴史家の役割に対してより大きな注目が集まるようになった。歴史家は何のために，また，どのような基準で過去の事実を選択するのであろうか。そこには，歴史を叙述する歴史家の選択が必然的に入ってくるのである。さらに，何のために歴史を叙述するのかという目的は，歴史を語る歴史家自身の問題意識（relevance）に根ざしたものである。このような，歴史家の視点を明確に認識し，「歴史とは何か」を明確に論じたのがEdward H. Carrである。彼は，歴史とは，「現在と過去との間の尽きることを知らぬ対話」（清水（訳）[1962], 40頁）であると指摘し，歴史研究における現在を重視する。現在から過去への問いかけが求められ，そして，歴史家にとっての現在の立場から歴史が叙述されるのである。

会計の歴史についても同様のことが言える。著者の立場や目的が，会計史の叙述の仕方に影響を与えたのである。それが特に顕著に表れたのが，会計史を主たる問題とする文献や論稿が本格的に現れた20世紀前半のことであった。初期の会計史文献には，その多くで会計とそれに携わる専門職業人の社会的地位の向上という役割が期待されていた。会計が，古くから営まれてきた長い歴史を持つものであることを強調することにより，会計専門職業の存在意義，あるいは，学問としての会計学の正統性を示そうとしたのである。[1]

しかし，会計の役割に対する社会的期待が相当確立した現在において，会計の地位向上のような目的は必要とされないであろう。それでは，現在のわれわれは，会計の歴史をどのように見れば良いのだろうか。個々の章における研究，あるいは，本書全体に通底する見解ではないかもしれないが，ここでは，会計の歴史とは，会計という行為の本質を知るための一つの知の形式であると理解しておきたい。

歴史を知ることによる直感的な効用がまったくないわけではない。会計は，過去から引き継いできた，一見すると非合理な用語法や思考法を引き継いでいる。これらの中には歴史を知ることにより理解できるものが少なくない。例えば，序章で示されたように，「借方」と「貸方」の用語法は，勘定（特に人名勘定）への債権・債務の記録方法に起因するものであった。財務諸表の「貸借対照表」は資産から計上されるのに，その名称はなぜ「貸」方から始まるのだろうか，なぜ，会計用語には「貸倒引当金」のように訓読みするものが多いのだろうか。[2]会計が過去からの積み重ねによってであることを理解すると，経緯がたとえ偶然によるものであったとしても，過去の影響が現在にも少なからず存在していることがわかるだろう。

2. 会計の歴史を横断的にみる

本書において，それぞれの章の主題は，第一部においては特定の国・地域，第二部においては特定の会計トピックに定められている。しかしながら，複式簿記という知識は，それがかつて「イタリア式簿記」と呼称され，イタリアで生成し全世界に広まったように，会計は特定の地域を超えて広く伝播するものである。歴史家の方法の利点の一つが，時間的・地理的な視点を自由に動かせることである（Gaddis[2002], p.22）。すなわち，自由に注目する時代を決めることができ，また，注目する時代の長さも自由に定めることができる。加えて，注目を距離的に離れたところに置くことも自由である。ここでは，各章に課されたそれぞれの課題を横断的に俯瞰し，複数の章で提示されたトピックに応じて，本書の内容を振り返ってみよう。

2-1 複式簿記という知識の移転

複式簿記の原型は，イタリアで生成し，そこから，フランス，ドイツ，ネーデルラント，イギリス等のヨーロッパに伝播していった。本書の主要な部分は，複式簿記の発展に関わっている。

複式簿記の生成・発展に関連して本書で取り上げたヨーロッパの国と地域は，

イタリア，フランス，ドイツ，ネーデルラント，イギリス，フランスであった。どの国や地域が取り上げられるかという問題に関して，資本主義の発展を複式簿記の発展とリンクさせる「会計世界一周論」という考え方がある。すなわち，複式簿記の生成（イタリア），期間損益計算の成立（ネーデルラント），会計の成立（イギリス）という，会計史にとっての重要な事項が，それぞれの時代のヨーロッパ経済の中心地で生起したことに着目する議論である[3]。現在の会計の形成を理解する上で，これらの国や地域の重要性は決して否定できない。しかし，このような世界一周論で取り上げられなかった国や地域における会計の歴史の重要性を看過するものではない点に注意しよう。特に近年の会計史研究では，非英語圏の会計の歴史を対象としたものが増加している[4]。

　会計記録の様式は複式簿記に限られない。複式簿記が伝播する以前には，複式簿記と異なる会計記録が行われ，それには著しい多様性が見られるようである。例えば，フランスでも複式簿記導入以前の会計記録が発見されているし（第1章），また，ドイツで16世紀に出版された初期の簿記書にはPacioloの「簿記論」の影響を受けないものがあった（第2章）。さらに，複式簿記成立以前のイタリアや，江戸時代の日本では，現在の左右対照形式とはまったく異なる形式の勘定が会計記録に用いられていた（序章，第6章）。

　その一方で，複式簿記がそれぞれの国や地域に伝播した後の歴史は，複式簿記に強く影響されたものであった。複式簿記伝播以前の多様性は，複式簿記の導入によって失われ，複式簿記と異なる記録機構が消滅してしまったと思われるかもしれない。これは，ある側面においては正しく，また，別の側面においては誤っている。まず，出版された簿記教科書の相当部分が複式簿記の解説書であったことは，第1章から第6章で取り上げられた簿記書からも明らかであろう。その一方で，複式簿記の理解を進めるため，あるいは，複式簿記を学ぶための前提の知識として，より簡明な単式簿記を複式簿記と対比して解説する教科書が18〜19世紀に現れるようになった。

　他方，実務，つまり，実際の商人や企業が行っていた会計記録は必ずしも複式簿記に拠っていない。1673年のルイ14世商事王令（フランス商事王令）の制定を承けたJacques SavaryのLe PARFAIT NEGOCIANT……（1675）（『完全

な商人』）では，商人の規模によって異なる簿記が求められることを説き（第1章），オランダ東インド会社のような大規模株式会社であっても，そのアムステルダムの本社では複式簿記が利用されていなかった（第3章）。実務において，イギリスで複式簿記の利用が一般化するのは19世紀のそれも後半のことであったことが指摘されていたが（第4章），このような事情は他の国や地域においても大きく異なるものではないと思われる。

2-2 継続企業の持つ意味

　イタリア式簿記としてヨーロッパに伝播した複式簿記は，ヴェネツィア式簿記と呼ばれる，冒険的海上商業（sea-trade venture）に適合した冒険商業会計（venture accounting）の手続を組み込んだものであった（序章）。そこでは，商品名商品勘定や航海勘定が利用され，商品販売にかかる利益の計算は商品別または航海や旅商の別に行われていた（口別損益計算）。冒険的海上商業は，航海ごとに設立され，航海終了後に清算が行われる当座的企業によって行われていたために，ヴェネツィア式簿記の諸特質はこれに適合的なものであった。

　他方，複式簿記が伝播していった先には異なる商業慣行が存在していた。その典型となるのがネーデルラントであった。アントウェルペン（アントワープ），そして，アムステルダムに常設の取引所が設立され，そこでは年間を通じて取引が行われて，取引活動の継続化が生じたのである（第3章）。そして，取引活動が継続化するのと時期を同じくして，取引を行う企業についても継続化が見られ，一部の企業については法的な永続性（継続性）が獲得されるようになる。その典型例が，ネーデルラントやイギリスで相次いで設立された東インド会社に代表される株式会社であった。取引の継続化と企業の永続性の獲得は，会計に対して如何なる影響を及ぼしたのだろうか。

　簿記書の解説に見出される企業の継続化への対応は，簿記書中における期間概念の出現であろう。期間損益という概念が，徐々に現れ，形成されてくるのである。期間損益の概念がいつ確立したのかという問題は回答するのに非常に難しい問題であるが，重要な進展が16世紀から17世紀に生じたことは疑いがない。その嚆矢をなすのが，Jan Ympynが説いた売残商品勘定の説明であり，

あるいは，Simon Stevinが説いた状態表と状態証明表であったのである（第3章）。

　では，企業の継続化は，会計実務に対して如何なる影響を及ぼしたのだろうか。第7章と第8章では，17世紀から19世紀にわたるイギリスの株式会社会計実務が示されている。イギリス東インド会社は，永続性（継続性）を獲得することに伴い，利益分配の方法を分割制から配当制へと変化させた。配当とは，過去に獲得された利益のみを出資者たる株主に分配する方法であり，資本と利益の区分がその前提となる。資本と利益の区分の問題は，複数の会計期間にまたがって使用される固定資産の割合が企業内で大きくなるにつれ，さらに大きな問題となり，現在の会計計算における重要な原則として確立するのである。そして，減価償却などの原価配分の手続を通じた期間損益計算のための会計処理方法が徐々に整備され，他方，資本の側では資本会計の整備が進むこととなる（第13章）。

　株式会社は広範な人たちからの出資を募ることにより，個人企業や出資者の限定された組合企業（partnership）では不可能な大規模な事業を可能とした。大規模企業は，必然的に複雑な管理機構を必要とし，経営管理活動を支援するために管理会計が生成したのである（第9章）。会計記録は，企業外部への報告という目的を除けば，もっぱら企業の内部管理に用いられるものであり，管理会計が株式会社の生成以前に存在しなかった訳ではない。しかしながら，本格的な管理会計の生成は，複雑化した企業組織を管理する必要が生じた19世紀の鉄道会社や，20世紀の製造会社によるところが大きい。

2-3　営利企業以外による会計

　本書で取り扱われる会計の多くは，個人企業であれ株式会社であれ，営利企業を対象とするものであった。しかし，会計は，営利企業のみが行う活動ではない。宗教組織などの明確な営利活動を行わない団体においても会計は行われていた。本書で取り上げているのが，テンプル騎士団（第1章），ネーデルラントのナッサウ家（第3章），そして，政府・自治体などの公会計（第11章）である。

これらの章における解説に共通して見られたのは，営利企業やそこで行われる企業会計との関連性であろう。テンプル騎士団は多様な金融業務を行っており，顧客との関係は営利企業と大きく異なるものではなかったと推察される。

　他方，営利企業で用いられる複式簿記を企業以外の場で用いようと試みられた事例が，ナッサウ家の領土管理，そして，アメリカの公会計であった。Stevinの「簿記論」（1607）では，商業簿記を基礎として王侯簿記（「イタリア式王侯簿記」）が示されていた。また，公会計の領域においては，基金と予算という独特の制度が，20世紀初頭のアメリカで形作られたことが説明されている。しかし，基金制度を実現するためにFrederick A. Clevelandが示した勘定システムは，複式簿記に基づくものであり，明らかに彼の企業会計に関する知識がその前提となっている。非営利組織に対する企業会計の影響は，古くから見られた事象だったのである。

2-4　株式会社の会計と法律制度

　法制度は，会計とさまざまな側面で関わってきた。その中で最も長い歴史を有しているのが，商人に対して課される帳簿作成義務であろう。ルイ14世商事王令において包括的な規定が置かれた商業帳簿規定は，ナポレオン商法のみならず，ドイツなど大陸法系の国々の商事法，さらには日本の商法にも影響を与えた。

　株式会社は，政策の影響をより強く受ける企業形態である。オランダとイギリスの東インド会社に代表される初期の株式会社は，国から与えられる特権と深く関わっており，設立には国王や議会の認可（特許状や議会特別法）が必要であった（特許主義）。設立された株式会社には，特権が与えられるのと同時に義務が課されており，運河会社や鉄道会社に対する議会特別法には，会計報告を含む会計規定が果たすべき義務として条文に含まれることが一般化していた（第8章）。

　19世紀に入ると，法律で定められた要件を満たせば自由に会社設立を可能となる準則主義が各国で導入された。そこで重要なことは，特許主義の下で会社に求められた会計に関する規定が，程度や内容の相違こそあれ，準則主義で

の会社設立にも影響を与えたことである。イギリスにおける1844年の株式会社登記法は，会社設立に関する準則主義を確立すると同時に，「完全で真実な貸借対照表」の作成を設立された会社に対して要求するものであった。これ以降，イギリスの会社法では，株主向けに公表される財務諸表に対して一定の役割が期待されるようになるのである（第10章）。

　イギリスにおいて会社法と同時的に整備されたのが破産法であった。会社設立数の増加は，同時に破産する会社数の増加をもたらした。数多く発生する破産は，会計士という職業を生み，時に批判されながらも専門的職業として社会的に認知されるに至った。

　20世紀に入ると，もう一つの法制度が会計に対して大きな影響を与えるようになる。法人所得課税制度である。2回の世界大戦が国家歳出の大幅な増加をもたらす中で，歳入の源泉として個人と法人に対する所得税に依拠する割合は各国で大きく増大した。特に法人所得課税の基礎となる所得は，企業会計上の利益と密接に結びついたものであるため，ある会計処理手続が課税所得計算においても認められるか否かは重要な問題となり，実務に大きな影響を与えた。例えば，アメリカにおいて減価償却の手続が普及したのは，課税所得計算上，損金と認められるようになったことが大きな要因として挙げられている。課税所得計算を通じて，税務会計は利益概念の確立に大きな影響を与えたのである（第13章）。

第2節　現代会計のプレリュード：20世紀の会計

　本書で取り上げたのは，主として20世紀初頭までの会計の歴史であった。では，その後の約100年間，会計にどのような展開があったのだろうか。最後に，現代会計のプレリュードとして，20世紀に生じた会計の発展のうち，特に会計基準に関わる部分について概観してみよう[5]。

　ここで注目されるのはアメリカである。アメリカにおける会計基準設定は，他の国に大きな影響を与えたからである。20世紀の財務会計は，アメリカに

限らず，会計基準が非常に重要な問題となっている。株式を公開している会社について，その財務情報が公開されるべきことが19世紀のイギリス会社法の中で徐々に確立してきた。しかし，同時代のアメリカでは，財務情報の公開は，会社と株主との間の私的な契約に基づくものであり，これに対して政府が規制を行うことについては否定的な考えが主流であった。

これが20世紀に入ると徐々に変化を始める。第5章で解説したように，大規模株式会社の設立と，それに伴う社会問題（「トラスト問題」）の生起は，一部であれ大規模株式会社が自主的な財務公開を行う契機を作った。また，ニューヨーク証券取引所（New York Stock Exchange）は，上場契約書において，新規上場する会社に対して財務情報の公開を要求するようになったのである。しかし，1920年代までの財務公開に関して，公的権力による強制は，鉄道会社等の規制産業を除いては見られず，会計が規制の対象となるのは，限られた領域においてのみのことであった。1920年代にも，株式会社の財務公開について，政府の介入を求める声は存在していたが，それが実現することはなかったのである。

1. 1929年恐慌から証券諸法の制定まで

規制が実質的に存在しない時代の終焉を決定づけたのは，1929年に発生した大恐慌（The Great Depression）であった。「暗黒の木曜日」（Black Thursday）と呼ばれる1929年10月24日に発生したウォール・ストリート（Wall Street）の株価急落に端を発する経済恐慌の一因として，その当時の財務報告の不備が挙げられたのである。1932年の選挙の結果，翌年大統領に就任したFranklin D. Rooseveltは，政権発足後に相次いで証券市場を規制する法律を成立させた。新規発行市場を規制する1933年証券法（Securities Act of 1933），そして，流通市場を規制する1934年証券取引所法（Securities Exchange Act of 1934）を中心とする連邦証券諸法である。証券諸法は，公開会社に対して，監査済み財務諸表を作成し，それを新たに創設された政府機関である証券取引委員会（Securities and Exchange Commission：以下，SECと表記）に提出することを要求したので

ある。さらに，両法は，SECに対して，財務諸表が作成される際に従われるべき会計原則を定める権限を与えた。ここに，公開会社の会計がルールに従わなければならない時代が到来したのである。

証券諸法の成立に呼応する形で，会計原則の策定について多くの試みがなされた。例えば，アメリカ会計士協会（American Institute of Accountants）の委嘱により公刊された，Thomas H. Sanders, Henry R. Hatfield と Underhill Moore による *A Statement of Accounting Principles*（1938）（いわゆる『SHM会計原則』）や，William A. Paton と Ananias C. Littleton による *An Introduction to Corporate Accounting Standards*（1941）（『会社会計基準序説』）などである。特に後者においては，包括的な会計処理の原則の提示が試みられ，その中で見られた原価主義会計のフレームワークは，20世紀後半の会計に大きな影響を与えた。

しかしながら，現実に制定された会計基準は，包括的な会計原則と言えるものとはならなかった。発足当初のSECには，会計原則を設定するための資源が不足していた。SECは，会計基準設定権限を会計士協会に委譲し，会計士協会が設立する委員会が会計基準を定めるようになった。1936年に発足した会計手続委員会（Committee on Accounting Procedure：以下，CAPと表記）は，1939年より *Accounting Research Bulletin*（『会計研究公報』）と呼ばれる会計基準を公表し始めた。CAPは，当初は包括的な会計原則の制定を目指していたが，このような原則の開発には少なくとも5年を要すると見られていた。また，1930年代後半には，SECが会計士協会による会計原則設定の遅れに不満を示すようになっていた。CAPは，SECによる圧力と時間的制約の下で，早急にその成果を提示することが求められるようになった。そのため，CAPは，個別問題に対処する方針をとり，それぞれの会計研究公報は特定の会計問題に対処するものとなり，包括的な会計原則の制定は行われなかったのである。

CAPによる会計基準設定は，第二次世界大戦後に行き詰まりを見せるようになる。しばしば生じたSECとの間の意見の相違は，CAPの基準設定団体としての権威を低下させた。また，CAPが作成する基準に対しても批判が見られるようになった。その結果，新しい会計基準設定団体として会計原則審議会（Accounting Principles Board：以下，APBと表記）が設立され，CAPに取って代わっ

たのである。

　1959年に発足したAPBは，会計基準の公表の前に研究を行い，それに基づいて基準を設定するという新しいアプローチを試みていた。しかしながら，発足当初の期待とは裏腹に，APBの会計基準設定には，基準設定方法と設定された基準の両者に対して，批判が絶えなかった。その結果，1973年からは，財務会計基準審議会（Financial Accounting Standards Board：以下，FASBと表記）がAPBに代わって会計基準設定の役割を担うこととなり，現在に至るのである。CAPやAPBが会計士による職業団体である会計士協会の下に組織されたものであるのに対し，FASBは会計士協会から独立した機関であり，会計基準はより多くの人たちの意見を通じて作成されるようになったのである。

2. 会計基準を巡る争い

　証券諸法の成立以降，会計基準を設定する機関は，CAP，APB，そして，FASBと変遷してきた。しかし，国家権力から独立した私的な団体が，個別のトピックごとに会計基準を一貫して設定してきた点は，アメリカの会計基準設定の著しい特徴の一つである。私的な団体が作成する，個別的な会計基準ということを前提として，あるべき会計基準と基準設定が議論されてきた。

　問題の一つが，個別的に設定される会計基準が如何なる性質を持つべきかという問いである。具体的には，会計基準相互の一貫性や複数の会計基準の基礎にある理論的な基礎の存在が問題となった。会計基準の理論性について，特に発足当初のCAPでは重要な問題として認識されていなかったようである。しかし，第二次世界大戦後には，個々の基準が基本的な原則に基づいて作成されていないことなどが強い批判を浴び，これ以降，より理論的な会計基準の設定が指向されるようになった。

　CAPに対する批判を受けて設立されたAPBでは，研究を基礎とした，より演繹的なアプローチでの会計基準設定を指向した。初期のAPBの重要な取り組みが，公準（postulates）の提示とそれを基礎とした会計原則の設定であった。公準に関する研究はMaurice Moonitzらに委託され，その成果が，1961年と

1962年に相次いで公表された。しかし,公表された公準および原則は,特に提示された会計原則が取得原価主義を基礎とする会計実務と大きく異なっていたものであったため,強い批判を浴び,基準とされることはなかった。

APBを引き継いだFASBにおいても,会計基準に対する基礎概念の整理が試みられた。概念フレームワーク・プロジェクトがそれである。1978年から公表が始まった概念フレームワーク文書は,公準とは異なり,会計の目的や会計情報の利用者を明確に定めていた。概念フレームワークは会計基準そのものではないが,会計基準の設定のための拠り所となることが期待されており,現在でも新たに設定される会計基準は,それが概念フレームワークに照らし合わせてより適切なものであるかが評価されている。概念フレームワークを基礎として会計基準を設定するというアプローチは,FASB以外の会計基準設定団体にも採用され,国際会計基準審議会(International Accounting Standards Board:以下,IASBと表記)や,わが国においても,同様の概念フレームワーク文書が公表されている。

会計基準設定に係る別の問題として,誰が会計基準の設定に参加するか,という問題がある。CAPとAPBの会計基準設定に対する大きな批判として,会計基準が,会計士,特に大規模会計事務所に所属する会計士の意見が強く反映されているというものがあった。批判に応えるため,APBは,公開草案を公表し,広く意見を募集するようになるが,CAPもAPBも会計士協会に属する委員会であり,会計士以外の者が基準設定に直接的に携わることはなかった。それに対して,FASBは,会計士協会から独立した機関として設立された。FASBの構成員は,会計士に限定されず,また,FASBに雇用される会計基準の策定に専念する専従者である。さらに,会計基準の策定過程も改善され,最終的な基準の確定までには,討議資料の公表とコメントの募集,公聴会の開催,公開草案の作成など,多くの場面でさまざまな意見を取り入れるように修正されている。会計基準設定機関のあり方,そして,基準設定の過程については,概念フレームワークと同様に影響を与え,IASBやわが国においても同様の組織や手続が採択されており,FASBの会計基準や基準設定は他に模倣されるモデルとなった。

個別的な会計基準に関するもう一つの特徴が，会計基準の相互関係であり，この点についてはFASB独自の展開が見られる。個別的な会計基準設定により特定の会計問題ごとに基準が定められると，必然的に会計基準文書の数は増大していく。2009年までに，CAPは51，APBは31，そして，FASBは168の会計基準文書を公表している[11]。結果，会計基準の総体は複雑化し，一つの基準の制定が，その他の多くの会計基準の改定をもたらす傾向にあった。そこで，会計基準の簡素化が図られ，2009年には会計基準の法典化（codification）と呼ばれる改編が行われた。その結果，営利・非営利を問わずFASBがすべての非政府組織に関する会計基準を管理し，また，すべての権威ある基準には，その内容に応じた十進法による分類番号がトピックとして与えられるようになった（例えば，有形固定資産の減価償却ならばトピック360-10-35という番号が与えられている）。その結果，会計基準は単一の文書群に集約され，一覧性がはかられている。

　会計基準はどの国・地域においても複雑化が進行しているが，会計基準の法典化は，現状では制定法の法典化という前例を持つアメリカのみにみられる現象である。わが国を含めて，アメリカ以外の会計基準で見られるのか，今後の展開を待たなければならない[12]。

[注]
(1) 初期の代表的な会計史文献として本書の必読文献にも挙げられるArthur H. Woolfの*A Short History of Accountants and Accountancy*（1912）（『ウルフ会計史』）があるが，同書では，会計専門職業の存在意義を，歴史を通じて強調することが意図されていた（中野[2013], 2, 4頁）。また，Hatfieldの論稿 "An Historical Defense of Bookkeeping"（1924）は，大学での会計学教育が十分に定着したとは言いがたい時期に，簿記の学問的尊厳を強調し，大学における教育に値するものであることを主張した（Hatfield[1924]; see Littleton[1933]（Chap. I）（片野（訳）[1978]（第1章）; see also 中野[1992], 84頁（注(23)），333頁（注(8)））。
(2) 1890（明治23）年に制定された原始商法第32条には「貸方借方ノ対照表」という文言があり，これが貸借対照表を意味していた。「貸借対照表」の貸借

の語順は商法に由来するのである。しかし，原始商法中の「貸方」とは債権または資産，「借方」は債務または負債を意味していたとされ，簿記・会計用語で言う「借方」と「貸方」とは逆の意味を持っていた（久野 [1992], 47-56 頁）。また，商業活動は江戸時代以前に発達し，そこで用いられた商業用語が現在まで用いられたため，明治期に新たに翻訳語を開発する必要がなかったと言うことが指摘されている（網野・石井 [2011], 192-193 頁）。

(3) 世界一周論についての議論は，茂木 [1969]（第 1 章）を参照されたい。

(4) 例えば，会計史研究の専門雑誌の一つである *Accounting, Business & Financial History* 誌（現 *Accounting History Review* 誌）では，各国会計史の特集号を発行している（1997・2001・2009 年：フランス，2000 年：アメリカ，2001・2010 年：日本，2002 年：スペイン，2003 年：中国，2005 年：ドイツ，2007 年：イタリア）が，その多くは非英語圏の特集である。英語での公表に限ると，過去には英語圏の研究が支配的でありすぎることに批判があったが（例えば，Parker [1993]），このような状況は変わりつつあると言えよう。

(5) 本節に取り上げた内容，特に 20 世紀前半までの経緯については，Miranti [1990] 等を，また，それ以降については，Wolk, et al. [2012] 等を参照されたい。さらに，やや古いが，アメリカ以外の国については，Zeff [1972] を参照されたい。

(6) 会計原則（accounting principles）とは，「一定の時および場所（国）において特定の社会的要求に役立つよう選択される会計行為の一般的法則または基本的原理」を意味する（神戸大学会計学研究室（編）[2007], 105 頁）。

(7) Maurice Moonitz による *Basic Postulates of Accounting* (Accounting Research Study, No.1) (1961) と，Robert T. Sprouse と Mauris Moonitz による *A Tentative Set of Broad Accounting Principles for Business Enterprises* (Accounting Research Study, No.3) (1962) である。

(8) 当該プロジェクトは，1971 年に発足した研究委員会（The Study Group on the Objectives of Financial Statements，委員長 Robert M. Trueblood）の委員長の名前を取って「トゥルーブラッド委員会」（Trueblood Committee）と呼ばれる）において開始し，FASB に正式なプロジェクトとして継承された。

(9) 現在までに公表された概念フレームワーク文書は，「財務報告の目的」（第 1 号，1978 年），「会計情報の質的特性」（第 2 号，1980 年），「営利企業の財務諸表の構成要素」（第 3 号，1980 年），「非営利組織の財務報告の目的」（第 4 号，1980 年），「営利企業の財務諸表の認識と測定」（第 5 号，1984 年），「財務諸表の構成要素」（第 6 号，1985 年，第 3 号の改訂），「会計測定におけるキャッシュ・フロー情報と現在価値の利用」（第 7 号，2000 年），「財務報告の概念フレームワーク」（第 8 号，2010 年，第 1 号と第 2 号の改訂）の 8 種である。第 8 号の作成は IASB との共同作業によって行われ，FASB と IASB で共通の概念フレームワーク文書の作成作業が進められている。第 8 号は，この共通文書のうちの第 1 章

と第3章を構成するとされる。
(10) 会計基準設定のあり方は，トゥルーブラッド委員会と同時に設立された委員会（The Study Group of Accounting Principles，委員長 Francis Wheat）の委員長の名前を取って「ウィート委員会」（Wheat Committee）と呼ばれる）において議論された。委員会の最終的な勧告が受け入れられ，FASBが設立された。
(11) これに加え，解釈指針等の補助的文書が，FASBおよびFASB外，双方の機関から公表された。
(12) わが国においては，分量はまったく異なるが，制定後長らく指導的な会計原則を提示していた『企業会計原則』が単一の文書として公表されたことを想起されるかもしれない。

<参考文献>

網野義彦・石井　進[2011]『米・百姓・天皇—日本史の虚像のゆくえ—』（ちくま学芸文庫）筑摩書房。

神戸大学会計学研究室（編）[2007]『第六版会計学辞典』同文舘出版。

清水幾太郎(訳)[1962]『歴史とは何か』（岩波新書）岩波書店（原著：E. H. Carr[1961], *What is History?* Cambridge）。

中野常男[1992]『会計理論生成史』中央経済社。

―――― [2013]「序章：「会計」の起源とわが国における会計史研究の展開と課題」，千葉準一・中野常男（共編著）[2012]『体系現代会計学第8巻 会計と会計学の歴史』中央経済社，1-29頁。

久野秀男[1992]『会計制度史比較研究』（学習院大学研究叢書25）学習院大学。

松村　剛(訳)[2004]『新版　歴史のための弁明—歴史家の仕事—』岩波書店（原著：Marc Bloch[1993], *Apologie pour l'histoire, ou Métier d'historien*, 2e ed., Paris）。

茂木虎雄[1969]『近代会計成立史論』未来社。

Gaddis, J. L.[2002], *The Landscape of History: How Historians Map the Past*, Oxford.

Hatfield, H. R.[1924], "An Historical Defense of Bookkeeping," *The Journal of Accountancy*, Vol.37, No.4, pp.65-75.

Littleton, A. C.[1933], *Accounting Evolution to 1900*, New York（片野一郎(訳)[1978]『リトルトン 会計発達史（増補版）』同文舘出版）.

Miranti, P. J., Jr.[1990], *Accountancy Comes of Age: The Development of American Profession, 1886-1940*, Chapel Hill, North Carolina.

Moonitz, M.[1961], *Basic Postulates of Accounting*, Accounting Research Study, No.1, New York.

Parker, R. H.[1993], "The Scope of Accounting History: A Note," *Abacus*, Vol.XXIX, No.1, pp.106-110.

Paton, W. A. and A. C. Littleton[1940], *An Introduction to Corporate Accounting Standards*, New York（中島省吾（訳）[1958]『会社会計基準序説[改訳版]』森山書店）.

Sanders, T. H., H. R. Hatfield and U. Moore[1938], *A Statement of Accounting Principles*, New York（山本　繁（訳）[1979]『SHM会計原則』同文舘出版）.

Sprouse, R. and M. Moonitz[1962], *A Tentative Set of Broad Accounting Principles for Business Enterprises,* Accounting Research Study, No.3, New York.

Wolk, H. I., J. Dodd and M. G. Rozycki[2012], *Accounting Theory: Conceptual Issues in a Political and Economic Environment*, 8th ed., Thousand Oaks, California（長谷川哲嘉・平賀正剛・中野貴之・成岡浩一・菅野浩勢・松本安司（訳）[2013]『アメリカ会計学―理論，制度，実証―』同友館）.

Woolf, A. H.[1912], *A Short History of Accountants and Accountancy*, London（片岡義雄・片岡泰彦（訳）[1977]『ウルフ 会計史』法政大学出版会）.

Zeff, S. A.[1972], *Forging Accounting Principles in Five Countries: A History and an Analysis of Trends*, Champaign, Illinois.

（清水　泰洋）

＜必読文献＞

ここでは，各章の末尾に掲げた参考文献と部分的に重複するが，会計史全般，あるいは，それぞれの章で取り上げた内容について，より深く学ぶために必読の文献を掲げることにする。

通史または通史的著作

小島男佐夫 [1987]『会計史入門』森山書店。
――――（編著）[1979]『体系近代会計学Ⅵ　会計史および会計学史』中央経済社。
千葉準一・中野常男（共編著）[2012]『体系現代会計学第8巻　会計と会計学の歴史』中央経済社。
平林喜博（編著）[2005]『近代会計成立史』同文舘出版。
渡邉　泉 [2014]『会計の歴史探訪―過去から未来へのメッセージ―』同文舘出版。
Brown, R.（ed.）[1905], *A History of Accounting and Accountants*, Edinburgh.
Chatfield, M.[1977], *A History of Accounting Thought*, revised ed., Huntington, New York.
Edwards, J. R.[1989], *A History of Financial Accounting*, London.
Littleton, A. C.[1933], *Accounting Evolution to 1900*, New York（片野一郎（訳）[1978]『リトルトン　会計発達史（増補版）』同文舘出版）。
Littleton, A. C. and B.S. Yamey（eds.）[1956], *Studies in the History of Accounting*, London.
Woolf, A. H.[1912], *A Short History of Accountants and Accountancy*, London（片岡義雄・片岡泰彦（訳）[1977]『ウルフ　会計史』法政大学出版会）。

一般向け会計史文献

田中靖浩 [2018]『会計の世界史　イタリア，イギリス，アメリカ―500年の物語』日本経済新聞出版社。
渡邉　泉 [2017]『会計学の誕生―複式簿記が変えた世界』（岩波新書）岩波書店。
Gleeson-White, J.[2011], *Double Entry: How the Merchants of Venice Created Modern Finance*, New York（川添節子（訳）[2014]『バランスシートで読みとく世界経済史』日経BP社）。
King, T. A.[2006], *More than a Numbers Game: A Brief History of Accounting*,

Hoboken, New Jersey.

Soll, J.[2014], *The Reckoning: Financial Accountability and the Rise and Fall of Nations*, New York（村井章子(訳)[2018]『帳簿の世界史』（文春文庫）文藝春秋).

序　章

泉谷勝美[1997]『スンマへの径』森山書店。

片岡泰彦[1988]『イタリア簿記史論』森山書店。

─────[2007]『複式簿記発達史論』大東文化大学経営研究所。

小口好昭・中田一郎(訳)[2008]『文字はこうして生まれた』岩波書店（原著：D. Schmandt-Besserat, *How Writing Came About*, Austin, Texas, 1996）。

小島男佐夫[1965]『複式簿記発生史の研究[改訂版]』森山書店。

橋本寿哉[2009]『中世イタリア複式簿記生成史』白桃書房。

安平昭二[1979]『簿記理論研究序説―スイス系学説を中心として―』千倉書房。

第１章

安藤英義[1997]『新版　商法会計制度論』白桃書房。

岸　悦三[1975]『会計生成史―フランス商事王令会計規定研究―』同文舘出版。

─────[1990]『会計前史―パチョーリ簿記論の解明―（増補版）』同文舘出版。

─────[2005]「ルイ14世商事王令とサヴァリー―フランス簿記史―」平林喜博（編著）[2005]『近代会計成立史』（第４章）同文舘出版，67-85頁。

三光寺由実子[2011a]『中世フランス会計史―13-14世紀会計帳簿の実証的研究―』同文舘出版。

─────[2011b]「18世紀初頭フランス東インド会社の再建と収支予測の変遷」会計史学会年報，第29号，61-72頁。

第２章

片岡泰彦[1988]『イタリア簿記史論』森山書店。

─────[1994]『ドイツ簿記史論』森山書店。

─────[2007]『複式簿記発達史論』大東文化大学経営研究所。

Penndorf, B.[1913], *Geschichte der Buchhaltung in Deutschland*, Leipzig.

第３章

大塚久雄[1969]『株式会社発生史論』（大塚久雄著作集第１巻）岩波書店。

岸　悦三[1975]『会計生成史―フランス商事王令会計規定研究―』同文舘出版。
橋本武久[2008]『ネーデルラント簿記史論』同文舘出版。
茂木虎雄[1969]『近代会計成立史論』未来社。
渡邉　泉[1983]『損益計算史論』森山書店。
Korte, de J. P.[1984], *De Jaalijkse Financiele Varantwoording in de Verenighe Oostindische Compagnie*, Leiden.
Robertson, J. and W. Funnel[2014] *Accounting by the First Public Company, The Pursuit of Supremacy*, London.

第4章

小島男佐夫[1971]『英国簿記発達史』森山書店。
中野常男[1992]『会計理論生成史』中央経済社。
渡邉　泉[1983]『損益計算史論』森山書店。
――――[1993]『決算会計史論』森山書店。
Winjum, J. O.[1972], *The Role of Accounting in the Economic Development of England: 1500-1750*, Urbana, Illinois.
Yamey, B. S., H. C. Edey and H. W. Thomson[1963], *Accounting in England and Scotland: 1543-1800, Double Entry in Exposition and Practice*, London.

第5章

久野光朗[1985]『アメリカ簿記史―アメリカ会計史序説―』同文舘出版。
――――[2009]『アメリカ会計史序説―簿記から会計への進化―』同文舘出版。
中野常男[1992]『会計理論生成史』中央経済社。
Previts, G. J. and B. D. Merino[1979], *A History of Accounting in America: an Historical Interpretation of the Cultural Significance of Accounting*, New York（大野功一（訳）[1983]『アメリカ会計史：会計の文化的意義に関する史的解釈』同文舘出版）.
――――　and　―――― [1998], *A History of Accountancy in the United States: The Cultural Significance of Accounting*, Columbus, Ohio.

第6章

片岡泰彦[2007]『複式簿記発達史論』大東文化大学経営研究所。
河原一夫[1977]『江戸時代の帳合法』ぎょうせい。
黒澤　清[1990]『日本会計制度発達史』財経詳報社。

＜必読文献＞

田中孝治[2014]『江戸時代帳合法成立史の研究―和式会計のルーツを探究する―』森山書店。

西川孝治郎[1982]『文献解題　日本簿記学生成史』雄松堂書店。

第7章

鈴木俊夫[1986]『英国重商主義公債整理計画と南海会社』中京大学商学会商学研究叢書編集委員会。

中野常男[2002]「株式会社と企業統治：その歴史的考察―オランダ・イギリス両東インド会社にみる会社機関の態様と機能―」経営研究（神戸大学大学院経営学研究科），第48巻，1-44頁（電子出版物:http://www.b.kobe-u.ac.jp/resource/br/pdf/No.48.pdf）。

西村孝夫[1960]『イギリス東インド会社史論（改訂版）』啓文社。

茂木虎雄[1994]『イギリス東インド会社会計史論』大東文化大学経営研究所。

Chaudhuri, K. N.[1978], *The Trading World of Asia and the English East India Company 1660-1760*, Cambridge.

Winjum, J. O.[1972], *The Role of Accounting in the Economic Development of England: 1500-1750*, Urbana, Illinois.

第8章

佐々木重人[2010]『近代イギリス鉄道会計史―ロンドン・ノースウェスタン鉄道会社を中心に―』国元書房。

千葉準一[1991]『英国近代会計制度―その展開過程の探究―』中央経済社。

中村萬次[1991]『英米鉄道会計史研究』同文舘出版。

村田直樹[1995]『近代イギリス会計史研究』晃洋書房。

山浦久司[1993]『英国株式会社会計制度論』白桃書房。

Edwards, J. R.[1985], "The Origins and Evolution of the Double Account System: An Example of Accounting Innovation," *Abacus*, Vol.XXI, No.1, pp.19-43.

Pollins, H.[1956], "Aspects of Railway Accounting before 1868," in A. C. Littleton and B. S. Yamey（eds.）[1956], *Studies in the History of Accounting*, London, pp.138-161.

第9章

上總康行[1989]『アメリカ管理会計史（上・下）』同文舘出版。

高梠真一[2004]『アメリカ管理会計生成史―投資利益率に基づく経営管理の展開

—』創成社。

田中隆雄[1982]『管理会計発達史—アメリカ巨大製造会社における管理会計の成立—』森山書店。

Chandler, A. D., Jr.[1977], *The Visible Hand: The Managerial Revolution in American Business*, Cambridge, Massachusetts（鳥羽欽一郎・小林袈裟治（訳）[1979]『経営者の時代—アメリカ産業における近代企業の成立—（上・下）』東洋経済新報社）.

Johnson, H. T.[1975], "Management Accounting in an Early Integrated Industrial: E.I. du Pont de Nemours Powder Company, 1903-1912," *Business History Review*, Vol.XLIX, No.2, pp.184-204.

第10章

千葉準一[1991]『英国近代会計制度—その展開過程の探究—』中央経済社。

友岡　賛[1995]『近代会計制度の成立』有斐閣。

山浦久司[1993]『英国株式会社会計制度論』白桃書房。

Littleton, A. C.[1933], *Accounting Evolution to 1900*, New York（片野一郎（訳）[1978]『リトルトン　会計発達史（増補版）』同文舘出版）.

Zimmerman, V. K.[1954], *British Backgrounds of American Accountancy*, Ann Arbor, University Microfilms（小澤康人・佐々木重人（訳）[1993]『近代アメリカ会計発達史—イギリス会計の影響力を中心に—』同文舘出版）.

第11章

菊池祥一郎[1977]『アメリカ公会計論』時潮社。

小林健吾[1994]『予算管理発達史：歴史から現在』創成社。

平田美和子[2001]『アメリカ都市政治の展開—マシーンからリフォームへ—』勁草書房。

山地秀俊[1994]『情報公開制度としての現代会計』同文舘出版。

Cleveland, F. A.[1904], "Revenues and Expenses as Distinguished from Receipts and Disbursements in Municipal Accounting," *The Accountant*, Vol.XXXI, No.1558, pp.406-411.

Potts, J. H.[1976], *An Analysis of the Evolution of Municipal Accounting to 1935 with Primary Emphasis on Developments in the United States*, Michigan, Xerox University Microfilms.

第12章

中野常男 [1993]「財務諸表の史的展開―現代的財務諸表の淵源と確立―」産業経理, 第53巻第3号, 90-104頁。

久野秀男 [1993]『会計制度史比較研究』(学習院大学研究叢書25) 学習院大学。

渡邉　泉 [1993]『決算会計史論』森山書店。

Chatfield, M.[1977], *A History of Accounting Thought*, revised ed., Huntington, New York.

Littleton, A. C.[1933], *Accounting Evolution to 1900*, New York（片野一郎（訳）[1978]『リトルトン 会計発達史（増補版）』同文舘出版）。

第13章

青柳文司 [1986]『アメリカ会計学』中央経済社。

中野常男 [1992]『会計理論生成史』中央経済社。

宮上一男 [1980]『近代会計学の発展 I』(会計学講座①) 世界書院。

山下勝治 [1967]『貸借対照表論―貸借対照表法の近代化』中央経済社。

若杉　明 [1966]『企業会計基準の構造』実務会計社。

結　章

清水幾太郎(訳) [1962]『歴史とは何か』(岩波新書) 岩波書店 (原著：E.H.Carr[1961], *What is History?* Cambridge)。

松村　剛(訳) [2004]『新版　歴史のための弁明―歴史家の仕事―』岩波書店（原著：Marc Bloch[1993], *Apologie pour l'histoire, ou Métier d'historien*, 2e ed., Paris)。

茂木虎雄 [1969]『近代会計成立史論』未来社。

Wolk, H. I., J. Dodd and M. G. Rozycki[2012], *Accounting Theory: Conceptual Issues in a Political and Economic Environment*, 8th ed., Thousand Oaks, California（長谷川哲嘉・平賀正剛・中野貴之・成岡浩一・菅野浩勢・松本安司(訳)[2013]『アメリカ会計学―理論，制度，実証―』同文舘)。

Zeff, S. A.[1972], *Forging Accounting Principles in Five Countries: A History and an Analysis of Trends*, Champaign, Illinois.

辞典・研究ガイド

Chatfield, M. and R. Vangermeersch (eds.) [1996], *The History of Accounting: An International Encyclopedia*, New York.

Edwards, J. R. and S. P. Walker (eds.) [2009], *The Routledge Companion to Accounting History*, Abingdon.

Fleischman, R. K., V. S. Radcliffe, and P. A. Shoemaker (eds.) [2003], *Doing Accounting History: Contributions to the Development of Accounting Thought* (Studies in the Development of Accounting Thought, Vol.6), Oxford.

学術誌

『会計史学会年報』(日本会計史学会)(年刊)。

The Accounting Historians Journal (published twice a year).

Accounting History (published four times a year).

Accounting History Review (←旧誌名 *Accounting, Business & Financial History*) (published three times a year).

末尾の注記事項

* 近年,書籍のデジタル化が進展しており,本書で取り上げた15~19世紀に出版された会計文献の多くもデジタル化されている。これらは有料のデータベースに収容され,また一部は無料で公開されている。前者の例として Making of the Modern World I & II, 後者の例として Google Books (https://books.google.co.jp/) 等のサイトで検索されたい。

事項索引

〔あ 行〕

アイルランド勅許会計士協会··············228
アヴィニヨン・ダティーニ商会··············276
アウグスブルク（アウクスブルク）··········46, 48
アシェント貿易··············170
アバディーン会計士協会··············228
アムステルダム··············71, 307
アムステルダム・カーメル··············78
アメリカ··············111, 128, 195, 232, 246, 310
アメリカ会計学··············298
アメリカ会計学会··············195
アメリカ会計士協会··············312
有物··············136
アントウェルペン（アントワープ）
　　　　　　··············68, 69, 71, 92, 95, 307

イースタン・ダイナマイト会社··············205
イギリス··············91, 153, 177, 213, 306
イギリス会計学··············214, 230
イギリス式簿記··············62-64, 106
イギリス新東インド会社··············174
イギリス東インド会社··············104, 154, 155, 157,
159, 162, 163, 168, 171, 172, 276, 307-309
意思決定活動··············202
イタリア··············15, 16, 306
イタリア式王侯簿記··············72, 255, 309
イタリア式簿記··············19, 54, 57, 58, 61, 62, 64, 68,
76, 92, 95, 101, 106, 135, 138, 142, 147, 254, 305, 307
一致の原則··············271
一般収益勘定··············184
一般商品勘定··············17, 32, 60, 61
一般貸借対照表··············180, 181, 183-185, 191, 192
イングランド・ウェールズ勅許会計士協会
　　　　　　··············228, 229
イングランド会計士協会··············228
イングランド銀行··············171, 172, 225
インド会社··············41, 42, 45

ウィート委員会··············289
ウェスタン鉄道会社··············199, 200, 203, 204
ヴェネツィア··············15, 17, 46, 69, 95
ヴェネツィア式簿記··············17, 19, 20, 56,
57, 95, 255, 307

ヴェネツィア説（複式簿記の起源）··········15, 16
ウォール・ストリート··············311
内払方··············136
売立帳··············137
ウルク··············6
ウルク古拙文字··············6
ウルフ会計史··············4, 52, 315
売残商品··············70, 85, 162
売残商品勘定··············29, 70, 307
運河会社··············183, 191, 309

営業外損益··············286
営業損益··············284, 287, 288
営業損益計算書··············181
営業予算··············204, 207
永代目録帳··············136
英蘭戦争··············155
営利組織会計··············232
エディンバラ会計士協会··············228

王侯簿記··············72, 82-84, 309
王政復古··············156
王立銀行··············41
大蔵省··············142, 144, 148
オペレーショナル・コントロール··············206
お雇い外国人··············138, 142, 146, 148
オランダ··············67, 153
オランダ東インド会社··············72, 74-76, 80, 307, 309

〔か 行〕

カーメル··············76
カーメル制··············75
会計··············3
会計委員会··············158, 159
会計監査··············215, 223
会計期間··············55, 69
会計基準··············310, 313, 315
会計基準の法典化··············315
会計規制··············178
会計機能··············196
会計記録··············3, 306
会計原則··············312, 313, 316
会計原則審議会··············312
会計士··············173, 214, 215, 217, 219,

索 引

会計士会計学.....................................223, 224, 226, 294, 310
会計士会計学...214, 230
会計士監査...221, 223, 226, 227
会計士協会...219, 228
会計士業務..219
会計士シェフィールド協会...............................228
会計士団体..228
会計実体...239, 241
会計士マンチェスター協会....................................228
会計事務所..112
会計情報公開政策..271
会計情報の公開..127
会計世界一周論..306
会計責任...196, 233
会計専門職..126
会計専門職業..214
会計単位..239
会計担当役..157
会計手続委員会..312
会計報告..233
会計報告書...179, 180
会社..156
会社更生..300
会社法...310, 311
会社法制..214
階梯式計算法..20
概念フレームワーク・プロジェクト........................314
概念フレームワーク文書.................................314, 316
外部勘定..126
外部報告会計..271
改良..187, 192
科学的管理..198, 234
革新主義運動..233
学制...140, 141
拡張..187
加算の減算法..20
貸方..8
貸借帳..137
貸倒..33
課税所得計算..293, 310
仮想勘定...12, 99
下層管理者.............................196, 199, 201, 205, 209
過大資本化..300
カタロニア商会..16
価値..120
価値受渡説..122, 129
価値交換説..129
価値交換等式..120
価値の交換..120

合本企業..156
合本企業制..156
兼松商店...146, 148
株式会社...85, 154, 157, 170, 196,
208, 213, 217, 221, 307-309
株式会社会計.................................127, 169, 232, 284, 308
株式資本税..294
株式制度...177, 178
株式投機熱..171
株式プレミアム..285, 296
株主総会...154, 163
株主保護..223
火薬工業協会..205
借方..8
ガレラニ商会..105
ガレラニ商会ロンドン支店.....................................105
管区制組織..202
管区長..201, 202
監査官..248
監査業務..214, 218, 219, 227
監査実務書..229
監査制度..226
監査担当役...157, 158
監査人..191
監査報告書..173, 189, 218, 222
監査役...214, 221-223, 225
監査役監査..214, 221, 224-226
監査役監査制度..223
監査役制度..222-224
監査役の資格..224
監査役の職務..227
監査役の専門性..226
監査役の独立性..223, 224, 226, 227
勘定..7, 8, 20
勘定科目..8
勘定形式..8, 12, 20
勘定系統..13, 20
勘定系列..13
勘定式計算法..20
勘定組織..7
完全で真実な貸借対照表..................................222, 310
官選破産管財人..218
官庁会計..87
観念価値..120
観念価値勘定分析表..266
カンパニー..156
管理..238
管理会計......................................195-197, 202, 204, 208, 308
管理会計委員会報告書..195

管理会計技法	205
管理会計システム	206, 208
管理会計の原型	209
管理会計の生成	196
管理会計の目的	197
議会個別法	179, 217
議会特別法	179, 217, 221, 309
期間損益	299, 307
期間損益計算	18, 29, 55, 58, 70, 85, 308
期間利益	38
企業会計原則	317
企業主体理論	130
基金	233, 237, 239, 240, 309
基金会計	233, 234, 236, 239, 249
擬人化	10, 116, 122
擬人的受渡説	95, 115
擬制勘定	12
給金帳	137
教科書的簿記書	106
行財政改革	245
業績評価	204
業績評価活動	202
醸出資本	269
金銀出入帳	137
銀行学局	145
銀行学伝習所	145
均衡関係	114
均衡の原理	99
銀行簿記	139
銀行簿記精法	138, 139, 144, 149
銀行簿記例題	144
近代的経営管理組織	199-203, 205, 206, 208
楔形文字	6
口別損益計算	18, 163, 307
区分された予算	247
組合企業	11, 32, 102, 283, 308
グラスゴー会計士保険数理士協会	228
グラッドストン委員会	222
グランド・ジャンクション鉄道会社	184
繰越商品勘定	33
グレート・ウェスタン鉄道会社	184-188, 192
軍事革命	84, 86
経営管理	195, 206
経営管理階層	196
経営管理者	196, 199, 208
経営管理目的	287, 290
経営者の観点	284
経済勘定	126, 277
経済勘定要約表	268, 277
継続企業	70, 85
毛織物輸出商組合	92, 102
決算	254, 275
決算後残高試算表	61
決算前残高試算表	61
減価	185, 191
原価管理	206, 208, 209
原価差異分析	208
原価主義会計	312
減価償却	60, 186, 191, 192, 230, 310
減価償却準備金	186, 192
減価償却費	185, 186, 293
現金式仕訳法	145
現金収支	183
現金収支計算	293
現金主義	293
現金主義会計	233, 235, 236, 293
原始商法	315
憲法修正 16 条	293
減耗償却費	293
公益事業会社	178, 223
航海勘定	17, 307
公会計	88, 232, 234, 236, 249, 250, 308
工業化	104, 214
公共会計士	126, 128
公準	285
更新	187
合同合本	160
合同東インド会社（イギリス）	174
公認会計士	126
鴻池家	135, 147
神戸商法講習所	140
国際会計基準審議会	314
国立銀行条例	144
国立銀行成規	144
国立銀行定期報告差出方規則	144
個人企業	308
古拙文書	6
古拙文字	6
固定資産	185
固定資産の減価	185
個別企業	156
個別企業制	156
個別法（株式会社の設立）	179, 183, 217, 221
顧問エンジニア	201

コントローラ	247, 248
コントロール	199
コンプレックス・トークン	5

〔さ 行〕

債権・債務帳	30
債権債務混合形式	20
債権者保護	178
最高経営管理者	196, 199, 205, 209
財産	254
財産管理計算	14
財産計算	14, 20, 118, 134, 136, 299
財産法	13, 50, 285, 293
財産法的損益計算	14, 31, 37, 49, 72, 256
財産法等式	13
財産目録	33, 34, 37, 48
財産目録法	275
再評価剰余金	296, 300
財務会計	127, 196, 197, 295, 310
財務会計基準審議会	313
財務会計の目的	196
財務情報	209
財務情報の公開	283
財務諸表	253
債務帳	51, 52, 57
財務報告	163, 165, 169, 235
詐欺破産	35
サスペンス勘定	189, 192
左右対照形式	9, 12
三勘定分類	99, 113, 114, 281
産業革命	104, 214-216
残高有銀	136
残高勘定	29, 54, 61, 160, 253, 260
残高試算表	54
残高表	116, 254, 260, 262, 264
三帳簿制	19, 61, 99
三分法	17
算用帳	134, 135
シエナ	105
ジェネラル・エレクトリック社	290
ジェネラル・モーターズ社 (GM社)	289-291
ジェノヴァ	15
ジェノヴァ市政庁財務官	16
ジェノヴァ説（複式簿記の起源）	15
シカゴ市（公会計）	235
事業会社	205
事業部制組織	202
事後監査	248
試算表	256
支出統制	233
支出負担行為	237, 250
事前監査	248
自治体	240
実業学校	119
執行府予算	246
実在勘定	11, 99
実在勘定と名目勘定の統合	12, 161
実践的簿記書	106
実地棚卸	32, 60
実地棚卸法	48, 61
シティ・オブ・グラスゴー銀行	225
シティ・オブ・グラスゴー銀行事件	225
支払命令書	233
紙幣寮	142, 144
私貿易	155, 160
資本	49, 281, 284
資本会計	297, 308
資本価値計算	14
資本勘定	19, 20, 99, 160, 180, 183, 184, 192
資本金	298
資本食い込み社債利払い	300
資本食い込み配当	300
資本計算	118, 299
資本剰余金	267, 269, 300
資本剰余金と利益剰余金の区別	300
資本的支出	181, 188
資本的支出と収益的支出の区別	181, 190
資本的支出明細書	189
資本等式	13, 124, 282, 283, 285, 287
資本等式説	282, 284
資本と利益の区分	283, 296, 297, 300, 308
資本主	19, 99, 106, 282
資本主関係	99
資本主主体勘定学説	107
資本主人名勘定	19, 99
資本主の観点	282, 283
資本主持分	106, 282, 284
資本主理論（資本主主体理論）	86, 99, 100, 106, 107, 113, 115, 119, 122, 123, 127, 130
資本主理論的資本概念	75
資本の二重計算	14
資本評価	163-165, 276
シャンド・システム	145, 146, 148
シュヴァルツ簿記の写本	50
収益勘定	180, 181, 183, 184, 192
収益的支出	181
集合損益勘定	19

収支計算	271	新合本	156, 160, 164
十七人重役会	75	真実かつ正確なる概観	227
重商主義政策	34	新ドイツ式簿記	64
修繕	187	人名勘定	8, 99, 160
修繕・更新会計	188		
主人	11	スウェーデン	88
受託責任	232	スコットランド勅許会計士協会	228
出資者総会	154, 156, 163, 164	スタッフ機能	202
シュメル	4	スポイルズ・システム	245
純財産	13, 106, 123, 134, 282	スムマ	17, 47, 276
純財産学説	74, 100, 282		
純財産の二重計算	14	制規組合	155, 156
純資産	38	精算表	58, 257, 260
準則主義	177, 178, 214, 217, 222, 309	精算表の起源	59
純利益	287	製造会社	205, 308
純利益勘定	287	製造会社の管理会計	209
商業革命	69	静態論	285, 299
商業価値	120	静的貸借対照評論	299
商業価値勘定分析表	266	制度的関係	240
商業帳簿	33, 34, 36	政府・地方自治体会計	232
消極財産	13, 254	政府予算制度	243
上下対照形式	9, 12, 15, 20	西方会社	41
上下連続形式	9, 12, 15, 20	税務会計	295, 310
証券諸法	311	積極財産	13, 282
証券取引委員会	311	先駆会社	72, 75, 85, 154
状態価値等式	124	全国都市連盟	236
状態証明表	72, 255, 308	戦時所得課税制度	294
状態表	72, 255, 308	戦時超過利得税	294
商品勘定	11, 17, 60	戦時利得税	294
商品帳	30, 51, 52, 57	全体損益	299
商品名商品勘定	11, 17, 29, 60, 70, 160, 162, 307	全体損益計算	299
商法講習所	129	線描絵文字	6
正味財産	282	全米国勢調査局	236
正味身代	134	全米政府会計委員会	237, 250
剰余金	285, 295, 297, 298	全米都市会計委員会	237
剰余金勘定	288	戦略計画	206
剰余金計算書	268, 289		
剰余金の分類	296	総会	156
所得概念	293	総管区長	201, 202
所得課税	104	総記法	129
所得課税制度	295	総現金収支報告書	183, 184
所有と経営の分離	128, 199	総合状態表	76, 78
所有主関係	240	造幣寮	142, 143
ジョン・ロー・システム	42	ソーブリッジ商会	173, 218
素人監査	223, 226	算盤	133
仕訳規則	95-97, 105	損益	282
仕訳帳アプローチ	95, 98, 105, 115	損益勘定	19, 61, 160, 253, 260
仕訳帳の分割	39	損益計算	13, 14, 20, 104, 134, 136, 299
		損益計算書	48, 178, 181, 253, 268,

損益の二重計算…………………………13
損益表………………13, 50, 116, 254, 260, 262, 264
損益法的損益計算…………………12, 13, 256
損益法等式…………………………13

〔た　行〕

大規模株式会社…………………………127
大恐慌…………………………290, 311
大航海時代…………………………69, 290
貸借対照表………………37, 39, 44, 48, 76, 77,
　　　124, 125, 178, 180, 253, 268, 271, 299, 315
貸借対照表アプローチ…………105, 113, 125, 268
貸借対照表的利益概念…………………285
貸借対照表等式…………………124, 283, 284
貸借対照表の開示…………………………227
第二次産業革命…………………………225
大不況…………………………225
大福帳…………………………137
大陸式決算手続…………………………55
代理人…………………11, 18, 30, 50, 102, 154
代理人簿記…………………………30, 50
多桁式財務表…………………………59
足利帳…………………………134, 149
多帳簿制…………………133, 137, 147
棚卸減耗損…………………………60
棚卸評価損…………………………60
棚卸法…………………………275
単式簿記………………7, 63-65, 104, 134,
　　　　　　　　139, 149, 233, 236, 306

チーフ・エンジニア…………………201, 202
地方政府…………………………244
中間管理者…………………196, 199, 201
中世イタリア起源説（複式簿記の起源）………15
チューリップ狂…………………………40
帳合之法…………………………138-141, 148
超過利得税…………………………294, 295
帳簿の締切り…………………………254, 275
勅許会計士…………………………228, 229

追加…………………………187, 192
積立金…………………………270

低価主義…………………………37
定期決算…………………………275
鉄道会社……………178, 179, 181, 183, 185, 187,
　　　　　　　190, 199, 202, 208, 308, 309, 311
鉄道管理会計…………………198, 202, 205, 209

271, 277, 287, 289, 290

デュポン火薬会社…………………205, 207-209
デュポン社……………205, 289-291, 298, 300
伝票…………………………144, 146
テンプル…………………………26, 44
テンプル騎士団…………………………26, 308

ドイツ…………………………46, 306
ドイツ会計学…………………………257, 298
ドイツ式簿記…………………52, 56, 57, 63
当期業績主義…………………………286
当期利益…………………………286, 290
当座性企業…………………………70
同時期説（複式簿記の起源）…………15, 16
投資利益率……………200, 202, 203, 205-208
動態論…………………………299
動的貸借対照表論…………………………299
トゥルーブラッド委員会…………………316
トークン…………………………4, 5
トークン・システム…………………………5
独自平均勘定…………………………241
独自平均勘定グループ…………………237
特殊仕訳帳………………32, 39, 113, 149
特定商品勘定…………11, 17, 70, 160, 162
特別財政簿記…………………………82
特別損益…………………………286
特別賦課基金…………………235, 250
土倉帳…………………………132
独立戦争（アメリカ）…………………112
都市会計………………233, 235, 240
都市会計統一化会議…………………236
都市会計の統一化運動…………………234
都市改善局（ニューヨーク市）……………247
トスカーナ説（複式簿記の起源）……………15
特許会社…………………………154
特許主義……………177, 214, 217, 221, 309
特許状………154,164, 177, 200, 217, 221, 228, 309
冨山家…………………………132, 134
トラスト…………………………127, 300
トラスト問題…………………127, 311
取替…………………185, 187, 192
取替会計…………………………189
取引…………………………7, 120
取引所…………………………69, 85
取引の完全複記…………………………7, 11
取引類型…………………………120
トレイズマン…………………………107
問屋仕限帳…………………………137

〔な行〕

内部勘定 126
内部管理手続 199
中井家 135, 137, 147
ナッサウ家 74, 83, 308
成行管理 198
南海会社 170, 171, 218
南海計画 171
南海の泡沫 40, 170, 173, 217, 218
南北戦争 119

二勘定分類 100, 114, 126
二重式貸借対照表 241
二帳簿制 18, 99
日記帳の分割 37
ニューヨーク・エリー鉄道会社 200, 201, 203
ニューヨーク市（公会計） 236, 246, 248
ニューヨーク市都市調査局 236, 246, 248
ニューヨーク証券取引所 311
ニュルンベルク 46

ネーデルラント 67, 88, 153, 306
ネーデルラント独立戦争 68, 71
年次財産目録 43
年次総合状態表 77
年次報告書 289, 292
年度決算 43

納税申告書 294

〔は行〕

配当 169, 308
配当可能利益 285-287, 290, 296
配当可能利益計算書 180, 181, 184, 185
配当源泉 285
配当制 164, 308
配当宣言 169
配当率 169, 203
破産管財業務 217
破産関連業務 214, 218, 219, 227
破産財産目録 219
破産貸借対照表 38
破産法 217, 282
破産報告書 217
長谷川家 135
バタヴィア本店（オランダ東インド会社） 80
八十年戦争 68, 71
発生主義 293

発生主義会計 293
払込剰余金 296, 300

非営利組織会計 232
東インド貿易 153, 160
引当金 298
非財務情報 209
ピューリタン革命 156
表示資本 296
標準原価 208, 209
標準原価管理 198, 205
肥沃な三日月地帯 4
平戸支店（オランダ東インド会社） 81, 85
ビランチオ 275
ビランツ 61

ファロルフィ商会 15
ファンド・オブ・クレジット 170
ファンド会計 186, 187
フィニー兄弟商会 15
フィレンツェ 15
フィレンツェの金融業者 9
不完全簿記 64
複会計システム 184, 191
複式記入 7
複式銀行簿記 139
複式決算 133, 135, 136, 147
複式簿記 7, 8, 13, 14, 28, 30, 32, 36, 39, 44, 47, 63-65, 68, 69, 75-77, 82-85, 87, 92, 95, 98, 101, 103, 104, 106, 116, 117, 135, 138, 139, 142, 146, 147, 149, 159, 161, 168, 178, 235, 238, 239, 249, 281, 305-307
複式簿記の起源 15, 16, 64
複式簿記の原型 19, 277
複式簿記の原理 117
複式簿記の本質 7, 118
符牒 133
フッガー家 47-49
フッガー家の会計諸表 48
フッガー家の時代 48
物財勘定 10
物的資本概念 75
物的二勘定系統説 74, 86, 87, 100, 107, 282, 299
ブッラ 5
部分企業（カーメル） 75
ブラウン会計史 52
フランス 25, 306
フランドル 69
ブルッヘ（ブリュージュ） 69, 91

プレーン・トークン......................................5
分割（利益分配）..........................156, 168
分割仕訳帳..149
分割制..280
分割率..168
分記法..129

ベルギー..67
ペンシルベニア鉄道会社..........200, 202-204
変動価値等式...125

包括主義..286
冒険商業会計............................17, 18, 307
冒険商業勘定...18
冒険的海上商業..................................17, 307
法人...240
法人実在説..130
法人所得課税制度...................................310
法人税..292
法定会社..178, 183
法的関係..240
法的支出権..236
泡沫会社..171, 172
簿記...................................3, 5, 7, 117, 123
簿記教授法.......................97, 99, 100, 105
簿記の基本等式..123
簿記理論..86, 123
ボス..245, 251
ボルティモア・オハイオ鉄道会社
....200, 201, 203, 205
ボロメオ商会...91
ボロメオ商会ロンドン支店.......................92
本支店会計...81, 85

〔ま　行〕

マイノ銀行..16
マシーン...245, 248, 251
マネジメント・コントロール.................206
馬耳蘇氏記簿法....................138, 139, 141, 148
馬耳蘇氏複式記簿法............138, 139, 141, 148
マンチェスター・バーミンガム鉄道会社......184

見えない政府..251
未解消項目..299
未決項目..299
未決算勘定..189
ミシシッピ会社..................................40, 41
ミシシッピ会社事件..........................40, 170
ミシシッピの泡沫..............................40, 170

水増し資本..286
三井家.................................135, 136, 147, 300
見積輸送コスト.......................................204
ミラノ...15

無額面株式..296
無限責任制度..225

名目勘定..................................12, 99, 277
メソポタミア文明................................4, 303

目標投資利益率.......................................203
持株会社..205
持分...255
持分概念..287
元銀...136
元帳アプローチ.............99, 105, 113, 114, 117, 281
文部省..141

〔や　行〕

有限責任..178
有限責任会社..224
有限責任制度..................156, 178, 179, 223-225
誘導法..253
ユナイテッド・ステーツ・スティール社（US
　スティール社）............271, 289-291, 297, 300

洋式簿記...........................138, 139, 147, 149
予算.................233, 234, 236, 242, 246, 249, 309
予算管理.................................198, 205-207
予算局..244
予算条例..247
予算制度..............................233, 243, 246, 249
予算統制..207
予算法..244
予算法案..244

〔ら　行〕

ライン・スタッフ概念.............................202
ライン機能..202

リヴァプール会計士法人協会.................228
利益..285, 286
利益概念..............................285, 287, 310
利益剰余金........................295, 297, 300
利益処分..288, 289
利益分配..168
理事会..156
理事会監査役..................................157, 159

利徳書抜	136
リバプール・マンチェスター鉄道会社	191
留保利益	297
領土管理	82, 84
領土簿記	82
旅商勘定	17
リヨンの毛織物業者	27
連合東インド会社（ネーデルラント）	72, 85, 86
連邦証券諸法	311
連邦所得課税制度	292
連邦所得税	293
連邦政府会計	233, 234
ロンドン・ノースウェスタン鉄道会社	181, 184, 185, 189, 192
ロンドン・バーミンガム鉄道会社	179, 184, 186-188, 192
ロンドン会計士協会	228
ロンドン東インド会社	174, 276
ロンバード・ストリート	91
ロンバルディーア説	15, 16

〔わ　行〕

和式帳合	132, 147
割当予算	206, 207
割当予算システム	206, 207

〔法　令〕

1651年航海条例（航海法）	155
1662年破産宣告者に関する布告の条例	156
1673年ルイ14世商事王令（フランス商事王令，サヴァリー法）	34, 35, 37, 39, 40, 43, 306, 309
1720年泡沫会社禁止法（泡沫会社条例）	172, 174, 177, 217, 221
1794年プロシア一般国法（プロシア普通国法）	43
1807年ナポレオン商法	43, 309
1831年破産法廷設置法	218
1844年株式会社登記法（登記法）	177, 217, 219, 222, 223, 310
1844年鉄道規制法	179
1845年会社条項統合法（公益事業会社条例法）	179, 221-223
1845年鉄道条項統合法	190
1849年破産法	219
1855年有限責任法	178, 223, 224
1856年株式会社法	178, 190, 223, 224
1861年ドイツ一般商法（ドイツ普通商法）	299
1861年破産法	219
1862年会社法	190, 215, 221, 224, 225, 228
1867年鉄道会社法	191
1868年鉄道規制法	180
1869年破産法	220
1871年ガス会社規制法	191
1879年会社法	225
1882年電気会社規制法	191
1900年会社法	226
1907年会社法	227
1908年総括会社法	215, 227
1909年法人免許税法	293
1912年株式会社法（ニューヨーク州）	296
1913年歳出予算条例（ニューヨーク市）	248
1913年所得税法	293
1917年歳入法	294
1918年歳入法	294
1921年予算・会計法	242-244, 249
1933年証券法	311
1934年証券取引所法	311

欧文索引

[A]

AAA ··195
Accomptant General ·····································157
account ···7, 179, 190
account form ···8
accountability ··233
accountant ····································173, 214, 218
accounting ··3
accounting principles ·································316
Accounting Principles Board ·····················312
addition ··187
agency bookkeeping ····································30
agent ···11, 102
Allgemeines Deutsches Handelsgesetzbuch
　（1861）··271
Allgemeines Landrecht für die Preussischen
　Staaten（1794）··43
American Accounting Association ···········195
American Civil War ····································119
American Institute of Accountants ···········284
American War of Independence ···············112
An Act declaratory concerning Bankrupts（1662）
　··156
An Act to Establish a Court in Bankruptcy（1831）
　··218
Anglo-Dutch Wars ······································155
annual report ··289
APB ···312-315
appropriation ··206
appropriations ··236
Appropriation Act（1913）·························248
Ascient Trade ··170
Auditors General ··157
Auditors in the Court of Committees········157

[B]

balance sheet ·······································178, 253
balance sheet approach ·····················105, 114
Baltimore and Ohio Railroad Company ·····200
Banco Del Maino ···16
Bank of England ································171, 225
Bankruptcy Act（1849）····························219
Bankruptcy Act（1861）····························219
Bankruptcy Act（1869）····························220
Banque Royale ··41
betterment ···187
bilan ···39, 44, 45
bilancio ···276
Bilanz ··48, 61
bookkeeping ··3
bourse ···69
Bubble Act（1720）·························172, 177, 217
bubble company ··171
budget ···242
Budget and Accounting Act（1921）········242
bulla ···5
Bureau of City Betterment ························247

[C]

CA ···228
CAP ··312-315
capital stock tax ··294
capital surplus ···295
certified public accountant ························126
charter ····································200, 217, 228
chartered accountant ·································228
City of Glasgow Bank ································225
clay token ··4
closing ··254
Code de Commerce（1807）·······················43
codification ···315
Colbertisme ···34
commercial value ·······································120
Commissie van Heeren Zeventien ···············75
Committee on Accounting Procedure ······312
Compagnie de la Chine ·······························41
Compagnie des Indes ···································41
Compagnie du Mississippi ···························40
Companies Act（1862）······················190, 215
Companies Act（1879）·····························225
Companies Act（1900）·····························226
Companies Act（1907）·····························227
Companies Clauses Consolidation Act（1845）
　···180, 221
Companies Consolidation Act（1908）
　···215, 227
Company of Merchant Adventurers ···········92

complex token	5
corporation	240
counting-house	112
Court of Committee	156
Cr.	8
creditor	8

〔D〕

debitor	8
debtor	8
dividend	164
division	156
double account system	184
double-balance-sheet	241
double entry	7
double entry bookkeeping	7, 101, 107
double entry format	101, 107
Dr.	8
dynamische Bilanz	299

〔E〕

E.I. du Pont de Nemours and Company	205, 289
E.I. du Pont de Nemours Powder Company	205
earned surplus	295
East India Company	154
Eastern Dynamite Company	205
economic accounts	126, 277
Electric Lighting Act (1882)	191
English System of Book-keeping	62, 106
entity theory	130
equality	114
equation of value at rest	124
equation of value in motion	125
equity	283
examining	169
Excess-Profits Tax	294
extension	187
exterior accounts	126

〔F〕

factor	11, 102
FASB	313, 315, 317
Fertile Crescent	4
Filippo Borromeo e comp.	91
financial accounting	196
Financial Accounting Standards Board	313
financial statements	253

financial reporting	235
full and true balance sheet	222
fund	233
fund of credit	170
fundamental equation	123

〔G〕

Gallerani e Comp.	105
Gas Works Clauses Act (1871)	191
General Court of Adventures	156
General Court of all the Freemen	156
General Electric Company	290
General Motors Company	289
general revenue account	184
Gewinnberechnung	48
Giovanni Farolfi e Comp.	15
going concern	70
Grand Junction Railway Company	184
Great Depression	290, 311
Great Western Railway Company	184
Grundsatz der Kongruenz	299
Gunpowder Trade Association	205

〔H〕

Hauptbuchhalter	47

〔I〕

IASB	314, 316
ICAEW	228
ICAI	228
ICAS	228
ideal value	120
impersonal accounts	10
income statement	253
Incorporated Society of Liverpool Accountants	228
Industrial Revolution	104, 214
industrialization	104, 214
Institute of Accountants and Actuaries in Glasgow	228
Institute of Accountants (London)	228
Institute of Chartered Accountants in England and Wales	228
Institute of Chartered Accountants in Ireland	228
Institute of Chartered Accountants of Scotland	228
integration of real and nominal accounts	12
interior accounts	126

338　索　引

International Accounting Standards Board ……314
Inventur……48

〔J〕

Joint Stock Companies Act（1856）……178, 223
joint-stock company……156
journal approach……96, 115

〔K〕

Kamer……75

〔L〕

ledger approach……99, 105, 113, 281
Limited Liability Act（1855）……178, 223
Liverpool and Manchester Railway Company ……191
Lombard Street……91
London and Birmingham Railway Company ……179
London and North Western Railway Company ……181
Long Depression……225
lower management……196

〔M〕

management accounting……196
managerial accounting……196
Manchester and Birmingham Railway Company ……184
Manchester Institute of Accountants……228
massaria communis……16
materialistische Zweikontenreihentheorie ……74, 100, 282
merchant……102, 107
middle management……196
Mississippi Bubble……40
Municipal Accounting……233

〔N〕

National Committee on Govermental Accounting ……237, 250
National Committee on Municipal Accounting ……237
National Municipal League……236
Navigation Act（1651）……155
NCGA……237, 250
New Joint Stock……156
New York and Erie Railroad Company……200

New York Bureau of Municipal Research ……236
New York Stock Exchange……311
nominal accounts……12

〔O〕

obligations……238
official assignee……218
Ordonnance du Commerce de Louis XIV（1673） ……34

〔P〕

paid-in capital……297
partnership……11, 32, 102, 283, 308
Pauperes commilitones Christi Templique Solomonici……26
Pennsylvania Railroad Company……200
personal accounts……8
personification……10, 116
plain token……5
postulate……313
principal……11
principle of equilibrium……99
private Acts of Parliament……179, 217
profit and loss statement……253
Progressive Movement……233
proprietary……240
proprietor……19, 106
proprietorship……99, 106, 254
proprietorship theory……99, 100, 113
proprietorship theory of accounts……107
public accountant……126
Puritan Revolution……156

〔R〕

Railway Clauses Consolidation Act（1845） ……190
Railway Companies Act（1867）……191
Railway Regulation Act（1844）……179
real accounts……11
Registration Act（1844）……177, 217
regulated company……155
Regulation of Railways Act（1868）……180
Reinvermögenstheorie……74, 100, 282
renewal……187
repair……187
replacement……187
Restoration……156
retained earnings……297

Rinieri Fini e fratelli ·················15

[S]

Sawbridge and Company ············173, 218
sea-trade venture ·················17, 279
SEC ·································312
Second Industrial Revolution ············225
Securities Act (1933) ··················311
Securities and Exchange Commission ·······311
Securities Exchange Act (1934) ··········311
segregated budget ·····················247
self-balancing group of accounts ·········237
sezioni contrapposte ····················9
sezioni sovrapposte ····················9
Sheffield Institute of Accountants ········228
single entry bookkeeping ·················7
Societa di Catalogna ····················16
Society of Accountants in Aberdeen ·······228
Society of Accountants in Edinburgh ······228
Society of Accountants in England ········228
South Sea Bubble ··············40, 170, 217
South Sea Company ···················170
South Sea Scheme ····················171
spoils system ························245
staet ·····························72, 255
staetproef ·························72, 255
statische Bilanz ······················299
statutory company ····················178
stewardship ··························232
stock valuation ··················163, 276
Summa ·····························17, 47
suspense account ······················189
Système de John Law ···················42

[T]

Tachtigjarige Oorlog ···················68

T-form ·································8
token ··································4
top management ······················196
tradesman ··························107
transaction ····························7
true and correct view ·················227
Trueblood Committee ·················316
trust ······························127
Tulipomania ··························40

[U]

U.S. Census Bureau ···················236
Underwood-Simmons Tariff Act (1913) ·······293
unearned dividend ····················300
unearned interest on bonds ·············300
United States Steel Corporation ······271, 289

[V]

venture accounting ················17, 307
venture accounts ······················18
Vereenigde Oost-Indische Compagnie ······72
VOC ·························72, 74-76, 80
voorcompagnieen ·················72, 154

[W]

Wall Street ·························311
War Profits Tax ······················294
Warrant System ······················233
watered stock ························300
Western Railroad Corporation ···········199
Wheat Committee ····················317

人名索引

〔A〕

Augspurg, G.D. 65, 107

〔B〕

Banks, John 102
Barksdale, Hamilton M. 205, 207
Bennett, James 113
Bloch, Marc 275
Booth, Benjamin 106
Borromei, Filippo 91
Borromei, Giovanni 91
Braga, Vicente. E. 138, 143
Braund, William 103
Bryant, Henry B. 139, 266

〔C〕

Calley, William 101
Caron, François 133
Carr, Edward H. 304
Chandler, Alfred D., Jr. 200, 202
Charles II 156
Clayton, Robert 103
Cleveland, Frederick A. 236, 239-242, 250, 309
Cocks, Richard 135
Colbert, Jean-Baptiste 34, 39
Colt, John C. 59
Cromwell, Oliver 156, 164
Cronhelm, Frederick W. 99, 106, 113, 114

〔D〕

Dafforne, Richard .... 19, 59 ,96 ,97, 256, 275
Datini, Francesco 276
De Korte, J. P. 76
De la Porte, Matthieu 45
Defoe, Daniel 107
Dibbern, Nicolao 58, 60
Dickinson, Arthur L. 226, 285, 287
Dicksee, Lawrence R. 229
Du Cane, Peter 103
Du Cane, Richard 103
Du Pont, Irenee 206
Dunham, R. H. 206

〔E〕

海老原済 144
Eggleston, D.C. 250
Elizabeth I 154

〔F〕

Fior, Antonio Maria 49
Fleischer, Adam S. 61
Flügel, Georg T. 61
Fogo, John R. 52
Folsom, Ezekiel G. 119, 120, 122, 126, 266, 277
Foster, Benjamin F. 114, 129, 264
Fugger, Anton 48
Fugger, Jakob（Jakob II） 47, 48, 50
福澤諭吉 138-140, 148, 149

〔G〕

Gammersfelder, Sebastian 54-57
Gaynor, William J. 246
Gladstone, William 222
Goddard, Thomas H. 59
Goessens, Passchier 55, 57, 60
Gottlieb, Johann 52, 56
Grammateus, Henricus 51
Gresham, Thomas 92, 101, 276

〔H〕

Hager, Christoph A. 57, 60
Hamilton, Alexander 242
Hamilton, Robert 59, 262
Hatfield, Henry R. 127, 129, 268, 277, 281, 285, 287, 312, 315
Hatton, Edward 97
Hermling, Paul 58
Heyne, George G. 59
Hoskins, William 102
Howell, Thomas 101
Hügli, Friedrich 64

〔I〕

Irson, Claude 39

〔J〕

Johnson, John ··101
Jones, Edward T. ·······························62-64, 106
Jones, Thomas ············114, 115, 117, 118, 129, 265

〔K〕

Käfer, Karl ···107
兼松房治郎 ··146
Kelly, Patrick ··106
King, Thomas ···59
小林儀秀 ·······································138, 139, 141, 148
Krügers, Christian G. E. ···································61
Kurzbauer, Georg··107

〔L〕

Lane, Frederic C. ··20
Laurence, Thomas ···101
Law, John ···41
Lerice, Ambrosium ···56
Littleton, Ananias C. ·······················59, 105, 213, 312
Louis XIV ···34

〔M〕

Magelsen, Heinrich ···60
MacGhie, Alexander··260
Mair, John ···························99, 106, 112, 262, 277
Malcolm, Alexander ·······························99, 105, 262
Manzoni, Domenico ·······························20, 50, 53
Marsh, Christopher C. ···························142-144
May, George O. ··274
McClelland, James ···218
McKinsey, James O. ······································249
Meisner, Samuel G. ··63
Mellis, John ··94
Mennher, Valentin ································28, 30, 40
Metz, H.A. ···236
三島為嗣 ···143
Montgomery, Robert H. ·································229
Moonitz, Maurice ···313
Moore, Underhill ··312
Morris, John ···103

〔N〕

North, Dudley ··103

〔O〕

Odermann, Carl G. ···65
Oldcastle, Hugh ··93, 94

〔P〕

Oliver, Jacme ···27

Pacioli, Luca（Paciolo）············16, 17, 20, 47, 53, 54, 57, 60, 62, 64, 93, 95, 99, 106, 254, 304
Packard, Silas S. ······································139, 266
Paton, William A.·········283, 284, 287, 288, 290, 312
Patterson, Chas.L. ··207
Peel, Robert ···222
Peele, James ·······································95, 96, 105
Peers, Charles ··103
Penndorf, Baldwin ······································52, 59
Pixley, Francis W. ···229

〔Q〕

Quain, John R.（Mr. Justice Quain）··············220

〔R〕

Rademann, Joachim ·····································58, 60
Roosevelt, Franklin D. ···································283

〔S〕

Sanders, Thomas H. ·······································312
Sartorium, Wollffgangum ······························54, 56
Savary, Jacques ···························35-37, 39, 44, 278
Savonne, Pierre de ··································28, 32, 39
Schär, Johann F. ·······························65, 87, 282, 299
Schiebe, August ··64
Schmalenbach, Eugen ·····································299
Schmidt, Fritz ··300
Schreiber, Heinrich ······································51, 56
Schurtz, Georg N. ·······································56, 57
Schwarz, Matthäus ·································47, 51, 56
Schweicker, Wolffgang ·································53-55
Shand, Alexander A. ·····················138, 139, 144, 146
Smythe, John ···101
Snell, Charles ···173, 218
Sprague, Charles E. ···············119, 123, 126, 267, 277
Stevin, Simon ··············72, 74, 82, 84-87, 255, 308, 309
Stratton, Henry D. ····································85, 266

〔T〕

Trueblood, Robert M. ····································288

〔U〕

梅浦精一 ···144

〔V〕

Van Dam, Pieter ···75-77

Van Gezel, Willem……………………………74, 86
Van Nassau, Maurits…………………72, 83, 84, 86
Victoria……………………………………………221

〔W〕

Wagner, Andreas……………………………………62
Walb, Ernst………………………………………300
Walker, James……………………………………191
Wallerstein, Immanuel………………………………67
Watson, George……………………………………218

Wheat, Francis……………………………………316
Whitney, William C.………………………………129
Windal, Floyd W.…………………………………265
Wolff, Nicolaus……………………………………56
Woolf, Arthur H.…………………………4, 7, 52, 315

〔Y〕

Yamay, Basil S.………………………………52, 103
Ympyn, Jan（Iehan）………………25, 28, 29, 70,
　　　　　　　　　　　　　　　　　　85, 86, 95, 307

執筆者略歴等　（執筆順，2019年3月1日現在）〈◎は編者〉

◎**中野　常男**（なかの　つねお）
　神戸大学大学院経営学研究科修士課程修了
　博士（経営学）神戸大学
　神戸大学名誉教授
　主要著作
　・『会計理論生成史』中央経済社，1992年（日本会計研究学会太田賞，日経経済図書文化賞）。
　・『20世紀におけるわが国会計学研究の軌跡』（戸田博之・興津裕康との共編著）白桃書房，2005年。
　・『複式簿記の構造と機能―過去・現在・未来―』（編著）同文舘出版，2007年（日本簿記学会学会賞）。
　・『体系現代会計学第8巻　会計と会計学の歴史』（千葉準一との共編著）中央経済社，2012年。

三光寺　由実子（さんこうじ　ゆみこ）
　神戸大学大学院経営学研究科博士課程後期課程修了
　博士（経営学）神戸大学
　和歌山大学経済学部　准教授
　主要著作
　・「14世紀リヨンの毛織物業者の会計帳簿（1320-1324）に関する分析」日本簿記学会年報，第26号（2011年），70-79頁（日本簿記学会奨励賞）。
　・『中世フランス会計史―13-14世紀会計帳簿の実証的研究―』同文舘出版，2011年（日本会計史学会学会賞）。
　・「18世紀初頭フランス東インド会社の再建と収支予測の変遷」会計史学会年報，第29号（2011年），61-72頁。
　・"Accounting and Power in the Society of Buddhism: An Analysis of the Income and Expenditure Reports of Toji Temple, 1427-1532," *Accounting History*, Published online (2018), pp.1-26, https://doi.org/10.1177/1032373218793225.

片岡　泰彦（かたおか　やすひこ）
　駒澤大学大学院商学研究科博士課程修了
　博士（商学）駒澤大学
　大東文化大学経営学部　元教授（大東文化大学経済研究所

および経営研究所客員研究員)

主要著作
- 「フッガー家の会計諸表(一・二)」會計,第115巻第3号(1979年),104-116頁;第115巻第6号(1979年),100-111頁(日本会計研究学会学会賞)。
- 『イタリア簿記史論』森山書店,1988年(日本会計史学会学会賞)。
- 『ドイツ簿記史論』森山書店,1994年。
- 『複式簿記発達史論』大東文化大学経営研究所,2007年(日本簿記学会学会賞)。

橋本　武久（はしもと　たけひさ）
神戸大学大学院経営学研究科博士課程後期課程修了
博士（経営学）神戸大学
京都産業大学経営学部　教授
主要著作
- 『ネーデルラント簿記史論―Simon Stevin簿記論研究―』同文舘出版,2008年(日本簿記学会学会賞,日本会計史学会学会賞)。
- 「19世紀オランダ簿記書における資本勘定」會計,第192巻第5号(2017年),43-52頁。
- 「17世紀末オランダ簿記書における資本勘定の位置付け」會計,第194巻第3号(2018年),31-43頁。

◎**清水　泰洋**（しみず　やすひろ）
神戸大学大学院経営学研究科博士課程後期課程修了
博士（経営学）神戸大学
神戸大学大学院経営学研究科　教授
主要著作
- 『アメリカの暖簾会計―理論・制度・実務―』中央経済社,2003年(日本会計研究学会太田・黒澤賞,日本会計史学会学会賞)。
- "Accounting in disaster and accounting for disaster: the crisis of the Great Kanto Earthquake, Japan, 1923," *Accounting Business & Financial History*, Vol. 20, No. 3 (2010), pp. 303-316.（共著）
- 「歴史研究の再分類」,徳賀芳弘・大日方隆（編著）『財務会計研究の回顧と展望』（第6章),中央経済社,2013年,

177-188頁。
- 「簿記上の取引概念の拡大と簿記の財務会計化」日本簿記学会年報，第29号（2014年），51-56頁（日本簿記学会奨励賞）。

津村　怜花（つむら　れいか）
神戸大学大学院経営学研究科博士課程後期課程修了
博士（経営学）神戸大学
尾道市立大学経済情報学部　准教授
主要著作
- 「明治初期の簿記書研究―『帳合之法』の果たした役割―」會計，第172巻第6号（2007年），118-129頁。
- 「『馬耳蘇氏記簿法』および『馬耳蘇氏複式記簿法』に関する一考察」日本簿記学会年報，第25号（2010年），49-57頁（日本簿記学会奨励賞）。
- 「国立銀行の設立と銀行簿記―シャンド・システム形成過程に関する一考察―」日本簿記学会年報，第31号（2016年），29-37頁。
- 「福沢による西洋簿記現地化の試み」企業会計，第68巻第3号（2016年），16-24頁。

杉田　武志（すぎた　たけし）
神戸大学大学院経営学研究科博士課程後期課程修了
博士（経営学）神戸大学
大阪経済大学情報社会学部　教授
主要著作
- 「17世紀ロンドン東インド会社における複式簿記導入の目的」日本簿記学会年報，第27号（2012年），95-105頁（日本簿記学会奨励賞）。
- "The British East India Company's Market Valuation in the 17th Century (1664-1694)," in I. Watanabe (ed.), *Fair Value Accounting in Historical Perspective*, Moriyama Shoten, 2014, pp. 109-129.
- 「株式会社の登場と会計報告の始まり：イギリス東インド会社にみる貸借対照表の萌芽」企業会計，第70巻第1号（2017年），47-54頁。
- 「17世紀後半イギリス東インド会社における私貿易と会計―会計帳簿における私貿易の許可料と罰金の管理―」会計史学会年報，第36号（2018年），109-124頁（日本会計史

学会奨励賞)。

澤登　千恵（さわのぼり　ちえ）
神戸大学大学院経営学研究科博士課程後期課程修了
博士（経営学）神戸大学
大阪産業大学経営学部　教授
主要著作
- 「19世紀中葉イギリス鉄道会社の複会計システム」會計，第175巻第4号（2009年），77-92頁。
- "Influence of Fundraising Infeasibility on Accounting Changes: An Investigation into Early Financial Reporting Practices Using Text Mining," *Journal of Accounting and Organizational Change*, Vol.9, No.4 (2013), pp.471-489.
- 「テキストマイニングを活用したGreat Western鉄道会社の会計変化の検討」大阪産業大学経営論集，第15巻第1号（2013年），27-42頁。
- 「19世紀中葉イギリス鉄道会社における監査の展開：London and North Western鉄道会社における内部監査人の設置と外部会計士支援の導入」大阪産業大学経営論集，第19巻第2・3合併号（2018年），85-107頁。

高梠　真一（こうろぎ　しんいち）
大分大学大学院経済学研究科修士課程修了
博士（経営学）神戸大学
久留米大学商学部　教授
主要著作
- 『アメリカ鉄道管理会計生成史―業績評価と意思決定に関連して―』同文舘出版，1999年（日本生産管理学会学会賞）。
- 『アメリカ管理会計生成史―投資利益率に基づく経営管理の展開―』創成社，2004年（日本管理会計学会学会賞，日本原価計算研究学会学会賞，日本会計史学会学会賞）。
- 『管理会計の道標―原価管理会計から現代管理会計へ―〔改訂増補版〕』（村田直樹・浦田隆広との共編著）税務経理協会，2007年。
- 「デュポン社における投資利益率と割引キャッシュ・フローの利用―戦略・組織に適合した割当予算システムの展開―」會計，第184巻第6号（2013年），39-53頁。

辻川　尚起（つじかわ　なおき）
　　神戸大学大学院経営学研究科博士課程後期課程修了
　　博士（経営学）神戸大学
　　兵庫県立大学国際商経学部　准教授
　　主要著作
　　・「資産再評価と会計の政治化―日米の事例を通じた現代史的考察―」会計史学会年報，第19号（2001年），51-61頁。
　　・「適正手続の論理と会計基準設定」商大論集（兵庫県立大学），第65巻第3号（2014年），65-79頁。
　　・「会計基準設定と適用後レビュー―IFRS 3号を中心に―」，小津稚加子（編著）『IFRS適用のエフェクト研究』（第4章）中央経済社，2017年，65-80頁。

兵頭　和花子（ひょうどう　わかこ）
　　神戸大学大学院経営学研究科博士課程後期課程修了
　　博士（経営学）神戸大学
　　兵庫県立大学国際商経学部　教授
　　主要著作
　　・「非営利組織における費用分類」公益・一般法人，第903号（2015年），94-107頁。
　　・「英国チャリティ会計の歴史的構築―1988年の会計実務勧告書（SORP）公表以前―」商大論集（兵庫県立大学），第69巻第3号（2018年），31-46頁。
　　・「非営利組織における純資産の拘束性について―日本と英国を対比して―」商大論集（兵庫県立大学），第70巻第1号（2018年），43-55頁。
　　・『非営利組織における情報開示―英国チャリティ会計からの示唆―』中央経済社，2019年。

川﨑　紘宗（かわさき　ひろのり）
　　神戸大学大学院経営学研究科博士課程後期課程修了
　　博士（経営学）神戸大学
　　公立鳥取環境大学経営学部　准教授
　　主要著作
　　・「予算・会計法の導入の背景と予算編成の手続」『研究紀要』（高松大学），第58・59号（2013年），77-91頁。
　　・「20世紀初頭のアメリカの州政府へ導入された新たな予算制度についての考察」研究紀要（高松大学），第62・63号

(2015年), 113-133頁。
- 「McKinseyによるBudgetary Control (1922) と政府の予算制度」研究紀要（高松大学），第64・65号（2016年），21-37頁。
- 「アメリカ連邦政府における予算制度の変遷」研究紀要（高松大学），第67号（2017年），http://www.takamatsu-u.ac.jp/library/06_gakunaisyupan/kiyo/no67/67_UG002_001-014_kawasaki.pdf（2018年11月6日アクセス）。

桑原　正行（くわばら　まさゆき）
神戸大学大学院経営学研究科博士課程後期課程修了
博士（経営学）神戸大学
駒澤大学経営学部　教授
主要著作
- 『アメリカ会計理論発達史―資本主理論と近代会計学の成立―』中央経済社，2008年（日本会計研究学会太田・黒澤賞）。
- 「会計原則の制定と取得原価主義会計の確立―アメリカにおける会計原則制定運動と取得原価主義会計の確立過程を中心に―」，千葉準一・中野常男（共編著）『体系現代会計学第8巻　会計と会計学の歴史』（第9章）中央経済社，2012年，337-372頁。
- 「会計史研究の意義―アプローチと役割―」会計史学会年報，第30号（2012年），17-21頁。

〈校正協力者〉
中溝　晃介（なかみぞ　こうすけ）
神戸大学大学院経営学研究科博士課程後期課程修了
博士（経営学）神戸大学
松山大学経営学部　准教授